Robert Jütte
Arme, Bettler, Beutelschneider

Robert Jütte

Arme, Bettler, Beutelschneider

Eine Sozialgeschichte der Armut
in der Frühen Neuzeit

Aus dem Englischen von Rainer von Savigny

2000
Verlag Hermann Böhlaus Nachfolger Weimar

Titel der englischen Originalausgabe: *Poverty and Deviance in Early Modern Europe*, © Cambridge University Press

Die Deutsche Bibliothek – CIP-Einheitsaufnahme

Jütte, Robert:
Arme, Bettler, Beutelschneider : eine Sozialgeschichte der Armut in der Frühen Neuzeit / Robert Jütte.
Aus dem Engl. von Rainer von Savigny. - Weimar :
Verlag Hermann Böhlaus Nachfolger, 2000
Einheitssacht.: Poverty and Deviance in Early Modern Europe <dt.>
ISBN 3-7400-1118-1

Gedruckt auf chlorfrei gebleichtem, säurefreiem und alterungsbeständigem Papier

ISBN 3-7400-1118-1

Dieses Werk einschließlich aller seiner Teile ist urheberrechtlich geschützt. Jede Verwertung außerhalb der engen Grenzen des Urheberrechtsgesetzes ist ohne Zustimmung des Verlages unzulässig und strafbar. Das gilt insbesondere für Vervielfältigungen, Übersetzungen, Mikroverfilmungen und die Einspeicherung und Verarbeitung in elektronischen Systemen.

© 2000 Verlag Hermann Böhlaus Nachfolger Weimar
Umschlaggestaltung: Ise Billig
Umschlagmotiv: Jan Sten, *Der Bürgermeister von Delft*, 1655.
Foto: AKG, Berlin
Satz: DTP + TEXT EVA BURRI, Stuttgart
Druck und Bindung: Franz Spiegel Buch GmbH, Ulm
Printed in Germany

Inhalt

Vorwort	7
Einführung	1
Die Forschung und die Quellen	1
Themen	4
Das Abbild der Armut	11
Armut und Sprache	11
Armut im Bild	19
Die Ursachen der Armut	28
Schicksalsschläge	28
Zyklische Ursachen	36
Strukturelle Ursachen	48
Das Ausmaß der Armut	58
Das Maß für die Armut	58
Die fiskalische Armut	59
Fürsorgeempfänger	65
Armenzählungen	70
Die Topographie der Armut	74
Materielle Kultur	78
Das häusliche Umfeld	78
Ernährung	93
Kleidung	99
Selbsthilfe	106
Die Bedeutung des sozialen Netzes	106
Selbsthilfe, Hilfe auf Gegenseitigkeit	110

Die Neuorganisation der Armenpflege 131

Gemeinsame Merkmale 131
Zentralisierte Armenpflege 138
Dezentrale Armenpflege 166
Institutionalisierte und informelle Armenhilfe 185

Die Armen als Außenseiter der Gesellschaft 190

Armut und Kriminalität 190
Landstreicherei 193
Diebstahl 199
Warenschmuggel 202
Prostitution 206

Marginalisierung und gesellschaftliche Randgruppen .. 209

Stigmatisierung 209
Ausgrenzung und Ausweisung 218
»Das große Einsperren« 224

Reaktionen auf die Ausgrenzung 237

Eine Subkultur der Armut? 237
Rebellion 246
Emigration – Migration 253

Schluss 256

Anhang 267
Kurzbiographien wichtiger Reformer der Armenpflege 269
Zeittafel 284
Anmerkungen 287
Auswahlbibliographie 293
Bildnachweis 311
Namenregister 312
Sachregister 320

*In Erinnerung an meinen Großvater Bernhard Volpert,
der mich in die »Ökonomie des Notbehelfs« eingeführt hat.*

Vorwort zur deutschen Übersetzung

Die Hoffnung, die Armut aus der Welt schaffen zu können, ist so uralt wie die soziale Utopie vom Schlaraffenland. Doch weder die mehr oder weniger radikalen Veränderungen der Eigentumsverhältnisse in sozialistischen Staaten noch die unterschiedlich motivierten Sozialreformen des modernen Wohlfahrtsstaates haben im 20. Jahrhundert hier nachhaltig oder gar auf Dauer Abhilfe schaffen können. Armut ist nicht nur in der sogenannten »Dritten Welt« oder in Ost- und Südeuropa zuhause; sie ist mitten unter uns, wie man bei einem Gang durch die gepflasterte Fußgängerzone einer beliebigen europäischen Großstadt rasch feststellen wird. »Sozialstation Innenstadt« titelte vor nicht allzu langer Zeit das Wochenblatt *Die Zeit* und berichtete in Form einer Reportage detailliert über Maßnahmen einzelner deutscher Stadtverwaltungen, Bettler und Obdachlose an Orte abseits des Stadtzentrums zu verbannen. Wem dieser impressionistische und subjektive Eindruck nicht genügt, der kann in den jüngsten Armutsberichten von Wohlfahrtsverbänden und staatlichen Institutionen nachlesen, wie groß das Ausmaß der Bedürftigkeit in unserer modernen Industriegesellschaft immer noch ist. Seit den 1970er Jahren sprechen deshalb Soziologen und Sozialpolitiker von einer »Neuen Armut« in Europa, um deutlich zu machen, dass diese Geißel der Menschheit trotz aller Versuche, ihr beizukommen, noch vorhanden ist, aber inzwischen manche ihrer Erscheinungsformen geändert hat.

Armsein als Phänomen »an sich« gibt es nicht. Armut wurde zu allen Zeiten gesellschaftlich definiert. Was Bedürftigkeit in einer vorindustriellen, noch weitgehend christlich geprägten Gesellschaft bedeutet, können wir uns heute kaum noch vorstellen, wenngleich uns die schrecklichen Fernsehbilder von hungernden Menschen in Afrika oder Indien gelegentlich aus den Wohlstandsträumen reißen und unser Mitleid erwecken. Um die unbestreitbaren Errungenschaften des modernen Wohlfahrtsstaates sowie die gleichwohl immer noch vorhandenen und vermutlich weiterhin notwendigen Überlebensstrategien der Betroffenen besser zu verstehen, genügt nicht nur ein Blick über den sprichwörtlichen Zaun, das heißt die internationale Perspektive. Auch die eigene Geschichte lehrt, dass unsere Vorfahren vor nicht allzu langer Zeit Elend und Massenarmut aus eigener Erfahrung kannten und deren soziale Begleiterscheinungen (Landstreicherei, Prostitution, Kleinkriminalität usw.) fürchteten.

Diese historische Erfahrung ist das Thema des vorliegenden Buches. Es wurde ursprünglich auf Englisch verfasst und liegt jetzt in einer vom Verfasser autorisierten Übersetzung vor. Für die deutsche Übersetzung wurde die Auswahlbibliographie auf den neuesten Forschungsstand gebracht. Dabei sind nicht nur weiterführende deutschsprachige Neuerscheinungen, sondern auch wichtige fremdsprachige Studien berücksichtigt worden; denn eines der Hauptanliegen dieses Buches ist die vergleichende Betrachtung eines sozialen Problems, das noch heute in Europa staatliche Stellen und private Einrichtungen beschäftigt. Außerdem sind einige Abbildungen neu hinzugekommen. Gleichfalls wurde ein getrenntes Sach- und Personenverzeichnis erstellt, um dem Leser das schnelle Nachschlagen zu erleichtern.

Stuttgart, im Winter 1999/2000 *Robert Jütte*

Einführung

Die Forschung und die Quellen

In den letzten Jahren haben Historiker der Frühen Neuzeit große Anstrengungen unternommen, die Ursachen und das Ausmaß der Verarmung in Europa vor 1800 zu erforschen. Zwar beziehen sich die meisten Untersuchungen nur auf bestimmte Gebiete – gewöhnlich einzelne Städte oder Provinzen –, sie eröffnen aber dennoch neue Einsichten und Perspektiven. Trotz vereinzelter Versuche, die neuere Forschung auf diesem Gebiet zusammenzufassen (u. a. von C. Lis/H. Soly, J.-P. Gutton, B. Geremek, W. Fischer, Th. Riis, St. Woolf), fehlt bisher ein umfassender Überblick ebenso wie eine allgemeine Untersuchung zu den Überlebensstrategien der Armen, die auch Vergleiche zwischen verschiedenen europäischen Regionen und Ländern in der Frühen Neuzeit (1450–1800) erlauben würden. Während die bisherigen, umfangreicheren Einzeluntersuchungen eher West- und Zentraleuropa in den Mittelpunkt stellen, soll hier zusätzlich die Forschung zur Armenhilfe in städtischen und ländlichen Gemeinden Nord- und Südeuropas berücksichtigt werden.

Die historische Forschung des 19. und frühen 20. Jahrhunderts zur Situation der Armen befasst sich überwiegend mit den unterschiedlichen Einstellungen der protestantischen und der katholischen Regierungen gegenüber den Armen; die wesentlichen Unterschiede beruhten demnach auf Luthers Überzeugung, dass das Almosen als traditionelle christliche Form der »guten Tat« nicht notwendigerweise das Seelenheil des Almosengebers gewährleiste. Außerdem hat man lange Zeit die Säkularisierung und Rationalisierung der Armenfürsorge als Ergebnis der Reformation betrachtet. In den letzten Jahrzehnten haben die Historiker jedoch darauf hingewiesen, dass die praktische Sozialpolitik auf lokaler und nationaler Ebene in Europa sich nicht an religiöse Grenzen hielt, sondern einem Muster folgte, das durch die örtlichen Bedingungen vorgegeben war. Auch stimmen die Historiker heute weitgehend darin überein, dass die Reform der Armenhilfe auf lokaler, meist kommunaler Ebene stattfand, und dass selbst in England, wo man sie landesweit durchführte, die Städte im Anfangsstadium des später sogenannten »Old Poor Law« eine wichtige Rolle spielten. Dass ein System der Armenfürsorge flexibel sein musste, haben nicht erst die moderne politische und soziologische Wissenschaft erkannt. Vielmehr war diese Erkenntnis schon jenen Menschen vertraut, die die Umwälzungen und Reformprojekte im frühen 16. Jahrhundert miterlebten. So schrieb der angesehene spanische Autor Juan de Medina: »Die Armut des Menschen kennt viele Formen, und wir können nicht einen bestimmten Weg der Fürsorge bestimmen, weil der Wandel der Zeiten und der Gebräuche unterschiedliche Wege notwendig macht, so wie das auch in allen anderen Bereichen der Verwaltung gilt.«

Am Ausgang des Mittelalters hat die Armut in der Tat viele verschiedene Gesichter. Man kennt nicht mehr nur die traditionell Armen (Witwen, Waisen, Blinde, Lahme), sondern auch zahlreiche neue Formen der Bedürftigkeit. Da viele städtische Lohnarbeiter, Häusler und Tagelöhner unter Bedingungen lebten, die selbst Zeitgenossen als überaus ärmlich bezeichneten, konnten weiträumigere strukturelle und zyklische Veränderungen durch Wirtschaft, Krieg und Klima die Verarmungsprozesse beschleunigen, die im 16. Jahrhundert ungeheure Dimensionen erlangt hatten und in der Frühen Neuzeit wirksam blieben. Die neuen Erscheinungsformen der Armut lösten bei den Zeitgenossen Neugier und Angst zugleich aus. Das Problem nahm damals ein solches Ausmaß an, dass die traditionellen karitativen Institutionen durch die Flut bedürftiger Menschen überfordert waren. Die neue Quantität und Qualität der Armut erzwang eine radikale Abkehr von den gewohnten Wegen mittelalterlicher Fürsorge. Die mit der Armut verbundenen religiösen und sozialen Wertvorstellungen wandelten sich, auch wenn Armut und Armenfürsorge sich weder in katholischen noch in evangelischen Gemeinschaften aus ihren ehemals streng religiösen Bindungen vollständig lösten.

Der Blickwinkel der vorliegenden Gesamtdarstellung ist durch meine eigene Forschungsarbeit in den Archiven ebenso tief geprägt worden wie durch jene Gruppe von Sozialhistorikern, in deren Beiträgen zur historischen Demographie und Anthropologie die Entstehung des Wohlfahrtsstaates nicht einfach als das Werk einzelner Reformer und Regierungen gesehen wird, sondern die sich stattdessen der ziemlich komplexen Rolle widmen, die Gemeinschaft und Arme in der Entstehung und Entwicklung des Wohlfahrtsstaates gespielt haben. Seit 1980 hat man in der Forschung begonnen, die Armen selbst mit ihren Lebensbedingungen ins Auge zu fassen und dabei nicht nur Licht auf die Almosenempfänger zu werfen, sondern auch auf die ungeheure Zahl der Bedürftigen, die andere Überlebensstrategien suchen mussten. Dabei ist es gelungen, das Leben der Armen direkt ins Blickfeld zu rücken, sie nicht durch die Brille der Regierungen, der Theologen, der Fürsorgeinstitutionen, der Almosengeber und Philanthropen zu sehen. Während die Forschung zur Geschichte der Wohlfahrt sich bis dahin weitgehend auf Archivmaterial stützte, das unbeabsichtigt, aber unweigerlich zu Untersuchungen führte, in denen man dem Ursprung karitativer Institutionen und den großen Etappen der Sozialgesetzgebung nachging, hat diese neue Historikerschule nach zusätzlichem Quellenmaterial gefahndet, das Auskunft über die materiellen Aspekte des Lebens in Armut geben und uns helfen kann, die Überlebensstrategien jener 60 bis 80 Prozent der Bevölkerung darzustellen, die unter oder nahe an der Armutsgrenze lebten.

Trotz der Absicht, dem Alltag der »gewöhnlichen Armen« den gebührenden Platz einzuräumen, muss im Folgenden ein erheblicher Teil der Untersuchung den Instrumenten der Sozialpolitik sowie den Begleiterscheinungen der Armut gewidmet werden: des abweichenden Verhaltens im Allgemeinen und der Landstreicherei im Besonderen. Dafür gibt es einen einfachen Grund. Die Erforschung der Armut im frühneuzeitlichen Europa hat sich bisher auf die Institutionen und die Maßnahmen der Armenhilfe konzentriert. Dadurch erklärt sich möglicherweise zum Teil, warum man es auch bei dem wirklich verdienstvollen Versuch, der Geschichte der Armut und des abweichenden Verhaltens neue Blickwinkel zu eröffnen, nicht vermeiden kann, das Problem in Bezug auf staatliche Regelungen und soziale Kontrolle zu erörtern.

Die vorliegende Studie versteht sich nicht als endgültige oder umfassende Darstellung des gesamten Themas oder der gesamten Epoche. Man würde den Rahmen sprengen, wenn alle Aspekte abgedeckt werden sollten. Geboten wird stattdessen ein kurzgefasster Überblick über die Lebensbedingungen der Armen und die Politik und Praxis der Armenfürsorge in Europa vom frühen 16. Jahrhundert bis zur Französischen Revolution. Manche Entwicklungen und Phänomene können dabei nur gestreift werden, so etwa die nicht-amtlichen Initiativen der Armenhilfe und die Projekte der Philanthropen; andere mussten ganz entfallen, insbesondere die Armenpflege innerhalb bestimmter ethnischer oder religiöser Gruppen (Juden, Wiedertäufer, Quäker usw.). Dennoch gibt die Darstellung den gegenwärtigen Stand der Forschung zur Armenfürsorge, zur Armut und zum abweichenden Verhalten im frühneuzeitlichen Europa in ihren wesentlichen Punkten wieder.

Ich habe versucht, auf der breiten Grundlage meiner eigenen weitgefächerten Lektüre und Forschung auf diesem Gebiet die umfangreiche, bereits bestehende Literatur zusammenzustellen, zu verarbeiten und zu einer Synthese zu bringen. Nur Weniges wird völlig neu sein. Dennoch hoffe ich, eine wesentliche Lücke in der Literatur zu schließen, indem ich die vorsichtige Verwendung des Archivmaterials und der Ergebnisse der jüngsten Forschung mit den Methoden von Sozialhistorikern bei der Untersuchung verschiedener Bereiche verbinde, zu denen die Familie, die Migrationsbewegungen, die freiwilligen Hilfsgemeinschaften, Arbeit, Kriminalität, das jeweilige Umfeld, gesellschaftliche Ausgrenzung und Mentalitäten gehören.

Themen

Statt das gesamte Material chronologisch zu betrachten, werden im Folgenden einzelne Themen im behandelten Zeitraum verfolgt. Diese Methode erlaubt dem Historiker, langfristige Entwicklungen innerhalb bestimmter Bereiche aufzuzeigen, ohne den gesellschaftlichen Kontext aus dem Blick zu verlieren und Gefahr zu laufen, das Wesen und die Bedeutung der Gesamtstruktur der Armut im frühneuzeitlichen Europa nicht zu erfassen.

Die jüngsten Entwicklungen in der Geschichte der Armut sind vielversprechend. Allerdings hängt viel von der Aussagekraft und dem Informationswert der verfügbaren Quellen ab. Es sind zahllose amtliche Urkunden überliefert – Ausgabenbelege im Rahmen der Armengesetzgebung, die Verwaltungsarchive der Hospitäler, Bittgesuche und Gerichtsakten –, und sie sind so faktenreich, dass man eine systematische und sogar statistische Analyse für sinnvoll halten darf. Wenn man jedoch versucht, bei der historischen Untersuchung das Material nicht durch die Augen der Gesetzgeber, Reformer, Pädagogen, Theologen usw. zu betrachten, stößt man in der Regel auf Quellen, die sich nur schwer interpretieren lassen. Wie soll man z. B. die persönliche Erfahrung der Armen aus den Formulierungen der Amtssprache herauslesen, die der Feder eines Fürsorgebeamten oder eines Hospitalangestellten entstammen? Bevor also die Beziehungen zwischen den sozioökonomischen Problemen und der Armenfürsorge beschrieben werden können, muss man herausfinden, wie Armut und Arme in der Zeit des Übergangs vom Mittelalter zur Frühen Neuzeit wahrgenommen wurden. Das wird im zweiten Kapitel erörtert werden, in dem es um die Vorstellungen geht, die sich mit den Armen verbanden. Solche Vorstellungen können auf unterschiedliche Weise hervorgebracht und gefördert werden; die Sprache ist nur eine davon. Selbst wenn Sprache und gesellschaftliche Wirklichkeit nie völlig übereinstimmen, kann doch eine Analyse des Vokabulars zur Benennung der unterschiedlichen Grade der Armut und Bedürftigkeit den Blick auf eine weniger bekannte Dimension des Gesamtproblems lenken, wenn man den Zusammenhang mit anderen Gegebenheiten im Blick behält. Neben den sprachlichen Zeugnissen bestätigen auch die bildlichen Darstellungen das seit dem Mittelalter zunehmende öffentliche Interesse an der Armut und der Armenpflege. Die vielfältigen Rollen der Armen, wie sie in den verschiedenen Medien aufscheinen, lassen auf eine komplexe Vorstellung der Gesellschaftsordnung in der untersuchten Epoche schließen. Die jüngere Forschung auf diesem Gebiet gebietet uns, die Terminologie der Armut und ihre bildliche Darstellung ernst zu nehmen als Einblick in die Mentalität der Herrschenden sowie als realistische Spiegelung einer Welt am Rande der Gesellschaft und in bitterer Armut.

In der vorindustriellen Gesellschaft des frühneuzeitlichen Europa gab es viele Formen der Armut, mit denen sich das dritte Kapitel ausführlich befassen wird. Zu den traditionellen Erklärungen für die Armut zählen konjunkturelle Schwankungen, Kriege, Krankheiten und Naturkatastrophen. Die neuere Forschung hat die Rolle der Arbeitslosigkeit und Unterbeschäftigung als Ursache der Massenarmut stärker ins Blickfeld gerückt. Eine der fruchtbarsten Entwicklungen der jüngsten Forschung ist es jedoch, den Schwerpunkt in Richtung eines dynamischeren Begriffs der Armut zu verschieben, indem man etwa die Bedeutung des Lebenszyklus hervorhebt (»These von der Verarmung der Kernfamilie«). Die Zusammenfassung der Diskussion über die Ursachen und Erklärungen der Armut weist dann die Bedeutung struktureller und biologischer Gründe für die schwierigen Lebensbedingungen vieler Menschen an oder unterhalb der Armutsgrenze nach.

Im vierten Kapitel soll nicht nur gezeigt werden, dass es an quantitativen Informationen zum Umfang der Armut mangelt, sondern auch, dass Historiker bisweilen Probleme bei der Auswahl und der Bewertung von Kriterien haben, nach denen das Ausmaß der Armut in verschiedenen Ländern verglichen werden kann. Das gilt auch für die Verbreitung der Armut in der zeitlichen Dimension. In den Quellen werden Personengruppen als arm nach Kriterien bezeichnet, die häufig unbestimmt sind und je nach Gesellschaft, Institution, Epoche und Ort schwanken. Ausführliche Untersuchungen zu Zahl, Lebensbedingungen und Bedürfnissen der Armen reichen bis mehrere Jahrzehnte vor die Reformation zurück. Die meisten der zugänglichen historischen Angaben lassen offenbar die keinesfalls geringe fluktuierende Bevölkerung außer Acht, dafür schließen sie – neben den gesunden Ortsarmen – immer auch alte und kranke Personen ein, die in irgendeiner Form Fürsorge oder Almosen erhielten. Das Auseinanderklaffen neuerer

Schätzungen ergibt sich aus der unterschiedlichen Interpretation der einzelnen Kategorien von Mittellosigkeit und Armut. Die Spannweite der in der neueren Forschung verwendeten Kriterien schließt eine strenge Vergleichbarkeit der Daten und Zahlenwerke aus; man darf sie nur als Annäherung an die Wirklichkeit verstehen. Alle Wissenschaftler stimmen jedoch in einem Punkt überein: Es gab einen ausgeprägten Unterschied zwischen Stadt und Land.

Die Unterscheidung zwischen bedürftigen und unwürdigen Armen hat in der Forschung große Aufmerksamkeit erregt, weil sie zahlreiche praktische, ideologische und symbolische Implikationen birgt. Der zweite Teil des Buches beschäftigt sich mit dieser bevorzugten Gruppe von Armen. Das fünfte Kapitel befasst sich mit den Lebensbedingungen der ortsansässigen Armen. Es liegen bisher nur sehr wenige Untersuchungen zu ihrer Mentalität und ihrer alltäglichen Befindlichkeit vor. In diesem Kapitel wird darum versucht, ihre materiellen Lebensumstände (Ernährung, Wohnung, Kleidung) und die dadurch bedingte Mentalität zu rekonstruieren.

»Barmherzigkeit beginnt vor der eigenen Tür« – dieser Spruch beinhaltet eine der wichtigsten und doch häufig übersehenen Formen, der Armut beizukommen. Für ihr Überleben konnten sich die Menschen selten auf Nächstenliebe oder Armenfürsorge verlassen; sie mussten vielmehr soziale Netze aktivieren, deren Teil sie waren (Familie, Nachbarn, Freunde, Arbeitgeber). Um ihre Existenz zu sichern und um Not und Elend in einer bestimmten Situation zu entgehen, waren andere zum Ortswechsel gezwungen (Armutsmobilität). Die wenigen Glücklichen, die in den Genuss der öffentlichen Armenfürsorge kamen, mussten sich notgedrungen den Maßstäben der Institutionen anpassen, die Almosen – in Einzelfällen sogar regelmäßige Unterhaltsbeihilfen – gewährten. Auf diese wirkungsvollen Überlebensstrategien wird im sechsten Kapitel eingegangen.

Mit zunehmender Armut stellten die Bedürftigen eine Gefahr für die öffentliche Ordnung dar. Um der veränderten Situation gerecht zu werden, schuf man neue Systeme der Armenhilfe. Im 16. Jahrhundert kam es zu größeren institutionellen Umwälzungen, die sich in verschiedenen Schüben bis ins frühe 19. Jahrhundert fortsetzten. Dieser Wandel verlief im frühneuzeitlichen Europa nicht überall synchron. Ähnliche Unterschiede gelten auch für die Kräfte, die hinter den Veränderungen standen (ob sie nun auf dem privaten Sektor, in den Gemeinden, in der Kirche oder in den Regierungen wirkten). Im siebten Kapitel wird zum ersten Mal der Versuch unternommen, auf der Grundlage struktureller, organisatorischer und funktionaler Variablen eine Typologie der verschiedenen Systeme der Armenfürsorge zu entwerfen. Man kann solche frühen Beispiele der Sozialhilfe nur innerhalb eines allgemeineren europäischen Rahmens einschätzen und differenzieren. Aus Gründen der Übersichtlichkeit erscheint es sinnvoll, von zwei Idealtypen der Fürsorge auszugehen: von der zentralisierten und der dezentralen Armenhilfe, wobei die letztere offenbar eher für die katholischen Länder galt und die erstere für protestantische Gesellschaften.

Der letzte Teil der Untersuchung ist den »unwürdigen« Armen gewidmet, denen Barmherzigkeit und Hilfe verweigert wurde, weil ihr Verhalten gegen die Norm verstieß. Müßiggang, Bagatelldiebstahl, Landstreicherei und Prostitution waren die gängigsten Vergehen im Zusammenhang mit der Armut. Die verschiedenen Formen der armutsbedingten Normverstöße sind Gegenstand des achten Kapitels. Es wird sich herausstellen, dass dieses Problem durchaus in Verbindung mit den veränderten Einstellungen gegenüber den Armen insgesamt steht, ohne dass man es jedoch einfach als ein Ergebnis dieser Entwicklung betrachten dürfte.

Die Armut als solche war keine Schande. Schon vom 15. Jahrhundert an wurde indessen die Unterscheidung zwischen den bedürftigen und den unwürdigen Armen Element einer diskriminierenden Sozialpolitik gegenüber den Bettlern. Dabei war die Grenzlinie zwischen denen, die Unterstützung verdienten und denen, die sie nicht verdienten, häufig verwischt. Dennoch bestraften die Regierungen eifrig Vergehen, die aus einem neuen Begriff kollektiver Kriminalität erwuchsen und gewöhnlich unter der Überschrift »Landstreicherei« zusammengefasst wurden. Diese Vorstellung beinhaltete eine Reihe verschiedener Maßnahmen gegen Gauner und »rüstige« bzw.

arbeitsfähige Bettler. Eine solche Philosophie der Diskriminierung förderte eine Sozialpolitik, die im Kern die drei Wesensmerkmale der Ausgrenzung enthielt: Stigmatisierung, Ausgrenzung und Bestrafung. Diese Maßnahmen sind Gegenstand des neunten Kapitels.

Die jüngere Forschung hat gezeigt, dass die literarische Darstellung der Landstreicher und Außenseiter ernst zu nehmen ist und nicht einfach als pure Fantasie oder Fiktion abgetan werden darf. Im zehnten Kapitel wird begründet, warum die sogenannte »Gaunerliteratur« eine wertvolle Quelle für die Rekonstruktion der Subkultur der Armen darstellt. Sozialdisziplinierung und Maßnahmen, die Betteln und Landstreicherei unter Strafe stellten, stießen auf Widerstand. Wer von den Behörden als Bedrohung der Moral und der öffentlichen Ordnung angesehen wurde, der suchte eigene Überlebensstrategien. Diese wiederum führten von außen betrachtet zu etwas, was man als kurzlebige Gegen-Gesellschaft von Außenseitern ansehen konnte, die durch gemeinsame Lebensweise und bestimmte Werte geeint wurden. Einige der analysierten Fälle legen in der Tat den Schluss nahe, dass sozial an den Rand gedrängte Gruppen eine Art Subkultur schufen. Allerdings waren die Reaktionen auf die Unterdrückungsmechanismen lokaler und nationaler Institutionen beschränkt. In den meisten Fällen standen den Armen, deren Verhalten nicht der Norm entsprach, nur drei Möglichkeiten offen: sich selbst zu organisieren, zu rebellieren und ab- bzw. auszuwandern.

Die Untersuchung von Parallelen und Unterschieden hinsichtlich der Form der Armut und des Umgangs mit ihr damals und heute bleibt dem Schlusskapitel vorbehalten, in dem die vorausgehenden Analysen zusammengefasst und bewertet werden.

Außerdem empfiehlt es sich, die Zeittafel und die Kurzbiographien bedeutender Sozialreformer im Anhang zu Rate zu ziehen, denn wer Sozialgeschichte betreibt, kommt nicht ohne die Geschichte der Ereignisse und des Wirkens von Einzelpersonen aus. So hat der renommierte französische Historiker Fernand Braudel selbst vorgeschlagen, die historische Zeit in eine geographische, gesellschaftliche und individuelle Zeit einzuteilen.

Zum Schluss noch eine Bemerkung zu den Anmerkungen und der Bibliographie. Dieses Buch richtet sich an einen breiten Leserkreis. Da es Material enthält, das in jahrelanger Arbeit aus verschiedenen Archivalien, Büchern und Zeitschriftenartikeln zusammengestellt wurde, wäre der entsprechende Herkunftsnachweis in jedem einzelnen Fall nicht praktikabel. Auf Anmerkungen wurde daher so weit wie möglich verzichtet; sie dienen vor allem dem Nachweis von Zitaten aus zeitgenössischen Quellen. Am Schluss des Buches findet man jedoch eine Bibliographie, in der die wichtigsten Werke und Untersuchungen zu den im jeweiligen Kapitel erörterten Themen aufgeführt sind. Entsprechende Überschriften sollen die Orientierung erleichtern. Man hätte zwar viele dieser Werke an mehreren Stellen nennen können; aus Platzgründen werden einzelne Titel jedoch nur dort mehrfach genannt, wo es unumgänglich ist. Dazu gehören viele der allgemeineren Werke, die sich besonders für die vertiefende Lektüre eignen. In der Bibliographie wird nicht zuletzt auf jene Autoren und Werke verwiesen, denen die vorliegende Analyse viel verdankt.

Das Abbild der Armut

Armut und Sprache

Die Sprache kann einen Weg zur gesellschaftlichen Wirklichkeit weisen. Historiker müssen aber oft daran erinnert werden, dass eine Untersuchung der Sprache mehr ist als »eine akademische Übung in Semantik« (Asa Briggs). Das lässt sich am Beispiel der Wörter für die Verwandtschaftsgrade darlegen, in denen sich die wesentlichen Verwandtschaftsverhältnisse in einer Gesellschaft spiegeln. Aber nicht nur Verwandtschaftsbegriffe können die Struktur einer Gesellschaft abbilden. Die Terminologie der Armut z. B. sagt viel über die Unterschiede zwischen unserer heutigen und der hier untersuchten vorindustriellen Gesellschaft aus. Natürlich decken Worte die Wirklichkeit nicht völlig ab, doch die Begriffe, die man zur Beschreibung der unterschiedlichen Grade von Armut und Bedürftigkeit verwendet, sind im Zusammenhang mit anderen Fakten ein wichtiger sozialer Indikator. Da sich die Gesellschaft in dieser Form sprachlich ausprägt, kann gesellschaftlicher Wandel auch eine entsprechende semantische Veränderung bewirken. Wenn sich die Gesellschaft der Frühen Neuzeit z. B. so grundlegend verändert hätte, dass sie eher einer Klassengesellschaft entspräche als einer ständischen Gesellschaft, dann würden wir eine entsprechende Transformation in der Sprache erwarten. Eine moderne Untersuchung (Gertrud Himmelfarb) kommt zu dem Schluss, dass die veränderten Vorstellungen von Armut und Armen im späten 18. Jahrhundert zu einer zunehmenden Verwendung von Begriffen der Klassengesellschaft für die Definition der Armut und die Beschreibung der Armen führten. Die Klasse im modernen Sinn entstand, wie marxistische Historiker dargelegt haben, erst in dem historischen Moment, als die Klassen sich selbst als solche bewusst wurden. Dieses Bewusstsein findet Ausdruck in Sprache und Vorstellungen ebenso wie im Verhalten. Das England des späten 18. und frühen 19. Jahrhunderts war jedoch noch keine voll ausgeprägte Klassengesellschaft. Der Umstand, dass Wörter wie »Arbeiter«, »Leute« und »Arme« im öffentlichen Diskurs immer noch eine große Rolle spielten, zeigt, dass die Sprache der Klassengesellschaft noch nicht die »alte« Terminologie der Ständegesellschaft verdrängt hatte, in der Begriffe wie »arm« und »reich« auf eine göttliche, geordnete, festgefügte und organische Gesellschaftsordnung verwiesen. Bis zum Ende des Absolutismus schwangen im Vokabular der Armut mittelalterliche Vorstellungen von gesellschaftlichen Verhältnissen mit, die weitgehend auf Geburt und gegenseitiger Abhängigkeit gründeten. »Wir sagen nämlich, dass die Armen zum Wohle der Reichen erschaffen sind«, erklärt um 1600 ein anonymer englischer Autor,[1] und dabei konnte er sich noch immer mit vielen seiner Zeitgenossen einig fühlen, die wie er die Armen als untrennbaren Bestandteil einer christlichen Gemeinschaft sahen, als notwendigen Anreiz für die Reichen, Gutes zu tun und sich in Demut zu üben. Im vorindustriellen Europa verstand man unter Armut mehr als einen bestimmten Mangel an materiellen Gütern oder bloß ein bestimmtes Verhältnis zwischen notwendigen Mitteln und angestrebtem Zweck; die Armut galt vielmehr und vor allem als eine zwischenmenschliche Beziehung, mit der eine Rangordnung geschaffen wurde.

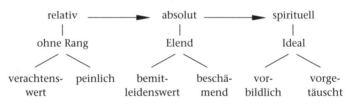

Bedeutungselemente von »Armut«

nach: Roch, *Vocabulaire*, S. 285 ff.

Es kam zu einem ausgeprägten gesellschaftlichen und politischen Wandel, der mit einer parallelen Transformation der Wortbedeutung von »Armut« und den entsprechenden Begriffen in den verschiedenen europäischen Sprachen einherging. Während die Bedeutung heute ziemlich eingeschränkt ist, hatte »Armut« im Mittelalter und in der Frühen Neuzeit ein sehr viel weiteres Bedeutungsfeld und zahlreiche Konnotationen (vgl. die Aufstellung S. 12). Für das englische Wort »poverty« im Frühneuenglischen listet das *Oxford English Dictionary* vier Bedeutungen auf: 1. wenig oder kein Vermögen bzw. materiellen Besitz; 2. Fehlen eines angemessenen bzw. erwünschten (sozialen) Status oder Stands; 3. Not, Mangel; 4. schlechter körperlicher Zustand, Schwäche aufgrund mangelhafter Ernährung. Insofern ist »arm« der Ausdruck von mehr als nur dem Gegenteil von »reich« oder »vermögend«. Der Begriff bezeichnet nicht bloß die verschiedenen Kategorien der Armut (absolute, relative und spirituelle), sondern er ist grundsätzlich wertend, indem er von einer Person aussagt, dass sie unter Umständen lebt, die Mitgefühl oder Verachtung hervorrufen. Diese wertenden Bedeutungen von »reich« und »arm« sind logisch unterschieden von anderen semantischen Gegensätzen (z. B. jung/alt; groß/klein), weil wir das, was sie an Wahrheitswert enthalten, nicht erörtern können, ohne zu unterscheiden zwischen »wahr für Herrn X«, »wahr für Frau Y«. Während die Zeitgenossen solche subjektiven Unterscheidungen vornehmen konnten und es auch taten, muss der Historiker die wertenden Begriffe nehmen, wie sie sind. Er findet in den Quellen Gesellschaftsgruppen oder Individuen, die nach Kriterien als »arm« bezeichnet wurden, die oft unscharf und nicht immer nachvollziehbar sind. Er muss sich also stets bewusst bleiben, dass der Gegensatz zwischen »reich« und »arm« subjektiv und sprecherbezogen ist.

Synonyme von »Armut«

1 Elend	2 Mangel	3 Schutzlosigkeit	4 Leid
(a) Entbehrung	(a) Schutzlosigkeit	(a) Nacktheit	(a) Erschöpfung
(b) Not	(b) Mittellosigkeit	(b) Ruin	(b) Schmerz
(c) Unglück	(c) bittere Armut	(c) Einsamkeit	(c) Melancholie

nach: Roch, *Vocabulaire*, S. 286 ff.

Will man verstehen, was die Sprache im untersuchten Zeitraum über die Wahrnehmung der Armen und die implizierten Wertvorstellungen verrät, so darf man nicht nur nach Worten gegensätzlicher Bedeutung suchen, sondern auch nach semantisch verwandten Begriffen. Die in der Aufstellung auf Seite 13 aufgeführten Begriffe, die ihre Entsprechungen in den anderen europäischen Sprachen haben, werden im gesamten Spätmittelalter und in der Frühen Neuzeit gebraucht, um verschiedene Aspekte der Armut zu beschreiben.

Manche Synonyme beziehen sich auf den relativen Charakter der Armut. Man ist immer ärmer oder besser gestellt als ein anderer, und zwar auf unterschiedliche Art und Weise. Das reicht vom Mangel an den Mitteln, sich die Bequemlichkeiten oder Notwendigkeiten des Lebens zu verschaffen bis zu seelischen oder physischen Lebensbedingungen. Das Schema zu den Synonymen der Armut verdeutlicht zwei weitere spezifische Aspekte der Armut, zusätzlich zu Entbehrung, Not und Schutzlosigkeit: die Anonymität oder Einsamkeit, die aus der Hilf- bzw. Machtlosigkeit entspringt, und das dauernde oder vorübergehende Fehlen eines erstrebenswerten Merkmals bzw. die Minderwertigkeit, die solche Menschen in den Augen ihrer Zeitgenossen nicht nur bemitleidenswert, sondern manchmal auch verächtlich erscheinen ließ. Zu Beginn der Frühen Neuzeit konnte ein armer Mensch noch als jemand beschrieben werden, der »aus Mangel an Brot vor dem Verhungern stand«, oder als jemand, der »für ihn notwendige Dinge entbehrte«. Später, im 17. Jahrhundert, bezog sich der Begriff »arm« nicht nur auf Personen, die in ärmlicher oder bedürftiger Lage lebten, sondern insbesondere auf Menschen, die von karitativer bzw. kirchlicher Hilfe abhängig waren. Und erst Ende des 18. Jahrhunderts wurde ein klarer Trennstrich zwischen Armut einerseits und Mittellosigkeit andererseits gezogen, zwischen der Masse der werktätigen Armen und denen, die so mittellos waren, dass sie zum Lebensunterhalt auf Almosen oder die Fürsorge angewiesen waren.

Wie die Zeitgenossen die Armen und die verschiedenen Grade bzw. Merkmale ihrer Armut wahrnahmen, klassifizierten und beschrieben, schwankte stark je nach Person, Institution, Epoche und selbstverständlich Ort. In den Augen der Verwaltungsbeamten und Sozialreformer der Frühen Neuzeit waren die Armen meist zwei verschiedenen Kategorien zuzuordnen: den bedürftigen und den unwürdigen Armen, je nach dem, ob man sie als Opfer ihrer Lebensumstände sah oder sie selbst für ihr gegenwärtiges Elend verantwortlich machte. Im 16. und 17. Jahrhundert stand die Semantik der Armut im Zeichen der »Stände-«, nicht der »Klassen-Terminologie«. Wenn man die Armen als Gesellschaftsgruppe betrachtete, dann in den Kategorien einer hierarchischen Gesellschaft, nach Herkunft und Rang. Die Terminologie der Chroniken, Statuten, Vorschriften und Erlasse, in denen die Autoren und die Obrigkeit die Armen definierten und sie innerhalb ihrer Gesellschaft einordnen wollten, reflektiert die grundlegenden gesellschaftlichen Kategorien von Stand, Rang, Herkunft, Status, die man insgesamt, wenn auch nicht streng oder ausnahmslos, in Bezug auf die Geburt festlegte. In seiner ausführlichen Beschreibung der Armut klassifiziert William Harrison, ein englischer Autor des 16. Jahrhunderts, die Armen nach drei »Stufen« und entsprechenden Unterkategorien[2]:

1. Zu den Armen »aus Hilflosigkeit« gehören:
   - das vaterlose Kind
   - die Alten, Blinden und Lahmen
   - der unheilbar Kranke

2. Zu den Armen »durch Unglück« gehörten:
   - der kriegsversehrte Soldat
   - der gebrechliche Haushaltsvorstand
   - der von schwerer Krankheit Heimgesuchte.

Während die Armen der ersten zwei »Stufen« von ihm und auch von den Fürsorgebeamten im gesamten Europa der Frühen Neuzeit als rechtmäßige bzw. unverschuldete Arme angesehen wurden, konnte die folgende Kategorie kaum irgendwo auf Mitgefühl und Unterstützung hoffen:

3. Zu den »verschwendungssüchtigen« Armen gehörten:
   - der Lebemann, der alles verprasst hat
   - der Vagabund, der nirgendwo sesshaft werden will
   - Gauner und Huren.

Ähnlich eindeutige und explizite Aussagen in zeitgenössischen und kollektiven Definitionen »echter« Armut findet man auch in anderen Quellen. Testamente von Privatpersonen ebenso wie die Armengesetzgebung formulieren die meist viel weniger konkreten Eigenschaften, welche die Zeitgenossen zur Wertung der Armen verwendeten. Vom 16. Jahrhundert an lenkten Regierung und Verwaltung die öffentliche Aufmerksamkeit auf die Gefahren, die von der dritten Kategorie der Armen, den »Müßiggängern«, ausgingen (siehe Tabelle 1).

Tabelle 1: *Begriffe zur Definition armer Bettler (»pauvres mendiants«) im Frankreich der Frühen Neuzeit*

	16. Jh	1601–1630	1631–1668
pauvres, mendiants (Arme, Bettler)	11	11	8
vagabonds (Landstreicher)	2	9	5
gens de néant (Müßiggänger)	2	1	1
fainéants (Nichtstuer)	–	1	2
gens sans aveu (Herrenlose)	–	3	1
gueux (Strolche)	–	1	2

aus: Alain Croix, *La Bretagne aux 16e et 17e siècles. La vie – la mort – la foi*, 2 Bände, Paris 1981, I, S. 436, Tabelle 61a

Die Zunahme bei den Kategorien, die höchstwahrscheinlich eine abwertende Bedeutung hatten (*vagabonds, gens sans aveu*), ist ein Anzeichen für die im frühen 16. Jahrhundert wachsende Angst und Abneigung – eine Entwicklung, die sich im gesamten folgenden Jahrhundert fortsetzte. In Deutschland, in den kaiserlichen und territorialen Polizeiverordnungen sowie im England der Tudors und Stuarts sah man die Dinge ähnlich. Das Armutsproblem wurde stets als das Problem der »herrenlosen Menschen«, der Bettler und Landstreicher, dargestellt. Zahllose Traktate, Vorschriften und Proklamationen hämmerten den Menschen einen Unterschied zwischen unverschuldeten und selbstverschuldeten Armen ein, und die Zeitgenossen orientierten ihre Vorstellung einer sozialen Ordnung an diesen zu Gemeinplätzen erstarrten Begriffen. Was sich im 17. und frühen 18. Jahrhundert änderte, war der Umstand, dass man nun immer seltener zwischen dem Armen (*pauper*) und dem Bettler (*mendicus*) unterschied. Man ging mehr und mehr dazu über, *alle* arbeitsfähigen Armen als Müßiggänger anzusehen, die keine Wohltaten verdienten.

Wie aber beschrieben sich die Betroffenen selbst? Wie reflektiert ihre eigene Sprache ihren Status und ihre Lebensweise als Arme? Die fehlenden Quellen erschweren eine Antwort. Das Argot, das die Vagabunden, Gauner und Diebe gleichermaßen sprachen, liefert dem Mentalitäts- und Kulturhistoriker dennoch unschätzbares Material.

Man kann den Prozess, der die sprachliche Kommunikation zwischen den herrschenden und den als bedrohlich empfundenen Schichten beeinflusste, als wechselseitig wirksam betrachten.

Einerseits führte er zu einer angstbesetzten, aber zwanghaften Neugier der Zeitgenossen (z. B. bei Mathias Hütlin, Martin Luther, Thomas Harman, John Awdeley, Ollivier Chereau) in Bezug auf die Unterwelt der Frühen Neuzeit. Es kann kaum überraschen, dass diese Menschen die Gegenkultur mit den »soziologischen« Begriffen der christlichen Gemeinschaft erklärten, in der sie lebten. John Awdeley z. B. spricht im Titel seines Buchs über die Unterwelt der elisabethanischen Zeit (1561) von der »Bruderschaft der Vagabunden«.[3] Das erste Kapitel von *A Caveat for Common Cursitors, Vulgarly Called Vagabonds* (1566)[4] des Friedensrichters Thomas Harman beginnt mit einer ausführlichen Beschreibung des *ruffler*, »weil dieser den ersten Rang jenes abscheulichen Standes einnimmt und in einem Gesetz zur Bestrafung der Vagabunden so bezeichnet wird«. Diese spezifische Terminologie wird wenig später von William Harrison in seiner *Beschreibung Englands* übernommen; er spricht dort von den »verschiedenen Unordnungen (*disorders*) und Rängen unter unseren müßiggehenden Landstreichern«.[5] Wenn er von »Un-Ordnungen« spricht, spielt Harrison auf die zeitgenössischen Vorstellungen von Stand und Status an, verweist aber gleichzeitig darauf, dass die verschiedenen Landstreicher-Gesellschaften das negative Abbild der Hierarchie in der christlichen Gemeinschaft sind. Die gleiche Vorstellung oder Weltanschauung wird auch in einer späteren Ausgabe des berühmten deutschen Werks der sogenannten »Gaunerliteratur« (F. W. Chandler) sichtbar, dem *Liber vaga-*

torum (Erstausgabe 1509), das in seinem Titel auf einen »Bedler Orden« Bezug nimmt, während im italienischen Gegenstück dazu von der »compagnie« die Rede ist, in der sich Bettler organisieren. In solchen Begriffen bildet sich das soziale Gefüge ab, das die Grundlage der städtischen Gesellschaft in der Frühen Neuzeit darstellt.

Andererseits kann man diesen sprachlichen Vorgang vor dem Hintergrund der Hypothese betrachten, dass verschiedene Sprachen (in diesem Fall: Gaunersprache und Volkssprache) unterschiedliche Wahrnehmungen der Welt zum Ausdruck bringen. Die fahrenden Bettler oder Vagabunden selbst sahen ihre Welt in der Regel ganz anders als die deutschen, englischen oder italienischen Sprecher der Umgangssprache aus den unteren, mittleren oder gehobenen Schichten. Statistische Analysen des Wortschatzes einiger »Geheimsprachen« von solchen geschlossenen und straff organisierten Gruppen beleuchten die vorherrschende Sorge um die Möglichkeiten der Existenzsicherung. Eine Person aus dem Kreis der Armen muss unbedingt zwischen verschiedenen Formen unerlaubter Bettelei und der Almosengabe unterscheiden können. Natürlich kann man in der Volkssprache dieselben Unterscheidungen treffen und von gefälschten Bettellizenzen, falschen Aussätzigen usw. sprechen, doch in der Gaunersprache wird der Unterschied gewöhnlich lexikalisiert – d. h. mit Hilfe bestimmter Wörter vorgenommen.

Noch schwieriger wird es, wenn man herausfinden will, wie sich die »anständigen« bzw. »verschämten« Armen selbst sprachlich definierten. Ein englischer Historiker hat kürzlich einen interessanten Versuch unternommen und eine italienische Quelle analysiert, in der sich ehrbare Arme, denen Unterhalt zustand, nach verschiedenen Kriterien selbst sprachlich beschrieben; dazu zählten z. B. handwerkliche Fertigkeiten. Die Wörter, die erwerbstätige Arme verwendeten, um ihre wirtschaftliche Tätigkeit und ihre Fertigkeiten zu beschreiben, geben den Blick auf eine Sprache mit vielfältigen Ausdrucksmöglichkeiten frei. Der reiche Wortschatz verweist laut Stuart Woolf auf »eine überaus enge Identifikation mit der konkreten, materiellen Erfahrung alltäglicher Arbeit«.[6]

Armut im Bild

Ebenso wie die außerordentlich beliebte »Gaunerliteratur« belegen auch die bildlichen Darstellungen von Armen das wachsende öffentliche Interesse am Armenproblem während der Frühen Neuzeit. Der Betrachter verstand die Absicht der Bilder, weil sie dieselbe Botschaft vermittelten, die ihren Niederschlag auch in den zahlreichen zeitgenössischen Traktaten, Predigten und Abhandlungen zum Thema fand, dass man nämlich zwischen den ehrbaren und den unwürdigen Armen unterscheiden müsse. Bildliche Darstellungen der Armen können daher als ein wirksames Mittel der Bildpropaganda interpretiert werden. Die neuere Forschung zur Verwendung von Bildern in der Reformation hat gezeigt, dass es möglich ist, diese in Bezug auf bestimmte Codes zu deuten: 1. den Übertragungscode (das Medium der bildenden Künste); 2. den morphologischen Code (die Komposition und Struktur des Bilds); 3. den sprachlichen Code (die Verwendung von erklärenden Texten und Untertiteln); 4. den Code der Gebärde (Gestik und Merkmale, die für Gemütsverfassung, Charakter, Personenstand und Rolle stehen).

Die Frage, welches Medium der Künstler wählt, um seiner Vorstellung der Armut Ausdruck zu verleihen, wird besonders wichtig, wenn man an die potentiellen Kunden für Altargemälde, Gedenktafeln und Skulpturen denkt, die ja stolz auf ihre Wohltätigkeit waren. Eine weitere Gruppe bestand aus den Käufern, Lesern und Betrachtern illustrierter Bücher, von Flugschriften und Holzschnitt-Blättern, die entweder ihre Neugier befriedigen wollten oder praktische Ratschläge suchten, wie sie ihrer Christenpflicht der Nächstenliebe nachkommen sollten. Die Verschiedenartigkeit der Rollen, welche die Bettler in den verschiedenen Medien verkörperten, lässt auf eine komplexe Vorstellung des Bettlers unter den Zeitgenossen schließen. So trägt der morphologische Code dazu bei, eine wiederholt in Erscheinung tretende Kompositionsform zu deuten: den Bettler als sozialen Typus oder als Gegenstand der Barmherzigkeit. Im 15. Jahrhundert stellte man den Bettler häufig als Krüppel dar. Im 16. Jahrhundert sind seine Kennzeichen nicht mehr körperliche Gebrechen, sondern die Bittgebärde und sein erbarmungswürdiges Aussehen. Jetzt verweist nicht mehr das körperliche Gebrechen auf den Bettler, sondern etwas weniger Konkretes, weniger Greifbares: eine Gebärde, ein Verhalten, mit anderen Worten, ein physischer und moralischer Zustand.

Der sprachliche Code liefert uns zusätzliche Informationen über die Vorstellung des Künstlers von der Wirklichkeit. Das veranschaulicht die illustrierte Ausgabe von Petrarcas *Trostspiegel* (erste deutsche Ausgabe Augsburg 1532), in der eine Szene die Verteilung von Almosen aus dem Armenkasten darstellt. Der Holzschnitt trägt den bezeichnenden Untertitel »Dem allermeyste hilff gebürt/Wo not und tugent wirt gespürt«. Ein weiteres eindrucksvolles Beispiel findet sich auf den Titelseiten verschiedener Ausgaben des *Liber vagatorum* (1509 ff.). Während der Text verschiedene Arten von Bettlern als Schwindler kennzeichnet, geben die Titelillustrationen die skeptische Einstellung des Autors kaum wieder, sondern präsentieren den Bettler ohne zusätzlichen bildlichen Kommentar und oft, indem sie die reale Armut und Gebrechlichkeit vieler dieser Gestalten dokumentieren. Der Gegensatz zwischen Text und Bild spiegelt den Widerstreit der zeitgenössischen Meinungen wider, die von Argwohn bis zu Mitleid reichten. Um 1524 publizierte der Nürnberger Künstler Barthel Behaim sein Flugblatt *Die zwölf Vaganten*. Als Flugblatt und durch seine besondere sprachliche Form, in Versen, erreichte es auch weniger gebildete Schichten mit seiner Botschaft, die da lautete, dass die Armen manchmal Opfer innerer und äußerer Einflüsse sind, dass aber die Armut selbst Teil der göttlichen Ordnung ist.

Wenn man den Gebärdencode entschlüsselt, erkennt man die ehrbaren Armen an ihrer Sauberkeit und ihrem fröhlichen Fleiß, während die unwürdigen Armen unschwer an ihrem gemeinen Wesen und Ausdruck und ihrer schäbigen Kleidung auszumachen sind. Die Gestik ist sicher das wichtigste Element der Bildsprache. Sie gibt Verhaltensmuster wieder, die durch soziale und politische Normen vorgezeichnet sind. Die Gebärden einiger Heiliger (Franz von Assisi, Martin, Elisabeth), wenn sie den Armen Almosen geben, machen ein bestimmtes, in der Nachahmung Christi stehendes Verhältnis sichtbar zwischen diesen himmlischen Fürsprechern und den Armen, die vor ihnen stehen. Besonders die heilige Elisabeth von Thüringen gleicht in ihrer Gebärdensprache so sehr dem Idealtypus des frommen Christen im Angesicht der Armut, dass ihre Gestalt in den deutschsprachigen Ländern häufig an die Stelle der allegorischen Figur der »Caritas« getreten ist.

Das Abbild der Armen muss auch in Bezug auf die besondere moralische und politische Ideologie des Künstlers, von dessen Leben uns oft kaum etwas bekannt ist, interpretiert werden. Jedenfalls spiegeln ihre Werke nicht die Wirklichkeit der Armut und der Armenfürsorge im frühneuzeitlichen Europa wider, sondern die Absicht des betreffenden Künstlers, eine bestimmte Idee des Armen zur Erbauung und Erziehung sowohl der Reichen als auch der Armen zu propagieren. Die spätmittelalterlichen Künstler stellten Arme und Wohltäter noch im Kontext der traditionellen christlichen Anschauung von Heiligkeit und Heiligung durch Armut und Barmherzigkeit dar; die Armen waren dabei meist passiv Beteiligte an einer frommen Heilstat. Viele Darstellungen von Armen aus dem 16. Jahrhundert vermitteln eine andere Botschaft. Der Arme wird jetzt häufig auf ein anderes Stereotyp reduziert, das des arbeitsfähigen Bettlers einerseits, der keine Barmherzigkeit verdient, und das des fröhlichen, dankbaren und sesshaften werktätigen Armen andererseits.

So hat sich die Einstellung der Künstler zu ihrem »Sujet« des Armen im Lauf der Zeit gewandelt. Eine eher malerische Darstellung der Armut (wie in Jacques Callots berühmten Radierungen *Les Gueux*) verrät ein vorwiegend ästhetisches Interesse am Gegenstand. An seine Stelle kann auch eine Art »romantischer« Vorstellung treten, die bis ans Pastorale grenzt, wie in manchen Drucken von Lucas van Leyden (1494–1533). In anderen künstlerischen Werken wird die Kritik des Autors durchsichtiger, so z. B. in Albrecht Dürers Illustration zur Ausgabe des *Narrenschiffs* von 1494 oder in dem berühmten Kupferstich »Bettlertypen« nach einer Zeichnung von Hieronymus Bosch (1450?–1516).

Abb. 1: Barthel Behaim, Die zwölf Vaganten. Holzschnitt (ca. 1524).

Abb. 2: Bettlertypen. Kupferstich nach Hieronymus Bosch (17. Jahrhundert).

Um den Armen besser kenntlich zu machen, haben die Künstler des Spätmittelalters und der Frühen Neuzeit bestimmte Merkmale wie Verhalten, Ausdruck und Kleidung besonders hervorgehoben. Wie ihre Zeitgenossen empfanden sie die Armut als ein natürliches und alltägliches Phänomen, sodass sie sich auf die äußere Erscheinung der Armut beschränken konnten. Die gängigsten Kennzeichen des Lebens dieser elenden Massen, die einen fast täglichen Kampf ums Überleben führten, waren Unterernährung, Krankheit, Alter, körperliche Gebrechen und das Fehlen einer dauernden Bleibe. Ein außergewöhnliches Beispiel dieses Genres ist eine Zeichnung von Pieter Bruegel d. Ä. mit dem Titel »Arm ghasterije« (»Magere Küche«), das an späterer Stelle ausführlicher erörtert wird. Ein weiteres geläufiges Motiv ist die auffällige Kleidung der Armen. Das zerlumpte und manchmal exzentrische Aussehen vergrößert die äußerliche Kluft zwischen den elegant und modisch gekleideten Reichen und der schäbigen und abgerissenen Kleidung derer, die sich nichts Besseres leisten konnten. Lumpen dienen daher als ein Hauptmerkmal für Not und Entbehrung, versinnbildlichen aber auch eine ikonographische Tradition des Mittelalters, derzufolge dieses »Demutskleid« symbolisch für die Sündhaftigkeit des Menschen und seine befleckte Seele stand.

Das Vorgehen, Arme ebenso wie Außenseiter der Gesellschaft in ihrer Bewegungsfreiheit einzuschränken, wurde nach Michel Foucault zu einem wesentlichen Prinzip einer umfassenden Sozialpolitik, die auf Ordnungsmaßnahmen beruhte. Während die frühen Formen der Einschließung (z. B. für Aussätzige und Geisteskranke) sich in den Drucken, Radierungen und Holzschnitten der Epoche zwischen 1450 und 1650 finden, wird das »Große Einsperren«, das Foucault beschreibt, erst um die Wende zwischen dem 17. und 18. Jahrhundert sichtbar, als Bilder von Gefängnissen, Arbeits- und Krankenhäusern und ihren Insassen in der europäischen Kunst mehr oder weniger zur Mode wurden. In dem gesamten untersuchten Zeitraum kann man drei wesentliche Schauplätze für Szenen unterscheiden, die entweder die Armen allein betreffen oder sie zusammen mit ihren Wohltätern zeigen: die Straße, das

Land und das Innere von Gebäuden (Hospitäler, Kirchen, Armen- und Arbeitshäuser usw.). Jeder Schauplatz hat seine eigene Bedeutung und verrät die Vorstellung, die der Künstler von der Armut hat. Die Betonung kann auf der sozialen Kontrolle, auf Erziehung, Zwang und Strafe liegen, oder aber, wenn der fahrende Bettler gemeint ist, kommt gelegentlich eine gewisse Bewunderung für die »Freiheit« des Bettlers, der kein Zuhause kennt und daher ungebunden ist, zum Ausdruck. Man gewinnt in der Tat den Eindruck, dass in diesen Bildern, wie im Theater der Tudors und der Stuarts, die Armen und die Landstreicher nicht selten dargestellt werden, weil man sie mit exzentrischen, nonkonformistischen Charakterzügen in Verbindung brachte und weil sie Unterhaltung für Betrachter versprachen, die optische Reize suchten. Das pastorale Element in der Darstellung der Armut tritt nirgends deutlicher hervor als in jenen zahlreichen Landschaftsbildern, auf denen die »glücklichen« Armen sich auf dem Feld, im Wald oder auf der Wiese versammeln und offenbar die Botschaft vermittelten, dass ihr Leben zwar nicht frei von Entbehrung war, aber doch persönliche Freiheit bot.

Die Armen, die bedürftigen wie die unwürdigen, werden häufig in einer Gruppe dargestellt, und das nicht bloß aus ästhetischen Erwägungen. Armut und Landstreicherei verbanden sich in den Augen der Zeitgenossen eher mit Gruppen als mit Einzelpersonen. Den Armen begleiteten dann entweder Angehörige verschiedener Randgruppen (Juden, Zigeuner usw.) oder ein Vertreter der bestehenden Stände. Das Bild selbst sagt oft viel über das Sozialleben der Armen aus. Manchmal wird das ganze Kaleidoskop des Vagabundenlebens ausgebreitet, wobei man sich an die vielen verschiedenen Außenseiter erinnert fühlt, die in der Literatur der Frühen Neuzeit dargestellt sind. Eine weitere Kategorie besteht aus Bildern, in denen die Armen zusammen mit den Almosengebern oder Wohltätern zu sehen sind; hier wird die komplexe Natur christlicher Nächstenliebe vermittelt, nicht nur großzügig und dienend, sondern auch für den Wohltäter läuternd und selbstverleugnend. Das gilt insbesondere für die Darstellung verschiedener Heiliger als Almosengeber. Die bildlichen Darstellungen der Sieben Werke der Barmherzigkeit, für die es in der gesamten Frühen Neuzeit Beispiele gibt, vermitteln nicht die Botschaft jener christlichen Demut, die ein Band zwischen dem Heiligen und dem Almosenempfänger knüpfte; im Mittelpunkt steht hier nicht der Beschenkte, sondern der Akt der Mildtätigkeit als solcher.

Wenn ein Künstler die unterste Schicht der frühneuzeitlichen Gesellschaft beschrieb, dann gab ihm das die Möglichkeit, ein weites Spektrum gesellschaftlicher Außenseiter in verschiedenen Lebensumständen und Situationen darzustellen. Seine Wahl wurde dabei natürlich von seinem Interesse an der bildlichen Qualität des Gegenstands, von ästhetischen Erwägungen oder einfach von ikonographischen Konventionen geleitet. Doch es steht außer Zweifel, dass die bittere Realität wiederholter Hungersnöte dem Künstler ausreichend Anschauungsmaterial lieferte. Was in vielen Schelmenromanen (wie dem *Lazarillo de Tormes*) als Hauptmotiv erscheint, ist auch gemeinsames Merkmal der bildlichen Darstellung von Armen: Hunger und die Reaktion der Betroffenen darauf, nämlich das Betteln um ein Stück Brot. Die meisten Darstellungen zeigen all jene, die Essen, Trinken, ein Dach über dem Kopf, Kleidung oder Pflege entbehren. Und die Figur des Bettlers scheint vier der sieben Bedingungen für Gnadenwerke am besten zu erfüllen. Im Gegensatz dazu illustriert eines der berühmten Gemälde von Pieter Bruegel d. Ä. (»Kampf zwischen Fasching und Fasten«, 1559), wie Elend, Kummer und Not plötzlich in ein fröhliches Fest umschlagen. Einige Flugblätter und Holzschnitte der Frühen Neuzeit führen uns den »fröhlichen« Armen, den »lustigen« Bettler vor, der vorübergehend seine Not vergisst und stolz auf seine »Freiheit« von allen sozialen Zwängen ist. Das Tableau mit den lustigen Bettlern, das auch in der zeitgenössischen Literatur als Topos existiert, ist notwendiges Gegenstück zu der Welt des Elends und der bitteren Not, die man gewöhnlich in den Werken der Zeit zu sehen bekommt.

Die Künstler beschäftigten sich darüber hinaus mit den Problemen der Armenfürsorge und brachten die Armen als würdige oder unwürdige Empfänger öffentlicher oder privater Unterstützung ins Bild. Sie machten sich nicht nur Gedanken über die Armenhilfe, sondern damit verbunden auch über die

Probleme der gesellschaftlichen »Rehabilitation«: die Fürsorge für den in einem Arbeitshaus internierten Bettler, die Pflege verarmter Kranker in Spitälern und die berufliche Ausbildung für Jungen und Mädchen. In vielen der bildlich dargestellten Szenen, in denen Arme in einem Haus oder im Freien Hilfe erhalten, wird die Art oder sogar die Höhe der gewährten Zuwendungen bezeichnet. Es wird auch gezeigt, wie man die Arbeitsfähigen zu einer Tätigkeit anhielt, entweder in Besserungsanstalten oder bei öffentlichen Bauvorhaben. Zahlreiche Holzschnitte und Stiche des 17. und 18. Jahrhunderts spiegeln den drastischen Wandel in der Sozialpolitik: der Schwerpunkt verlagert sich von der unterschiedslosen Almosenverteilung zur Durchsetzung sozialer Disziplin mittels der Armenfürsorge. Es gibt allerdings auch einige Bildzeugnisse, die darauf schließen lassen, dass die traditionellen Vorstellungen der Barmherzigkeit und Almosengabe wenigstens bis zum Ende des 18. Jahrhunderts fortlebten, obwohl es immer wieder Gesetze gegen verstockte Bettler und arbeitsscheue Landstreicher gab und obwohl die Behörden versuchten, aus ökonomischen Gründen die Fürsorge zunehmend der öffentlichen Hand anzuvertrauen. Die traditionelle Einstellung zur Barmherzigkeit tritt am deutlichsten in jenen Szenen hervor, in denen der Künstler der ikonographischen Konvention mittelalterlicher Heiligendarstellung folgt, wenn er etwa Leben und Werk des heiligen Martin oder der heiligen Elisabeth schildert, um nur die bekanntesten Heiligen zu nennen, die mit den Armen in Verbindung gebracht werden. Diese Bilder vermitteln noch immer die traditionelle Botschaft, die Definition christlicher Liebe des Augustinus: »Die Caritas ist das Streben der Seele nach der Freude an Gott und am Nächsten, das in Gott selbst seinen Ursprung hat.«[7] Selbst in den Drucken, in denen die zentrale Geste nicht die der Nächstenliebe ist, gab es zumindest ein Symbol oder einen Hinweis auf die Pflichten, die ein Christ, katholisch oder evangelisch, durch seinen Glauben auf sich nimmt. In der Tradition der Bildwerke jedenfalls, die Teil der Hauptströmung des sozio-religiösen Diskurses war, stellte man weiterhin Bilder eines liebenden Christus dar, der sich der Armen annahm und sich für die Menschheit opferte.

Die Ursachen der Armut

In der vorindustriellen Gesellschaft hatte die Armut viele Gesichter. Zum Problem der Armut und der Landstreicherei trugen mehrere Ursachen bei, die allerdings je nach Land, Region und Jahrzehnt in ihrer Bedeutung variierten. Die folgende Liste ist nicht als erschöpfende Aufzählung der Gründe gedacht; sie soll in Umrissen lediglich die wesentlichen Ursachen vorstellen, die vor dem 19. Jahrhundert eine Massenverarmung bewirkten. Die Armut war eine Lebenserfahrung zahlreicher sozialer Gruppen, auch wenn sie für die Unterschichten am ehesten existenzbedrohend werden konnte. Nicht nur Tagelöhner, Häusler und Lohnempfänger waren gefährdet, sondern auch Handwerker, Bauern und sogar der niedere Adel. Jeder konnte das Opfer eines Schicksalsschlags werden (Krankheit, Unfall, vorzeitiger Tod des Ernährers, Gefangenschaft), und in einer Epoche, in der die soziale Sicherheit nicht garantiert wurde, waren die Folgen eines solchen Unglücks schwerer zu überwinden, was in vielen Fällen zur Verarmung oder sogar ins Elend führte.

Schicksalsschläge

Seit Jahrhunderten weiß man, dass Armut häufig mit Krankheit bzw. ihren sozialen und wirtschaftlichen Folgen einhergeht. Trotz Krankenversicherung und Sozialfürsorge sind die Krankheit und ihre Folgen bis ins 20. Jahrhundert als Ursache der Armut auch statistisch relevant geblieben. Der Bericht der Untersuchungskommission zur englischen Armengesetzgebung beispielsweise stellte im Jahre 1909 fest: »Krankheit ist ... anerkanntermaßen eine der Hauptursachen der Armut (materieller Abhängigkeit), und je chronischer sie ist, je länger sie andauert, desto höher ist die Wahrscheinlichkeit, dass sie zu dieser Abhängigkeit führt... Nach unserer Schätzung verschlingen die unmittelbaren Maßnahmen im Zusammenhang mit Krankheit mindestens die Hälfte aller Ausgaben der Armenfürsorge...«[1]

Auf Grund der fehlenden staatlichen Gesundheitsfürsorge oder einer wie auch immer gearteten Pflichtversicherung waren die Folgen längerer Krankheit oder eines plötzlichen Todesfalls während einer Epidemie katastrophal. Dadurch sanken die ursprünglich materiell selbstständigen Angehörigen der unteren Einkommensschichten in die Gruppe der Mittellosen ab. Erholte sich das Opfer wieder von seiner Krankheit, dann verstrickte es sich in die Fesseln der inzwischen aufgelaufenen Schulden. Die Seuchen rafften die Menschen dahin, machten aber mindestens ebenso viele erwerbsunfähig, sodass sie nicht nur Witwen und Waisen als Opfer hinterließen, sondern auch Einkommen und Vermögenswerte minderten.

Es ist unmöglich, im europäischen Maßstab irgendein Muster für Seuchen wie Pest, Grippe, Fleckfieber, Typhus oder die Pocken auszumachen. Selbst innerhalb nationaler Grenzen folgt der Ausbruch von Epidemien kaum je einer festen Regel. Seit dem Schwarzen Tod von 1348 bis zum Beginn des 18. Jahrhunderts kam es in den größeren europäischen Städten alle zehn oder fünfzehn Jahre zu Pestausbrüchen, denen oft zehn bis zwanzig Prozent der Stadtbevölkerung erlagen. Nehmen wir die norddeutsche Stadt Uelzen als Beispiel der demographischen, sozialen und wirtschaftlichen Folgen der Pest in einer kleinen Gemeinde: Im Jahre 1566 starben hier 23 Prozent der 1180 Einwohner an der Pest. Der nächste Ausbruch der Seuche im Jahre 1597 raffte 33 Prozent der inzwischen 1540 Einwohner dahin. Die hohe Sterblichkeit kann man mit einer Ruhrepidemie aus dem Jahre 1599 vergleichen, der »nur« 14 Prozent der Bevölkerung erlagen. Die großen städtischen Zentren stellten eine natürliche Angriffsfläche für Seuchen dar, die hier relativ häufig ausbrachen und besonders viele Opfer fordern konnten. In Venedig z. B. kostete die Pest von 1575/76 mehr als 46 000 der 170 000 Einwohner das Leben, also etwa 27 Prozent. Für Neapel und Genua schätzt man, dass in der Pest von 1656 beide Städte fast die Hälfte ihrer Bevölkerung einbüßten. Am schlimmsten wütete die Seuche in den übervölkerten Vororten der Städte, in denen die Unterschichten lebten. Aus Sterberegistern und Augenzeugenberichten erfahren wir, dass die Seuchen in den ärmsten Vierteln ihren Ausgang nahmen. So bezeugt eine Untersuchung der Pestfälle in verschiedenen europäischen großen Städten (London, Amiens, Augsburg), dass die Krankheit zunächst einige der ärmsten Viertel heimsuchte, ehe sie auf die übrigen Viertel übergriff.

Der Umstand, dass die Armen den Seuchen so leicht zum Opfer fielen, leuchtet unmittelbar ein, wenn man ihre unzureichende Ernährung und die unhygienischen Lebensbedingungen betrachtet. Unter solchen Umständen sind sowohl die Ausbreitung einer Infektion als auch die allgemein niedrige Abwehrkraft ohne weiteres verständlich. Die für einige europäische Städte vorliegenden Zahlen erlauben den Schluss, dass bei einem Ausbruch der Seuche vor allem die einfachen Leute, und nicht die Reichen, Opfer der Pest wurden. So überrascht es auch kaum, dass die Verbindung, die zwischen Armut und Pest hergestellt wurde, oft zu repressiven Maßnahmen führte, die sich nicht bloß gegen die Landstreicher richteten, sondern auch gegen die ortsansässigen Armen. Die italienischen Stadtstaaten, die bei den gesetzlichen Maßnahmen gegen die Pest und im öffentlichen Gesundheitswesen eine Vorreiterrolle spielten, waren die ersten, die Randgruppen (darunter auch Bettler und Bettelmönche) aus Angst vor der Pest verbannten. Im Siena des 15. Jahrhunderts ebenso wie im 17. Jahrhundert in Barcelona waren Bedürftige und Wanderarbeiter als Pestüberträger verdächtig und daher Ziel präventiver sozialer Kontrolle (z. B. Kennzeichnung oder Verbannung).

Pestepidemien waren nicht nur ein »Symptom der Armut« (Paul Slack) im Europa der Frühen Neuzeit, sondern auch eine ihrer wesentlichen Ursachen, weil sie die städtische Wirtschaft von Grund auf erschütterten. Das Einfuhrverbot für Importgüter (beispielsweise Rohstoffe) beeinflusste die Beschäftigungslage und die Vermarktung von Waren. Vor allem in der Textilindustrie verloren viele Menschen ihre Arbeit, wenn die Seuche zuschlug, mit der Folge, dass ihnen in den meisten Fällen das Geld fehlte, um Nahrungsmittel zu kaufen. Deswegen waren mehr Menschen als vorher auf öffentliche bzw. kirchliche Unterstützung angewiesen. Nach der Epidemie des Jahres 1627 in Salisbury war z. B. mehr als die Hälfte der Bevölkerung auf Armenfürsorge angewiesen. Für die Stadt Augsburg belegen die Quellen, dass während einer Pestepidemie im frühen 17. Jahrhundert 2400 von 10 000 Haushalten – das entsprach etwa 9000 von insgesamt 45 000 Einwohnern – die sogenannte »Brechhilfe« erhielten, die nicht nur aus Sachleistungen (Brot, Mehl, Speck, Brennholz) bestand, sondern zusätzlich Geld für Medikamente beinhaltete. In den meisten Stadtvierteln war die Mehrheit der Almosenempfänger Weber. Als 1598/99 in Toledo die Pest ausbrach, erging es den Opfern schlechter. Es gab viele Klagen über die Armen, »die krank und bettelnd durch die Straßen ziehen, weil sie keine Hilfe und keinen Schlafplatz finden«.[2] Erst im April 1599 brachte der Stadtrat 400 Dukaten für die Armenhilfe auf, was für die vielen Notleidenden natürlich nicht ausreichte.

Die Pest suchte die Menschen zwar besonders unbarmherzig heim, aber sie bedrohte – wie die übrigen Epidemien – quantitativ gesehen die wirtschaftliche Lage der Familien weniger als die tägliche Last der gewöhnlichen Krankheiten. Langes Kranksein oder eine dauernde körperliche Schädigung konnte mehr als alles andere dazu beitragen, dass der Einzelne oder seine ganze Familie den schmalen Grat zwischen Armut und Mittellosigkeit überschritten. Denn wenn ein Gesunder schon Probleme hatte, über die Runden zu kommen, dann verschlimmerte die Erwerbsunfähigkeit die bereits prekäre finanzielle Lage so, dass der soziale Abstieg wahrscheinlich wurde. An erster Stelle waren es also nicht die Krankheitskosten selbst (auch Wunderheiler ließen sich manchmal teuer bezahlen!), durch welche die Ersparnisse oder die sonstigen finanziellen und sozialen Ressourcen der ärmeren Menschen dahin schmolzen. Wenn der Hauptverdiener krank war, wurde es für eine Familie schwieriger, das Geld für den normalen Lebensunterhalt aufzubringen. Und wenn er im Krankenbett starb, mussten die Hinterbliebenen ihr Auskommen finden und nicht selten noch für die Schulden geradestehen, in die er sie durch seine Krankheit gestürzt hatte. Im 18. Jahrhundert, in Lyon, hinterließ beispielsweise ein nach schwerer Krankheit verstorbener Webermeister, der normalerweise 40–50 Solidi verdienen konnte und über ein Kapital von 600 Livres verfügte, seiner Witwe nur ein kleines Vermögen, mit dem sie nicht einmal alle seine Schulden bezahlen konnte.

Wenngleich die kirchlichen und weltlichen Institutionen bei ihren Definitionen der Bedürftigkeit häufig verschiedene Wege gingen, so wird doch stets die Rolle der Krankheit für die Armut akzeptiert. Das erweist sich nicht nur bei den gesetzlichen Regelungen, die auf diese oder jene Art den Bedürftigen mehr medizinische Fürsorge angedeihen ließen, sondern vor allem in dem immer wieder neu formulierten Grundsatz, dass die Krankheit und ihre Folgen ein Erkennungsmerkmal der »guten« Armen seien. Auf die ursächliche Bedeutung der Krankheit für die Armut hatte man schon seit dem Spätmittelalter hingewiesen, doch vor Mitte des 19. Jahrhunderts unternahm niemand einen ernsthaften Versuch festzustellen, bis zu welchem Maß sie für die Armut verantwortlich war. Allerdings wissen wir aus neueren Untersuchungen zur Armenpflege, dass zwischen zehn und fünfundzwanzig Prozent der Hilfsbedürftigen krank waren; außerdem erfahren wir, dass mehr als die Hälfte aller als krank eingestuften Personen durch Alter oder dauernde Erwerbsunfähigkeit ins Elend gestürzt war. Ein Blick auf Tabelle 2, in der die einzelnen Krankheiten aufgeführt werden, die sich in frühneuzeitlichen Quellen zur Armenhilfe finden, zeigt, wie zahlreich und vielfältig diese waren. Viele dieser körperlichen Leiden lassen die Folgen unzureichender Ernährung und ungesunder Lebensbedingungen für den Gesundheitszustand der Unterschicht erkennen. So konnte eine Erblindung durch schlechte Ernährung (Avitaminose) verursacht werden. Arbeitsunfälle führten zu lebenslangen Verstümmelungen. Dadurch erklärt sich auch zum Teil die große Zahl der von den Institutionen als »lahm« bezeichneten Menschen. Das gleiche gilt für Bedürftige, die an Lähmungserscheinungen oder an Gehbehinderungen litten, weil ihnen Gliedmaßen fehlten. Unter diesen armen und arbeitsunfähigen Menschen gab es viele Soldaten, die auf Grund ihrer Behinderungen kaum Arbeit fanden und gezwungen waren, ihr Leben durch Betteln zu fristen. Erst im späten 17. und frühen 18. Jahrhundert versuchten mehrere europäische Regierungen, dem Problem abzuhelfen, indem sie spezielle öffentliche Stiftungen einrichteten oder Veteranenheime bauen ließen. Auch die relativ große Zahl geistig Behinderter, die in den Listen als Almosenempfänger auftauchen, erklärt sich durch ihre Erwerbsunfähigkeit; sie waren gezwungen, von Ort zu Ort zu wandern und mit dem Wenigen zu überleben, das sie sich auf den Straßen zusammenbettelten.

Tabelle 2: *Körperliche Gebrechen von Bettlern und Fürsorgeempfängern im frühneuzeitlichen Europa*

Gebrechen/Krankheit	Toledo 1598 Zahl	in %	Niedersachsen 1651–1799 Zahl	%	Aix-en-Provence 1724 Zahl	%
Lahme	28	15,0	192	24,1	41	24,8
Kriegsversehrte	1	0,5	187	23,5	1	0,6
(ohne nähere Angaben)	14	7,5	103	12,9	7	4,2
Gebrechliche	16	8,5	96	12,1	1	0,6
Blinde	14	7,5	71	8,9	24	14,5
Fallsüchtige	2	1,1	44	5,5	3	1,8
gebrochene/fehlende Gliedmaßen	22	11,8	26	3,3	49	29,6
Geisteskranke	–	–	22	2,7	20	12,1
Taube/Taubstumme	–	–	19	2,4	1	0,6
Fehlende Zunge	10	5,3	12	1,5	–	–
Krüppel	–	–	10	1,3	–	–
Krebs	–	–	6	0,8	–	–
Pocken	22	11,8	2	0,3	1	0,6
andere bzw. nicht benannte Erkrankungen	58	31,0	7	0,9	17	10,3
Insgesamt	187	100,0	797	100,0	165	100,0

Quellen: Linda Martz, *Poverty and Welfare in Habsburg Spain*, Cambridge 1983, S. 154; Ingeborg Titz-Matuszak,»Mobilität der Armut – Das Almosenwesen im 17. und 18. Jahrhundert im südniedersächsischen Raum«, *Plesse-Archiv* 24 (1988), S. 66ff.; Cissie C. Fairchilds, *Poverty and Charity in Aix-en Provence 1640–1789*, Baltimore 1976, S. 114.

Man sollte sich allerdings hüten, die spärlichen und dürftigen Informationen über Krankheit und körperliche Gebrechen zu verallgemeinern. Bei der Untersuchung des Zusammenhangs zwischen Krankheit und Armut muss man den wirtschaftlichen Status des Betroffenen vor der Krankheit ebenso berücksichtigen wie die Art der Krankheit selbst. Die Krankheitsfolgen waren nicht für jeden gleich, nicht einmal für jene, die den sogenannten »Unterschichten« angehörten. Doch der Unterschied beruht auch auf der Art der Krankheit, wie eine noch zu schreibende Sozialgeschichte der Seuchen sicherlich beweisen würde.

Ein weiterer wichtiger Auslöser der Armut waren Kriegshandlungen. Die großen Kriege, die das Europa der Frühen Neuzeit heimsuchten (Bauernkriege, Religionskriege, Dreißigjähriger Krieg, der Englische Bürgerkrieg, der Pfälzische Erbfolgekrieg, die verschiedenen Türkenkriege, der Siebenjährige Krieg usw.), ließen die Schar der Mittellosen zusätzlich anschwellen. Die unmittelbaren Auswirkungen (Verlust von Hab und Gut, Tod des Ernährers, finanzieller Ruin durch Abgaben und Steuern) hatten weniger Gewicht als die indirekten Folgen wie Hungersnöte, Krankheitswellen und Wanderbewegungen zur Existenzsicherung. Ein 1652 verfasster Bericht über die Folgen der Fronde-Aufstände im Raum Paris spricht von »verlassenen Dörfern und Weilern, Straßen, auf denen Tierkadaver und menschliche Leichen herumliegen, Häusern ohne Türen und Fenster, nichts außer Jauchegruben und Ställen und vor allem die Siechen und Sterbenden, denen alles fehlt: Brot, Fleisch, Arznei, Feuer, Bettstatt und Decken, und kein Priester, Arzt oder sonst irgendeiner, der ihnen beisteht«.[3] In einer englischen Chronik des Jahres 1587 vermerkt der Verfasser: »Der Getreidemangel besteht fort ... und doch müssen immer weiter Munition und Harnisch beschafft werden, um drohenden Invasionen und Kriegen zu begegnen, und die kleinen Leute verarmen, weil der Handel darniederliegt, sodass sich einige mit Raub und Diebstahl den Lebensunterhalt verdienen.«[4]

Es gibt zwar einige historische Studien zum frühneuzeitlichen Europa, die im Einzelnen zeigen, wie ein Krieg zum Niedergang von Wohlstand und wirtschaftlichem Rang geführt hat, doch fehlen weitgehend Untersuchungen, die grundlegende Daten zu der Frage bereitstellen könnten, in welchem Ausmaß Personen durch Kriege entwurzelt wurden und in der

Folge auf staatliche Unterstützung angewiesen waren. Im 17. und 18. Jahrhundert, um ein gut dokumentiertes Beispiel zu nennen, wurde Deutschland insgesamt und Norddeutschland ganz besonders von vielen Kriegen heimgesucht. In Niedersachsen, einer Region, die nur mäßig unter den Kriegen zu leiden hatte, erhielten viele Menschen (1726 von insgesamt 9418 Fremden, die Unterstützung beantragten) Almosen von verschiedenen örtlichen Institutionen, weil sie angaben, vor den Greueln der französischen Armee im Pfälzischen Erbfolgekrieg (1688–1697) geflüchtet zu sein. Für 1165 dieser Flüchtlinge oder Vertriebenen liegen Daten vor, die eine Unterscheidung zwischen drei großen Gruppen von Bedürftigen erlauben: 47 Prozent waren Männer, 46 Prozent Frauen und 7 Prozent Kinder (ohne Angabe des Geschlechts). Offenbar waren nicht nur Männer und Frauen, sondern auch ganze Familien betroffen. Wahrscheinlich führte also eine lange Folge von erschöpfenden Kriegen zu wachsender Armut. Allerdings konnten Kriege unter besonderen Umständen die Zahl der Armen sogar reduzieren.

Wenn ein heftiger Krieg Stadt und Land verwüstete, wurde nicht nur die unschuldige Zivilbevölkerung ins Elend gestürzt. Oft schwoll die Zahl der Armen auch durch die entlassenen Soldaten an. In Württemberg stellten im 16. Jahrhundert die marodierenden Soldaten, die sich als Söldner verdingten, die mit Abstand furchterregendste Einzelgruppe unter den Landstreichern dar. Viele Zeitgenossen waren sich dieses sozialen Dauerproblems bewusst; so auch Thomas Morus, der in seinem berühmten Werk *Utopia* (1516) von den demobilisierten Soldaten und arbeitslosen Gefolgsleuten sagt: »Unterdessen hungern jene wacker, wenn sie nicht wacker rauben«.[5] Dieses Problem war nicht immer von gleicher Bedeutung. In normalen Zeiten blieb es durchaus beherrschbar. Erst wenn es mit einer Hungersnot oder einer allgemeinen wirtschaftlichen Krise zusammentraf, wurde es zu einer ernsthaften Bedrohung für die Landbevölkerung und zum Albtraum der Ordnungskräfte.

Zyklische Ursachen

Durch die stetig zunehmende Bevölkerung – eine Tendenz, die nur durch das Eintreffen der drei in den Fürbitten beschworenen Heimsuchungen (»a peste, fame et bello, libera nos Domine«) unterbrochen wurde – wuchs der Druck auf die begrenzten Ressourcen, die nicht im gleichen Tempo zunahmen. Das führte zu einer anhaltenden Teuerung. Ein Vergleich zwischen der Inflation der Frühen Neuzeit und dem gleichen Phänomen im 20. Jahrhundert ist hier aufschlussreich. Man muss zunächst einmal festhalten, dass die Ursachen der Inflation unterschiedlich waren. Heutzutage sind Lohnzuwächse, die den Produktivitätszuwachs überschreiten, Steuererhöhungen und höhere Preise für industrielle Rohstoffe (wie z. B. Rohöl) wichtiger als die Entwicklung der Bevölkerungszahlen. Auch manifestiert sich die Inflation heute anders als damals. Im frühneuzeitlichen Europa war die jährliche Inflationsrate ziemlich niedrig (in England lag sie zwischen 1532 und 1660 bei 0,86 Prozent), aber dieses arithmetische Mittel ist etwas irreführend, weil es häufige und katastrophale kurzfristige Preissprünge einebnet. Heute haben viele Industrieländer eine höhere Inflationsrate, aber einen unterdurchschnittlichen Preisanstieg bei Agrarprodukten.

Nicht erst die modernen Wirtschaftshistoriker, sondern schon einige Zeitgenossen haben einen Zusammenhang zwischen dem Anstieg der Bevölkerung und dem Lebensmittelmangel vermutet, der sich durch die begrenzten landwirtschaftlichen Ressourcen erklärt. Der unbekannte Autor eines englischen Flugblatts aus der zweiten Hälfte des 16. Jahrhunderts nannte als Hauptgründe von Not und Elend: »Ein unfruchtbarer Boden. Angst allenthalben/Zahllose Einwohner. Aber sehr viele ohne Arbeit und arm/Einheimische Waren weder im Land noch auswärts geschätzt oder verkauft.«[6] Die gängigste Erklärung durch die Zeitgenossen führte die Teuerung jedoch auf den europäischen Import von Silber aus Amerika zurück oder auf willkürliche Entscheidungen, Münzen durch die Reduzierung des Silbergehalts abzuwerten. Von der zweiten Hälfte des 16. Jahrhunderts an war England fast das einzige größere Land in Europa mit einer Währung, die keine größere Abwertung erfuhr. Als der Münzsilbergehalt unter Philipp III. oder in Polen zwischen 1578 und 1650 stark herabgesetzt wurde, bekamen die Lohnempfänger als erste die Armut zu spüren. Wenngleich die durch Silberimporte aus Amerika verursachte Inflation oder einheimische Abwertungen und Währungskrisen vielleicht am Preisanstieg beteiligt waren (Kipper- und Wipper-Zeit in Deutschland um 1620), so waren sie gewiss nicht ausschlaggebend. Die Inflation wirkte selektiv, d. h., vor allem die Konsumgüter des Grundbedarfs wurden teurer. Die Preise für Nahrungsmittel stiegen ungefähr doppelt so schnell an wie die anderer Waren. Die sogenannte Preisrevolution des »langen« 16. Jahrhunderts manifestierte sich in einem rapiden Anstieg der Agrarpreise und in einer Verschiebung der Preise für Nahrungsmittel im Vergleich zu denen der Manufakturwaren. Die Preissteigerungen bei den Agrarprodukten wirkten sich allerdings jeweils unterschiedlich aus; die Preise für Getreide stiegen höher als die für Fleisch und Fleischwaren. Man kann also davon ausgehen, dass die Kornpreise stiegen, und zwar nicht nur gelegentlich in der Folge von Missernten, sondern grundsätzlich und über mehrere Generationen hinweg. Das war insgesamt etwas Neues, denn in früheren Jahrhunderten, vor allem in den ersten hundert Jahren nach dem Schwarzen Tod, hatte es einen stetigen Preisverfall bei Agrarprodukten gegeben. Doch im späten 15. Jahrhundert kam diese Entwicklung vorübergehend zum Stillstand.

Studien zur Geschichte der Preise in verschiedenen europäischen Ländern machen drei langfristige Tendenzen bei den Getreidepreisen sichtbar:

1. einen Anstieg, der im 13. Jahrhundert einsetzt und im Spätmittelalter plötzlich abbricht,
2. einen weiteren Anstieg im 16. Jahrhundert, der durch die Auswirkungen des Dreißigjährigen Kriegs in Mitteleuropa unterbrochen wird,
3. einen dritten Anstieg im 18. Jahrhundert, der durch kurzfristige und manchmal gegenläufige Ausschläge gekennzeichnet ist, die sich im späten 19. und frühen 20. Jahrhundert einander wieder annähern.

Die Löhne hielten mit den schnellen Preisschwankungen nicht mit. Zu Beginn des 17. Jahrhunderts verdienten Weber und Zimmerleute doppelt so viel wie Anfang des 16. Jahrhunderts, während die Nahrungsmittelpreise sich fast verdreifacht hatten. Untersuchungen von Wilhelm Abel und anderen Wirtschaftshistorikern haben deutlich gezeigt, dass die Kaufkraft der Löhne in großen deutschen Städten zwischen 1500 und 1700 um beinahe 50 Prozent zurückging. Nur im 18. Jahrhundert scheint es wenigstens in einigen Städten zu leichten Verbesserungen gekommen zu sein, aber selbst in diesen Fällen erreichten die Reallöhne nicht wieder das Niveau, auf dem sie sich zu Beginn der Neuzeit befunden hatten.

Was die nackten Zahlen für die Existenz eines durchschnittlichen Haushalts bedeuteten, kann das folgende Beispiel veranschaulichen. Im Jahre 1500 konnte ein Bauarbeiter in Augsburg mit seinem Jahreslohn 1,5 mal so viele Waren kaufen, wie ein fünfköpfiger Haushalt benötigte. Zu Beginn des 17. Jahrhunderts reichte sein Einkommen nur noch für 75 Prozent seiner Haushaltsausgaben. Wenn sie nicht verhungern wollten, mussten die Familienmitglieder zusätzliche Einkommensquellen erschließen. Kein Wunder, dass in Zeiten starken Preisanstiegs den unteren Einkommensgruppen gar keine andere Wahl blieb, als ihren Lohn durch private Almosen oder öffentliche Wohlfahrt aufzubessern. In Trier z. B. erscheinen ca. 20 Prozent der Almosenempfänger, die nicht in Anstalten wohnten, nur einmal in den Büchern des Almosenamts, woraus man schließen kann, dass in den meisten Fällen die Hilfe in einer vorübergehenden Situation wirtschaftlicher oder finanzieller Not gewährt wurde. Bescheidene Aufbesserungen der Reallöhne in der zweiten Hälfte des 17. Jahrhunderts haben den Anteil der Lohnempfänger, die Unterstützung bei der öffentlichen Wohlfahrt suchten, vielleicht reduziert, doch die absolute Zahl mittelloser Menschen blieb immer noch relativ hoch. Selbst wenn man die Unterschiede in Raum und Zeit in Rechnung stellt, bleibt festzustellen, dass zwischen dem 16. und 18. Jahrhundert im überwiegenden Teil Europas der kleine Mann in Stadt und Land durch die drastische Verschlechterung des Lebensstandards die Armut bitter spürte. Dabei ist es wichtiger, die Reallöhne zu vergleichen als die Nominal- bzw. Geldlöhne. In einer weniger flexiblen (und nur teilweise marktorientierten) Wirtschaft, als es die unsere heute ist, und angesichts der Tatsache, dass ein Großteil der arbeitenden Schichten seinen Lebensunterhalt mit relativ fixen Löhnen bestreiten musste, konnte eine schleichende Inflation katastrophale Folgen haben.

Wie verhielt es sich mit den kurzfristigen Fluktuationen auf Grund von Missernten? Gregory King, ein Engländer, der im 17. Jahrhundert schrieb, schätzte bei einem Ernteergebnis, das um 20 Prozent unter dem Durchschnitt lag, den Preisanstieg bei Korn auf 80 Prozent. Bei 50 Prozent unter Normal belief sich der Preisanstieg auf 450 Prozent. In einer durchschnittlichen Krise war die Folge hoher Lebensmittelpreise nicht Hungersnot, sondern allgemeine Verarmung. Es gab jedoch Krisenjahre im 16. und 17. Jahrhundert, in denen die Preise für Getreide schwindelerregende Höhen erreichten und die Zeitgenossen darüber klagten, dass Armut und Hunger zunähmen. Der Straßburger Armenpfleger Lucas Hackfurt verfasste ein Memorandum für den Stadtrat, in dem er die Gründe für die plötzliche Zunahme der Menschen skizzierte, die bei der Stadt um Almosen nachsuchten:

»So möcht man frogen: was tribt die armen lüt us allen landen hiehär? antwurt: die groß not und thürung. wohär kompt die thürung? von gott. warumb hat er sie uns zugeschickt? umb unsers unglaubens und sünden willen, nemlich der grossen undankbarkeit und eigennützigkeit halb, dohär dann eine grosse unbarmherzigkeit und unbrüderliche beschwerde unsers nechsten erwechset.«[7]

Hackfurt identifizierte als Ursache der Teuerung den Mangel. Gott wollte die Menschen für ihre Sünden strafen, indem er Reiche und Arme gleichermaßen durch verheerende Missernten in Schwierigkeiten und Not brachte. Den Nahrungsmangel darf man jedoch nicht einer Hungersnot gleichsetzen. Als Zürich im Jahre 1571 wie viele andere europäische Städte unter einer schweren Versorgungskrise litt, erklärte der Schweizer Theologe Ludwig Lavater in einer seiner Predigten, man müsse differenzieren:

»Thüre heißt, da alles, das der Mensch haben und dessen er geleben muß, es sye Spys, Trank, Kleider, Holz, Herberg und anders, wohl vorhanden ist, ab man mags in keinem zimlichen Gelt ankommen, sondern wil man es haben, so muß man zwei oder drei Gelt darum geben. Hunger aber ist, so man Spys und Trank und andres nit find zu kaufen, wenn es einer gleich gern wollt bezahlen.«[8]

Zu Hungersnöten bzw. Versorgungskrisen kam es nach mehreren Missernten in Folge, so z. B. 1527–1534, 1565–1567, 1571–1574, 1594–1597, 1624–1625, 1637–1639, 1659–1662, 1691–1693, 1739–1741, und 1771–1774. Drei große Hungersnöte (von 1527–1531, 1594–1597 und 1659–1662) waren für das Europa der Frühen Neuzeit besonders verheerend. In diesen Jahren findet man in den Sterberegistern häufig Einträge wie »ein bettelarmes, halbverhungertes Kind« oder »ein armer Bursche« seien aus »Mangel an Nahrung und Unterhalt« gestorben. Russische Chroniken des 17. Jahrhunderts berichten von Hungersnöten zwischen 1650 und 1652, die in ganz Russland durch heftige Regenfälle und Überschwemmungen ausgelöst wurden, sodass die Menschen gezwungen gewesen seien, »Sägemehl usw.« zu essen; viele seien gestorben, obwohl der Zar die freie Einfuhr von Getreide erlaubt habe. Zum Hungertod konnten zahlreiche voneinander unabhängige Faktoren führen, nicht nur das Wetter. Die wesentlichen Faktoren für die Versorgung mit Nahrungsmitteln waren: die Nachfrage (Bevölkerungszahl), der Grad der Bodennutzung (Ernteerträge), die Transportwege (Zollschranken, Zugang zu Nahrungsmittelmärkten zu Wasser oder Land), Kriege (Boykottmaßnahmen, Verwüstungen) und das Wetter (außergewöhnliche Hitze oder Kälte, Regenfälle).

Wenn die Lebensmittelknappheit auf Ernteausfälle zurückging, stellte sich der Ablauf der Ereignisse wie folgt dar:

1. Eine Folge schlechter Jahre mit Missernten.
2. Die Getreidevorräte nehmen allmählich mangels ausreichenden Angebots ab.
3. Der daraus folgende Nahrungsmittelmangel führt zu einem steilen Anstieg des Getreidepreises.
4. Die Städter sind gezwungen, mehr Geld für Grundnahrungs-

Abb. 3: Mutter tötet aus Armut ihr jüngstes Kind. Aquarell (16. Jahrhundert).

mittel auszugeben. Die Nachfrage nach Dienstleistungen und Industrieprodukten geht zurück.
5. Märkte und Handel stagnieren. Die Nachfrage nach Arbeitern sinkt. Die Löhne bleiben auf einem niedrigen Stand oder sinken zusätzlich ab.
6. Die unteren Schichten verfügen nicht über genügend Geld, um ihre Nahrungsmittel zu den extremen Marktpreisen zu kaufen; sie beschränken sich daher auf geringere Mengen (mit dem Risiko des Hungertods) oder schlechtere Qualität (Risiko einer Mutterkornvergiftung).
7. Die Sterblichkeitsrate steigt. Der eigentliche Hungertod ist selten, aber die Anfälligkeit für Krankheiten nimmt durch die Fehlernährung zu.
8. Die Zahl der Eheschließungen geht zurück und führt (mit ungefähr neunmonatiger Verspätung) zu einem Rückgang der Geburtenziffern.

Versorgungskrisen und demographische Krisen – Modell

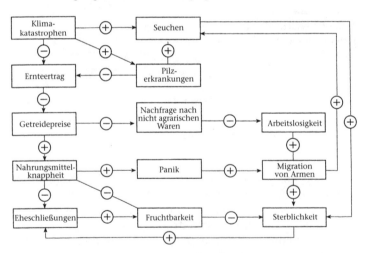

aus: Jacques Dupâquier, »Demographic and subsistence crises in France, 1650–1725«, *Famine, Disease and the Social Order in Early Modern Society*, hg. v. John Walter u. Roger Schofield, Cambridge 1989, S. 199.

Wenn wieder bessere Ernten eingefahren werden, normalisiert sich die Lebensmittelversorgung und die Versorgungskrise samt ihrer Begleiterscheinung, der demographischen Krise, ist beendet. Es entwickelt sich ein Aufwärtstrend, der so lange anhält, bis neue Missernten Stadt und Land in eine weitere Krise stürzen.

Die Theorie der Versorgungskrisen wurde zuerst 1946 von dem französischen Wirtschaftshistoriker Jean Meuvret formuliert. Inzwischen haben die Vertreter dieser Theorie eine flexiblere Haltung eingenommen; man berücksichtigt nun auch die Rolle von Epidemien und Pilzerkrankungen, um die extremen Schwankungen bei Eheschließungen, Geburtenziffer und Sterblichkeit zu erklären. Um das komplexe Zusammenwirken der verschiedenen Faktoren zu verdeutlichen, werden diese in unserer Graphik schematisch dargestellt. Die frühere Forschung ließ z. B. die Probleme regionaler Abweichungen ebenso außer Acht wie den Umstand, dass wir immer noch nicht den genauen Anteil der Bevölkerung kennen, der vom Getreidemarkt oder von der Beschäftigungslage abhängig war.

Das Risiko zu verhungern war sowohl regional- als auch sozialspezifisch. Es gab viele Bereiche, die von den verheerenden Folgen der Hungersnöte nach Missernten verschont blieben. Viele Städte verfügten über kommunale Getreidespeicher, die man in Notzeiten zugänglich machen konnte. Großen Regionen gelang es sogar, die Gefahr von Hungersnöten zu entschärfen: So musste man in England – ganz anders als in den meisten übrigen Ländern Westeuropas – ab Mitte des 17. Jahrhunderts keine Hungerkatastrophen mehr fürchten, weil sich die Produktivität der Landwirtschaft nachhaltig verbessert hatte (Vergrößerung der Kulturfläche und verbesserte Anbaumethoden, d. h. eine Mischung von Frühjahrs- und Herbstsaat, durch welche die Folgen von Missernten gemildert wurden).

Es gibt jedoch noch eine weitere Variable, die sich besonders auf die Verarmung auswirkte: die allgemeine wirtschaftliche Lage in Europa. Wenn man die Epoche in drei Abschnitte einteilt, dann spiegelt das mehr oder weniger die entscheidenden Umbrüche in der europäischen Wirtschaftsgeschichte zwischen 1450 und 1850 wider, auch wenn es in diesem Zeitabschnitt mehrfach zu einem Auf und Ab kam, was teilweise die Folge, teilweise die Ursache von Ungleichgewichten zwischen den einzelnen Wirtschaftsbereichen, vor allem aber zwischen Stadt und Land war.

Die erste Epoche, von 1450 bis 1630, kann man als eine Zeit wirtschaftlicher Expansion charakterisieren. Eine wachsende Nachfrage ging Hand in Hand mit qualitativen Veränderungen vorindustrieller und landwirtschaftlicher Produktion. Der Wandel in der Landwirtschaft brachte eine Verschiebung von persönlicher zu ökonomischer Abhängigkeit mit sich und führte langfristig zu Landflucht, Rodungen, Stagnation im Agrarbereich und damit absolut gesehen zu einer Verarmung der einfachen Leute auf dem Land. Die wachsende Nachfrage förderte auch die meisten arbeitsintensiven Gewerbe. Trotz Zunahme der Massenproduktion im »langen« 16. Jahrhundert kam es zu keiner entscheidenden Wende im Hinblick auf eine neuartige Arbeitsteilung (Verlagssystem, Manufakturen) oder technische Verbesserungen (Mechanisierung). Eine zentralisierte Produktion war – bis zu einem gewissen Grad – in einzelnen Gewerbezweigen wie im Schiffsbau, im Bergbau und in der Metallverarbeitung vorhanden. Wenn es einen »Aufstieg des Kapitalismus« (Richard Tawney) gab, dann gedieh er am ehesten und im Wesentlichen in der Form des Handelskapitalismus. Nur einige wenige Unternehmer und Kaufleute profitierten von den Veränderungen. Die Zeitgenossen waren sich der Tatsache bewusst, dass Gewerbewachstum nicht mit Wohlstand gleichzusetzen sei. Der Meistersinger Hans Sachs tadelte in seinem Dialog über die Habsucht die Handelsunternehmer, weil sie ihren Arbeitern so wenig zahlten, dass deren Ehefrauen und Kinder in Armut lebten. Der Stadtsekretär von Leiden, Jan van Houtte, beschuldigte 1577 die reichen Tuchhändler, ihre Arbeiter auszubeuten, und stellte fest, dass »die armen Arbeiter – die man eher Sklaven nennen müsste – nach einer ganzen Woche Arbeit gezwungen sind, am Sonntag zu betteln, um ihren Lohn aufzubessern«.[9] Der Aufstieg des Handelskapitalismus polarisierte also die Gesellschaft und trieb unzählige Handwerker, Gesellen, Lehrlinge und Tagelöhner der vier besonders arbeitsintensiven Gewerbezweige – Textil- und Baugewerbe, Bergbau und Metallverarbeitung – in die Armut.

Die zweite Epoche, von 1630 bis 1750, war eine Zeit der Depression und des wirtschaftlichen Umbruchs. Der Prozess der Verarmung, der im 16. Jahrhundert so enorme Ausmaße erreicht hatte, wirkte auch im 17. und frühen 18. Jahrhundert fort. Die Produktivitätskrise im Agrarbereich, die mit Ausnahme Englands fast alle europäischen Länder erfasste, hatte für die Landbevölkerung katastrophale Folgen. Da eine Reform der Landwirtschaft durch die Politik der absolutistischen Herrscher ausgeschlossen war, beutete man die bäuerliche Arbeitskraft maximal dadurch aus, dass der Landpächter einen Teil der Ernte abzugeben hatte (so in Spanien und Frankreich) oder dass man feudale Pflichten wieder aufleben ließ (so in Brandenburg und Preußen). In England beschleunigte die Entstehung des Agrarkapitalismus die Verarmung auf dem Lande. Bis zum Ende des 17. Jahrhunderts war etwa 40 Prozent der ländlichen Bevölkerung in England gezwungen, das eigene Land aufzugeben und unter drei Möglichkeiten zu wählen: Lohnarbeit, Gewerbe oder Abwanderung.

Auch die europäischen Produktionszentren des 17. Jahrhunderts erlebten tiefgreifende sozio-ökonomische Veränderungen und Verschiebungen im Produktionsbereich. Das italienische Tuchgewerbe erlitt einen schweren Rückschlag und ging am europäischen Exportmarkt fast völlig unter, als die Textilindustrie in Holland und England einen spektakulären Aufschwung erlebte. Wollweber in Venedig, Mailand, Como und anderen italienischen Städten konnten mit den neuen Webereierzeugnissen aus England nicht mehr konkurrieren, denn dort hatte man entscheidende Vorteile: niedrige Preise für Rohstoff und Arbeit sowie staatliche Subventionen. Die Zahl der Wollweber in den großen italienischen Exportzentren für Tuchwaren sank damals im Vergleich zum 16. Jahrhundert auf fünf Prozent. Während in manchen Gewerbezentren, vor allem in Italien und Frankreich, Tausende von gelernten und ungelernten Arbeitern ihre Existenzgrundlage verloren, entstanden in anderen Teilen Europas (z. B. in Holland und England) neue Arbeitsplätze.

Ein weiterer Wandel, der sich in dieser zweiten Epoche vollzog, war die Ansiedlung von Gewerbe auf dem Land. Das Textilgewerbe verlagerte sich allmählich von der Stadt auf das

Land. Anfang des 18. Jahrhunderts verzeichnete Europa den Hauptanteil der gesamten Produktion von Wolle, Leinen, Baumwolle und Tuch in den ländlicheren Bezirken Englands, Frankreichs, Deutschlands, der Niederlande und der Schweiz. Diese Entwicklung unterminierte die schon vorher prekäre Position einer großen Mehrheit der Stadtbewohner. In vielen städtischen Zentren mit bedeutendem Tuchgewerbe (z. B. Augsburg, Beauvais, Florenz, Leiden) bestand der überwiegende Anteil der Almosenempfänger aus Textilarbeitern (darunter kleine Handwerker, Gesellen und Gelegenheitsarbeiter). Die »gewerbliche Umstrukturierung Europas«, von der Catharina Lis und Hugo Soly sprechen, führte letztlich zu einer Vermehrung eines ländlichen und städtischen Proletariats.

Die dritte Epoche, von 1750 bis 1850, ist durch den Fortschritt in der Landwirtschaft und das Aufkommen des Industriekapitalismus gekennzeichnet. Das wirtschaftliche Wachstum setzte sich fort und fiel mit einer rapide ansteigenden Nachfrage nach Fabrikwaren zusammen. Der boomende internationale Handel ermutigte Kaufleute und Unternehmer, sich der wachsenden Zahl armer Häusler und ländlicher Fürsorgeempfänger als industrieller Arbeitskräfte zu bedienen. Die Tatsache, dass viele billige Arbeitskräfte zur Verfügung standen, war eine Voraussetzung für die Ausweitung der Heimarbeit – ein Prozess, der heute als »Proto-Industrialisierung« bezeichnet wird. Nach 1750 war England der erste europäische Staat, der den Übergang von dem familienwirtschaftlichen Heimgewerbe zu einem Fabriksystem durchmachte, das sich durch die Konzentration der Arbeit und die Mechanisierung der Produktion auszeichnete. Die Expansion des städtischen und ländlichen Gewerbes führte zur Auflösung des Zunftwesens und zur wirtschaftlichen Abhängigkeit (Proletarisierung) der meisten Handwerker. Nur drastisch reduzierte Löhne ermöglichten den kleineren Unternehmern und Handwerkern das Überleben. Als die Möglichkeiten, Arbeit zu finden, zurückgingen, näherten sich erhebliche Teile der städtischen Bevölkerung immer mehr dem Existenzminimum. Im 18. Jahrhundert erhielten z. B. in Brügge mehr als 70 Prozent der Barchent-Webermeister Unterstützung von der Armenfürsorge. Am Ende des 18. Jahrhunderts fassten die Vorsitzenden der Antwerpener Tuchgilde die Konsequenzen aus dem Durchbruch des Industriekapitalismus in ihrer eigenen Stadt folgendermaßen zusammen: »Die Fabriken unserer Stadt bewirken nichts als die Bereicherung einiger weniger und die Verarmung zahlloser Witwen und Kinder.«[10]

Man darf allerdings die Verarmung breiter Kreise der städtischen Bevölkerung nicht losgelöst von den Entwicklungen auf dem Land verstehen. So war auch die allmähliche Auflösung der traditionellen bäuerlichen Wirtschaft von Bedeutung. Immer mehr Häusler mussten sich neue Erwerbsquellen suchen. Im Piemont verließen beispielsweise im späten 18. und frühen 19. Jahrhundert 20 000 Bauern pro Jahr ihre Bergdörfer, um für sechs bis neun Monate an anderen Orten in Italien oder Frankreich Arbeit zu suchen. Während der ersten Hälfte des 19. Jahrhunderts setzte sich daher die nicht ständig ansässige Bevölkerung vieler europäischer Städte aus zwei Gruppen zusammen: einerseits aus verarmten Textilarbeitern und andererseits aus armen Wanderarbeitern aus ländlichen Gebieten, die bereit waren, die am schlechtesten bezahlte Arbeit, insbesondere Gelegenheitsarbeit, anzunehmen. Die endgültige Krise traditioneller bäuerlicher Landwirtschaft, die Fluktuationen im städtischen und im überseeischen Handel sowie das rasche Aufkommen des Industriekapitalismus waren also von massiver Verarmung begleitet. In einigen Regionen und Städten bedeutete die Entstehung des Industriekapitalismus einen grundsätzlichen Niedergang, während in anderen die schnelle Zunahme von Industrie und Handel neue Arbeitsmärkte öffnete. Der Übergang von der Heimarbeit zum System der Fabrikarbeit brachte manchen Regionen wirtschaftliches Wachstum und anderen die Unterentwicklung. Ein Vergleich zwischen verschiedenen europäischen Ländern beweist, dass die Verarmung in der ersten Hälfte des 19. Jahrhunderts nicht mit vorhandener oder fehlender Industrialisierung oder Modernisierung zusammenhing, sondern sich durch die zweischneidigen Auswirkungen der neuartigen internationalen Arbeitsteilung erklärte, durch die sich die wirtschaftlichen Aktivitäten geographisch neu verteilten.

Natürlich ist eine solche Epochengliederung recht schematisch, doch vor ihrem Hintergrund werden die nun zu erörternden strukturellen Abhängigkeiten deutlicher. Die Auf- und Abwärtsentwicklungen und Krisen der modernen Agrar-, Handels- und Produktionswirtschaft ermöglichen die Beurteilung der verschiedenen Wellen der Armut vom Spätmittelalter bis in das Anfangsstadium der Industrialisierung.

Strukturelle Ursachen

Obgleich die Dimensionen und das Ausmaß der Armut von kurzfristigen Handelszyklen und langfristigen Veränderungen der vorindustriellen Wirtschaft abhängig waren, weisen die Ursachen der Armut auf der Ebene des Einzelnen oder der Familie über die Jahrhunderte hinweg eine bemerkenswerte Kontinuität auf. Dass die Verarmung mit wirtschaftlichen Schwankungen und technologischem Wandel zusammenhing, hat die Aufmerksamkeit der Historiker lange Zeit eher auf die Ursachen der Armut gelenkt als darauf, wie sie sich manifestierte. Sozialhistoriker sind inzwischen immer mehr davon überzeugt, dass sich bestimmte ökonomische und demographische Phänomene besser im Rahmen eines Lebenszyklus erläutern lassen.

Im Lebenszyklus einer verarmten Familie bzw. Einzelperson gibt es kritische Punkte. Die erste Armutsphase beginnt mit den Kindern. Kinder, insbesondere die Kleinkinder, stellten eine Hauptursache der Bedürftigkeit dar, weil sie die wirtschaftlichen Ressourcen der Familie nachhaltig beanspruchten. Die jeweiligen Beihilfen, die ein solcher Haushalt im Lauf der Zeit erhielt, zeichnen ein klares Bild von den unterschiedlichen Unterhaltskosten für Kinder. Francis Smyth, ein Almosenempfänger aus Hedenham in Norfolk (England) wurde Fürsorgeempfänger, nachdem seine Frau 1672 starb und ihm vier Kinder im Alter von zwölf, acht und sechs Jahren sowie eine zwei Monate alte Tochter hinterließ. Es wurden ihm monatliche Höchstbeträge zugestanden, die aber mit zunehmendem Alter der Kinder stetig abnahmen. Als seine zweitjüngste Tochter fünfzehn wurde, erreichten sie ihren niedrigsten Stand; bei Vollendung des siebzehnten Lebensjahres seines jüngsten Sohnes wurden die Zahlungen dann ganz eingestellt. Dieses Beispiel macht deutlich, dass Kinder beiderlei Geschlechts ein »Defizit« in der Haushaltskasse der Unterschichten bewirkten, bis sie im Alter von ungefähr fünfzehn Jahren zum ersten Mal selbst zum Lebensunterhalt der Familie beitrugen. Außerdem veranschaulicht es die Probleme, mit denen sich mehr oder weniger »vollständige« Familien (in der demographischen Bedeutung des Begriffs) mit diesem sozialen Hintergrund konfrontiert sahen. Das Auseinanderbrechen der Familie, wenn ein Elternteil diese verließ oder starb, war auch in vielen Fällen die unmittelbare Ursache für das Elend von Kindern und Jugendlichen unter fünfzehn. Von den 210 Kindern dieser Altersgruppe, die im 18. Jahrhundert in einem Armenhaus in Bayeux (Frankreich) untergebracht waren, kamen nur 11 Prozent aus intakten Familien, 38 Prozent waren Waisen. Dabei wog der Verlust des männlichen Familienoberhaupts besonders schwer: 42 Prozent dieser Kinder wuchsen ohne Vater auf, und nur 6 Prozent hatten die Mutter durch vorzeitigen Tod verloren. Armenzählungen im England des 16. und 17. Jahrhunderts zeichnen in etwa das gleiche Bild. In Norwich waren (1570) bis zu einem Fünftel und in Salisbury (1635) ein Drittel der auf Fürsorge angewiesenen Kinder Waisen, deren Vater gestorben bzw. die Familie verlassen hatte oder aber – in seltenen Fällen – in Haft saß.

Die zeitgenössischen Autoren und Beobachter nahmen den hohen Anteil von Kindern unter den Fürsorgeberechtigten durchaus wahr. John Howes z. B. berichtet, eine Erhebung, die im gesamten Gebiet von London Anfang der fünfziger Jahre des 16. Jahrhunderts vorgenommen wurde, habe gezeigt, dass sich unter den 2160 Hilfsbedürftigen 300 »vaterlose Kinder« und 350 vom Unterhalt ihrer zahlreichen Kinder überforderte Arme befunden hätten.[11] Kinder unter fünfzehn Jahren stehen regelmäßig an erster Stelle in den Bettlerlisten. Von den 1724 in Aix-en-Provence registrierten Bettlern waren 42 Prozent unter Zwanzig. An dieser Stelle wird das Beschäftigungsproblem erkennbar. Kinder, die vorzeitig das Elternhaus verlassen mussten, hatten es auf Grund ihrer mangelnden Ausbildung bzw. Fertigkeiten schwer, eine Arbeit zu finden. Davon spricht Lucas Hackfurt in seinem Memorandum an den Stadtrat von Straßburg:

»Item man sagt: es gand allenthalb uf den gassen junge knaben und döchterlin, dorzu mutwillig stark lüt bettln, das einer nit mit rugen essen mag [...] und ob sie schon einen dienst finden, so sind sie nit bekleidet dernoch, das eines burgers frowe ir ließ ein solchen äschengrüdel nachgon oder im ein alts röcklin anwürfe. so ist ouch kein handwerksmann, der ein solchen armen knaben vergebens lernte. so ist solchs dem almusen zu schweer, junge knaben zu handwerken zu verdingen.«[12]

In vielen europäischen Städten waren die Menschen durch die große, stetig steigende Zahl bettelnder Kinder auf den Straßen alarmiert, und man ergriff Maßnahmen, um mit dem Problem mittelloser Kinder fertig zu werden. In London wurde das *Christ's Hospital* dazu auserschen, »alle vaterlosen und sonstigen Bettelkinder von den Straßen zu holen, wenn sie ihren Lebensunterhalt nicht selbst bestreiten können«.[13] Wie in vielen anderen europäischen Städten der Frühen Neuzeit stand armen Kindern im 18. Jahrhundert in Aix-en-Provence ein relativ breit gefächertes Angebot an Fürsorge offen. Das *Hôtel-Dieu* übernahm die Armenpflege der kleineren Kinder, während man sich in der *Charité* der älteren annahm. Im erwerbsfähigen Alter konnten sie dann möglicherweise aus den zahlreichen karitativen Stiftungen eine finanzielle Starthilfe erhalten oder eine Lehre bezahlt bekommen. Für die Armen war der Zeitpunkt des Eintritts in das Arbeitsleben von unterschiedlichen Definitionen und Voraussetzungen abhängig. In den zeitgenössischen Quellen finden sich gelegentlich widersprüchliche Antworten auf die Frage, ab wann ein junger Mensch für seinen Lebensunterhalt zu sorgen habe. Bei ihrem Versuch, die Abhängigkeit und die Anstellungsprobleme von Jungen und Mädchen zu berücksichtigen, legten die Fürsorgebeamten in verschiedenen europäischen Städten das 17., 15. oder gar das 12. Lebensjahr als Richtschnur an. Die Armen selbst waren nicht selten gezwungen, die Grenze bei zwölf Jahren

Abb. 4: Vaganten und Bettlerschar.
Radierung von Giuseppe Maria Mitelli (1687).

oder noch früher zu ziehen. Die Jungen verdienten häufiger und früher ihr eigenes Geld und wurden eher von der Familie getrennt als die Mädchen, die stattdessen zur Heimarbeit herangezogen werden konnten, jedenfalls bis sie ins heiratsfähige Alter kamen.

Nur im reifen Jugendalter und als junge Erwachsene (zwischen 15 und 35 Jahren) waren diese Menschen einmal für längere Zeit frei von wirtschaftlichem Druck; dann meinte es das Schicksal vielleicht einmal besser mit ihnen, wenn sie Erfolg bei der Arbeitssuche und – noch nicht verheiratet – keine Belastungen durch den teuren Unterhalt für Kinder hatten.

Die zweite Armutsphase lag im Alter zwischen 35 und 50 Jahren und betraf diejenigen, die Ende Zwanzig oder später geheiratet hatten. Diese hing davon ab, ob und wann sie einen Haushalt gegründet hatten und ob sie Kinder ernähren mussten. Mit der Heirat und der Geburt der Kinder setzte der wirtschaftliche Abstieg der Familie ein. Ein weiteres Strukturphänomen der Armut in dieser Altersgruppe ist der relativ hohe Anteil von Witwen mit Kindern oder Familien mit nur einem Elternteil. Fürsorgeempfänger in den europäischen Städten der Frühen Neuzeit unterschieden sich in ihrer Haushaltsstruktur von der städtischen Gesamtbevölkerung. Die Haushalte der Armen waren gewöhnlich sehr klein und bestanden nur selten aus einer vollständigen Kernfamilie mit verheirateten Eltern. Mehr als die Hälfte waren Einpersonenhaushalte, in der Regel Witwen, und selbst bei den übrigen war der Haushaltsvorstand manchmal eine Frau. Das erklärt auch den hohen Anteil der weiblichen Almosenempfänger (siehe Tabelle 3).

Unter der Voraussetzung, dass die Familieneinheit intakt blieb, konnten die Angehörigen der unteren Schichten für die Zeit, in der die Eltern Ende Vierzig, Anfang Fünfzig waren, auf ein kurzes Zwischenstadium mäßigen Wohlstands hoffen. Zu diesem Zeitpunkt hatten die älteren Kinder das Haus verlassen, sodass die wirtschaftliche Belastung ein wenig nachließ.

Das dritte Stadium kam im Alter. Die Listen von Armen und Almosenempfängern zeigen über ganz Europa hinweg eine andere Altersverteilung als für die Gesamtbevölkerung; sehr alte und sehr junge Menschen waren bei den Armen über-

Tabelle 3: *Verteilung der Geschlechter unter Fürsorgeempfängern in ausgewählten Orten Europas, 16.–18. Jahrhundert*

	Straßburg 1523	Toledo 1573	North Walsham 1706/07	Grenoble 1771/74	Würzburg 1791
männlich	31	37	38	33	18
weiblich	69	63	62	67	82

Quellen: Thomas Fischer, *Städtische Armut und Armenfürsorge im 15. und 16. Jahrhundert*, Göttingen 1979, S. 128ff.; Martz, *Spain*, S. 204ff.; Tim Wales, »Poverty, Poor Relief and the Life-Cycle: Some Evidence from Seventeenth-Century Norfolk«, *Land, Kinship and Life-cycle*, hg. v. R.M. Smith, Cambridge 1985, Tabelle 11.3; Kathryn Norberg, *Rich and Poor in Grenoble 1600–1814*, Berkeley 1985, S. 186; Hans-Christoph Rublack, *Gescheiterte Reformation*, Stuttgart 1978, S. 153.

Die Ursachen der Armut in ausgewählten europäischen Städten

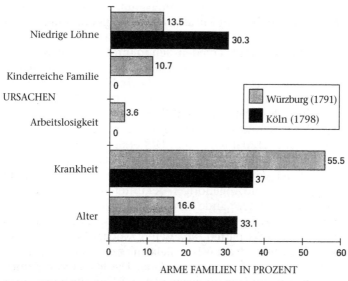

Quellen: Hans-Christoph Rublack, *Gescheiterte Reformation*, Stuttgart 1978, S. 153; Norbert Finzsch, *Obrigkeit und Unterschichten*, Stuttgart 1990, S. 304.

repräsentiert. Die Zählung von 1570 in Norwich unterstreicht beispielsweise die Hilfsbedürftigkeit der Alten. Fast alle, die als absolut arbeitsunfähig angesehen wurden, waren ältere Menschen. In Grenoble waren Ende des 18. Jahrhunderts mehr als die Hälfte aller, die Brotrationen erhielten, über 60 Jahre alt.

Auch wenn eine genauere Untersuchung der Armut im Lebensablauf die Grundstruktur extremer Not erkennen lässt, entsteht daraus kein vollständiges Bild der Hauptursachen für die Armut im frühneuzeitlichen Europa. Einerseits hatten die Familien oft mit mehr als einem Schicksalsschlag zu kämpfen, und andererseits darf nicht übersehen werden, dass die relative Bedeutung verschiedener »struktureller« Ursachen von Ort zu Ort variierte. Die am häufigsten verbreiteten Schicksalsschläge und der Anteil der von ihnen betroffenen Familien (vgl. Graphik S. 53) erhellen das Vorkommen und die Ursachen der Armut in ausgewählten europäischen Städten.

Tabelle 4: *Fürsorgeempfänger in ausgewählten europäischen Städten, 16.–18. Jahrhundert, nach Berufen, in Prozent.*

	Trier 1591–1650	Augsburg 1622	Antwerpen 1780
Textil- und Bekleidungsindustrie	17,7	44,6	57,0
Leder und Pelze	6,1	13,8	–
Bau	12,2	5,0	6,3
Metallwaren	5,8	1,7	0,8
Lebensmittelhandel	10,1	3,8	–
Handel und Einzelhandel	14,6	3,0	3,8
Andere	33,5	28,1	32,1

Quellen: Maria Ackels, »Das Trierer städtische Almosenamt im 16. und 17. Jahrhundert: Ein Beitrag zur Analyse sozialer Unterschichten«, *Kurtrierisches Jahrbuch* 4 (1984), S. 95; Bernd Roeck, *Eine Stadt in Krieg und Frieden: Studien zur Geschichte der Reichsstadt Augsburg zwischen Kalenderstreit und Parität*, Göttingen 1989, S. 525; Catharina Lis, *Social Change and the Labouring Poor, Antwerpen 1770–1860*, New Haven/London 1986, S. 187.

Wendet man den Blick von der Haushaltsgröße und seiner Altersstruktur zu der Beziehung zwischen Berufen mit niedrigem Einkommen und der Armut, so lassen sich die jeweiligen Unterschiede und Schwachpunkte der Familienstrukturen präziser erfassen. Im vorindustriellen Wirtschaftsleben war die Einkommenshöhe ausgesprochen stark gestreut, worin sich nicht nur die Arbeitsaufteilung nach Geschlecht und der Lebenszyklus der Einzelpersonen spiegelte, sondern auch die unausgewogene Verteilung von Reichtum unter den Berufsgruppen. So konnte im 17. Jahrhundert in Augsburg kein Weber so viel verdienen wie ein Metzger oder Schankwirt. Ähnliche Einkommensunterschiede zwischen verschiedenen Berufen wurden für Florenz und Antwerpen im späten 18. und frühen 19. Jahrhundert nachgewiesen: dort konnte kein Seidenspinner so viel verdienen wie ein Schneider.

Die Verteilung der Berufsgruppen unter den Fürsorgeempfängern bildet in geradezu »klassischer« Form das Profil einer vorindustriellen städtischen Wirtschaft ab (siehe Tabelle 4). Man darf dabei allerdings nicht vergessen, dass auch innerhalb desselben Gewerbes der Lebensstandard erheblich differierte, und zwar in Abhängigkeit vom Status des Handwerks, dem Alter, den örtlichen Gegebenheiten und dem Geschlecht. In der Textilindustrie z. B. war das Lohngefälle am extremsten. In den meisten Fällen waren die einzelnen Berufe sehr differenziert, aber es gab auch Tätigkeiten, die nahezu ausnahmslos einen gewissen Reichtum mit sich brachten – die Kaufleute waren natürlich fast immer am oberen Ende der Skala zu finden, die Weber und Textilarbeiter fast immer am unteren Ende. In anderen Städten der Frühen Neuzeit spielte die Landwirtschaft immer noch eine wichtige Rolle. Landarbeiter waren notorisch arm, wie Untersuchungen zur Einkommensverteilung in Frankreich und Deutschland belegen. Besonders schlecht ging es den Tagelöhnern, die in den Weingärten und Feldern im Stadtbereich arbeiteten. Nur wenige wurden für ein ganzes Jahr eingestellt; die übrigen warteten auf dem Marktplatz in der Hoffnung, für mehrere Tage oder Wochen Arbeit zu finden. Und wenn sie eine Arbeit bekamen, dann waren ihre Löhne recht niedrig: Mitte des 16. Jahrhunderts durchschnittlich 16–18 Heller pro Tag in Frankfurt am Main (die Frauen nur 10 Heller). Am Ende des Jahrhunderts konnte ein männlicher Arbeiter im Weinberg für seinen Tageslohn 5,7 Liter Korn (die Frau nur 3,7 Liter) kaufen, was deutlich unter dem Tagesverdienst eines Bauarbeiters lag, der im Durchschnitt den Gegenwert von 8 Litern Korn verdiente. Eine weitere Berufsgruppe, die unter den Almosenempfängern überrepräsentiert ist, waren die kleinen Handwerker, vor allem dort, wo es ein Überangebot gab (in den meisten Fällen Weber und Schuhmacher, aber auch in manchen Bereichen der Bauwirtschaft).

Die Liste der angegebenen Berufe jener, die in dieser Zeit wegen Bettelei oder Landstreicherei festgenommen wurden, ergibt ein ähnliches Bild. Für Männer bestätigt sich die prekäre Lage als Lohnarbeiter in typisch »armen« Berufen. Landarbeiter, Gelegenheitsarbeiter und Textilhandwerker, Soldaten, Matrosen, Bedienstete und Lehrlinge stellten den Hauptanteil der nicht sesshaften Armen im frühneuzeitlichen Europa. Darüber hinaus variiert das Muster je nach dem wirtschaftlichen Profil der jeweiligen Stadt und ihres Hinterlands. Im England des 16. Jahrhunderts hatten die meisten Landstreicher in niedrigen Stellungen gearbeitet, bevor sie obdachlos wurden. Etwa ein Drittel von ihnen war in der Herstellung von Nahrungsmitteln, Lederwaren, Tuch- und Metallwaren beschäftigt gewesen, oder sie hatten im Bergbau oder im Baugewerbe gearbeitet; mindestens ein Viertel waren Bedienstete, Lehrlinge, Gesellen, Hilfs- oder Erntearbeiter, etwa ein Viertel Kleinhändler, Hersteller und Verkäufer von »Kleinwaren«, Unterhaltungskünstler und Kesselflicker, ein Zehntel Soldaten und Matrosen. Die Übrigen waren verschiedenen Beschäftigungen nachgegangen – sie waren Wundheiler, Studenten, Kleriker, manchmal sogar Leute von Stand. Im 17. Jahrhundert begann sich das Muster leicht zu verändern. Nach einer Untersuchung von A. L. Beier fand jedoch keine größere Verschiebung von einem Gewerbe zu einem anderen statt, vielmehr handelte es sich um ein Wegdriften von traditionellen Berufen als Konsequenz aus der Krise des Tuchgewerbes.

Die Mitwirkung der Frau an der Haushaltsgründung war selbstverständlich genauso wichtig, auch wenn die Arbeit der

Frauen wenig in Erscheinung tritt und damit schon auf die Beschaffenheit ihrer Arbeit verweist. Zu den meisten anerkannten Gewerben und Handwerken war den Frauen der Zugang verwehrt, und wenn sie verheiratet waren und kleine Kinder hatten, mussten sie nicht nur den Haushalt führen, sondern zusätzlich ihrer eigenen Arbeit nachgehen, weil die Familie auf dieses Einkommen nicht verzichten konnte. Leider haben die Fürsorgebeamten die Erwerbstätigkeit von Frauen nur selten schriftlich festgehalten. Im Europa der Frühen Neuzeit arbeiteten die Frauen im Allgemeinen in schlecht bezahlten Berufen. In ländlichen Gegenden musste ein junges Mädchen oder eine Frau, die es sich nicht leisten konnte, bei der Eheschließung ihren Beruf aufzugeben, wechselnde schlecht entlohnte Arbeiten übernehmen, entweder als Heimarbeit oder in einem Haushalt, wo es oft keine Bezahlung gab, sondern nur Sachleistungen. Andere Möglichkeiten boten sich den Mädchen und Frauen in der Stadt. Viele wurden Hausmädchen, wo sie (jedenfalls in wohlhabenderen Häusern) wenigstens einen gewissen Schutz durch ihren Arbeitgeber genossen. Meist bekamen sie regelmäßig und ausreichend zu essen, Kleidung und kleinere Annehmlichkeiten (in Form von Geschenken). Andere weibliche Arbeitskräfte trafen es nicht so gut; ihre Anstellungen waren in Zeiten wirtschaftlicher Flaute gefährdet, und sie mussten sich mit niedrigen Löhnen begnügen. Der Tageslohn von Arbeiterinnen in Caen (Frankreich), die Anfang des 18. Jahrhunderts Stoffe falten mussten, liefert ein anschauliches Beispiel für die Benachteiligung der Frauen: es gab zwei oder drei Sous für Kinder, fünf für Frauen und zwölf für Männer. Nach den Zahlen, die uns für Antwerpen im 18. Jahrhundert vorliegen, übten 51 Prozent der als Almosenempfänger registrierten erwachsenen Frauen den Beruf der Spitzenklöpplerin aus. Die zweitgrößte Gruppe (17 Prozent) ging verschiedenen Tätigkeiten im Textilgewerbe nach (Reinigen und Zupfen der Wolle, Bügeln und Falten von Tuch, Nähen, Spinnen). Etwa ebenso viele Frauen waren arbeitslos. Dass weibliche Bedienstete in der Liste der Almosenempfänger praktisch ganz fehlen, bestätigt, dass die Anstellungen in diesem Sektor des städtischen Arbeitsmarkts vergleichsweise sicher waren.

Das Ausmaß der Armut

Armut ist ein ziemlich relativer und dehnbarer Begriff, dessen Definition von den Bedürfnissen und Werten der jeweiligen Gesellschaft abhängt. Es macht durchaus Sinn, unsere gegenwärtigen Maßstäbe der Bedürftigkeit auf die jüngere Vergangenheit anzuwenden. Zieht man die heute gültigen Armutskriterien beispielsweise zur Bewertung der fünfziger Jahre des 20. Jahrhunderts heran, so würde man inzwischen mehr Menschen als arm bezeichnen, als es damals der Fall war. Umgekehrt käme man mit den damaligen Maßstäben zu dem Schluss, die Armut habe seit den 1950er Jahren deutlich abgenommen. Die modernen Armutskriterien sind jedoch eher unrealistisch; es fehlt ihnen eine schlüssige historische Perspektive.

Das Maß für die Armut

Im 20. Jahrhundert können Soziologen präzise Armutsbegriffe erarbeiten, die dann von den Regierungen übernommen werden. In Bezug auf die Vergangenheit bleibt dem Historiker jedoch keine andere Wahl, als die Kriterien und Definitionen zu akzeptieren, die er in den Quellen vorfindet. Da diese aber sehr unterschiedlicher Natur sind, haben die meisten Untersuchungen zur Geschichte der Armut eher impressionistische Verallgemeinerungen erbracht als die systematische und umfassende Erforschung jener Armut, die in den »verlorenen Lebenswelten« (Peter Laslett) vorherrschte. Solche Studien haben mit verschiedenen Problemen zu kämpfen. Erstens fehlt für die meisten europäischen Länder vor dem 19. Jahrhundert die Informationsbasis; denn der relativ kleine Verwaltungsbereich städtischer Fürsorge der Frühen Neuzeit produzierte kaum statistische Unterlagen. Wenn Zahlenangaben existieren, sind sie häufig unrealistisch bzw. beruhen auf Schätzungen, so wie Gregory Kings berühmte »Darstellung des Einkommens und der Ausgaben verschiedener Familien in England für das Jahr 1688«, in dem 400 000 Kleinbauernfamilien und Bedürftige ebenso aufgelistet sind wie 849 000 Landstreicher (darunter Zigeuner, Diebe und Bettler).[1]

Zu dem Mangel an quantitativen Informationen über das Ausmaß der Armut kommt das Problem der Auswahl und Einschätzung jener Kriterien, nach denen Städte und ländliche Bereiche bzw. Länder untereinander vergleichbar sind. Diese Schwierigkeit nimmt noch zu, wenn man Armut diachronisch betrachtet. Die Quellen beziehen sich nämlich auf Personen oder Gruppen, die nach Maßstäben als »arm« bezeichnet werden, die oft unbestimmt bleiben und je nach dem Verfasser des Dokuments, der Institution, die er vertritt, und natürlich nach Ort und Zeit verschieden ausfallen, weil all diese Voraussetzungen die Wahrnehmung der Zeitgenossen geprägt haben.

Die meisten Historiker vertreten daher die Auffassung, für die Beschreibung, Analyse und das Messen von Armut müsse man im Kontext zeitgenössischer Quellen vorgehen, nicht innerhalb einer Theorie elementarer Lebensbedürfnisse oder sozialer Schichtung. Das ist allerdings leichter gesagt als getan. Drei methodologische Ansätze, die viel Beachtung gefunden haben, stehen miteinander in mehr oder weniger engem Zusammenhang. Es sind dies: 1. Untersuchungen zur Art der sozialen Schichtung innerhalb eines Landes auf der Basis von Steuererhebungen; 2. Untersuchungen zu den Zahlen von Almosenempfängern, die in den Archiven frühneuzeitlicher Wohlfahrtsinstitutionen genannt werden; und 3. Untersuchungen zu Ausmaß und Art der Armut, die sich auf Daten aus Armenzählungen der Frühen Neuzeit stützen.

Die fiskalische Armut

Zu den Quellen, in denen die Armen definiert und gezählt werden, gehören nicht zuletzt Steuererhebungen. Sie werden von Historikern gerne herangezogen, um die »Armutsgrenze« einzuschätzen. Man sollte sich jedoch darüber im Klaren sein, dass die meisten Steuerdaten der Frühen Neuzeit eher Vermögens- als Einkommensunterschiede festhalten. Deswegen darf man eine fehlende oder minimale Besteuerung nicht ohne weiteres mit Mittellosigkeit gleichsetzen. Die Steuerakten geben uns kein exaktes Maß für die wirtschaftliche Lage der Armen an die Hand, weil in den nicht steuerpflichtigen Kategorien Personen mit oft recht unterschiedlichem Vermögen zusammengefasst sind. Außerdem gibt es noch ein weiteres Problem, wenn man Steuerarchive benutzt, um Armut zu messen. Steuerschätzungen vermitteln eher ein genaueres Bild von der geographischen Verteilung der Armut als von Veränderungen im Zeitablauf, weil die Kriterien der Steuerbefreiung sich änderten. Deswegen kann man auf Grund von Steueraufzeichnungen schwer feststellen, wie repräsentativ die Daten sind und wie man sie zu interpretieren hat. Wenn aber nichts zur Verfügung steht, was einer lokalen oder landesweiten Zählung von Armen nahe käme, sind die Historiker gezwungen, sich solcher Vermögensaufstellungen zu bedienen, um das Armutsprofil für vor-statistische Gesellschaften zu rekonstruieren.

Daten und Zahlen zur Gruppe der Armen in Steuerlisten stehen für viele Städte und ländliche Gebiete im Europa der Frühen Neuzeit zur Verfügung (siehe Tabelle 5). Die neuesten Studien geben Anlass zu der Vermutung, dass man die aus Steueraufzeichnungen abgeleiteten Armutsgrenzen für Stadt und Land nach unten korrigieren muss. Man hat nachgewiesen, dass selbst am gleichen Ort die Kriterien sich innerhalb kurzer Zeit verändert haben könnten. Es ist weiterhin zweifelhaft, ob die örtlichen Behörden, die Steuernachlässe und Befreiungen festlegten, zu einem späteren Zeitpunkt noch die gleichen Maßstäbe anlegten. So gab es zahllose Unsicherheiten hinsichtlich der präzisen Methoden, persönlichen Besitz zu schätzen. Die Prinzipien zur Bewertung von Immobilien sind in unserem Untersuchungszeitraum leichter nachzuvollziehen. Nur in wenigen Städten blieb der Steuersatz im ganzen 16. und 17. Jahrhundert unverändert. In der Reichsstadt Nördlingen z. B. zahlte jeder Bürger für sich und seine Frau 0,5 Prozent des Schätzwerts für das jeweilige persönliche Vermögen und den Grundbesitz. In den einzelnen Jahren werden jeweils nur wenige Bürger (nämlich die Mittellosen) als nicht steuerpflichtig aufgeführt. Die meisten, selbst arme Bürger, wurden zu einer Mindestabgabe herangezogen, die sich Ende des 16. Jahrhunderts

Tabelle 5: »*Fiskalisch Arme*« *auf der Basis frühneuzeitlicher Steuerdaten*

Ort	Jahr	Gesamtzahl besteuerter Haushalte/ Personen	steuerbefreit/ kein Einkommen Zahl	%
Stadtgemeinden				
Köln	1582	4062	189	4,7
Augsburg	1618	8738	4240	48,5
Augsburg	1646	4218	1570	37,2
Grenoble	1735	2163	808	37,3
Lille	1740	15710	7077	45,0
York	17. Jh.			20,0
Norwich	17. Jh.			62,0
Verona	1635	?	?	77,0
San Gimignano	1670	?	?	75,0
ländliche Gemeinden				
Warwickshire	1669–70	?	?	36,0
Hertfordshire	1662–90	?	?	39,0
Essex	1662–90	?	?	38,0
Flandern	1544	?	?	40,5
Brabant	1750	?	?	41,5
Westfalen (ein Dorf)	1536	44	10	22,7

Quelle: siehe Bibliographie, »Die fiskalische Armut«

auf einen Achtelgulden belief. Sie stieg bis zum Beginn des Dreißigjährigen Kriegs auf einen Fünftelgulden. In Flandern und Brabant erscheinen im 15. und 16. Jahrhundert die Almosenempfänger als eigene Gruppe in der Herdsteuerliste, vermutlich weil sie keine Steuern zahlten. Im Artois, im Hennegau und in Luxemburg dagegen wurden die Armen fast immer als Steuerpflichtige aufgeführt und entsprechend besteuert. Wo man ein solches Steuersystem anwendete, schlüpfte theoretisch niemand, auch der Ärmste nicht, durch die Maschen des Fiskus. Doch selbst dort, wo man die Armen in die Gesamtsteuerliste aufnahm, musste eine fiskalische Armutsgrenze gezogen werden. Der amtliche Trennstrich verlief zwischen den Armen ohne festen Wohnsitz, die in den Steuerunterlagen nicht auftauchen, und den Fürsorgeempfängern, die man besteuerte. In einigen Dörfern des Artois beispielsweise variiert die jährliche Steuerschuld für Arme zwischen 1 und 4 Patards, dem Tageslohn eines einfachen Arbeiters. In bestimmten deutschen Städten bezeichnete man diesen Mindestsatz als die »Habnit-Steuer«. Obgleich die Steuerschuld der Fürsorgeempfänger nach den gleichen Maßstäben bemessen wurde wie bei allen anderen, kamen sie in den Genuss erheblicher Abschläge. In der Praxis konnten trotzdem relativ viele von ihnen die Summe nicht aufbringen, sodass die örtliche Verwaltung sie von der Steuerpflicht befreien musste. Als 1582 der Stadtrat von Köln eine Sonderabgabe beschloss (die Kaminsteuer), führte man ca. fünf Prozent der Besitzer bzw. Mieter von Häusern mit mindestens einem Kamin als Bedürftige auf, die keine Abgabe entrichteten.

Wo detaillierte Unterlagen eine genauere Analyse des Steuersystems oder gar einen Vergleich mit anderen Quellen erlauben, stellt man fest, wie problematisch es ist, auf der Basis der Herd- und Grundsteuerlisten eine gestufte Steuerbefreiung mit verschiedenen Graden von Armut gleichzusetzen. Außerdem besteht noch eine weitere Gefahr bei der Verwendung solcher Quellen für vergleichende Studien. Man kann zu falschen Schlüssen kommen, wenn man Steuerregister außerhalb ihres sozio-ökonomischen und administrativen Rahmens betrachtet. Die Armut der städtischen Bedürftigen unterschied sich wahrscheinlich von der Armut mittelloser Menschen auf dem Land. Und innerhalb derselben Gesellschaftsform kam es durch Unterschiede in den »Lebenswelten« (um den von einigen Historikern verwendeten Begriff zu gebrauchen) zu weiteren Abgrenzungen. Deshalb sind eingehendere lokale und regionale Untersuchungen notwendig, die den Kontext liefern, innerhalb dessen die soziale Bedeutung von Steuerbefreiungen einzuschätzen ist. Natürlich müssten solche Studien die Quellen miteinander verknüpfen, um die von den Steuerbehörden vorgegebenen Kategorien in zuverlässige Indikatoren für den Armutsgrad in einer bestimmten Gesellschaft umzusetzen.

Wenngleich die Aussagekraft und die Verlässlichkeit der allgemein akzeptierten und viel zitierten Zahlen aus den Steuerarchiven offenbar neu zu bewerten sind, vermitteln diese Quellen wenigstens eine ungefähre Vorstellung davon, wie die Armut in der Stadt und auf dem Land in der Frühen Neuzeit zu- bzw. abnahm. In Memmingen, einem wichtigen Zentrum der Leinenproduktion in Oberschwaben, stieg die Zahl der »Habenichtse« von 31 Prozent am Ausgang des 15. Jahrhunderts auf 55 Prozent im Jahre 1521. In Augsburg, einer der deutschen Finanzmetropolen im 16. Jahrhundert, ging die Zahl derjenigen Bedürftigen, die nur den Mindestsatz zu entrichten hatten, von 48,5 Prozent im Jahre 1618 auf 37,2 Prozent im Jahre 1646 (also kurz vor Ende des Dreißigjährigen Kriegs) zurück, was jedoch nicht bedeutet, dass sich die Vermögensverteilung während des Kriegs deutlich gebessert hätte. Im Gegenteil, für die Mittelschicht, überwiegend Handwerker, hatte der Krieg, nicht zuletzt durch die zusätzlichen finanziellen Lasten, die Gewinne kontinuierlich abgeschöpft. Obwohl alle Gesellschaftsgruppen durch den Krieg finanzielle Einbußen erlitten, muss, relativ gesehen, die Bürde der Militärabgaben und die wirtschaftliche Not in der Mittelschicht schwerer gewogen haben als am unteren oder oberen Ende der sozialen Rangleiter. In den größeren Städten Brabants erhöhte sich die Zahl der als arm eingestuften Haushalte von 14 Prozent im Jahr 1480 auf 19 Prozent im Jahr 1526. Dieser eher moderate Anstieg ergab sich offenbar nicht nur aus der weiteren Verarmung der städtischen Handwerker (die häufig im Textilgewerbe tätig waren), sondern auch aus dem Zustrom der Armen vom Land.

Die Umstrukturierung der europäischen Landwirtschaft und Industrie im 17. und 18. Jahrhundert ließ das ländliche und städtische Proletariat anschwellen. So zeigt in Frankreich die hohe Zahl der Bedürftigen in den Steuerakten des 18. Jahrhunderts den strukturellen Charakter der Armut an. Regionaluntersuchungen bestätigen die pessimistischen Urteile und Schätzungen zeitgenössischer Autoren. In der Bretagne z. B. lag der Anteil derjenigen, die in den 23 untersuchten Städten von der Kopfsteuer befreit waren, zwischen 20 und 90 Prozent. Die Städte mit weniger als 50 Prozent »fiskalisch Armen« waren überwiegend Zentren der Politik, der Verwaltung oder des Handels. In den Städten, die sich durch ihre starke Abhängigkeit von der Ausfuhr in einer schwierigen sozio-ökonomischen Lage befanden (vor allem im Tuchgewerbe), überstieg die Zahl der Handwerker, Lohnarbeiter und Armen, die keine Steuern zahlen konnten, die Hälfte aller Stadtbewohner. Hinter den regionalen Schwankungen, die man bei der Befreiung von Kopf- oder Herdsteuer im frühneuzeitlichen Europa feststellt, verbergen sich also verschiedene gesellschaftliche und wirtschaftliche Vorgeschichten. Nicht nur in Frankreich, sondern auch in England, Italien und Deutschland liegt der Anteil der Steuerbefreiungen in den Zentren gewerblicher Produktion oft besonders hoch. Ähnlich war die Lage in den Teilen des ländlichen Europa, die oft von Missernten heimgesucht wurden und die wegen der Art des Landbesitzes auf das ländliche Textilgewerbe angewiesen waren (z. B. Cumbrien in England oder Kursachsen in Deutschland). Der Anteil lag nur in den Städten wesentlich niedriger, die sich dem Niedergang der Stapelwaren angepasst und ihre Wirtschaftsaktivitäten diversifiziert hatten, wie z. B. York (20 Prozent) oder Frankfurt am Main (10 Prozent), außerdem in gewerblichen Wachstumsregionen (z. B. Sheffield) und in allen bäuerlichen Gegenden in der Nähe von Konsumzentren. Im nördlichen Essex beispielsweise waren zur Spätzeit der Stuarts 53 Prozent von der Herdsteuer ausgenommen, im Süden dagegen, in der Nähe Londons, mussten nur 23 Prozent keine Steuern zahlen. Vor dem Hintergrund solcher lokalen Abweichungen muss man darauf verzichten, das landesweite Ausmaß der Armut bestimmen zu wollen. Allerdings darf man die Steuerakten immer noch zu den viel versprechenden Informationsquellen zählen, wo es um die Verteilung von Reichtum und Armut im frühneuzeitlichen Europa geht – solange man die erwähnten methodischen Einschränkungen berücksichtigt.

Fürsorgeempfänger

Der Soziologe Georg Simmel (1858–1918), ein Zeitgenosse Max Webers, vertrat die Ansicht, die Armen als eigene Gesellschaftsgruppe gebe es nicht, weil sie unter einem bestimmten Grad der Entbehrung litten, sondern nur insofern sie nach den jeweils gültigen Normen einer bestimmten Gesellschaft entweder Almosen erhielten oder fürsorgeberechtigt seien.[2] Mit diesem Ansatz vermeidet man die Schwierigkeiten, die sich aus dem Bedeutungswandel der Begriffe »arm« und »bedürftig« im Lauf der Jahrhunderte ergeben. In der hier untersuchten Epoche verwendeten die Zeitgenossen den Begriff zunehmend für jemanden, der nur über seine Arbeitskraft verfügte; gegen Ende des 18. Jahrhunderts hatte dieser jedoch vorwiegend wirtschaftliche Konnotationen und bezeichnete die Arbeiterschicht. Die Beantwortung der Frage, ob die von staatlichen und karitativen Institutionen verzeichnete Zahl der Bedürftigen der tatsächlichen Zahl von Armen entspricht, beruht daher auf der Definition von Armut. Die Antwort fällt positiv aus, wenn man jemanden als arm definiert, der auf Almosen bzw. Fürsorge angewiesen war, um auch nur die wesentlichen Lebensbedürfnisse des Alltags befriedigen zu können. Die Frage muss verneint werden, wenn man den Begriff auf all jene ausdehnt, die über nichts als ihre Arbeit verfügten und die man daher oft als die erwerbstätigen Armen bezeichnete. In diesem Fall hieße das, dass die Armen mehr oder weniger zwei Drittel der Bevölkerung vieler europäischer Städte der Frühen Neuzeit ausmachten. Mit der engeren Definition gelangt man auf die Ebene der sogenannten »strukturellen Armen«, die als ständige Fürsorgeempfänger anerkannt waren und zu denen Personen gehörten, die auf Grund körperlicher Gebrechen außerstande waren, sich ihren Lebensunterhalt zu verdienen, sowie die Alten, Waisen und verarmten Witwen. Diese Zahl liegt natürlich viel niedriger, wenngleich es aus verschiedenen Gründen schwer fällt, einen Durchschnitt anzugeben. Einerseits sind die für die europäischen Städte in dieser Zeit verfügbaren Daten ebenso unvollständig wie ungenau. Die Insassen von Spitälern oder Armenhäusern wurden nicht gezählt, während diejenigen die zwei oder drei Mal pro Jahr um Unterstützung nachsuchten, wahrscheinlich mehr als nur einmal registriert wurden. Beim gegenwärtigen Forschungsstand weiß man außerdem nicht, inwieweit private oder kirchliche karitative Institutionen sich Bedürftiger annahmen, die bei der städtischen Obrigkeit nicht registriert waren. Ein zusätzliches Problem ergibt sich aus dem Umstand, dass viele Fürsorgeempfänger nicht alleinstehend waren, sodass die tatsächliche Zahl derer, die unterstützt wurden, möglicherweise zu verdoppeln ist.

Um zu veranschaulichen, wie lückenhaft die Quellen sind, soll nun eine Stadt betrachtet werden, für die eine gründliche Fallstudie vorliegt. Cissie Fairchilds[3] schätzt, dass im 18. Jahrhundert in Aix-en-Provence etwa 20 Prozent der Bevölkerung, d. h. ungefähr 5000 Menschen, Unterstützung in irgendeiner Form erhielten. Ihre Rechnung erbringt jedoch bestenfalls ein annäherndes Ergebnis, weil nur für eine der größeren Fürsorgeinstitutionen von Aix die vollständigen Register erhalten sind. In den Archiven der übrigen klaffen riesige Lücken. Für eine der größten Institutionen, *Miséricorde*, liegen überhaupt keine Listen von Fürsorgeempfängern vor. Diese wurden nämlich am Ende jedes Jahres feierlich verbrannt, um die Identität der Betroffenen zu schützen, die meist *pauvres honteux* waren also Arme, die sich schämten, Almosen zu bekommen. Nur wenn man die fragmentarischen Informationen aus allen Ecken zusammenträgt, lässt sich die Zahl der Personen berechnen, die jeweils von einer der Institutionen Hilfe erhielten. Es liegen allerdings auch Schätzungen aus dem 16. und 17. Jahrhundert für vergleichbare Städte in Frankreich und anderen Ländern vor, in denen die entsprechenden Rechnungen nicht ganz so problematisch sind. So führte die Stadt Toledo während einer Versorgungskrise Buch über die Zahl der Hilfsbedürftigen. Die erste Liste wurde 1556 angelegt, als das Getreide knapp wurde. Im Dezember 1556 verzeichneten die Behörden 10 608 Menschen, die in Not geraten waren. Eine solche Liste wurde in »normalen« Zeiten, wenn es keine Getreideknappheit oder Seuchen gab, jedoch nicht geführt. In diesen

Jahren überließ man die Fürsorge den zahlreichen Bruderschaften, Spitälern und karitativen Stiftungen, deren Aufzeichnungen entweder nicht erhalten geblieben sind oder aber keine Informationen über die Zahl der Fürsorgeempfänger liefern. Eine Stadt, in der die entsprechenden Listen für das 16. Jahrhundert fast lückenlos vorliegen, ist Augsburg.

Im Almosenamt dieser Stadt führte man Buch über die jährliche Zahl der Almosenempfänger und veröffentlichte 1575 sogar eine Zusammenstellung der Zahlen aller armen Einzelpersonen und Haushaltsangehörigen, die man in den vorausgehenden 25 Jahren unterstützt hatte. Eine solche Bekanntgabe von Fakten und Zahlen war selbst im 18. Jahrhundert noch ziemlich ungewöhnlich, wie das Beispiel von Amsterdam beweist, dessen Kämmerer 1793 wissen wollten, warum die Zahl der Fürsorgeempfänger nicht genannt werde. Die Antwort der Verwalter des *huiszittenhuis* (eines der Armenpflegezentren in Amsterdam) lautete, das sei nie üblich gewesen oder verlangt worden.[4]

Da die schriftliche Überlieferung überall unvollständig ist, muss man größere Städte auswählen, die durch die Umstände bedingt bessere und aufschlussreichere Aufzeichnungen zur Verfügung stellen als meist kleinere Gemeinden. Selbst bei den Städten, für die eine Buchführung vorliegt, sind die Zahlungen nicht lückenlos dokumentiert. Im untersuchten Zeitabschnitt haben die Vorsteher von Institutionen der Armenpflege in England und im übrigen Europa gewöhnlich nur die Zahl der Insassen bzw. der regelmäßigen Almosenempfänger verzeichnet, während sie sich häufig nicht die Mühe machten, die Sonderzuwendungen an Arme aufzuschreiben, die im Laufe eines Jahres anfielen. Solche nur unregelmäßig festgehaltenen Zahlungen behindern also eine exakte Berechnung der Gesamtzahl der von der öffentlichen Hand unterstützten Armen. Aber auch dann, wenn man in einer quantitativen Untersuchung auf der Grundlage verschiedener Quellen zu einer annähernd »korrekten« Zahl der Personen kommt, schwanken diese Zahlen von einem Jahr zum anderen, gelegentlich sogar von einem Monat zum nächsten. Sprunghafte Veränderungen dieser Art erklären sich oft durch Missernten, Seuchen und Konjunkturkrisen. Selbst wenn die Zahlen der Fürsorgeempfänger mehr oder weniger konstant bleiben, bedeutet das nicht, dass sich qualitativ nichts verändert. Im Gegenteil, die gleichbleibende Zahl von unterstützten Bedürftigen kann auch ein Hinweis dafür sein, dass Art und Grad der Unterstützung drastisch eingeschränkt wurden, um zu hohe Ausgaben zu vermeiden. Deswegen wird es nötig sein, zwischen einem langfristigen Armutspegel einerseits und kurzfristig erreichten Krisenpegeln andererseits zu unterscheiden; die letzteren liegen manchmal drei bis vier Mal höher als der Normalstand. Einige französische und angloamerikanische Historiker sprechen hier von »struktureller« im Gegensatz zu »zyklischer« Armut, während der englische Historiker Paul Slack dieselben Phänomene als »Grundpegel« und »Krisenpegel« bezeichnet.[5] Die Krisenpegel schwanken stärker als der Grundpegel, der sich nur mittel- bis langfristig verändert. Das ist sicher auch der Grund für die starken, oft verwirrenden Schwankungen von Daten und Zahlen aus Studien, die geographisch und chronologisch weit gestreut sind. Das Problem der unterschiedlichen Armutspegel sollte bedacht werden, wenn man die Zahlen einer Gemeinde oder Region mit denen anderer Städte im frühneuzeitlichen Europa vergleichen will, wie z. B. Toledo, Lyon, Verona, Augsburg, Amsterdam und Norwich, für welche die Schätzungen der Historiker zwischen 20 und 30 Prozent für die »zyklische« und 5 bis 10 Prozent für die »strukturelle« Armut liegen (siehe Tabelle 6).

Angesichts des gegenwärtigen Stands der Forschung zur Armut und Armenpflege in ländlichen Gebieten ist es fast unmöglich zu sagen, ob ein ebenso hoher Prozentsatz der Bevölkerung arbeitslos war. Die wenigen vorliegenden Untersuchungen lassen darauf schließen, dass ihre Zahl nicht unter 5 Prozent der Haushaltsvorstände lag. Für das Einzugsgebiet Nürnbergs im frühen 18. Jahrhundert zeigen z. B. die Zahlen, dass zwischen 5 und 10 Prozent der Personen im Sprengel anerkannte Empfänger von befristeter oder dauernder Fürsorge waren. Es gibt nur wenige Schätzungen dieser Art für andere ländliche Gebiete. Die vielleicht umfassendste stammt von

Ingomar Bog und gilt für das ländliche Einzugsgebiet Zürichs am Ende des 16. Jahrhunderts; demnach wurden etwa 4,5 Prozent der Bewohner von der öffentlichen Hand unterstützt.

Tabelle 6: *Anteil der Empfänger von Armenhilfe an der Gesamtbevölkerung in ländlichen und städtischen Gemeinden der Frühen Neuzeit*

Ort	Jahr	Zahl unterstützter Haushalte	% der Bevölkerung
Stadtgemeinden			
Frankfurt a. M.	1539	400	3,6
Trier	1623	324	24,8
Köln	1799	3132	8,2
Berlin	1665	280	2,0
Berlin	1799	11125	7,2
Vitré	1597	949	11,0
Amiens	1625	1149	3,8
Aix-en-Provence	1760	5000	20,0
Norwich	1578–79	381	5,1
Exeter	1691	482	7,2
Salisbury	1725	180	5,1
Venedig	740	?	14,0
Toledo (1 Sprengel)	1573	518	15,6
Antwerpen	1773	?	11,0
Brüssel	1755	?	7,0
Mechelen	1794	?	13,0
Landgemeinden			
Raum Nürnberg	1700–10	?	10,0
Raum Zürich	1590	3459	4,5
Raum Solothurn	1768	156	22,5
Kenilworth	1663–64	31	23,0

Quelle: siehe Bibliographie »Fürsorgeempfänger«

So problematisch die Beweislage auch ist, man kann trotzdem Schlüsse ziehen, die nicht nur für kleinräumige Untersuchungen zur Armenpflege zutreffen, sondern die durchaus Anhaltspunkte für großräumigere nationale und europäische Entwicklungen liefern. Wegen der Schwierigkeiten bei der exakten Berechnung der Zahl der Armen, die karitative und amtliche

Armenhilfe erhielten, darf jedoch nicht übersehen werden, dass selbst die korrekteste Schätzung nur annähernde Werte für den »echten« Grad der Armut im Europa der Frühen Neuzeit liefert. In der Regel ist die Zahl derjenigen nicht bekannt, die um Almosen oder Unterstützung nachsuchten, sie aber nicht erhielten. Glücklicherweise setzen sich einige neuere Untersuchungen mit diesem Problem auseinander. Im Fall Amsterdams weiß man, dass dort im Jahr 1799 etwa 37 500 Kinder und Erwachsene Zuwendungen erhielten, aber weit mehr, nämlich 81 080, beantragt hatten, bei der Verteilung des Erlöses aus einer Kollekte berücksichtigt zu werden. Aus einer Studie zu Florenz im frühen 19. Jahrhundert geht hervor, dass weniger als die Hälfte der Unterstützungsgesuche unverändert akzeptiert wurden, die dem Entscheidungsgremium einer maßgeblichen karitativen Institution vorlagen (der 1701 gegründeten Kongregation San Giovanni Battista, einer Florentiner Variante des aus Frankreich übernommenen jesuitischen Modells der Armenfürsorge); mehr als ein Drittel der Gesuche wurde abgewiesen, die übrigen mit Einschränkungen berücksichtigt. In Turin konnten im 18. Jahrhundert nicht einmal die Greise und Gebrechlichen sicher sein, dass man ihnen Hilfe gewähren würde, weil Alter oder Hinfälligkeit allein nicht als hinreichender Grund galten. Von 154 alleinstehenden Alten, die 1783 im Ospedale di Carità um Unterstützung nachsuchten, wurden dreißig (also ca. 20 Prozent) abgewiesen.

Armenzählungen

Vor dem 18. Jahrhundert war es in den Städten Europas unüblich, die Armen zu zählen. Nur England macht hier eine Ausnahme. Im Jahre 1601 gibt es sogar ein gedrucktes Muster, das den »Armenaufsehern« zeigen sollte, wie eine solche Statistik durchzuführen sei. So wurde beispielsweise beschrieben, wie viele Spalten anzulegen seien und welche Informationen – vom Alter über Arbeit bis zum Verdienst – sie enthalten sollten. Solche Zählungen wurden vor allem in Krisenzeiten vorgenommen und stützten sich häufig auf wechselnde Definitionen der Bedürftigkeit. Man darf annehmen, dass die Verfasser der Aufstellungen unterschiedliche Vorstellungen von Armut hatten und gewöhnlich nur das fanden, was sie suchten. Wenn man den Blick ausschließlich auf völlig mittellose Unterstützungsempfänger richtete, wie etwa in Salisbury im 17. Jahrhundert, dann umfasste die Gruppe der Armen nicht mehr als fünf Prozent der Bevölkerung. Dort, wo man Armut weniger eng definierte, wie 1557 in Worcester, lagen die Zahl der unterstützten Haushalte und die Gesamtzahl der Armen höher als in anderen Städten.

Tabelle 7: *Armenzählungen*

Ort	Jahr	Zahl der Armen	Arme Haushalte	% der Gesamtbevölkerung
Straßburg	1523	649	252	?
Worcester	1557	777	321	18,0
Norwich	1570	2359	790	22,0
Huddersfield	1622	700	155	20,0–25,0
Valladolid	1561	?	?	9,5
Segovia	1561	?	?	15,7
Toledo	1558	11105	?	19,7
Frankreich (Durchschnitt)	1770	?	?	10,0

Quelle: siehe Bibliographie, »Armenzählungen«

Eingehende statistische Erhebungen der Zahl, der Lebensbedingungen und des Bedarfs der Armen beginnen im frühen 16. Jahrhundert und finden ihren Höhepunkt in den umfassenden und häufig landesweiten Zählungen des 18. Jahrhunderts (siehe Tabelle 7). Leider sind nicht alle von den Armenpflegeanstalten oder in den Gemeinden durchgeführten Erhebungen erhalten geblieben. Eine der frühesten bekannten Zählungen stammt aus dem Jahr 1523 in Straßburg. Sie verzeichnet von 649 Personen Name, Adresse, Familienstand, Kinderzahl, Bürgerrecht, notleidende Haushaltsangehörige und sonstige Umstände (z. B. Arbeitsfähigkeit, Gesundheitszustand). Die

Armutsgrenze wurde im Wesentlichen so gezogen, dass sie kinderreiche Familien, Witwen bzw. verlassene Ehefrauen, Blinde, Lahme, hilflose, alte und kranke Menschen einschloss. Die erste Zählung in England datiert von 1557. Diese Erhebung in Worcester ähnelt der aus Straßburg. Allerdings bezieht sich die Zählung in Worcester auf einen größeren Bevölkerungsteil, dafür war sie aber nicht so weit aufgeschlüsselt. Gewöhnlich sind nur Haushaltsvorstände, ihre Ehefrauen und die Zahl der Kinder angegeben. Zu den bekanntesten Zählungen der Frühen Neuzeit gehört die Erhebung in Norwich im Jahr 1570. Sie bezeichnet 22 Prozent der örtlichen Bevölkerung als arm (die große Gruppe auswärtiger Flüchtlinge, die innerhalb der Stadtmauern lebten, blieb dabei unberücksichtigt) und beschreibt die betreffenden Haushalte im Einzelnen. Dazu gehörten viele, die Unterstützung erhielten, aber auch solche, die nichts bekamen. Daraus lässt sich eine Art grundsätzliches Eingeständnis ableiten, dass das Armutspotential größer war. Diese und ähnliche Zählungen erlauben mithin den Schluss, dass mit beispielsweise fünf Prozent Fürsorgeempfängern mindestens weitere zwanzig Prozent einen berechtigten Anspruch auf karitative Unterstützung hatten (auch wenn sie diese zum betreffenden Zeitpunkt nicht erhielten).

Eine der größten und umfassendsten Armenzählungen des *Ancien Régime* wurde 1790/91 vom französischen *Comité de Mendicité* durchgeführt.[6] Doch selbst in dieser großen, scheinbar gründlichen Umfrage ging es nicht wirklich um eine Zählung der Armen. Der Ausschuss war verständlicherweise nur daran interessiert, die Zahl der Hilfsbedürftigen herauszufinden, die man hoffte, ausreichend unterstützen zu können, und zwar durch Arbeit für die Arbeitslosen, Spitäler für die Kranken und eine Zuwendung für Kinder armer Lohnarbeiter, die jünger als vierzehn Jahre waren. Die Gesamtzahlen für Frankreich zeigen, dass etwa zehn Prozent der Bevölkerung unter diese Rubriken fielen. Daher muss man die vom Ausschuss zusammengestellten Zahlen als grobe Unterschätzung des tatsächlichen Ausmaßes der Armut betrachten. Außerdem ist es verräterisch, dass die vom Ausschuss vorgelegten Gesamtzahlen nicht die von den einzelnen Bezirken angegebenen Zahlen aufführen, sondern aus einer Addition der Zahlen in den einzelnen Kategorien (Kinder, Kranke, Alte, Arbeitslose) entstanden sind. Das lässt sich überzeugend nur damit erklären, dass der Ausschuss sich über die Berechnungen der Bezirke hinwegsetzte in der Annahme, dass diese von Amts wegen ein Interesse daran hatten, die Zahl der Hilfsbedürftigen nach oben zu treiben. Natürlich ließen die von den Bezirken angeforderten Informationen viel Spielraum für eigene Interpretation.

Selbstverständlich darf man aus der erheblichen Diskrepanz zwischen den örtlichen Angaben und den endgültigen Zahlen vieler statistischer Erhebungen während der Französischen Revolution und in napoleonischer Zeit nicht schließen, die Zahlen seien wertlos oder unzuverlässig. Trotz der Verschiedenartigkeit der von den örtlichen Behörden angewandten Kriterien und der »kosmetischen« Manipulation der Gesamtzahlen durch ihre Auftraggeber liefern diese umfassenden Erhebungen Anhaltspunkte zum Grad der Armut auf dem Land; außerdem zeigen sie deutlich die Konzentration der Armut innerhalb der großen Städte. Wir können jedoch noch viel mehr aus diesen Zählungen entnehmen als die bloße Zahl von Armen. Der Wert dieser einzigartigen Quelle liegt darin, dass sie Licht auf die sozialen Merkmale und die charakteristischen Armutsmuster in frühneuzeitlichen Städten wirft. Die Angaben zu Person und Lebensumständen sind in den meisten Fällen vielfältig. Wir erfahren etwa, wie viele Kinder und Alte unter den Armen zu finden waren und können auch solche Faktoren oder Variablen wie Haushaltsgröße, Ehestand und Lebenszyklus einschätzen. Armenzählungen wie diese sagen etwas über den Ursprung von Armut in quantifizierbarer Form aus. Deswegen sind sie ein bevorzugter Ausgangspunkt für einen guten Teil der historischen Untersuchung sozialer Probleme im vorindustriellen Europa.

Für die städtischen Behörden und die Armenpfleger, denen Informationen über die Zahl, die Lebensbedingungen und die Bedürfnisse der Armen zugänglich waren und die auch wussten, welche finanziellen Mittel für die Unterstützung der Bedürftigen zur Verfügung standen, müssen die statistischen

Angaben schon rein quantitativ beunruhigend gewesen sein. Zusätzlich zu dem wachsenden Bedürfnis der städtischen Beamten und Armenpfleger, so viel »nützliche« Informationen wie möglich zu sammeln, war es von entscheidender Bedeutung, nicht nur über exakte Unterlagen in Bezug auf die bedürftigen Armen und arbeitsfähigen Bettler zu verfügen, sondern diese wesentlichen Informationen auch geheim zu halten. Wie in vielen anderen Bereichen der Politik und städtischen Verwaltung zur Zeit des *Ancien Régime* war man sich allgemein einig, dass Entscheidungen und Zahlen den berufenen Mitgliedern des Stadtrats oder den örtlichen Verwaltungsbeamten vorbehalten seien (aus diesem Grund wurden ja auch die Protokolle der Stadtratssitzungen unter Verschluss gehalten). Die Gefahr einer stark ansteigenden Zahl von Bettlern nahm man also in der Stadtverwaltung deutlich wahr, während der Bürger, der die Bettler und Armen auf der Straße sah, nur eine vage Vorstellung von absoluten Zahlen hatte. Was die Einwohner nicht übersehen konnten, das waren die zehn oder zwanzig Prozent der Bevölkerung, die in der überschaubaren Welt ihres jeweiligen Pfarrbezirks an oder jenseits der Armutsgrenze lebten. In der einen Gemeinde bekamen die Menschen den Druck früher oder anders zu spüren als in der anderen. Vor allem in der Kirchengemeinde, wenn nicht in der Stadt, stellten die Armen mehr dar als eine anonyme, bestenfalls statistisch fassbare Masse; sie waren mehr oder weniger vertraute Gestalten. Deswegen ist es auch nötig, einige Feststellungen zur geographischen Verteilung der Armen auf die einzelnen Viertel einer Stadt zu treffen.

Die Topographie der Armut

Die meisten Historiker stimmen darin überein, dass die Wohnbezirke in den Städten der Frühen Neuzeit nicht streng nach sozialen Gesichtspunkten getrennt waren, wenngleich es in einigen Städten eine Art Konzentration der Armut in den Vororten gab. In jeder größeren europäischen Stadt fand man an der Peripherie, d. h. noch gerade innerhalb der Stadtmauer

Die Topographie der Armut 75

oder unmittelbar vor den Toren der Stadt, nicht mehr so viele große Bürgerhäuser, aber dafür mehr ärmliche Mietshäuser. Zu Beginn des 18. Jahrhunderts waren z. B. in Grenoble die Wohnungen der Armen noch relativ gleichmäßig über die ganze Stadt verteilt. Bis 1770 waren die Verarmten und Bedürftigen schon an den Stadtrand abgedrängt worden, in die dicht besiedelten südlichen Vorstädte. Gleichzeitig hatten sich sowohl im Zentrum als auch entlang der Rue Neuve wohlhabende Viertel herausgebildet. Dieses allmählich entstehende Muster der Wohnsitzverteilung verweist bereits auf die räumliche Trennung zwischen Arm und Reich, die für fast alle Industriestädte des 19. Jahrhunderts charakteristisch werden sollte. Grenoble machte hier keine Ausnahme. Alle größeren europäischen Städte hatten wenigstens ein Viertel, in dem die Zahl der Fürsorgeempfänger höher lag als anderswo, wo Pest oder Missernten die schlimmsten demographischen Folgen zeitigten, wo Schenken und öffentliche Vergnügungsstätten verbreitet waren, wo Zuwanderer und Bettler vorübergehend oder dauerhaft Unterschlupf fanden. Im Pfarrbezirk St. Giles in Cambridge, im Green Dragon Yard im Londoner Vorort St. Saviour, entlang der Rue Royale und dem Cour à l'Eau in Lille, in den Vororten Saint-Denis, Saint-Antoine, Roule von Paris im 18. Jahrhundert, in den Pfarrbezirken San Isidoro und Santiago del Arrabal am nördlichen Stadtrand von Toledo, in St. Katharina in Schwäbisch-Gmünd, in der Frauenvorstadt, im Lechviertel, in der Jakober Vorstadt in Augsburg, überall stieß man auf einen Teufelskreis aus Armut, hoher Sterblichkeitsrate, Zuwanderung, Außenseitern und Kriminalität. Der Eindruck einer »Ghettoisierung« der Stadtrandgebiete bestätigt sich jedoch nicht in einer Untersuchung zum Paris des 18. Jahrhunderts, in der Informationen über die Wohnviertel mit Dokumenten zum Ort der Verhaftung von Bettlern in einen Zusammenhang gebracht werden. Die zahllosen Armen, die von den auf der Straße erbettelten Almosen lebten, hatten natürlich gute Gründe, in das Stadtzentrum zu strömen, wo sie sich auf den belebtesten Plätzen, den jeweiligen Handels- bzw. Treffpunkten niederließen, d. h. auf den Marktplätzen und vor den Kirchen. Daher traten die Armen nicht nur in ihren Wohnvierteln in Erscheinung, die oft weit entfernt von den mehr oder weniger homogenen Wohnvierteln der Wohlhabenden lagen, sondern sie fielen in allen Teilen der Stadt auf, sodass man die Zeitgenossen wortreich über die unangenehmen Begleiterscheinungen der Armut klagen hört. So spricht ein gewisser Henry Arthington in England von den »zahllosen armen Leuten (...) in dieser Stadt [Oxford] und ihren Vororten, die ziellos umherstreifen, auf den Straßen und anderswo herumlungern, betteln und oft aus Läden und Häusern Dinge mitgehen lassen oder auch Einbrüche verüben«[7] Die ungleichmäßige Verteilung der Armut auf die Wohnviertel war in den großen Städten natürlich besonders häufig und auffällig. Doch selbst dort gab es – wenigstens im 16. Jahrhundert – keine rigorose soziale Abgrenzung. Die Sozialtopographie des Londoner Vororts St. Saviour z. B. zeigt innerhalb der Gassen und Höfe, an denen meist nur wenige »bessere« Mietshäuser standen, eine gewisse soziale Mischung und Stufung. Man darf allerdings nicht vergessen, dass trotz der »sozialen Mischung«, die sich im frühen 17. Jahrhundert in London und im späten 18. Jahrhundert in Paris beobachten lässt, die großen Städte für ein Phänomen berüchtigt waren, das in Frankreich als *paupérisme vertical* bezeichnet wird. Untersuchungen zu Wohn- und Lebensverhältnissen in einzelnen französischen Städten (Lyon, Bordeaux, Paris) zeigen nämlich, dass es nicht nur feine Nuancen hinsichtlich des Wohnens in Seitenstraßen gab, sondern auch charakteristische Merkmale in der vertikalen Verteilung der Wohnungen. Sehr wahrscheinlich galt das Prinzip »Je höher der Stock, desto niedriger die Schicht« in fast allen Bezirken der französischen Hauptstadt, aber es ist wichtig herauszufinden, ob dieser Grundsatz auch in den übrigen Städten Frankreichs verbreitet war. Aus den Belegen für Lille im 18. Jahrhundert ist das nicht ohne weiteres abzulesen. Mitte des Jahrhunderts lebten 72 Prozent der Armen dieser Stadt in Elendsquartieren: 38 Prozent in Hinterhöfen, 24 Prozent in kleinen Zimmern und 10,7 Prozent in Kellern. Diese Ergebnisse werden durch Untersuchungen zu anderen europäischen Städten im Untersuchungszeitraum (z. B. London und Bremen) bestätigt, aus denen hervorgeht, dass die Armen häufig in Kellern hausten.

Die Analyse der zahlenmäßigen und räumlichen Verteilung der Armut hat verschiedene Strukturen freigelegt, die das Ausmaß dieses Gesellschaftsproblems sichtbar machen; solche Strukturen entwickelten sich in verschiedenen Gesellschaften und Ländern unterschiedlich, sind aber unter einzelnen Gesichtspunkten vergleichbar. Die Unterschiede hängen eng mit wirtschaftlichen Faktoren zusammen, gleichzeitig ist jedoch die Wirkung der politischen Kräfte, der sozialen Konflikte und der Mentalitäten von großer Bedeutung sowohl für die quantitativen als auch für die qualitativen Aspekte der Armut.

Materielle Kultur

Das häusliche Umfeld

Die Wohnungen der Armen standen in einem schlechten Ruf: sie waren das äußere und oft auffälligste Zeichen ihres Elends. In seinem *Survey of London* (1598) macht John Stow seinem Abscheu Luft, als er in Bezug auf das an Aldgate angrenzende Armenviertel von »verdreckten Hütten« und elenden Quartieren im Schmutz illegaler Einfriedungen spricht, die »ein Schandfleck für eine so berühmte Stadt« seien.[1] Sébastien Mercier (1740–1814) war offenbar ein so faszinierter Beobachter des Alltagslebens im Paris des 18. Jahrhunderts, dass er sich solche Behausungen sogar von innen anschaute. Seine Schilderung lässt den Ekel spüren, den die damalige Oberschicht empfunden haben muss, wenn sie mit den entsetzlichen Wohnbedingungen in den städtischen Slums der Frühen Neuzeit konfrontiert war:

»Eine ganze Familie lebt in einem einzigen Zimmer: vier nackte Wände, erbärmliche Betten ohne Vorhang und die Nachttöpfe bunt gemischt mit den Küchenutensilien. Das gesamte Mobiliar ist keine zwanzig Taler wert, und alle Vierteljahre wechseln sie ihr dunkles Loch, weil sie die Miete nicht zahlen können.«[2]

Überbelegte Wohnungen und unhygienische Wohnverhältnisse waren nicht auf die Städte beschränkt. Auch auf dem Land lebten die Armen in drangvoller Enge. Arthur Young, ein Engländer der im 18. Jahrhundert ausgedehnte Reisen durch Frankreich unternahm, war überzeugt, dass in den elendsten Quartieren die Bauern in der Bretagne und im Languedoc lebten. Hundert Jahre zuvor, in den letzten Regierungsjahren Ludwigs XIV., beschrieb der Pfarrer von Sennely (Sologne) die baufälligen Hütten der ärmeren Leute in seinem Pfarrbezirk als »düster und eher als Kerkerloch für Verbrecher denn als Wohnung für freie Menschen geeignet«.[3] Auch in Italien waren Beobachter und Reisende der Zeit erschüttert, wenn sie die schrecklichen Elendsquartiere auf dem Land und in den Städten zu sehen bekamen. Allen fielen dieselben Bedingungen ins Auge: enge und überbelegte Häuser von minderer Bauqualität, Mangel an Licht und Luft und häufig eine unhygienische Nähe zum Vieh.

Will man die Wohnbedingungen der Armen kennen lernen, so können die impressionistischen und oft stark von Vorurteilen bestimmten Schilderungen von Reisenden und zeitgenössischen Autoren (z. B. Verfassern medizinischer Topographien, Ärzten) vor allem dann eine Hilfe sein, wenn sie durch andere Quellen bestätigt werden. Zwei Arten von Dokumenten sind von besonderem Wert: Mietverträge oder Mietquittungen, die über die billigsten, für die Armen noch bezahlbaren Unterkünfte Auskunft geben, und die unter notarieller Aufsicht angelegten Nachlassinventare, die es möglich machen, das häusliche Umfeld der Unterschichten Stück für Stück zu rekonstruieren. Hinsichtlich der vorliegenden Studien zu den Wohnbedingungen der Armen ist es wichtig zu wissen, für welche Länder oder Städte sie durchgeführt wurden. Sechs von ihnen stehen an vorderster Stelle: Oxfordshire, Worcestershire, Württemberg, Westfalen, Bordeaux und Paris. Jede dieser Städte bzw. Regionen hat zwar ihre ganz besonderen Merkmale, aber eines ist ihnen allen gemeinsam: Die Quellen überliefern die Wohnbedingungen und Konsumgewohnheiten nicht nur der Oberschicht, sondern auch der einfachen Leute. In den folgenden Abschnitten sollen die Mietvereinbarungen und die Nachlassverzeichnisse ein Licht auf die Lebensweise der Armen im Europa der Frühen Neuzeit werfen. Dabei werden zunächst die Wohnkategorien in Bezug auf die Miete untersucht, die sich die Armen leisten konnten. Dann geht es um die Nutzung und Zweckbestimmung der begrenzten Räumlichkeiten und schließlich um das elementare Haushaltsinventar und um die »Taktiken des Alltagslebens« (Michel de Certeau) derjenigen, die mehr oder weniger wertvolle Gegenstände besaßen.

Zwischen den Wohlhabenderen und der armen Arbeiterschicht zeichnet sich ein schroffer Gegensatz der Wohnbedingungen ab. Für die vielen Einzel- oder Mehrpersonenhaushalte mit begrenzten finanziellen Mitteln gab es nur wenige Möglichkeiten: Herbergen, freie Unterkunft beim Arbeitgeber (nur für Gesellen und Bedienstete), Miete oder Untermiete. Natürlich existierte außerdem das Spital, das in der Frühen Neuzeit Menschen recht verschiedener Art eine vorübergehende oder dauernde Bleibe bot. In diesen karitativen Einrichtungen fanden z. B. Pilger, Wanderprediger, Saisonarbeiter, Reisende und Migranten vorübergehend Aufnahme. Die chronisch Kranken, die Alten, die verlassenen oder verwaisten Kranken, kurz, alle die aus irgendeinem Grund durch die Maschen des sozialen Netzes (Familie, Verwandtschaft) gefallen waren, betrachtete man in der Regel als Dauergäste. In solchen multifunktionalen Häusern wurden die Insassen oft bunt gemischt in dem einen Saal beherbergt, der für die Architektur mittelalterlicher Spitäler typisch ist. Die einzige räumliche Differenzierung innerhalb dieser Institutionen bezog sich auf die sakrale bzw. die profane Bestimmung. Selbst die großen Spitäler, die über mehr als einen Saal verfügten, beruhten prinzipiell auf dem Grundriss einer Kirche, was durch die Plazierung eines Altars an der Stirnseite des Schiffs bzw., wenn es ein Querschiff gab, in der Vierung betont wurde. Das sollte einem praktischen sowie einem geistlichen Zweck dienen. Das Personal konnte die Insassen besser überblicken, und diese, vor allem die bettlägerigen Armen, konnten jederzeit am Gottesdienst teilnehmen. Es gab nur wenige große Häuser mit mehr als hundert Insassen. In der Bretagne hatten im 16. Jahrhundert die meisten nicht mehr als zwanzig Betten. Noch 1789 standen einem Viertel aller Spitäler in Frankreich nicht einmal zehn Betten zur Verfügung. Nur in wenigen europäischen Häusern dieser Art brauchten sich die Insassen das Bett nicht mit jemandem zu teilen. Aus dem Spital San Paolo in Florenz im 16. Jahrhundert sind z. B. 41 Fälle überliefert, in denen sich zwei Patienten ein Bett für 1–18 Tage teilen mussten, und bezeichnenderweise findet sich keine eindeutige Übereinstimmung zwischen der Zahl der Insassen, der Dauer des Aufenthalts und der verfügbaren Bettenzahl. Ohne Zweifel waren die hygienischen Bedingungen – trotz steter Bemühungen um Sauberkeit – in vielen europäischen Spitälern der Frühen Neuzeit, die institutionell für Ortsarme und auswärtige Bedürftige sorgten, alles andere als ausreichend. Doch auch angesichts der Mängel – die vor allem in Zeiten sinkender Steuereinnahmen auftraten – erging es den Insassen solcher karitativer Einrichtungen meist wesentlich besser als in ihren eigenen baufälligen Behausungen.

Es ist allerdings unklar, wie viele mittellose Menschen auf eine so privilegierte Unterbringung hoffen konnten. Obwohl die Zeitgenossen von zahlreichen Städten der Frühen Neuzeit behaupten, sie seien üppig mit – selbstverständlich stets wunderschönen und angemessenen – Spitälern ausgestattet (so etwa Florenz 1464 und Köln 1582), ist es höchst zweifelhaft, ob im Vergleich zum Spätmittelalter am Ende des Absolutismus die Kapazität dieser Häuser wirklich in vielen Städten signifikant zugenommen hatte. Im Florenz des 15. Jahrhunderts kamen 25 Betten auf tausend Einwohner; ganz ähnlich im 17. Jahrhundert in Braunschweig: 23 auf tausend. Ein systematischer Vergleich zwischen der Bevölkerungsgröße und der Zahl der Spitalbetten in mehreren französischen Departements gegen Ende des Ancien Régime macht im Hinblick auf die Bettenkapazität weiße Flecken echter Armut sichtbar. Das massive Angebot in großen Bevölkerungszentren steht in krassem Gegensatz zu der Situation in den kleineren Gemeinden. Ohne Reims z. B. (21,5 Betten auf 1000 Einwohner) läge die Quote im Departement Marne bei 2,8 statt 4,8 auf tausend. Trotz der sehr begrenzten Möglichkeiten der Unterbringung in einem Spital in praktisch allen Städten der Frühen Neuzeit versuchten die Bedürftigen, die entweder zu krank oder zu alt waren, sich selbst durchzubringen, in Spitälern oder Armenhäusern unterzukommen, denn die Alternativen waren weder zahlreich noch angenehm. Aus den bereits erwähnten Gründen konnte man nicht alle aufnehmen. Von den Personen, die im 18. Jahrhundert einen Antrag auf Aufnahme in das Hospiz der Stadt Grenoble stellten, wurden 74 Prozent glatt abgewiesen. Damals kostete die Unterbringung einer Person die Wohlfahrtsbehörden etwa 200 Livres jährlich. Deshalb nahm man 13 Prozent der Antragsteller in Grenoble nur gegen Barzahlung auf. Diese Praxis war im Europa der Frühen Neuzeit in vielen Wohlfahrtseinrichtungen üblich, jedoch differierten die Aufnahmegebühren je nach den finanziellen Mitteln des Antragstellers.

In Deutschland z. B. musste ein Wohlhabender, der einen sicheren Pflegeplatz für das Alter suchte, zwischen 100 und 200 Gulden für die gesamte Zeit zahlen. Wer nur über ein geringes Vermögen verfügte, zahlte bis zu 50 Gulden für lebenslange Unterkunft und Verpflegung in einem Hospital, was wirklich günstig war, wenn man die Folgekosten für diese Einrichtungen in Rechnung stellt. Trotz der vielen Vorteile der Pflege in Spitälern und Armenhäusern zogen die Armen grundsätzlich die Unterstützung zu Hause den Einschränkungen im Spital vor. Allerdings waren sie so klug, das örtliche Anstaltssystem in eine kollektive Überlebensstrategie zu integrieren, die sich den kritischen Phasen im Lebenszyklus jeder aus der Unterschicht stammenden Familie anpasste.

Für die Nicht-Sesshaften und für viele Zuwanderer, die in die Städte strömten, stellten nicht Hospize und Herbergen, sondern Schenken und ärmlich eingerichtete Zimmer die einzige Alternative dar, wenn sie ein Unterkommen suchten. Selbst obdachlose Bettler konnten nicht das Risiko eingehen, beim Schlafen auf der Straße von der Wache aufgegriffen zu werden. Für die Klientel der Wirtshäuser, vor allem auf dem Land, waren aber diese Unterkünfte fast ebenso primitiv und abstoßend wie die Häuser der Armen. Die Miete für ein Zimmer war häufig hoch, aber immer noch erschwinglich. Als der Vater des berühmten Schweizer Arztes Thomas Platter in seiner Studentenzeit 1520 nach einer Bleibe in Zürich suchte, war er bereit, für ein schäbiges, ärmlich möbliertes Zimmer in einem Haus, das auch von Dirnen frequentiert wurde, einen Schilling Wochenmiete zu zahlen, was einer Jahresmiete von 1,3 Gulden entsprach. Die Grenze zwischen solchen Unterkünften, Gasthäusern und Herbergen ist nicht immer einfach zu ziehen. Mercier und viele Zeitgenossen waren sich einig, dass Zimmer (häufig unter dem Dach oder im Keller), die in Paris zwischen 48 und 72 Livres pro Jahr kosteten, oft schmutzig, übersetzt, voller Unrat und Ungeziefer waren, vor allem aber von habgierigen Vermietern, die oft die Ankunft und Abreise von Fremden den Behörden überhaupt nicht meldeten, überteuert vergeben wurden. Obwohl alle sozialen Schichten und Berufe in den Büchern der Vermieter auftauchen, bestand ein beträchtlicher Anteil ihrer Mieter aus armen Zuwanderern auf Arbeitssuche, vom fahrenden Gesellen bis zum armseligen Tagelöhner mit ungewissem Einkommen. Von den Personen, die man im 18. Jahrhundert in Paris beim Stehlen von Nahrungsmitteln ertappte, wohnten 54 Prozent in tageweise vermieteten Zimmern oder in Gasthäusern. Zweifellos lebten viele dieser Kleinkriminellen am Rande des Existenzminimums, obgleich nur 12 Prozent in den Verhören angaben, arbeitslos zu sein. Wer in den billigsten und unhygienischsten Absteigen wohnte, zahlte zwischen zwei und vier Sous pro Tag. Daniel Roche kommt in einer Studie zu dem Schluss, dass eine Jahresmiete von 37 bis 40 Livres pro Person in Paris um 1750 die Armutsgrenze darstellte. Im 16. und frühen 17. Jahrhundert konnten sich Angehörige der Unterschicht eine Wohnung leisten, die sie zwischen 12 und 60 Livres im Jahr kostete. Eine solche erbärmliche Unterkunft genoss zwar einen schlechten Ruf, war aber oft die einzige Lösung für die städtische Bevölkerung ohne feste Wurzeln oder ein soziales Netz. Kein Wunder, dass viele, die auf das Leben in solch schäbigen Zimmern angewiesen waren, ihr Quartier häufig heimlich wechselten, um keine Schulden oder Mietrückstände zahlen zu müssen.

Die Quellen aus Paris und Lyon im 18. Jahrhundert lassen erkennen, dass weniger als 10 bis 15 Prozent der neuen Zuwanderer und vorübergehend Ansässigen in dürftig eingerichteten Zimmern wohnten. Viele teilten sich eine Wohnung mit Familienmitgliedern. Einige kamen bei ihren Lehrherren unter. Nur wenige konnten sich jedoch eine kleine Bleibe in den Armutsquartieren der Vorstädte bzw. in den Hinterhöfen und Sackgassen leisten. Und selbst die große Mehrheit der arbeitenden Armen, die den Status des Stadtbürgers erworben hatten, konnten die Wohnung nicht ihr eigen nennen, sondern mussten sie mieten. Im 18. Jahrhundert waren in Paris 90 Prozent der Lohnempfänger Mieter. Einzeluntersuchungen verschiedener Städte im deutschsprachigen Raum zeigen z. B., dass zwischen 29 (Schaffhausen 1502) und 63 Prozent (Wien 1563) der besteuerten Bürger zur Miete wohnten. In Bezug auf diese beiden Wohnformen (als Mieter oder als Eigentümer) bestätigt sich nicht nur der Gegensatz zwischen den einfachen Leu-

Abb. 5/6: Cornelis Anthoniszon Teunissen,

Sorglosigkeit und Armut. Kupferstich (1541).

ten bzw. der Unterschicht einerseits und der Mittel- und Oberschicht andererseits, sondern auch die ungleiche Verteilung von Vermögen innerhalb der Berufsgruppen. Belege, wie Aufzeichnungen über Mietschulden oder die Buchführung karitativer Einrichtungen, die Mietzuschüsse zahlten, vermitteln eine Vorstellung von den durchschnittlichen Kosten. In Bordeaux belief sich die Durchschnittsmiete von Fürsorgeempfängern auf 33 Livres für das für eine Einzelperson geeignete Zimmer und 55,5 Livres für eine Wohnung, in der mehr als drei Personen untergebracht werden konnten. In Paris zahlte ein Lohnempfänger 41 Livres zu Beginn und 95 Livres am Ende des 18. Jahrhunderts. In England war im 17. Jahrhundert ein Pfund die durchschnittliche Jahresmiete für ein Zimmer, wobei die Mieter manchmal Kinder, die von der Fürsorge lebten, mit aufnehmen mussten, um die Zuschüsse des Pfarrbezirks zu erhalten, mit denen sie sich dann die Miete leisten konnten. In Deutschland mussten die ärmeren Städter bis zu 1,5 Gulden für die Jahresmiete aufbringen. Die eher niedrige Miete von einem Gulden, die arme Familien in den privat finanzierten und einigermaßen geräumigen Wohnungen des Armenviertels in Augsburg, der Fuggerei, zu zahlen hatten, wurde durch eine Stiftung der berühmten Kaufmanns- und Bankiersfamilie subventioniert. In Amsterdam gab ein Angehöriger der Unterschicht im 18. Jahrhundert etwa 17 Prozent seines Realeinkommens für die Miete aus, was sich noch relativ günstig ausnimmt, wenn man es mit der Situation vergleicht, die in der ersten Hälfte des 19. Jahrhunderts entstand, als die Ausweitung des Handels und die Zuwanderung in großem Maßstab zu einer Steigerung der Wochenmiete für den Ein-Personen-Haushalt um 87 Prozent führte (im Vergleich zu 1780 und ausgedrückt im Gegenwert von Kilogramm Roggenbrot). Aus den Unterlagen der Wohlfahrtsinstitutionen, die in vielen städtischen Archiven erhalten geblieben sind, kann man ablesen, dass der wöchentliche oder jährliche Zahlungstermin für die Miete eines der schlimmsten Probleme für die Armen im Europa der Frühen Neuzeit war. Zahllose Klagen von Vermietern beweisen, dass Wohnungen häufig wegen einer plötzlichen Mieterhöhung aufgegeben wurden und die Mieter nicht selten im

Rückstand mit ihren Zahlungen waren, wenn sie heimlich umzogen. Sébastien Mercier bestätigt diese gängige Praxis: »In den Vororten [von Paris] gibt es drei- oder viertausend Familien, die ihre vierteljährlichen Schulden nicht bezahlen; alle drei Monate schleppen sie ihren Hausrat, der insgesamt keine 24 Francs wert ist, von einer Dachstube in die nächste.«[4] Dennoch zeigt das Problem der Miete nur einen wichtigen Aspekt der Unterbringung. Auch die Raumnutzung ist ein Indikator für den unterschiedlichen Lebensstil der Bessergestellten und der armen Bevölkerung.

In vielen rasch wachsenden Städten der Frühen Neuzeit gibt es, wie dargelegt wurde, Hinweise auf eine vertikale Schichtung. Die Tendenz dazu setzte in den großen Städten früher ein als in den kleinen. Die von der Armut gebeutelten einfachen Leute lebten entweder in Kellern oder recht häufig in den oberen Stockwerken kleiner Gebäude. Das begann im zweiten Stock, wo die Miete niedriger war, man aber, wie Mercier anmerkt, in Wahrheit mehr zahlte, weil »Holz und Wasser nach oben gebracht werden mussten«. In anderen Städten lässt sich eine Art horizontale Schichtung beobachten. Statt die Gebäude zu erhöhen und die einzelnen Stockwerke umzubauen, legten es die Vermieter auf eine maximale Raumausnutzung an, indem sie Rückgebäude anbauten. Bauland zur Straße hin war am teuersten, und wer ein Haus mit ein oder zwei nach vorn gelegenen Erkern besaß, konnte für solche Wohnungen eine höhere Miete verlangen als für solche, die er in den engen Hinter- oder Innenhöfen baute. Diese billigeren Wohnungen, mit der Straße durch enge, dunkle Gänge verbunden und oft durch ein kleines Tor abgetrennt, gab es beispielsweise im 18. Jahrhundert in Amsterdam, und auch in Norddeutschland waren sie verbreitet (etwa in Hamburg und Lübeck), wo die auf beiden Seiten mit Einzelzimmern bebauten Sackgassen bis heute als »Gänge« bezeichnet werden.

Die Zahl und die Art der Räume, die von Armen bewohnt wurden, sind ebenfalls aussagekräftig. Arm sein hieß im Paris des 18. Jahrhunderts in einem Einzelzimmer wohnen. 57 Prozent der Arbeiterschicht mussten sich damit begnügen, verglichen mit 41 Prozent der Bediensteten. Eine Studie des Wohnraums, der im Bordeaux der Frühen Neuzeit Unterschichtfamilien zur Verfügung stand, ergibt, dass die meisten (75 Prozent) nur ein Zimmer bewohnten. Wie in Lyon, wo 25 Quadratmeter (ein Zimmer) den Wohn- und Arbeitsraum einer ganzen Familie von notleidenden Arbeitern der Seidenmanufaktur darstellten, war dieses Phänomen ein Zeichen dafür, dass die Armen Einschränkungen beim Wohnraum hinnahmen, um Miet- und Heizungskosten einzusparen. Wie überbelegt diese Räume waren, lässt sich schwer einschätzen, weil die exakte Zahl der Bewohner nicht immer bekannt ist. Im frühen 19. Jahrhundert bewohnten in Paris durchschnittlich 2,3 Personen ein Zimmer. Leider gibt es vor dem 19. Jahrhundert zu wenige detaillierte Quellen, um die Wohnfläche zu berechnen, die in einem von Fürsorgeempfängern bewohnten Haus pro Person zur Verfügung stand. Vermutlich können wir jedoch davon ausgehen, dass in der Frühen Neuzeit der Wohnraum in ganz Europa in der Regel ähnlich beengt war wie in Amsterdam um 1830 (in mehr als der Hälfte der Armenbehausungen standen einer Person weniger als sechs Quadratmeter Wohnfläche zur Verfügung).

Drangvolle Enge erlebte man keineswegs nur in der Stadt. Im ländlichen Frankreich teilten sich häufig zwei oder drei Familien Wohnräume von unter 16 Quadratmetern. In der Auvergne bewohnten manchmal bis zu zehn Personen eine Behausung, die aus einem Raum bestand. Auch im ländlichen Beauvais waren gemeinsam bewohnte Häuschen oder Hütten die Regel. Es gab jedoch regionale Unterschiede. In Oxfordshire standen z. B. im 16. Jahrhundert ärmeren und mittleren Haushalten (mit Einkommensverhältnissen von 1–20 bzw. 21–100 Pfund Sterling) im Schnitt 3,6 Zimmer zur Verfügung, was einen ersten Versuch erkennen lässt, eine gewisse Privatsphäre zu gewährleisten. Dass überhaupt so viele Menschen zusammengepfercht wurden, war oft das Ergebnis des Erbrechts: der Haupterbe (in der Regel der älteste Sohn) war nicht imstande, seine Brüder so auszuzahlen, dass sie eine eigene Unterkunft kaufen oder mieten konnten. Die Hütten, in denen die Tagelöhner, Landarbeiter und Armen wohnten, hatten gewöhnlich ein Zimmer, mit Lehmboden und Lehmwänden, ein strohgedecktes Dach und als Fenster sowie Rauchabzug für das offene Herdfeuer jeweils ein Loch in der Wand. In Gegenden, wo es genügend Steine gab, wie in den Alpen, in Schottland und Wales, wurde dieses solidere Baumaterial verwendet. Jede besondere Raumaufteilung war Luxus. Wenn man Wohn- und Schlafbereiche abtrennte, dann geschah das, indem man sich z. B. gegen Zug vom Eingang durch eine Abschirmung schützte oder ein Möbelstück so aufstellte, dass es den Raum in kleinere Einheiten gliederte. Die ärmsten Häuser auf dem Land hatten nur ein Stockwerk; nur wenige verfügten über einen Dachboden als Lagerraum für Getreide oder einen Keller, in dem man Tiere, z. B. Schweine, hielt. Für alle Armen auf dem Lande gilt, dass ihr Leben in diesen Hütten beengt, unbequem, schmutzig und ungesund war (wegen der unhygienischen Nähe zum Vieh) und dass keine Möglichkeit bestand, sich zurückzuziehen.

So bedrückend wie die fehlende Privatsphäre war auch der Mangel an materiellem Komfort. Das Mobiliar und anderer Hausrat waren auf die elementaren Bedürfnisse beschränkt und häufig von minderer Qualität. Der Nachlass einer Witwe aus dem westfälischen Dorf Altenhüffen im Jahr 1700 ist typisch für die Armen auf dem Land: ärmliche schwarze Leinenkleider, eine Kuh, die kurz nach dem Tod der Witwe einging, zwei Spinnräder, eine Haspel, ein kleiner Kessel, ein alter kleiner Ofen, eine alte Kiste und ein altes Bettgestell. Robert Holland, ein Tagelöhner aus Hampton Poyle, Oxfordshire, hinterließ nach seinem Tod im Jahre 1568 außer einer Kuh, einer Färse und einem Schaf nur drei kleine Kessel, eine kleine Messingkanne, ein Bettgestell, eine Truhe, einen Mantel, vier Teller und einen Unterteller, zwei Paar Leintücher, ein Kissen und ein geköpertes Tuch. Seine gesamte Hinterlassenschaft repräsentierte einen Wert von nur 19 Schilling. Bei seinem Tod im Jahr 1776 vererbte ein französischer Leinenweber seiner Frau einen Holztisch, fünf Löffel und acht Bleigabeln, sechs Flaschen, zwei Schüsseln und vier Teller, zwei Betten und vier Paar Leintücher sowie eine Kiste mit armseligen Kleidern. Der ganze Nachlass wurde auf 140 Livres geschätzt. Aus solchen und anderen Inventaren kann man ableiten, dass das gesamte Vermögen einer armen Familie aus einem Bett, einer Truhe, ein paar Kochtöpfen bzw. Pfannen für das Herdfeuer sowie meist abgetragenen und geflickten Kleidern bestand.

Was die Ausstattung betrifft, so machen die wenigen anderen Nachlassverzeichnisse armer Hausstände, die sich bis heute erhalten haben, unmissverständlich deutlich, wie wichtig Bett und Bettwäsche auf Grund ihres materiellen Werts und ihrer Funktion waren. Das Bett – das erweisen neuere Untersuchungen zu Nachlässen aus dem Frankreich der Frühen Neuzeit – war ein wichtiger Teil des Erbes: im 18. Jahrhundert stellte es bei der Unterschicht in Paris 15 Prozent des gesamten Erbes und durchschnittlich 25 Prozent der Möbel und Hausgeräte dar. Haushalte, in denen jedes Familienmitglied sein eigenes Bett hatte, waren jedoch eine seltene Ausnahme. Im Allgemeinen gab es ein Bett für zwei Personen, und im schlimmsten Fall schliefen drei Generationen in demselben Bett. In Bordeaux hatte im 16. Jahrhundert ein Fünftel aller Haushalte nicht einmal ein einziges Bett, und die Menschen mussten auf Strohsäcken schlafen. Erst gegen Ende des 17. Jahrhunderts wird in fast jedem Nachlass mindestens eine Bettstatt pro Haushalt aufgeführt. Ein armer Tagelöhner war bereit (und offenbar auch in der Lage), 20 bis 30 Livres für sein Bett aufzuwenden. Die ärmsten der Armen mussten sich mit harten Strohmatratzen und dünnen Zudecken aus Flickwolle begnügen. Immerhin ist es interessant festzustellen, dass arme Arbeiter für das Bettzeug mehr als für jeden anderen Haushaltsgegenstand ausgaben. Der durchschnittliche Wert von Bettzeug in Bordeaux lag damals so hoch wie die niedrigste Jahresmiete für eine einfache Wohnung.

Im Haushalt der Frühen Neuzeit erfüllte die Feuerstelle mehrere Funktionen: Kochplatz, Heizung und Lichtquelle. In Paris war in jeder Unterkunft der Unterschicht im 18. Jahrhundert wenigstens eine Feuerstelle. Nur die Allerärmsten besaßen keine. Der Zusammenhang zwischen fehlender Heizmöglichkeit und Armut war schon damals den Steuerbehörden vertraut. Die englische Herdsteuer-Gesetzgebung von 1664 ließ Befreiungen nur für Haushalte mit weniger als zwei Herdstellen zu: »Niemand (...), der irgendein Wohnhaus bewohnt

(...), das mehr als zwei Kamine hat (...), wird von den dafür fälligen Steuern befreit.«[5] Eine ähnliche Steuer gab es schon im 16. Jahrhundert in Köln. 56 Prozent aller Haushalte der Stadt hatten damals nur einen Kamin, die übrigen Bürger zahlten Steuern für mehr als zwei Herdstellen. Vermutlich galt diese Herdsteuer auch für die ärmsten Bürger (4,7 Prozent der Steuerzahler). Der häufige Vermerk »arm« oder »Almosenempfänger« spricht allerdings dafür, dass die ärmsten Einwohner zwar aufgeführt, aber nicht zur Steuer herangezogen wurden. Es war eine Sache, eine Herdstelle zu besitzen, eine andere, sie zu beheizen. Vom 16. Jahrhundert an wurde Brennholz immer teurer, und es war schwierig, billigen Ersatz aufzutreiben. Holzdiebstahl war daher ein weit verbreitetes Vergehen bei den Armen, auch schon vor dem 19. Jahrhundert, als Marx seine gesellschaftskritische Studie über den Holzdiebstahl verfasste.

Kochutensilien stehen im Zusammenhang mit dem Herd und der Zubereitung der Mahlzeiten. Die spezifische Ausrichtung der Inventare macht exakte Angaben über Zahl und Art dieser Konsumgüter problematisch. Mit Gewissheit besaßen die Armen weniger Küchengeräte als die wohlhabenderen Schichten. Im frühen 17. Jahrhundert ergeben die Nachlässe in Braunschweig für alle Haushalte insgesamt durchschnittlich 13,4 Kochgeräte und Schüsseln, für die niedrigste Einkommensgruppe kommt man auf durchschnittlich 10,3 Geräte. In den meisten ländlichen Auflistungen werden im 16. Jahrhundert mindestens ein großer Kochtopf (74 Prozent) und ein Wasserkessel (85 Prozent) genannt. Aber auch dort, wo die Angehörigen der Unterschicht solche Küchengeräte besaßen, fand die ökonomische Rangordnung Ausdruck in Materialunterschieden: kein aufwendiges, solides und teures Gerät, sondern billige und zerbrechliche Ware.

Die Liste der Möbel im Haushalt armer Leute war nicht beeindruckend. Wenigstens zahlenmäßig wichtiger als der Schrank war die Holztruhe. Ausgestattet mit einem soliden Schloss war sie überall das Herzstück im Mobiliar. Ihre Verwendung beruhte nicht bloß darauf, dass man nicht die Mittel hatte, teurere Möbel zu kaufen. Sie entsprach auch dem mobilen und ungewissen Leben der Armen. Einer der zahlreichen Vorzüge dieses Möbelstücks war, dass man seine wenigen Habseligkeiten rasch zusammenpacken und in die Truhe stopfen konnte, ohne große Ausgaben für den Transport oder gar den Diebstahl der Sachen befürchten zu müssen. Haushalts- und Betttücher, in welche die Armen einen beträchtlichen Teil der mageren Ersparnisse investierten, wurden fast immer in der Truhe aufbewahrt. Die Ausgaben für das übrige Mobiliar, das sich im Wesentlichen aus Tischen, Bänken oder losen Brettern mit Böcken zusammensetzte, waren unerheblich. Ein Drittel aller untersuchten Nachlassverzeichnisse aus dem 16. Jahrhundert in Bordeaux beispielsweise nennt gar keine Möbel für gesellige Zwecke innerhalb der Familie oder unter Freunden. Die Leute saßen offenbar auf Truhen, Backtrögen oder ähnlichen Vielzweckmöbeln.

Die Inventare der Frühen Neuzeit aus Oxfordshire und Worcestershire wurden daraufhin untersucht, für welche Güter in den verschiedenen Einkommensgruppen jeweils am meisten ausgegeben wurde. Unter den Tudors gab es in der niedrigsten Einkommensgruppe (bis 20 Pfund Sterling) nur wenige Nachlässe, in denen das Bettzeug den teuersten Posten ausmachte (44,6 Prozent). Als wertvollste Stücke findet man hier die primitivsten Möbel. Im England der Stuartzeit gab es in derselben Gruppe die meisten Erben, die Betten als teuerstes Stück aus dem Nachlass bekamen, während die Angehörigen der mittleren Einkommensgruppen, deren Bedarf in dieser Hinsicht bereits gedeckt war, das meiste Geld in andere Güter investierten – z. B. in Kleidung und Möbel. Seit dem 16. Jahrhundert entfallen in den ärmeren Haushalten mehr als die Hälfte der Ausgaben für Konsumgüter auf Bettzeug und Wäsche. Die unteren Schichten folgten damit einer Tendenz, die in den wohlhabenderen Schichten im Spätmittelalter eingesetzt hatte und die dann im 16. und 17. Jahrhundert allmählich auch bei den erwerbstätigen Armen Wirkung zeigte. Dieser Wandel der Konsumgewohnheiten in den unteren Schichten erklärt sich durch die sinkenden Preise für einige Manufakturwaren und die Tatsache, dass einiges auch geerbt wurde.

Ernährung

Pieter Bruegel d. Ä. vollendete 1563 die beiden Kupferstiche »Fette« und »Magere Küche«. Kein anderes Bildzeugnis der Frühen Neuzeit veranschaulicht besser, dass die entscheidende Frage für die Armen war, wie man bei einer Ernährung von minimaler Qualität und mit möglichst niedrigen Kosten überleben konnte. Der eine Stich gibt scharf beobachtete Erkenntnisse zu den katastrophalen Folgen der Unterernährung wieder. Er zeigt ein Zimmer voller abgemagerter, bleicher Gestalten, von denen einige die Hände nach dem ärmlichen Mahl am Tisch ausstrecken: es besteht aus einem Laib Brot, Rüben und Muschelresten. Am Kamin sitzt ein Mann und kocht eine wässrige Suppe in einem Kessel, der über dem Feuer hängt. Ein Kind hält mit knochigen Armen einen Topf über den Kopf und leckt die letzten Reste aus. Eine ausgemergelte Mutter füttert ein kränkliches Kind auf ihrem Schoß mit vermutlich mit Wasser verdünnter Milch, da ihre eingefallenen Brüste offenbar zu wenig Milch hergeben. Weitere Kennzeichen der Armut und Entbehrung vervollständigen dieses Bild tiefsten Elends. Welch ein Gegensatz zur »Fetten Küche« des anderen Kupferstichs! Hier sitzen die Reichen an einem Tisch, der überladen ist mit allen möglichen guten und teuren Speisen, einem gebratenem Huhn, einem knusprigen Ferkel und anderen Köstlichkeiten.

Die Ernährung der armen Landbewohner hat sich in der Frühen Neuzeit kontinuierlich verschlechtert. Vom frühen 16. Jahrhundert an führte ein grundlegender Wandel in der Form des Landbesitzes zur Polarisierung zwischen der relativ sinkenden Zahl existenzsichernder Höfe und einer steigenden Zahl landloser Menschen, die ihre Arbeitskraft auf den Höfen der Großgrundbesitzer vermarkten mussten. Ein wachsender Anteil der ländlichen Bevölkerung sah sich so, insbesondere nach Missernten, in die Lohnarbeit getrieben. Der Lohn wurde zwar in einigen Fällen durch Sachleistungen ergänzt, konnte aber mit den steigenden Lebensmittelpreisen nicht Schritt halten. Weizen war in der Regel das teuerste Getreide, gefolgt von Roggen, Gerste und Hafer. Wegen der steigenden

Getreidepreise mussten die Armen sich von Weizen auf billigere Sorten umstellen. Ihre Ernährung verschlechterte sich, wenn nicht quantitativ, so doch hinsichtlich der Wahlmöglichkeiten. Die Autoren des 16. Jahrhunderts kennen das Problem bereits. »Was das Weizenbrot betrifft«, schrieb William Harrison 1577, »so essen sie es, wenn sie den Preis dafür bezahlen können. Sonst aber begnügen sie sich mit Brot aus Hafer und Gerste: ein erbärmlicher Zustand, weiß Gott!«[6] Ein anderer zeitgenössischer Autor, Sebastian Franck, beschreibt in seiner Chronik (1563) die Ernährung deutscher Bauern wie folgt: »Ihr speis ist schwarz rucken Brot, Haberbrey und gekochte Erbsen und Linsen, Wasser und Molken ihr fast einzig Trank«.[7] In Frankreich bestand die Ernährung eines armen Landbewohners zu 95 Prozent aus Getreide in seinen verschiedenen Formen (Brot, Getreidesuppe, Haferschleim). Allerdings gab es beim Getreide regionale Unterschiede, wenn es um die kostengünstigeren Alternativen ging. Die Bretonen bevorzugten Buchweizenbrei, die Burgunder aßen Brot aus Roggen und Hafermehl und ergänzten ihre Kost mit Maisbrei. In der Auvergne lebten die Bauern mehrere Monate im Jahr hauptsächlich von Kastanien. Die übliche Beilage bestand aus Gemüse (Kohl, Rüben, Zwiebeln, Karotten usw.), die der mit altem Brot oder Perlgraupen eingedickten Suppe beigegeben wurden. Bis zum Ende des 18. Jahrhunderts hatte die Kartoffel ihren Siegeszug im Speiseplan der Armen noch nicht angetreten, weder in Frankreich noch sonst in Europa. Die Fürsorge von Antwerpen vermerkt 1805, Kartoffeln hätten dort das Brot zwar noch nicht ersetzt, aber sie gehörten inzwischen zu den nötigsten Lebensmitteln.[8] Erbsen und Bohnen waren eine wichtige Ergänzung der Nahrung für die Armen, auf die jene jedoch häufig verzichteten, weil sie in der Regel als Tierfutter verwendet wurden. In Sir Hugh Platts Abhandlung über »Neue und kluge Mittel gegen den Hunger ... geschrieben anlässlich der gegenwärtigen Teuerung im Jahre 1596« (*Sundrie new and Artificiall remedies against Famine ... written upon thoccasion of this present Dearth in 1596*) riet er den Armen, die unter dem Getreidemangel litten: »Kocht Eure Bohnen, Erbsen, Buchmast usw. in klarem Wasser (...) trocknet sie dann (...) und backt

Brot daraus.« Die Pfarrer der Diözese von Rodez berichteten den Behörden im 18. Jahrhundert, dass die Ernährung ihrer Pfarrkinder im Winter gewöhnlich aus Roggen und Hafer bestehe, die nun zunehmend durch Kastanien und Gemüse ersetzt würden, weil die Getreidevorräte allmählich zu Ende gingen und die mageren Sommermonate anstünden. Wenn nach einem verregneten Frühjahr das Korn am noch grünen Halm verfaulte, ernährten sich arme bretonische Bauern aus einer Mischung von Kleiebrot und Kohl. In einigen Fällen zwangen Missernten die Bauern, angeschimmeltes, vom Getreidekäfer befallenes oder durch Mutterkorn infiziertes Korn zu essen, was zu schweren Lebensmittelvergiftungen mit Lähmungserscheinungen oder gar zum Absterben der Extremitäten führte.

Als Proteine nahmen die armen Landbewohner nur kleine Mengen Milch, gelegentlich ein Ei, ein wenig Käse, Speck, eine Scheibe fettes Schweinefleisch und billigen Fisch (in Küstengebieten) zu sich, im Gegensatz zu den Landarbeitern in Polen im 16. Jahrhundert, die mindestens 1,5 Prozent des Kalorienwerts ihrer Tagesration in Form von Fisch oder Fleisch erhielten (der adlige Gutsverwalter erhielt 10 Prozent). Nach Aussage des englischen Geistlichen Richard Baxter im späten 17. Jahrhundert waren arme Pächter glücklich, wenn sie einmal in der Woche ein Stück getrockneten Schinken bekamen, der auch »einem Pferdemagen Probleme machen würde«.[9] Etwa achtzig Jahre später schrieb der Engländer Jonas Hanaway: »Die Armen ernähren sich von gutem Brot, Käse, Erbsen, im Winter Rüben und ein wenig Schweinefleisch oder anderes, wenn sie es sich leisten können; in der letzten Zeit war das wegen der hohen Preise aber nicht der Fall. Milch haben sie kaum ausreichend für ihren Bedarf.«[10]

In Notzeiten kam es manchmal vor, dass zahlreiche Arme den Hungertod starben. Ein stärker verbreitetes Problem war jedoch die chronische Unterernährung. Selbst wenn es den Armen gelang, ihren Hunger einigermaßen zu stillen, war die Versorgung mit Proteinen und Vitaminen auf jeden Fall mangelhaft. Bestimmte Mangelerkrankungen (wie Rachitis und Skorbut), von denen einige schon in der Frühen Neuzeit in

Europa endemisch waren, können auf den Mangel an bestimmten Vitaminen in der täglichen Kost zurückgeführt werden. In einigen Teilen Frankreichs (Vevay, Vivarais) fand man ganze Dörfer, deren Bewohner verkrüppelt oder körperlich entstellt waren. Die arme bäuerliche Bevölkerung und die eigentumslosen Landarbeiter, die weitgehend vom Markt für Getreide abhängig waren, hatten oft gar keine andere Wahl als ihr Ernährungsbudget dadurch zu entlasten, dass sie einfach Roggen, Mais und andere Getreidesorten in größeren Mengen zu sich nahmen – sie lieferten den höchsten Gegenwert in Kalorien. Im Extremfall, wenn sie sich ausnahmslos von Getreide ernährten, ließen sich die Ausgaben auf die Hälfte reduzieren.

Eine ähnliche Verschlechterung der Ernährungslage ergab sich in den Städten, wo ein wesentlich höherer Anteil der Bürger – im Handwerk und im Dienstleistungsgewerbe beschäftigt – auf den Markt für Lebensmittel angewiesen war. Die Städter hatten nicht nur weniger Möglichkeiten zum Eigenanbau; ihre spezialisierte Arbeit nahm auch viel mehr von ihrer Zeit in Anspruch, sodass eine Selbstversorgung wie bei der ländlichen Bevölkerung für sie utopisch blieb. Ohne Zweifel hatten die Arbeiter in der Stadt am schlimmsten unter der enormen Preissteigerung zu leiden; ihre Kaufkraft ging in der Frühen Neuzeit etwa über die Hälfte oder sogar noch weiter zurück. In englischen Städten gab es viele Arbeiter und Handwerker, die sich Fleisch, in der Regel zu einem Preis zwischen drei und sechs Pence pro Pfund, nur einmal in der Woche leisten konnten; bei den Armen unter ihnen kam Fleisch kaum einmal im Monat auf den Tisch. James Lackington, der nicht zu den bessergestellten Stadtbewohnern zählte, berichtet in seinen Erinnerungen von 1792, dass er und seine Frau von vier Schilling und sechs Pence in der Woche lebten. Aus dem wenigen Fleisch, das sie sich leisten konnten, machten sie eine Brühe; Bier war zu teuer; Ersatztee stellten sie aus geröstetem Brot, Ersatzkaffee aus geröstetem Weizen her. Schon im 16. Jahrhundert, vor allem in Zeiten hoher Getreidepreise, waren William Harrisons (1534–1593) berühmter Beschreibung Englands zufolge Handwerker und arme Arbeiter in der Stadt gezwungen, sich von »Pferdefutter, ich meine damit Bohnen, Erbsen, Hafer,

Platterbsen und Linsen« zu ernähren.[11] Der übliche Speiseplan des Tagelöhners war primitiv und eintönig. Gemüse und Obst waren selten, und wahrscheinlich aßen die Armen in der Stadt weniger Milchprodukte als die armen Landarbeiter und Häusler, die oft eine Kuh oder ein paar Schafe besaßen, die sie auf der Allmende weiden lassen konnten.

Zwar ernährten sich die ärmeren Städter monoton und nicht sonderlich gesund, aber einen Vorteil hatten sie gegenüber dem bedürftigen Landbewohner. Die Städte verfügten über karitative und wohltätige Einrichtungen, die in der Lage waren, die schrecklichen Folgen der Missernten zu lindern. Während der Hungersnot von 1491 in Nürnberg versorgte der Stadtrat die Armen mit Brot, Butter, Salz, Fleisch, Fisch, Gemüse und Wein. Eine so großzügige Armenhilfe konnte sich natürlich nicht jede Stadt der Frühen Neuzeit leisten, vor allem nicht, als später, im Verlauf des 16. Jahrhunderts, die Lebensmittelpreise deutlich anzogen. Außer im Fall einzelner Einrichtungen privater Armenpflege bedeutete Nahrungsmittelhilfe die Verteilung eines einzigen Lebensmittels: Brot oder Getreide. Trotzdem ist es schwierig, die Vielfalt und die unterschiedlichen Mengen der Armenfürsorge, wenn sie in Sachleistungen gewährt wurde, auf einen gemeinsamen Nenner zu bringen. Die Wohlfahrtseinrichtungen reicher Privatleute, wie die der Tucherfamilie in Nürnberg am Ende des 15. Jahrhunderts, gaben den ortsansässigen Armen eine opulente und nahrhafte Mahlzeit aus, während die reguläre Lebensmittelzuwendung beispielsweise in Konstanz bloß aus Grundnahrungsmitteln wie Brot, Haferbrei und Speck bestand. Wenn es finanziell enger wurde, reduzierte man die Hilfe für Arme außerhalb der Institutionen ausschließlich auf Brot, wobei diese Ration noch beschränkt werden konnte, wenn die Zahl der versorgungsbedürftigen Armen plötzlich anstieg. Im frühen 16. Jahrhundert teilte man im Heilig-Geist-Spital in Köln noch Rationen aus, die aus Hering, Roggen und Weizenbrot bestanden. Später gab es dann keine Sachleistungen mehr, sondern ziemlich bescheidene Geldbeträge, für die sich die Armen wegen der sprunghaft steigenden Lebensmittelpreise immer weniger kaufen konnten. Im 18. Jahrhundert teilte das Spital La Charité in Aix-en-Provence ca. 4000 Laib Brot an durchschnittlich 410 Personen pro Woche aus, und zwar »Weizenbrot von guter Qualität«. Einzelpersonen erhielten sieben Laib Brot von jeweils einem Pfund als Wochenration. Im späten 16. Jahrhundert erging es den Armen in Augsburg etwas besser, weil ihnen im Durchschnitt nicht nur ein Vier-Pfund-Brot pro Person zugeteilt wurde, sondern zusätzlich noch ca. 0,5 Liter Dinkel und 180 g Speck. Die Sachleistungen der privaten und öffentlichen Wohlfahrt stellten zweifellos eine wesentliche Ergänzung zur Ernährung der vielen erwerbstätigen Armen dar, die einfach zu wenig verdienten, um ihre Familien durchzubringen.

Einen gewissen Eindruck davon, was man damals als angemessene Ernährung für Arme ansah, kann man sich aus den erhaltenen Speiseplänen karitativer Institutionen (Spitäler, Armenhäuser, Waisenhäuser) verschaffen. Für das St. Bartholomew's Hospital in London tauchen darin 1687 zehn verschiedene Posten im Speiseplan einer Woche auf. Die Hausbewohner erhielten 10 Unzen (ca. 280 g) Weizenbrot, gut anderthalb Liter Bier, täglich ein Liter Suppe, Brühe oder Milchsuppe; Fleisch (170 g) gab es montags, dienstags, donnerstags und sonntags, an den übrigen Tagen stattdessen Käse und Butter. Im Jahre 1543 gab man den zwölf Insassen oder Pfründnern des Heilig-Kreuz-Spitals in Köln täglich mehr oder weniger dasselbe: ca. 50 g Butter, 30 g Käse, 160 g Schinken, 10 g Fleisch, 3 Eier, 190 g Brot. Im Mittelpunkt der Speisepläne der meisten Wohlfahrtseinrichtungen des 16. und 17. Jahrhunderts standen Fleisch, Fisch, Käse, Bier oder Wein und Brot.

In Arbeitshäusern und Gefängnissen war die Ernährung weniger einheitlich. Die Tagesrationen in der Besserungsanstalt von Kopenhagen (1627) waren überraschend hoch, selbst wenn man der Tatsache Rechnung trägt, dass die Gefangenen hart arbeiten mussten. Zur Monatszuteilung gehörten 1 Pfund Schweinefleisch, 7 Pfund Rindfleisch, 3 Pfund Butter, 3 Pfund Käse, 20 Pfund Brot, 20 Pfund Hering, 3 Pfund getrockneter Fisch, ca. 13 Liter Haferschleim und 70 Liter Bier. Die Zwangsarbeiter (Schellenwerker) im Bern des 17. Jahrhunderts mussten sich dagegen mit einer recht kärglichen Ernährung zufrieden geben. Ihre tägliche Mahlzeit bestand aus ca. 1140 g Brot und 2170 g Schleimsuppe. Abwechslungsreicher war der Speiseplan der Besserungsanstalt von Bury St. Edmunds in Suffolk gestaltet. Hier gab es an den »Fleischtagen« ca. 450 g Brot, 1140 g Haferbrei, 230 g Fleisch und 1 Liter Bier, und an »Fischtagen« statt Fleisch ca. 300 g Käse oder 400 g Hering.

Aus verschiedenen Studien zur Ernährung in Armenhäusern zwischen 1500 und 1800 ergibt sich eine ziemlich große Streubreite in der Kalorienzufuhr, nämlich zwischen 1700 und 5000 Kalorien pro Person. Die meisten Insassen von Spitälern und Armenhäusern nahmen im Durchschnitt etwa 3000 Kalorien pro Tag zu sich.

Ernährungswissenschaftler gehen davon aus, dass ein Mensch mit durchschnittlicher körperlicher Aktivität heutzutage zwischen 2900 und 3200 Kalorien pro Tag braucht. Im vorindustriellen Zeitalter benötigten die Menschen wegen der etwas kleineren Körpergröße etwas weniger Kalorien. Es wäre allerdings irreführend zu meinen, die Lage aller Insassen der Spitäler und Armenhäuser sei in etwa mit der von mittellosen Menschen vergleichbar gewesen, die eine eigene Wohnung hatten und – wenn sie Glück hatten – auf den Brotlisten der Fürsorgeeinrichtungen standen, die insbesondere offene Fürsorge leisteten.

Kleidung

Die Kleidung der erwerbstätigen Armen bestand gewöhnlich aus grober Wolle oder Leinen, im Fall der Bettelarmen sogar aus Segeltuch. Die Armen in der Stadt mussten auf die abgelegten Kleider ihrer Angehörigen oder der Dienstherren zurückgreifen; den Bediensteten wurde manchmal Kleidung als Teilzahlung des Lohns zur Verfügung. Kleidung konnte auch aus zweiter Hand in Läden gekauft werden, doch selbst dann beliefen sich die Kleiderkosten einer sieben- oder achtköpfigen Familie im England des 18. Jahrhunderts auf eine Summe von etwa 5 Pfund Sterling im Jahr. Die Behörden der Armenpflege in Straßburg kalkulierten im Jahr 1560 die Kleiderkosten für einen armen Studenten auf drei Gulden jährlich. Die Stadtverwaltung Basel zahlte Anfang des 16. Jahrhunderts für einen bedürftigen jungen Mann, der in einem Kloster untergebracht werden musste, im Jahr knapp 4 Gulden für Kleidung. Aus verschiedenen spätmittelalterlichen und frühneuzeitlichen Kostenbelegen hat ein deutscher Sozialhistoriker abgeleitet, dass Essen und Trinken, Brennstoff und Miete den Löwenanteil der laufenden Ausgaben ausmachten, dass Kleidung und Schuhe jedoch entweder an vierter oder an fünfter Stelle kamen. Im späten 15. Jahrhundert wendete das städtische Waisenhaus in Straßburg 48,5 Prozent seiner Jahresausgaben für Unterbringung und Verpflegung auf, 16,1 Prozent für Heizkosten und denselben Anteil für die Kleidung. Beim *Gemeinen Almosen* in Augsburg liegen in der zweiten Hälfte des 16. Jahrhunderts die Kleiderkosten für Externe mit 10,7 Prozent etwas niedriger; jeder Bedürftige erhielt ungefähr sechs Ellen Tuch im Jahr. Für jemanden, der im 17. Jahrhundert in Deutschland über der Armutsgrenze lebte, sah man etwa zehn Ellen Stoff jährlich (Wolle oder meist Leinen) als ausreichend für die Herstellung eines angemessenen Gewands an.

Selbst wenn man einräumt, dass die wenigen erhaltenen Nachlassverzeichnisse von Bedürftigen nicht als repräsentativ für den Kleiderbesitz aller erwerbstätigen Armen betrachtet werden dürfen, so lassen sie doch auf ärmlichste Bedingungen in diesem Bereich schließen. Viele Inventare sind unvollständig, entweder weil manche Kleidungsstücke zu wenig wert waren, um geschätzt zu werden, oder weil der Verstorbene in den Kleidern begraben wurde, die er besaß. Wo die Kleidung einfacher Leute in englischen Nachlassverzeichnissen mehr oder weniger vollständig aufgeführt wird, schwankt der Wert im Allgemeinen zwischen ein paar Schilling und einem Pfund Sterling. Die Kleidung einer armen Frau, die 1593 in Toledo verstarb, bestand aus zwei Kopfbedeckungen (im Wert von 68 Maravedis oder 2 Reales), einem alten Hemd (85 Maravedis), einer alten Mantille (68 Maravedis), verschiedenen Teilen einer alten Decke (ohne Wertangabe), ein paar Lumpen (16 Maravedis) und einer alten braunen Mantille, die man einer anderen bedürftigen Frau schenkte. Zu dieser Zeit verdiente eine Frau, die Findelkinder großzog, zwischen 3 und 6 Reales im Jahr. Eine arme, 1506 im Lindauer Krankenhaus verstorbene

Frau, deren Kleiderbestand als überdurchschnitlich bewertet wurde, hinterließ nur zwei grobe Mäntel (einen langen und einen kurzen) und drei Teile Unterwäsche. Im gemieteten Zimmer eines 1518 in Basel gestorbenen Bettlers fand man einen sogenannten Luxrock, der aus einem Stück Stoff gefertigt wurde, den eine karitative Organisation der Stadt an bedürftige Ortsansässige verteilte, einen grauen Mantel, eine graue Jacke, einen Brustpelz, zwei Hemden und zwei Tischtücher. In dem Verzeichnis dieses sesshaften Bettlers fehlen Kopfbedeckung und Schuhe. Der Eindruck, den man aus solchen verstreuten Beobachtungen gewinnt, entspricht dem Durchschnitt in erhaltenen Nachlässen aus der Unterschicht z. B. in Basel, Bordeaux und Paris. Kleider und Leinen machten einen geringfügigen, aber wichtigen Anteil (3 Prozent) des Gesamtvermögens aus, das Lohnempfänger im frühen 18. Jahrhundert in Paris besaßen. Laut Daniel Roches Untersuchung für die Zeit zwischen 1700 und 1715 hatten die meisten Lohnempfänger in der französischen Hauptstadt nur eine relativ ärmliche Garderobe, die für Männer auf durchschnittlich 17 Livres, für Frauen auf 15 Livres geschätzt wurde. Eine vollständige Ausstattung für Männer mit Mantel (27 Prozent), Jacke (65 Prozent), Bundhose (80 Prozent) und Wams (95 Prozent) findet sich in den Verzeichnissen der erwerbstätigen Armen nur selten. Die Ausstattung für Frauen bestand aus fünf Kleidungsstücken: Rock (89 Prozent), Unterrock (53 Prozent), Umhang (87 Prozent), Schürze (88 Prozent), Mieder und Korsett (41 Prozent). Zwischen Frauen und Männern gab es im Bereich der Bekleidung durchaus Unterschiede: Im 16. Jahrhundert trugen die Frauen vorwiegend dunkle Farben (Schwarz, Grau und Braun), während die Kleidung der Männer, mit Ausnahme des Mantels, auch in der Unterschicht abwechslungsreicher und farbiger wurde. Eleganz und Stil allerdings blieben den Reichen vorbehalten. Die Armen, Männer wie Frauen, besaßen nur wenige einfache Kleidungsstücke von grober Qualität. Die Unansehnlichkeit und Einförmigkeit wird in den Verzeichnissen durch immer wiederkehrende Beiwörter wie »abgetragen«, »alt«, »zerrissen« unterstrichen, sodass man wohl davon ausgehen kann, dass die erwerbstätigen Armen in schäbigen, fleckigen und geflickten Kleidern herumliefen.

Die Bedürftigen, die von einem Ort zum anderen zogen, mussten ihre gesamte Garderobe tragen. Für jemanden, der in einem dürftig eingerichteten Zimmer wohnte, in Scheunen schlief oder vorübergehend in einem Spital oder Schlafsaal Unterschlupf fand, war es unmöglich, seine wertvollen Habseligkeiten (z. B. Kleider) zu verwahren. Wenn so mancher Bettler mehrere Jacken übereinander trug, dann tat er das nicht unbedingt, um sich warm zu halten, sondern um seine spärliche Habe nicht aus den Augen zu lassen. Polizei- und Gerichtsakten belegen die »abgerissene« Erscheinung der obdachlosen Armen. Die Minimalausstattung des fahrenden Volks, in den französischen Quellen mit dem Begriff *malvestus* beschrieben, legt ein Zeugnis von extremer Armut ab. Für die Zeitgenossen war es ein Leichtes, die Landstreicher und »Herrenlosen« an ihrer Kleidung zu erkennen. Ihr erbärmlicher Aufzug galt als Zeichen der Mittellosigkeit wie auch der unmoralischen Lebensweise. Jacques Callots berühmte Kupferstichserie »Les Gueux« (1622/23) illustriert nicht nur den vorherrschenden »Stil« der Bekleidung der fahrenden Bettler, sondern auch ihren elenden Stand. Allerdings gab es ebenfalls Bettler, die den Wächter am Stadttor täuschten, indem sie als ordentlich gekleidete Handwerker oder kleine Kaufleute die Stadt betraten, sodass einige Zeit verstrich, bis ein wachsamer Beamter die unerwünschten Bettler entdeckte und aus der Stadt weisen konnte. Beim Anblick zerlumpter und zerrissener Kleider oder gar von Blöße – dem Symbol äußerster Armut in der christlichen Theologie – empfand der Bürger oft Mitleid und gab Almosen, ohne lange zu überlegen, während die Fürsorgebeamten und der Stadtrat angesichts schlecht gekleideter, schmutziger Bettler und Landstreicher eher besorgt waren und ihren Widerwillen äußerten. In seinem populärsten Werk, *The Fraternity of Vagabonds* (1561), beschreibt der Autor und Buchdrucker John Awdeley eine bestimmte Kategorie von Gaunern, darunter den sogenannten »Green Winchard«, die, »wenn ihre Strümpfe zerrissen sind und aus den Schuhen hängen, diese wohl mit ihrem Stab wieder in die Schuhe schieben, aber bestimmt nicht auf die Idee kommen, sie zu flicken«, und Awdeley macht auch seinem Abscheu Luft, dass ein solch »fauler Lump lieber herumläuft wie ein Bettler als ordentlich und sauber«.[12]

Allerdings muss man sorgfältig unterscheiden zwischen den heruntergekommenen Bettlern in ihren Lumpen und der kriminellen Unterwelt städtischer bzw. vagabundierender Individuen, deren verkommene und verwegene Aufmachung Abgebrühtheit und Aufsässigkeit symbolisierte. Ihre auffällige Kleidung (bunte Mäntel, extravagante Kopfbedeckung) trug nicht selten zur Legendenbildung bei oder taucht als auffälliges Personenkennzeichen in Haftbefehlen für arbeitsfähige Bettler oder Landstreicher auf. Diese Dokumente sind eine wertvolle Quelle für die Kleidung der schwer definierbaren Gruppe der »nonkonformistischen Armen« (Eric Hobsbawm); sie sind in zahlreichen europäischen Stadt- und Landesarchiven erhalten geblieben, jedoch von Sozialhistorikern bisher noch nicht systematisch analysiert worden.

Die karitativen Einrichtungen machten keinen Unterschied zwischen einem Bettler und einem bettelarm gekleideten Menschen; sie ließen sich vom biblischen Bild des Jüngsten Gerichts im Neuen Testament (Matthäus 25, 34–36) leiten, wo Gott die Gesegneten mit den Worten an seine Rechte weist: »Ich war hungrig, und ihr gabt mir zu essen; ich war durstig, und ihr gabt mir zu trinken; ich war fremd, und ihr habt mich beherbergt; ich war nackt, und ihr habt mich bekleidet«, die Hartherzigen aber verdammt. Nicht nur im Mittelalter, sondern auch in der Frühen Neuzeit verteilten Bruderschaften, Spitäler, Pfarreien und städtische Armenpfleger Kleider an die Bedürftigen. So veranstalteten in Spanien im 16. Jahrhundert die Brüder von Santa Maria y San Julian in Zamora eine zeremonielle Kleiderausgabe, in deren Verlauf die Kürschner der Bruderschaft jedem Empfänger einen Umhang aus grobem Ziegenhaar, einen Pelzmantel und Schuhe überreichten. In der protestantischen Gemeinde von Bordeaux erdachte man im 17. Jahrhundert zwar nicht ein solch fantasievolles und beeindruckendes Ritual, doch man bekleidete »die Nackten«, indem man denen, die ein neues Kleidungsstück oder eine angemessene Ausstattung brauchten, eine Zuwendung machte. Für die evangelische Kirche war die Bekleidung der Armen nicht an erster Stelle ein Akt des Mitgefühls, sondern ein Beitrag zur Wohlfahrt. Es war nur möglich, die Armen auszubilden und ihnen Arbeit zu verschaffen, wenn die Kleidung des Betreffenden potenzielle Dienstherren oder Meister nicht abschreckte. Ein Beispiel hierfür bietet der Brief des Armenpflegers Lucas Hackfurt an den Stadtrat von Straßburg aus dem Jahr 1532, der deutlich zum Ausdruck bringt, wie schwer es für arbeitslose junge Burschen und Mädchen sei, eine Stelle zu finden, wenn ihnen die Kleider fehlten, die sie als Bedienstete oder Lehrlinge brauchen würden. Von Zeit zu Zeit forderte der Stadtrat einen Armenpfleger oder den Pfarrer auf, seines Amtes zu walten und Geld zu verteilen; Kleiderstoff oder bestimmte Kleidungsstücke kamen seltener zur Austeilung.

Erblasser auf dem Lande und in der Stadt, besonders in katholischen Gemeinden, hinterließen gern ein Vermächtnis mit der Anordnung, Arme zu kleiden. Solche Geschenke standen oft in loser Beziehung zu den Bestattungsfeierlichkeiten. Der Zusammenhang zwischen feierlichem Leichenzug und der Schenkung von Kleidern und Schuhen löste sich Ende des 16./Anfang des 17. Jahrhunderts allmählich auf. Nach dem Konzil von Trient bevorzugte man einfache Bestattungen, und die Zahl der Bedürftigen, der Priester und Kreuze im Leichenzug, die Reichtum und Großherzigkeit des Wohltäters signalisierten, ging langsam zurück.

Die Bekleidung der Armen war auch das Ziel einer anderen Form karitativer Maßnahmen. Die Insassen von Spitälern, Waisen- und Armenhäusern und sonstiger Wohlfahrtseinrichtungen wurden regelmäßig mit Kleidungsstücken ausgestattet. In Troyes, Marseilles und Montpellier hatten die Spitäler das Recht, all ihre Bedürftigen in ihrer Anstaltskleidung feierlich durch die Stadt ziehen zu lassen, um die Bedürftigkeit ihrer Institution zu demonstrieren und gleichzeitig eine große Kollekte zu organisieren. Im Nürnberg des 16. Jahrhunderts marschierten die einhundert Armen, die Fürsorge von der Pfinzing-Stiftung erhielten, durch die Straßen und trugen dabei ihre neue Kleidung: Mantel, Hut, Beinkleider und Schuhe –

alles in Weiß, mit Ausnahme des Schuhwerks. Die in den Spitälern und Armenhäusern wohnenden Armen waren häufig verpflichtet, Anstaltskleidung aus grobem Tuch, Leinen oder Hanf zu tragen. Die Kleidung war in der Regel einheitlich und dunkel, nur selten gab es warme oder helle Farben (wie Weiß). Die weiblichen Insassen der Besserungsanstalt von Montpellier mussten graue Leinenuniformen tragen, die wenigstens für Wärme sorgten. Etwas farbiger war die Kleidung der Jungen und Mädchen in den Waisenhäusern. In Lübeck z. B. trugen die Jungen im 17. Jahrhundert weiße Beinkleider, eine blaue Jacke mit einem roten Kreuz, einen weißen Kragen und schwarze Schuhe; die Bekleidung der Mädchen bestand aus einem roten Rock und einem roten Wams mit Puffärmeln und blauem Kreuz, einem weißen Kragen, einer weißen Schürze und einer roten Kappe. Meistens war der Stoff gestreift. Die Insassen des Zucht- und Waisenhauses von Pforzheim trugen eine schwarz-weiß gestreifte Uniform, die moderner Gefängniskleidung recht ähnlich sah. Einige Zöglinge durften diese Uniform nicht einmal nach ihrer Entlassung aus dem Arbeitshaus ablegen. Die Insassen karitativer Institutionen waren zweifelsohne besser und wärmer gekleidet als die »heimlichen« Armen, weil jene beim Eintritt ordentliche Kleider erhielten und sich nicht mehr um ihre Ausstattung zu sorgen brauchten.

Selbsthilfe

Die Bedeutung des sozialen Netzes

Im Jahre 1859 veröffentlichte der Zeitungsherausgeber und Arzt Samuel Smiles (1812–1904) ein vielgerühmtes Buch unter dem Titel *Selbsthilfe mit Beispielen für rechte Lebensführung und Beharrlichkeit* (»Self Help with Illustrations of Conduct and Perseverance«). Seine Idee einer Selbsthilfe auf der Basis örtlicher und nachbarschaftlicher Aktivitäten war sowohl stark von viktorianischen Wertvorstellungen geprägt als auch von ganz persönlicher Erfahrung. Was er seinen Zeitgenossen zu sagen hatte, war allerdings keineswegs originell, wenngleich die Wortschöpfung »Self Help« auf seinen Buchtitel zurückgeht und er damit einen Begriff in die öffentliche Diskussion einführte, der in den folgenden 150 Jahren häufig benutzt und missbraucht werden sollte.

Die Historiker beschäftigen sich erst seit kurzem mit dem Ausmaß der Selbsthilfe und der Hilfe auf Gegenseitigkeit. Zweifelsohne haben in Zeiten von Mangel und Not, von Arbeitslosigkeit, Krankheit und Mutterschaft die Armen zuerst versucht, sich selbst zu helfen, ehe sie um Almosen oder karitative Fürsorge nachsuchten. Was die erwerbstätigen Armen betrifft, so bedeutet Selbsthilfe »die Fähigkeit des Einzelnen, die Zeit einer durch Armut verursachten Notlage über die kurzfristige Logik der Marktwirtschaft hinaus zu meistern, ohne um Unterstützung bitten zu müssen«.[1] Diese Definition schließt andere Formen individueller Selbsthilfe wie Betteln oder kleinere Diebstähle aus, beinhaltet aber institutionalisierte Formen der Unterstützung auf Gegenseitigkeit durch Bruderschaften oder ähnliche Vereinigungen.

Die Selbsthilfe funktioniert am besten im Rahmen einer relativ unspezifischen sozialen Beziehung. So kann das Arbeitgeber-Arbeitnehmer-Verhältnis ebenso effektiv sein wie persönliche Beziehungen (z. B. Freundschaft). Andererseits sind nachbarschaftliche Bindungen in Zeiten wirtschaftlicher Not ebenso wertvoll wie Verwandtschaft. Solche Verhältnisse können sich entweder gegenseitig ersetzen oder durch weitere institutionalisierte oder informelle gesellschaftliche Beziehungen ergänzt werden. Die Soziologen und Sozialanthropologen bezeichnen dieses komplexe Beziehungsgeflecht als soziales Netz. Eine seiner wichtigen Aufgaben besteht darin, Menschen bei der Überwindung von Alltagsproblemen (wie Armut oder Krankheit) beizustehen. Die sozialen Kontakte, die ein Mensch mit einer beliebigen Zahl von Personen (die nicht unbedingt befreundet oder gleichgestellt sein müssen) mit dem Ergebnis knüpft, dass im Fall eines besonderen Problems Rat und Unterstützung zur Verfügung stehen, werden von einigen Soziologen als »problemorientiertes Unterstützungs-Netzwerk« beschrieben (Donald Warren). Solche problembezogenen Beziehungsgeflechte sind in ihrem Aufbau heterogen und können sich mit anderen Netzwerken überschneiden. Im Gegensatz zu anderen gesellschaftlichen Bindungen setzen die problembezogenen Netzwerke nicht voraus, dass bestimmte Einzelpersonen die Basis dafür herstellen. Im jeweiligen Einzelfall kann der Betreffende mit seinen Problemen zu einer anderen Person aus seinem Kreis gehen (z. B. zu einem Arbeitskollegen) oder zu derselben Person, aber er wendet sich immer an dieselbe Art von Helfer. Für jedes einzelne Problem kann man sich einen »Pool« potenzieller Helfer vorstellen, deren Fähigkeit, ein Netzwerk zu bilden, von dem Einzelnen abhängt, der in diesem bestimmten gesellschaftlichen Kontext Hilfe sucht. Die Graphik auf Seite 109 veranschaulicht die sozialen Bindungen, die in vorindustriellen problembezogenen Netzwerken eine zentrale Rolle spielten. Das Beziehungsgeflecht der erwerbstätigen Armen ist auf diese Weise eng verbunden mit den Netzen traditioneller Institutionen wie Familie, Verwandtschaft, Freundschaft und Nachbarschaft.

Innerhalb eines sozialen Netzwerks beruht jede dyadische (eins-zu-eins) Beziehung normalerweise auf dem Prinzip des Gebens und Nehmens, wobei die Intensität von mindestens vier Faktoren abhängt: 1. soziale Distanz, 2. physische Distanz, 3. wirtschaftliche Distanz, 4. Altersdistanz. Nach den neueren anthropologischen Studien finden sich bestimmte Grade der Gegenseitigkeit in jeder Beziehung: zwischen Brüdern, Freunden, Bekannten, usw. In Verwandtschaftsverhältnissen z. B. ist die Gegenseitigkeit häufig verdeckt, aber dennoch impliziert, auch wenn sie nicht unmittelbar eingelöst wird. Wenn im Piemont der Frühen Neuzeit Bauern und Häusler winzige Landparzellen an Verwandte zu höheren Preisen verkauften als an Nachbarn oder Fremde, dann wussten die Beteiligten genau, dass bei diesem Austausch von Gütern gegen Geld oft frühere Wohltaten oder Hilfeleistungen angerechnet wurden. Soziale Nähe wie im Fall der Blutsverwandtschaft reichte allerdings nicht aus, um den Tausch auf Gegenseitigkeit zu garantieren. Die tägliche Interaktion zwischen engen Nachbarn ließ oft intensivere Beziehungen entstehen als zwischen weit auseinander lebenden Verwandten. Das Gleichgewicht kann gestört werden, wenn der Hilfeleistende eine stark überlegene wirtschaftliche Position einnimmt (Hausherr, Arbeitgeber). Dann verwandelt sich das Verhältnis in eine Beziehung zwischen Patron und Klient. Das soziale Netz der erwerbstätigen Armen scheint sich im Allgemeinen durch ein Gleichgewicht zwischen den vorhandenen Mitteln und den Bedürfnissen auszuzeichnen. Der vierte Faktor beinhaltet eine Form der Gegenseitigkeit mit automatischer zeitlicher Verzögerung. Während wechselseitiges Geben und Nehmen zwischen entfernten Verwandten und Nachbarn spezifischer und kurzfristiger ist, gilt die Gegenseitigkeit zwischen Eltern und Kindern auf längere Sicht, ohne dass die Betreffenden bewusst an einen Ausgleich denken. Im Europa der Frühen Neuzeit konnten sich alte Menschen in der Regel auf die Unterstützung durch ihre Kinder verlassen, die darauf gründete, dass Eltern ihre Nachkommen während der Kindheit ernähren und schützen. Die aktive Mitwirkung in einem solchen problembezogenen Netzwerk fluktuiert also zeitlich in Abhängigkeit von den verschiedenen Stadien im Lebenszyklus.

Eines der obersten Ziele der erwerbstätigen Armen ist es, ihre Selbstständigkeit zu erhalten und zu vermeiden, dass sie anderen zur Last fallen, indem sie ein ausreichendes »Sozialkapital« (Martin Dinges) ansammeln, das sich tageweise gegen Hilfeleistung bzw. Rat eintauschen lässt. Das Netzwerk, aus dem ein Mensch Unterstützung erhält, ist ebenso wie das

Der Aufbau problemorientierter Unterstützungs-Netzwerke
im Europa der Frühen Neuzeit

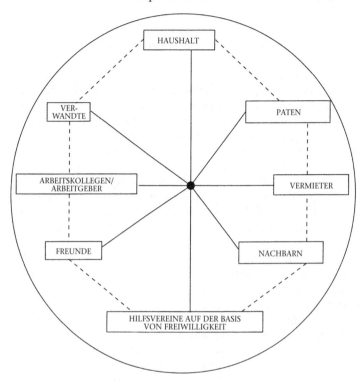

weiter ausgreifende soziale Beziehungsgeflecht, zu dem es gehört, auch zufallsbedingt, weil viel von den Ehen und der Fruchtbarkeit früherer Generationen abhängt. Diese biologischen Faktoren entziehen sich zwar letztlich der Kontrolle des Einzelnen, doch kann er ihre Auswirkungen durch seine geographische Mobilität beeinflussen. Eine dritte an der Entstehung umfassender Unterstützungsnetze beteiligte Komponente ergibt sich aus dem Umstand, dass manche Menschen geselliger sind als andere. Die Kategorien der verschiedenen Hilfeleistenden, auf die man im Leben der erwerbstätigen Armen in der Frühen Neuzeit gestoßen ist, sind daher eine Konsequenz aus biologischen Ereignissen, Migrationsmustern und individuellem Temperament.

Selbsthilfe, Hilfe auf Gegenseitigkeit

Zu den Brennpunkten einer Untersuchung von Hilfeleistung gehört die Rolle der Hausgemeinschaft, die von den Historikern gewöhnlich als »Haushalt« bezeichnet wird. In gewisser Hinsicht ist der Haushalt als Hilfssystem nicht mit der Familie als System gegenseitiger Unterstützung gleichzusetzen. Natürlich besteht der Haushalt im Kern aus der Familiengruppe. Der Mythos von der Haushaltsgemeinschaft einer »verlorenen Lebenswelt«, die Verwandtschaft und Generationen umfasst, Wohlergehen und Hilfe gewährleistet hätte, ist von Peter Laslett, dem Begründer der Cambridge Group for the History of Population and Social Structure, überzeugend als solcher entlarvt worden. Die weitergehende Forschung hat gezeigt, dass ein Familienhaushalt, besonders bei den erwerbstätigen Armen, von einem Jahrzehnt oder gar von einem Jahr bis zum nächsten ein völlig gewandeltes Gesicht zeigen konnte, obwohl sich eher die Größe als die verwandtschaftliche Zusammensetzung änderte. Eltern starben, Frauen und Männer heirateten erneut, Kinder kamen zur Welt, starben früh oder verließen das Elternhaus, wenn sie als erwachsen galten. Zu dieser Kernfamilie traten auf Grund wirtschaftlicher Zwänge oder aus anderen Gründen Mitbewohner, Besucher, Kostgänger, Haushaltshilfen, Lehrlinge, entfernte Verwandte. Belege aus Armenzählungen in der Frühen Neuzeit erlauben den Schluss, dass viele ärmere Familien Mitbewohner aufnahmen, weil sie entweder durch Mietzahlungen oder durch ihre Arbeitskraft zur Hauswirtschaft der Familie beitrugen. Solche Mitbewohner tauchen beispielsweise in der Armenzählung von 1570 in Norwich in zwanzig Haushalten auf. Einige waren ledige Arbeiter, andere zweifellos selbst Bedürftige, wie etwa im Fall einer vierköpfigen Familie, in der die Mutter erkrankt war: hier wurde eine von ihrem Mann verlassene Frau aufgenommen, vielleicht weil sie die Kinder mit versorgen konnte. Ein weiteres eindeutiges Beispiel, in dem es nicht um Krankheit, sondern um Arbeitsunfähigkeit geht, sind die Eheleute Hales, beide über achtzig und »außerstande zu arbeiten«, bei denen ein achtzehnjähriges Mädchen wohnte, das für sie Spinnarbeiten erledigte und sie versorgte. Der Umstand, dass es Haushalte von armen alten Menschen gab, zu denen vaterlose Kinder gehörten, trägt zur Erklärung einer scheinbaren Anomalie bei: dass man nämlich auch in ärmeren Familien sogenannte »Bedienstete« findet. Wenn zu armen Haushalten Fremde gehören, kann man wohl immer davon ausgehen, dass ein gegenseitig befriedigendes Übereinkommen gefunden wurde, das häufig auf Gegenseitigkeit beruhte. Margaret Cully aus Norfolk, eine blinde, alte Witwe, vermachte ihr Vermögen von 40 Pfund Sterling gegen die Garantie, für den Rest ihres Lebens »versorgt« zu werden. Der Begünstigte, ein gewisser Timothy Cully, war offenbar nicht mit ihr verwandt.

Tabelle 8: *Zusammensetzung eines Haushalts in Ardleigh, Essex, 1796*

Beziehung zum Haushaltsvorstand	Fürsorgeempfänger	Andere
Haushaltsvorstand	1,00	1,00
Ehegatte	0,89	0,77
Kind	3,41	2,10
Verwandte	0,21	0,26
Bedienstete	0,05	0,91
Mitbewohner	0,13	0,24
gesamt (Anzahl der Personen)	5,69	5,28

aus: Thomas Sokoll, »The Pauper Households Small and Simple? The Evidence from Listings of Inhabitants and Pauper Lists of Early Modern England Reassessed«, *Ethnologia Europaea* 17 (1987), 34, Tabelle 3.

Untersuchungen zur Zusammensetzung von Haushaltsgemeinschaften, die sich auf Einwohnerlisten und Armenlisten im England des 18. Jahrhundert stützen, lassen erkennen, dass Armenhaushalte sich von anderen durch die größere Kinderzahl und die geringere Zahl von Bediensteten unterschieden. Die Anteile von Haushalten mit Verwandtschaft und solchen mit Mitbewohnern war ähnlich (vgl. Tabelle 8), aber es gab kleinere Unterschiede in der Struktur des Haushalts. Der Anteil komplexer Haushalte, d. h. solcher mit erweiterter Familie und mit mehreren Familien lag bei Fürsorgeempfängern etwas höher als in der übrigen Bevölkerung. Im Wesentlichen ist dies darauf zurückzuführen, dass ältere Witwen im Haushalt ihrer verheirateten Kinder lebten. Das widerspricht eindeutig der verbreiteten Meinung, im frühneuzeitlichen Europa seien Einpersonenhaushalte besonders in den ärmeren Schichten häufig gewesen und das Verwandtschaftssystem mit seinen Regeln der Haushaltsbildung habe zu »Notlagen« geführt – nach dem Tod eines Ehepartners, durch Alter, Krankheit oder Arbeitslosigkeit –, sodass viele Haushalte Schwierigkeiten hatten, wirtschaftlich selbstständig zu sein. Andererseits findet man in einer ganzen Reihe von Armen-Haushalten Mitbewohner, was beweist, dass Familie und Haushalt nicht nur eine verwandtschaftliche Gruppe darstellten, sondern ein »Kollektiv« (Peter Laslett) von Haushaltsarbeitern, die nicht notwendigerweise miteinander verwandt waren. Mit anderen Worten, statt sich auf Nachbarn und im Rahmen der Gemeinschaft organisierte Gruppen wie Gilden und Bruderschaften zu verlassen, zogen die Armen eine erweiterte Solidarität innerhalb der Verwandtschaft und das Abfedern lebenszyklischer Risiken in komplexen, nicht ausschließlich auf Verwandtschaft beruhenden Haushalten vor.

In der Historischen Demographie verweist man darauf, dass sich die Egozentrik der Kernhaushalte negativ auf die verwandtschaftliche Solidarität in den frühneuzeitlichen Städten und Dörfern Europas auswirkte. Es bietet sich daher an, einen Blick auf die Art und Weise zu werfen, wie die Armen mit ihren Verwandten und besonders den Eltern im höheren Alter umgingen. Rechtlich waren auch solche Verwandte zu gegenseitiger Unterstützung verpflichtet, die außerhalb der Kernfamilie wohnten. Das englische Fürsorgegesetz von 1601 schrieb vor, dass »die Kinder jeder armen, alten, blinden, lahmen und hilfebedürftigen Person (...) auf eigene Kosten jeder solchen armen Person beistehen und sie unterhalten müssen«.[2] Ein Richter konnte dadurch z. B. Großeltern zwingen, ihre Enkel-

*Abb. 7: Spitalszene aus Jehan Petit Saint-Gelais,
le Vergier d'Honneur (um 1500).*

kinder aufzunehmen, oder Kinder, ihren alten Eltern eine wöchentliche Rente zu zahlen. Die Gemeinde Myddle bei Shrewsbury zog gegen eine benachbarte Gemeinde vor Gericht, um die Frage zu klären, ob Schwiegergroßeltern oder Schwiegersöhne, »obwohl sie im Gesetz nicht namentlich aufgeführt sind, dennoch im Sinne des Gesetzes (...) verpflichtet seien«, bedürftigen Verwandten Unterhalt zu leisten.[3] Dass die ortsansässige Verwandtschaft integraler Bestandteil des kommunalen Fürsorgesystems sein konnte, zeigt ein Brief der Tochter eines gewissen Roger Cotton, die dem Kirchenvorstand schrieb, sie und ihr Mann, der Schuhmacher Nicholas Willis, hätten »hohe Kosten und Ausgaben« gehabt, weil sie ihren verstorbenen Vater, der in einem der zahlreichen Londoner Armenhäuser gelebt hatte, »mit den notwendigen Dingen versorgt« hätten. In der Praxis, ohne gesetzliche Grundlage, sondern einfach aus wirtschaftlicher Notwendigkeit, verpflichteten deutsche Fürsorgebeamte Großeltern, Eltern und Kinder zum Unterhalt »hilfsbedürftiger« Armer. Als beispielsweise die Witwe Elsa Bender 1543 einen Platz im Spital von Frankfurt beantragte, weigerte sich der Stadtrat und verwies die Antragstellerin an ihre Kinder, »dye ire kinder seltss upzien oder sust mit irer arbeyt off hantwerk erneren kunnen«.[4] In manchen Fällen allerdings empfanden die Aufsichtsbehörden und Richter es als ebenso wichtig, die Erfüllung verwandtschaftlicher Unterhaltspflicht zu unterbinden wie sie zu fordern. Die wesentlichen Unterscheidungen, die man traf, bezogen sich offenbar auf Vermögen und finanzielle Möglichkeiten. So erklärte Barbara Ziegler aus dem südwestdeutschen Bächlingen, als man sie 1620 schließlich in das örtliche Spital aufnahm, sie habe vier Jahre lang bei ihrem Mann gelebt, aber das Essen sei schlecht gewesen und er habe sie nur mit großer Mühe unterstützen können.[5] Armenhaushalte, die verarmte Verwandte von auswärts aufgenommen hatten, wurden gelegentlich von den Fürsorgebehörden aufgefordert, »sie ohne Aufsehen fortzuschicken«[6], um der Gemeinde eine zusätzliche Bürde abzunehmen. Selbst in den Fällen, in denen die familiäre Verpflichtung im Zusammenhang mit künftigen Land- oder sonstigen Vermögensgeschäften stand, war die Bereitschaft von Angehörigen, füreinander aufzukommen, weder selbstverständlich noch völlig ohne Hintergedanken. Wann immer ein Elternteil im höheren Alter oder ein für lange Zeit erkrankter Verwandter (Bruder, Schwester, Onkel) für einen bestimmten Zeitraum unterstützt und gepflegt wurde, führten die betreffenden Angehörigen sorgfältig Buch. Im Jahre 1778 z. B. vereinbarten in Neckarhausen die zwei Töchter des Martin Bosch, die Kosten für seine Pflege gemeinsam zu tragen, um später das Erbe zu teilen. Hier kommt wieder das System der Gegenseitigkeit zum Tragen, auch wenn die Quelle erkennen lässt, dass so etwas nicht bloß auf kühler Berechnung beruhte oder dass die Liebe zum Vater bzw. der Schwester etwa keine Rolle spielte. Familienstreitigkeiten um ziemlich bescheidene Erbschaften machen deutlich, in welchem Maß Eigentum und persönliche Zuwendungen Teil einer Gesamtheit von Tauschgeschäften und Pflichten waren.

Im Fall der Armen reichten die familiären Verpflichtungen dennoch nicht besonders weit. Man erwartete, dass Kinder ihre bedürftigen Eltern im Rahmen ihrer Möglichkeiten unterstützten, nicht aber, dass sie diese im Haus aufnahmen, weil sie sehr oft eigene noch nicht selbstständige Kinder hatten, mit denen sie ihr beengtes Heim teilen mussten. Am nächsten standen sich natürlich Eltern, Kinder und Geschwister. Nur äußerst selten erstreckte sich Unterstützung und Hilfe auf die Stiefverwandtschaft und auf Onkel, Tanten, Nichten und Neffen. Benjamin Shaw (1772–1841) veranschaulicht in seinem autobiographischen Bericht, wie seine Familie, als er wegen einer plötzlichen Lähmung nicht mehr arbeiten konnte, ihr Überleben durch den Rückgriff auf Erspartes in Verbindung mit übernommenen Heimarbeiten, Unterstützung durch eine Schwester und durch die Fürsorge sichern musste. William Stout (1665–1752) spricht in seiner Autobiographie von seiner Pflicht und der seiner Familie, für die Schulden seines Neffen aufzukommen, nachdem sie selbst bankrott waren. Und aus dem berühmten Tagebuch Hermann Weinsbergs aus der zweiten Hälfte des 16. Jahrhunderts kann man entnehmen, dass besser gestellte Angehörige die Verpflichtung auf sich nahmen, gleichfalls für entferntere Verwandte zu sorgen, während andere sich aus wirtschaftlichen Gründen ihrer Verantwortung entzogen. Die Werte der Selbsthilfe und der Gegenseitigkeit, die in all diesen autobiographischen Texten dargestellt oder impliziert sind, werden auf allen gesellschaftlichen Ebenen sichtbar.

Das Zusammenspiel von »Emotionen und materiellem Interesse« (David Sabean) und das komplexe Verpflichtungsgefüge innerhalb der Verwandtschaft sind Gegenstand einer Reihe neuerer historischer Untersuchungen gewesen. Zu den langfristigen Merkmalen der Familie im Abendland gehört der kleine Anteil von Haushalten mit im Hause lebenden Verwandten. Die in der historischen Demographie angegebenen Zahlen schwanken von Region zu Region und entsprechend dem sozio-ökonomischen Status. So findet man in den wohlhabenderen Bezirken Londons im 17. Jahrhundert eher mehr Haushalte dieser Art. In ärmeren Vierteln (z. B. Boroughside) kommt die geringe Zahl verwandter Mitbewohner (3,1 Prozent) dem entsprechenden Anteil in den ärmeren Vierteln anderer vorindustrieller englischer Städte und Kleinstädte sehr nahe. So liegt dieser Anteil in den Außenbezirken des frühneuzeitlichen Canterbury bei nur 2,3 Prozent. Die auffällig niedrige Zahl solcher Mitbewohner in den Haushalten der erwerbstätigen Armen verfälscht allerdings den Blick auf die soziale Wirklichkeit. Die verwandtschaftlichen Bande endeten nicht an der Haustür. Wir haben Belege aus vielen Städten und Dörfern Europas in der Frühen Neuzeit, dass in der Nähe wohnende Verwandte für ärmere Haushalte eine wichtige Quelle sozialer und finanzieller Hilfe darstellten. Während für die wohlhabenderen Haushalte – vor allem, wenn Testamente und weitere Quellen vorliegen – relativ weit verzweigte verwandtschaftliche Netzwerke am Ort rekonstruierbar sind, legen die mageren Daten, über die wir für einige vormoderne städtische und ländliche Gemeinden verfügen, den Schluss nahe, dass die Verwandtschaftsnetze in der Mehrheit nur zwei Hausstände beinhalteten. Ein Vergleich zwischen einem Londoner Vorort und dem Dorf Terling in Essex lässt darauf schließen, dass die verwandtschaftlichen Bindungen sich eher im Grad als in der Art unterschieden. Auf Grund unterschiedlicher Mobilität und eines anderen Bevölkerungswachstums war das Netz in Terling etwas »dichter« geknüpft als in Boroughside. Im Jahr 1670 hatten in Terling zwischen 37 und 52 Prozent aller Haushalte mindestens eine Beziehung zu einem weiteren Haushalt, verglichen mit 18 Prozent in Boroughside.

Die Quellen geben nur selten Auskunft über das Ausmaß substanzieller Unterstützung, die tatsächlich innerhalb der am Ort bestehenden Verwandtschaftsnetzwerke im sozialen und finanziellen Bereich geleistet wurde. Neuere Studien zu französischen, italienischen und englischen Städten zeigen, dass der Verwandtschaft dort eine erhebliche Bedeutung zukam, wo man mit der Not leben und wirtschaften musste (O. Hufton, »Ökonomie des Notbehelfs«), also z. B. im Fall neuer Zuwanderer, die vorläufige Unterkunft und finanzielle Hilfe brauchten. Außerdem ist es nicht unwahrscheinlich, dass bestimmte Merkmale städtischer Lebensweise die Erhaltung verwandtschaftlicher Bindungen förderten, besonders unter Zugezogenen, die noch nicht auf nachbarschaftliche Kontakte zurückgreifen konnten. Für viele arme Familien stellte Verwandtschaft die wichtigste Institution gegenseitiger Hilfe und Förderung dar, andere städtische Hausstände dagegen verließen sich – da sie keine Verwandte am Ort hatten – stärker als entsprechende Haushalte in ländlichen Gebieten auf Nachbarn, Dienstherren, Freunde und sonstige lokale Netzwerke.

Studien zur Lage im frühneuzeitlichen Italien, Frankreich, England und Spanien lassen erkennen, dass die Institution der Patenschaft, auch wenn sie kurz vor der Gegenreformation etwas in Misskredit geriet, immer noch eine wichtige Rolle in einer Gesellschaft spielte, in der die Verwandtschaft ein prägendes Organisationsprinzip war. In jüngerer Zeit haben Soziologen und Anthropologen ebenso wie Historiker die Bedeutung solcher spiritueller Verwandtschaft hervorgehoben, indem sie darauf hinwiesen, wie bedeutsam diese Bindungen sein können, nicht nur, um Ansehen und Macht zu erlangen, sondern auch für die Entstehung problembezogener Netzwerke. Es spricht einiges für die besondere Bedeutung des Paten in den unteren Gesellschaftsschichten, weil man ihn häufig unter Personen von höherem Stand als dem der leiblichen Eltern suchte. Ein Kirchenregister des 16. Jahrhunderts aus dem englischen Ort Bilton bei York zeigt, dass in ungefähr einem Viertel der Taufen einer der drei verzeichneten Paten dem Landadel (der *Gentry*) angehörte, in der Regel eher weiblichen als männlichen Geschlechts war, und dass das Kind häufig nach ihr bzw. ihm benannt wurde. In einem Register aus dem 18. Jahrhundert, in diesem Fall einer katholischen Gemeinde im englischen Lytham in Lancashire, lag der Anteil mit 2,7 Prozent extrem niedrig, und die betreffenden Kinder stammten ausnahmslos von derzeitigen bzw. ehemaligen Hausangestellten. Die Tendenz zu einer im wesentlichen egalitär geprägten Beziehung zwischen Kind und Pate wird in Florenz schon an der Wende vom 15. zum 16. Jahrhundert sichtbar. Andererseits kann man aus den Zahlen, die für eine deutsche Stadt mit gemischten Konfessionen vorliegen, ablesen, dass in der gesamten Epoche der gesellschaftliche Wert der Patenschaft von den Zeitgenossen für wichtiger gehalten wurde als der spirituelle oder religiöse Aspekt. Und zweifellos hat man in der Unter- und Mittelschicht dieser Kleinstadt weiterhin Paten mit einem höheren Sozialstatus ausgesucht (vgl. Tabelle 9), um den Kindern, die damals immer damit rechnen mussten, ihre Eltern vorzeitig zu verlieren, bessere Zukunftschancen zu verschaffen. Der Sozialhistoriker kann jedoch nur schwer den Stellenwert der sozio-ökonomischen Funktionen solch »spiritueller Verwandtschaft« einschätzen. Wie wirkungsvoll und intensiv war die Beziehung? Haben besser gestellte Paten ihren Patenkindern oft etwas hinterlassen? Fühlten sie sich nach dem Tod der leiblichen Eltern verpflichtet, für das Patenkind zu sorgen? Solche Fragen sind nur schwer zu beantworten. Aus Quellen, in denen dieses Thema zufällig erwähnt wird, lässt sich schließen, dass viele Paten *compaternitas* nicht nur im Sinne einer förmlichen Freundschaft verstanden, sondern auch als eine Beziehung des gegenseitigen Vertrauens und einer Beistandsverpflichtung. Eine Untersuchung von Vermächtnissen aus Boreham in Essex in der Zeit zwischen 1503 und 1620 hat ergeben, dass in 9 von insgesamt 72 Testamenten die Paten ihren Patenkindern ein kleines Geschenk (durchschnittlich 12 Schilling) hinterließen.

Tabelle 9: *Sozialstrategie bei der Auswahl von Paten in einer deutschen Stadt der Frühen Neuzeit (Oppenheim, 1568–1798)*

Beruf d. Paten	Vater: Tagelöhner	Beamte
Pfarrer	2,4	10,0
Adlige	4,9	2,2
Beamte	31,7	61,7
Soldaten	–	1,0
Kaufleute, Wirte	7,3	9,5
Handwerker mit Werkstatt	20,7	12,2
Handwerker ohne Werkstatt	17,1	2,0
Tagelöhner	9,8	0,2
Bauern	6,1	1,2
Summe (abs.)	82	402
Summe in %	100	100

aus: Peter Zschunke, *Konfession und Alltag in Oppenheim*, Wiesbaden 1984, S. 160, Tabelle 18.

Trotz dieser starken gesellschaftlichen Bindungen durch Familie, Verwandtschaft und Patenschaft war auch der Beruf für die Einbindung oder Ausgrenzung der Menschen innerhalb der Ortsgemeinschaft von Bedeutung. In einer der wichtigen Berufsgruppen, in den Zünften, wogen die beruflichen Bindungen über mehrere Straßen hinweg mindestens ebenso schwer wie die Beziehungen zu den unmittelbaren Nachbarn. Allerdings stand besonders der kleine Handwerksmeister seinen Arbeitern meist näher, und er hatte auch weniger Kontakt zu anderen Meistern desselben Handwerks. In diesen Fällen war eher zu erwarten, dass ein Geselle in das Familienleben seines Meisters integriert wurde und dass auf diese Weise ein problemorientiertes Unterstützungsnetz entstand, wenn es zu einer längeren Krankheit oder einer anderen wirtschaftlichen Notlage kam. Die Biographie eines siebzehnjährigen Maurerlehrlings aus einem Dorf im französischen Zentralmassiv beweist die Bedeutung solcher Bindungen. Der Junge wurde frühzeitig zum Vollwaisen. Unter dem Vorwand, sein Pate zu sein, bemächtigte sich ein Onkel seines Erbes, misshandelte den Jungen und warf ihn schließlich aus dem Haus. Er musste betteln gehen und wanderte nach Bordeaux ab. Dort hatte er das Glück, eine Lehrstelle zu bekommen. Er wohnte im Haus des Handwerksmeisters, der sich des Jungen annahm und ihn sogar pflegte, als er krank wurde, noch ehe er überhaupt die Arbeit aufnehmen konnte. Der Lehrling war seinem Meister so dankbar, dass er ihn zum Alleinerben einsetzte und seinen eigenen Verwandten nur das gesetzliche Minimum (nämlich 5 Sous) hinterließ.[7]

In einer weiteren wichtigen Berufsgruppe, den Straßen-, Markt- und Hafenhändlern, bestand keine Beziehung zwischen Meister und Geselle, weil die meisten von ihnen selbstständig waren. Dadurch entstand ein andersartiges Netz von sozialen Beziehungen, das jedoch auch durch Kooperation und Solidarität geprägt wurde, häufig verstärkt durch räumliche Nähe und gemeinsame geographische Herkunft.

Die dritte bedeutende Berufsgruppe in einer Stadt der Frühen Neuzeit war die der Hausangestellten. Belege aus Paris im 18. Jahrhundert lassen erkennen, dass viele Bedienstete enge Bindungen zu anderen Gruppen in der Stadt unterhielten. Wer in wohlhabenden, größeren Häusern arbeitete, lebte zwar in relativer gesellschaftlicher Isolierung, wer aber bei bescheideneren Arbeitgebern tätig war, fand eher Anschluss. Diese Bediensteten hatten wenigstens grundsätzlich die Möglichkeit, engere Beziehungen zu ihren Herrschaften zu knüpfen, was wiederum die Integration in die örtliche Gemeinschaft erleichterte. Doch es gibt auch viele Beispiele für enge Beziehungen zwischen Arbeitgeber und Angestelltem in den wohlhabenderen Häusern. Natürlich bestanden daneben andere Verhältnisse, die nicht dem Modell entsprachen, das nach Aussage Sébastien Merciers in den guten alten Tagen des *Ancien Régime* existiert hatte:

»Damals waren die Dienstboten Teil der Familie; sie wurden nicht so höflich, aber mit größerer Zuwendung behandelt; das spürten sie und waren dankbar dafür. Der Arbeitgeber war besser bedient und konnte auf eine Treue zählen, die heutzutage sehr selten ist. Die Bediensteten schützte man gegen Armut und Laster; und als Gegenleistung für ihren Gehorsam genossen sie Fürsorge und Schutz... Ihr Leben war einst arbeitsreich, hart und bescheiden; doch sie zählten etwas, und ein Diener starb an Altersschwäche, an der Seite seines Herrn.«[8]

Dass in vielen Fällen das Verhältnis zwischen dem Bediensteten und seiner Herrschaft in der Tat eine dauerhafte gegenseitige Bindung beinhaltete, spiegelt sich in Erbversprechungen und Rentenzusagen. So nahm zwischen 1401 und 1800 in Siena der Anteil der Schenkungen, die Bediensteten zugedacht waren, an allen Vermächtnissen zu mildtätigen Zwecken überhaupt von 3,7 Prozent auf 9,1 Prozent zu. Bereits um die Mitte des 17. Jahrhunderts nahmen diese Schenkungen die erste Stelle unter allen anderen karitativen Zuwendungen an Bedürftige ein, ganz gleich ob es sich um Almosen, Aussteuer oder Stiftungen handelte. Dem Erblasser galt der eigene Bedienstete gewissermaßen als würdigster Empfänger unter allen Bedürftigen. Das Modell der »Loyalität und Zuwendung« blieb jedoch auf die wohlhabenden Häuser beschränkt. Einen Diener zu entlassen, der erkrankt oder überflüssig geworden war, weil die Kinder inzwischen selbst zum Familienhaushalt beitragen konnten, diese Möglichkeit konnte für das eigene Überleben eines nicht sehr vermögenden Arbeitgebers von entscheidender Bedeutung sein. Auf Grund der wirtschaftlichen Bedingungen, die für die meisten Handwerker und Händler galten, waren hier die Beziehungen zwischen Herren und Dienern immer prekär. Beide Seiten erwarteten kein besonderes Engagement. Dennoch findet man Beispiele für weniger reiche Familien, die sich um einen durch Krankheit oder Alter arbeitsunfähigen Bediensteten kümmerten. Wegen der unterschiedlichen wirtschaftlichen Ausgangslage sind Beispiele für Solidarität und finanzielle Hilfe in umgekehrter Richtung natürlich seltener, wenn etwa, wie in einem Fall in Plymouth, eine Magd und ein Vorarbeiter kleinere Geldbeträge beisteuerten, um den pesterkrankten Familienangehörigen ihres Herrn eine Behandlung zu ermöglichen.

Es leuchtet ein, dass bestimmte Berufszweige und Arbeitsstrukturen die Bildung problemorientierter Netzwerke in städtischen Gemeinschaften erleichterten. Wie stand es nun aber um die zahlreichen Armen, die auf dem Land lebten und arbeiteten? Aus englischen und französischen Quellen geht hervor, dass Landarbeiter das Getreide von ihren Arbeitgebern zu niedrigeren Preisen direkt vom Hof erwerben konnten. Dieser Preisnachlass für Lebensmittel war eines der wenigen Privilegien, das die Landarbeiter genossen. Ein Bericht aus Norfolk, England, über die Vermarktung von Getreide, der 1631 als Reaktion auf die Teuerung des Vorjahrs verfasst worden war, spricht von »Landarbeitern, die es zu einem Niedrigpreis von denen erwerben, für die sie arbeiten«.[9] Außerdem hatten Landarbeiter, die nicht bar zahlen konnten, den Vorteil, Getreide gegen künftige Arbeitsleistung zu kaufen. In dem erwähnten Bericht aus Norfolk sprechen die Verfasser von der Praxis, die es dem Landarbeiter möglich mache, »jetzt Korn im Haus zu haben, auf Treu und Glauben oder weil vereinbart wurde, dass er dafür arbeitet«. Französische Quellen aus dem 18. Jahrhundert beweisen, dass sogar Saisonarbeiter, die bei Bauern beschäftigt waren, Geld leihen konnten, indem sie als Sicherheit zukünftigen Lohn aus ihrer befristeten Arbeit angaben. Dasselbe traf für Tagelöhner zu, die ohne Vorschüsse ihre Familien nicht ernähren bzw. sonstige finanzielle Verpflichtungen nicht erfüllen konnten. Während man innerhalb der dörflichen Gemeinschaft und der Beziehungen auf gleicher Ebene vielleicht keine Zinsen zahlte und auch keinen festen Rückzahlungstermin vereinbarte, konnte der Kredit beim Arbeitgeber dazu beitragen, den Schuldner noch tiefer in Armut zu stürzen. Allerdings sollte man nicht übersehen, dass es zwar andere Institutionen und Beziehungen geben mochte, durch die ein Armer an Kredite kam, dass Darlehen oder Vorauszahlungen des Arbeitgebers jedoch einen lebenswichtigen Schutz gegen einen unmittelbar drohenden Hungertod boten.

Da die erwerbstätigen Armen von einem kleinen Familieneinkommen leben mussten, das oft die Ausgaben für Lebensmittel nicht deckte, gerieten sie bei den Mietzahlungen automatisch in Verzug. So niedrig die Mieten für Wohnungen und Zimmer in den ärmeren Vierteln zweifellos waren, sie stellten doch eine unabweisbare wirtschaftliche Belastung der städtischen Armen dar. Man musste eine relativ hohe Geldsumme ansparen, weil die Miete häufig vierteljährlich statt wöchentlich oder monatlich gezahlt wurde. In der Verschuldung gegenüber dem Vermieter manifestierte sich daher auch auf diese Art die Ansammlung von »Sozialkapital« im städtischen Milieu. Vor allem die Spitäler und die übrigen karitativen Institutionen, die mehrere Häuser und Wohnungen besaßen, hatten Schwierigkeiten, die Mieten einzutreiben. Bei einigen französischen Spitälern bestand bis zu einem Zehntel des Einkommens dieser Herkunft aus rückständigen Zahlungen. Der Beschluss der Gemeinde Winchester, den bedürftigeren Mietern ihre Zahlungsrückstände zu erlassen, bietet ein weiteres Beispiel für die Quellen, aus denen Darlehen zur Linderung wirtschaftlicher Not fließen konnten. Aber nicht nur die Institutionen waren offenbar bereit anzuerkennen, dass die Angehörigen der städtischen Unterschicht oft mit der Miete in Verzug gerieten; auch die privaten Vermieter nahmen solche Zahlungsrückstände für eine beträchtliche Zeit hin. Im 18. Jahrhundert z. B. ließ ein Glaser in Frankreich zu, dass ein Lavendelverkäufer mit seinen Zahlungen ein Jahr in Rückstand geriet, bevor er schließlich den Gerichtsvollzieher rief. Einige Vermieter oder Verwalter von Fremdenheimen liehen sogar in Zeiten persönlicher oder allgemeiner Not Geld zur Bezahlung von Arztrechnungen oder für andere Ausgaben aus.

So wie der städtische Lohnarbeiter die Möglichkeit hatte, sich bei seinem Vermieter zu verschulden, durfte auch der Landarbeiter hoffen, Darlehen vom Eigentümer seiner Parzelle zu erhalten. Zwei Arten von Landwirten mussten besonders häufig Geld aufnehmen: die Pachtbauern, gewöhnlich Bauern mit wenig oder gar keinem Eigenkapital, und die Kleinbauern oder Häusler, die für ihren Lebensunterhalt auf ein zusätzliches Einkommen angewiesen waren. Die ersteren konnten bei Missernten für die gesamte Pachtzeit (drei, fünf oder sieben Jahre) Schulden aufnehmen, die letzteren konnten ihr Eigentum an den Kreditgeber verkaufen und es – gelegentlich unter sehr günstigen Bedingungen – gegen eine jährliche Miete zurückerlangen. Viele Darlehen dieser Art beruhten auf formlosen Vereinbarungen, sodass schriftliche Belege weitgehend fehlen. Trotz der zahlreichen Risiken, die mit einer Kreditnahme einhergingen, hatten die Pächter und Häusler die Möglichkeit, sich auf diese Weise über ihre Vermieter oder feudalen Grundherren eine Atempause zu verschaffen, wenn es mehrere Missernten nacheinander gab, wenigstens so lange, bis die nächste schwierige Lage zu meistern war. Im Fürstentum Hohenlohe z. B. übernahmen die Landesherren den Löwenanteil der Schulden ihrer Häusler. Natürlich gab es auch weniger menschenfreundliche Gläubiger, deren Kreditbedingungen derart gnadenlos waren, dass sie auf längere Sicht eine Kleinbauernfamilie über den schmalen Grat zwischen Armut und Mittellosigkeit stießen.

Freundschaft bedeutete gleichfalls viel, sowohl in der Stadt als auch auf dem Land. In den Armenzählungen von Norwich und Ipswich finden sich Beispiele für Bedürftige, die von ihren Freunden unterstützt wurden. Eine von ihnen war Margaret Lamas, 56 Jahre alt, »eine Witwe, gelähmt, die nicht arbeitet, sondern Aquavit brennt und nun von ihren Freunden lebt und seit 16 Jahren hier wohnt«.[10] Wenn man Hilfe bei Krankheit oder in Geldnöten brauchte, dann fand man sie in vielen Fällen bei »Nachbarn und Freunden«. Obwohl die Quellen oft beide Gruppen in einem Atemzug nennen, so waren sich die Zeitgenossen des unausgesprochenen Unterschieds bewusst. Für Ralph Josselin, den Pfarrer von Earls Colne in Essex, waren Nachbarn diejenigen, mit denen er aufgrund des Wohnsitzes täglich Kontakt hatte, Freunde dagegen waren etwas Besonderes. Man wählte sie mit Sorgfalt aus. Angeheiratete Verwandte wurden häufig kollektiv als »Freunde« bezeichnet. Nach den zahlreichen Beispielen zu urteilen, die uns in Autobiographien und Tagebüchern der Frühen Neuzeit erhalten geblieben sind (Josselins Tagebuch, Hermann Weinbergs Chronik und die berühmten Florentiner *ricordanze*), standen einem die Angeheirateten nicht so nahe wie Blutsverwandte, aber näher als Nachbarn. Unter den Mächtigen und Reichen ebenso wie bei den Armen und Mittellosen spielte die Freundschaft in guten und in schlechten Tagen eine wichtige emotionale und wirtschaftliche Rolle. Freunde gewährten Darlehen, kümmerten sich um jemanden, wenn er erkrankte, unterstützten sich gegenseitig gegenüber den Behörden, indem sie als Freundschaftsbeweis beispielsweise ein Gesuch beim Stadtrat einreichten, damit eine bedürftige Person einen Platz im Spital erhielt. So trugen im späten 18. Jahrhundert in Köln mehr als die Hälfte der geforderten Armutsbescheinigungen (751 von 1406) die Unterschriften von Bürgern, die offenbar mit dem Antragsteller weder verwandt noch Amtsinhaber (Pfarrer, städtische Beamte, Ärzte, usw.) waren. Auch wenn man 656 (87 Prozent) von ihnen als Nachbarn identifizieren konnte, müssen die übrigen Freunde oder Bekannte gewesen sein. Ein 1592 in Köln verhafteter Bettler behauptete, er habe lange Zeit von dem gelebt, »was gute Leute ihm gaben«.[11] Er war sogar bereit, den Behörden Namen zu nennen. Die vier Bürger, die er im Lauf der Untersuchung benannte, bildeten allem Anschein nach ein soziales Netz, obwohl es in diesem Fall schwierig für uns ist, Freunde und Bekannte eindeutig zu unterscheiden.

Durch ihre Studien über soziale Beziehungen im frühneuzeitlichen Europa haben einige Historiker in jüngerer Zeit die Bedeutung der unmittelbaren Nachbarn für die soziale und wirtschaftliche Unterstützung ins Licht gerückt. Um das Ausmaß nachbarschaftlicher Interaktion zu analysieren, kann man die Auswahl von Testamentsvollstreckern und Testamentszeugen oder die Benennung von Bürgen zu Hilfe nehmen, doch solche zahlenmäßigen Berechnungen können nur einen kleinen Teil der insgesamt möglichen Funktionen dieser Art unter den Nachbarn erfassen. Die formlose Unterstützung von Armen und die gegenseitige Nachbarschaftshilfe, die größtenteils unsichtbar bleibt und darum noch unzureichend erforscht ist, spielte in städtischen wie ländlichen Gemeinschaften eine wichtige Rolle. Die vorliegenden Daten legen den Schluss nahe, dass bei den erwerbstätigen Armen nicht Verwandte oder Außenstehende, sondern die Nachbarn die wichtigste Anlaufstelle waren, wenn die Familie in Not geriet. Dabei fanden die Bedürftigen emotional sowie praktisch Rückhalt. Nachbarn liehen sich wechselseitig Gegenstände, sprachen Einladungen aus, wurden gerufen, wenn jemand erkrankte. Sie kamen zu Begräbnissen, übernahmen die Rollen von Hebammen, Antragstellern, Bürgen. Sie tauschten zudem kleinere Geschenke untereinander aus und berücksichtigten in ihren Testamen-

Abb. 8: Der hl. Joachim verteilt Almosen an Arme. Ausschnitt aus dem Annenaltar der Frankfurter Karmeliterkirche (um 1490).

ten nachbarschaftliche Anerkennung und Kontakte. Eine Witwe und frühere Amme in London bedachte 1626 ihre »liebevollen Nachbarn« mit einem Generalvermächtnis. John Simonds, ebenfalls aus London und Bäckersohn, verfügte zehn spezifische Schenkungen an arme Witwen aus seinem Viertel. Persönliche Bekanntschaften, die durch Nachbarschaft entstanden, erwiesen sich oft als hilfreich, wenn jemand einen Platz in einem Spital beantragte oder Arbeitslosenunterstützung erhalten wollte. Godfried Schaben, ein Kölner Bürger, unterzeichnete 1798 mindestens sieben Armutsbescheinigungen für Antragsteller, die alle in seinem Haus lebten. Auch von anderen Städten gibt es Belege dafür, dass die Bürger bereit waren, »Nachbarn in Not zu helfen«. Die erwerbstätigen Armen fanden häufig durch nachbarschaftliche Bindungen und Freundschaft tatkräftigere Hilfe als bei Verwandten. Doch auch solche Beziehungen versagten nicht selten, wenn Seuchen ausbrachen. So verfasste Luther 1527 die einflussreiche Schrift *Ob man für dem Sterben fliehen möge*, in der er neben anderen die Verpflichtung nennt, Nachbarn in Not nicht im Stich zu lassen, wenn niemand sonst Hilfe leisten könne. Dennoch wäre es gewiss falsch, aus den zufälligen Erwähnungen von Menschen, die sich »wenig nachbarschaftlich, bösartig und rücksichtslos«[12] verhielten, nun zu schließen, dass es in Seuchenzeiten keine Fälle von Nachbarschaftshilfe gegeben hätte. Solche Beispiele sind einfach deswegen seltener, weil die Quellen die negativen Fälle herausstellen. So wie unsere heutigen Zeitungen erwähnen sie nicht den Normalfall, der den Menschen in Krisenzeiten das Überleben sicherte.

In vorindustriellen europäischen Bruderschaften und Gilden mit ihrem selbstverständlichen Ethos gegenseitiger Unterstützung erkennt man viele Merkmale, die später in profaneren und komplexeren Formen bei den Gewerkschaften, Genossenschaften und Versicherungsvereinen auf Gegenseitigkeit wieder auftauchen. In jeder Stadt der Frühen Neuzeit gab es eine ganze Anzahl solcher Organisationen, die als Hilfe- oder Arbeitsvermittler auf der Basis von Gegenseitigkeit fungierten und dazu beitrugen, ihren Mitgliedern in finanzieller Not Beistand zu leisten. Eine wichtige Rolle spielen in diesem Zusammenhang die Zünfte, in denen sich diejenigen zusammenschlossen, die dasselbe Handwerk ausübten. Wir wissen z. B., dass einige deutsche Zünfte Getreidevorräte anlegten, um sie den ärmeren Mitgliedern in Notzeiten verbilligt verkaufen zu können. So musste in Lüneburg ein Geselle, der Meister in der Zinngießerzunft werden wollte, zehn Mark »Roggengeld« zahlen. Andere Zünfte verfuhren ähnlich und ermöglichten ihren Mitgliedern, in Zeiten der Teuerung Getreide unter dem Marktpreis einzukaufen. Wer seinen Lebensunterhalt wegen längerer Krankheit oder aus Altersgründen nicht mehr selbst verdienen konnte, erhielt Hilfe in direkterer Form. Einige Gilden zahlten in solchen Fällen eine regelmäßige Rente an den Bedürftigen aus. Die Färberzunft in Lübeck beispielsweise zahlte einem verarmten Meister wöchentlich eine geringe Geldsumme (4 Schillinge) aus. Das wichtigste Hilfsangebot für Mitglieder in Not war jedoch die Möglichkeit, ein Darlehen zu günstigen Rückzahlungsbedingungen aufzunehmen. Es gibt auch Belege für eine funktionierende Solidarität unter den Gesellen vieler Berufszweige, z. B. bei Krankheit oder endgültiger Verarmung. Gesellen in der Zunft der Kupferschmiede von Brandenburg durften, wenn sie in Not waren, aus dem gemeinsamen Vermögen ein Darlehen in Anspruch nehmen. Die auf das Jahr 1736 zurückgehende Satzung der Vereinigung der Küfer und Schreiner im norddeutschen Lünen erwähnt bereits eine besondere »Gesellen-Armen-Kasse«.

In den katholischen Ländern boten Bruderschaften, die Männer, gelegentlich auch Frauen aus verschiedenen Berufen aufnahmen, Unterstützung auf Gegenseitigkeit und geistlichen Beistand. Für das Spanien der Frühen Neuzeit steht der Vorrang der Bruderschaften gegenüber den Gilden außer Zweifel. Die Aufnahmegebühren der offenen Bruderschaften waren im Allgemeinen so niedrig, dass auch kleinere Handwerker ihnen beitreten konnten, und wer auch dazu zu arm war, dem konnte diese Gebühr erlassen werden. Ein guter Teil der Einkünfte dieser Korporationen wurde auf die Finanzierung religiöser Zeremonien (Messen, Prozessionen) und gesellschaftlicher Veranstaltungen (Bankette) verwendet. Aber wenigstens ein Teil der Gelder kam Wohlfahrtszwecken zugute, entweder für Mitglieder oder für würdige Ortsarme. Die Aufwendungen für ein ehrenhaftes und angemessenes Begräbnis standen ganz oben auf der Liste der Gemeinschaftsausgaben. Im spanischen Zamora erhielten die Mitglieder der Cofradi de San Nicolàs eine beträchtliche Geldsumme (300 Maravedis) für die Teilnahme an Begräbnissen. Und ein reiches Mitglied der Bruderschaft Nuestra Señora del Rosario teilte dem Priester der Bruderschaft drei Reales zu, damit er zu seinem Begräbnis die Messe las und die Totenglocke läutete, einen Real dachte er den anwesenden Armen und sechs Reales den anwesenden *confrades* zu. Der soziale Erfolg solcher freiwilliger Zusammenschlüsse hing davon ab, dass unter den Mitgliedern gute Beziehungen und gemeinsame Interessen bestanden. In allen Bruderschaften der Frühen Neuzeit wurden Freundschaft und das Ideal der Gegenseitigkeit förmlich kultiviert und bei verschiedenen Anlässen in ritualisierter Form unter Beweis gestellt.

Gesellschaftliche Beziehungen kamen im frühneuzeitlichen Europa horizontal und vertikal zur Geltung. In der Forschung hat man sich bisher darauf konzentriert zu zeigen, wie familiäre und verwandtschaftliche Solidarität genutzt wurde, und dabei andere Gruppen weniger berücksichtigt, die kollektive Aufgaben übernahmen. Die Funktion der Mildtätigkeit in den Überlebensstrategien und für die Arbeitsmarktchancen der erwerbstätigen Armen ist ein Aspekt, der es verdienen würde, eingehender untersucht zu werden, weil er einen anderen Weg darstellt, die ungeschriebenen Normen, Mechanismen und Strukturen zu analysieren, die die Parameter für den Einzelnen und die Familien bedingten und festlegten. Eine solche Untersuchung müsste in zwei Richtungen zielen: einerseits sollte man die häuslichen Strategien untersuchen, mit Hilfe derer die Familien ihre Existenz sicherten (z. B. Heiratsstrategien, die Weitergabe von Fertigkeiten, Migration); andererseits wäre zu analysieren, welche Erwartungen die Menschen gegenüber karitativen Institutionen hegten, und – noch wichtiger – herauszufinden, zu welchen Zeitpunkten im Lebenszyklus (Kindheit, Alter) oder unter welchen Umständen (Unterschiede zwischen Stadt und Land hinsichtlich der Existenz karitativer Einrichtungen) sie sich nicht länger auf Selbsthilfe und gegenseitige Unterstützung verlassen konnten, sondern die Armenfürsorge in Anspruch nehmen mussten.

Die Neuorganisation der Armenpflege

Gemeinsame Merkmale

In der Geschichtsschreibung der Armut und der Armenpflege im Europa der Frühen Neuzeit hat ein Wechsel der Perspektive stattgefunden. Bis zum Anfang des 20. Jahrhunderts waren Theologen, Historiker und Sozialwissenschaftler überzeugt, die Reformation habe eine Umstrukturierung der Armenpflege herbeigeführt; man wies in diesem Zusammenhang auf die »fundamentalen« Unterschiede zwischen Protestanten und Katholiken im Umgang mit den Armen hin. Die neue protestantische Lehre, so argumentierten die Wissenschaftler, habe die Säkularisierung der Fürsorge gefördert, indem sie die »guten Werke« (darunter auch die Almosengabe) als direktes Mittel zum Erlangen des Heils bestritt. Dass in den protestantischen Ländern die weltlichen Behörden die Verantwortung für die Armenpflege übernahmen, sah man als direkte Folge der reformatorischen Theologie. Man schrieb der protestantischen Kirche neue Methoden im Umgang mit der Armut und dem Betteln zu. Katholische Historiker des späten 19. und frühen 20. Jahrhunderts, wie Franz Ehrle und Carl R. Steinbicker wollten diese umstrittene These nicht unbedingt widerlegen, sondern vielmehr beweisen, dass die Säkularisierung (nicht die Rationalisierung) der Armenpflege im 16. Jahrhundert von Übel war und die katholische Kirche karitative Institutionen aufbauen und verwalten konnte, die nicht nur dem Almosengeber und den Armen zugute kamen, sondern die auch dem Gemeinwohl dienten.

Die neuere Forschung hat dagegen betont, dass die tatsächlich in den europäischen Städten und Ländern verfolgte Wohlfahrtspolitik religiöse Grenzen überschritt. Inzwischen hegt man kaum noch Zweifel daran, dass katholische und protestantische Regierungen und Gemeinden fast gleich stark dazu tendierten, zwischen »würdigen« und »unwürdigen« Armen zu unterscheiden. Die Historiker bestätigen jetzt, dass selbst katholische Theologen vom Staat verlangten, zur Unterstützung und Disziplinierung der Armen einzugreifen. Von kirchlicher Seite kamen nur sehr selten Einwände dagegen, dass man mit Hilfe landesweiter und städtischer Gesetzgebung versuchte, das Betteln zu kontrollieren, arbeitsfähige Arme zu beschäftigen und die institutionelle Armenpflege sowie die offene Fürsorge Bedürftiger zu verbessern.

16. Jahrhundert – Kontroverse Themen in der Debatte über Mildtätigkeit und Armenpflege

+ Humanisten und weltliche Autoren
* katholische Theologen
^ protestantische Theologen
in Klammern: Erscheinungsjahr der betreffenden Schrift

ALMOSEN

Almosen unter bestimmten Voraussetzungen	unterschiedslose Almosengabe
^ Luther (1519/20)	* de Soto (1545)
^ Karlstadt (1522)	* Villavicentio (1564)
^ Linck (1523)	* Drant (1572)
* Vives (1526)	* Fulcus (1585)
+ Cellarius (1530)	
* Vauzelles (1531)	
* Loyola (1535)	
+ Forrest (1548)	
^ Bucer (1557)	
+ Wijts (1562)	
^ Hyperius (1570)	
+ van Hout (1577)	
* Giginta (1579)	
+ Coornhert (1587)	
+ Arthington (1597)	
+ Cristóbal Pérez de Herrera (1598)	
+ Medina (1606)	

BETTELN

Verbot	mit Einschränkungen
^ Luther (1519)	* de Soto (1545)
^ Karlstadt (1522)	* Giginta (1579)
^ Linck (1523)	* Benincasius (1584)
* Vives (1526)	+ Cristóbal Pérez de Herrera
+ Cellarius (1530)	
* Loyola (1535)	
+ Forrest (1548)	
^ Bucer (1557)	
+ Wijts (1562)	
+ Vowell (1575?)	
+ van Hout (1577)	
+ Coornhert (1587)	

Es gibt deutliche Anzeichen dafür, dass die Reform der Armenpflege und strengere Maßnahmen zur Kontrolle des Bettelns beinahe gleichzeitig in einer Reihe europäischer Staaten und Städte in die Wege geleitet wurden.

1. *Der verstärkte Einfluss des Staates*, der im 16. Jahrhundert und später folgenreiche Debatten über das richtige Verhältnis zwischen öffentlicher und privater Fürsorge auslöste. Seit dem Spätmittelalter forderten führende Prediger und Theologen ein energischeres Auftreten der weltlichen Behörden im Bereich der Armenpflege. Geiler von Kaysersberg (1455–1510) vertrat schon 1498 die Ansicht, nicht die Kirche, sondern die städtische Obrigkeit sollte die Verantwortung für die Armen und ihre Pflege tragen. An der Pariser Universität bestand vor allem bei den Nominalisten bereits Ende des 15. Jahrhunderts die Bereitschaft, eine gegenüber der Kirche erweiterte Rolle des Staats hinzunehmen oder gar zu rechtfertigen. Man kann also das Verschmelzen kirchlicher und weltlicher Zuständigkeit in der Wahrnehmung der Armenfürsorge bis in die Zeit unmittelbar vor der Reformation zurückverfolgen. An der Wende vom 15. zum 16. Jahrhundert war es vielen Stadtverwaltungen schon mehr oder weniger gelungen, das Recht zur Aufsicht über Spitäler und karitative Einrichtungen zu erlangen;

sie kontrollierten die innere Verwaltung ebenso wie die externen Angelegenheiten.

2. Eine zunehmende *Rationalisierung, Bürokratisierung und Professionalisierung* der Arbeit in der Fürsorge. Da die Zahl der Bedürftigen größer wurde, behaupteten die Reformer, dass man mit den traditionellen Formen der Mildtätigkeit die Aufgaben der Armenpflege nicht mehr ausreichend wahrnehmen könne. Den Reformern erschien die willkürliche und unbegründete Almosengabe überholt, kontraproduktiv und verheerend in ihren Folgen nicht nur für den Empfänger und seine Familie, sondern auch für die Gemeinschaft. Man musste wirksamere Formen der Unterstützung für Bedürftige finden. Die Fürsorgebeamten machten sich daran, jeden einzelnen Fall von Armut gründlich und immer wieder zu überprüfen. Diese individuelle und personenbezogene Kontrolle galt bei allen Verwaltungen in ganz Europa als solide Grundlage für eine effizientere Armenpflege. Professionalisierung und Bürokratisierung waren die Folge einer solchen neuen Sozialpolitik. Aus verwaltungstechnischen Gründen wurden die größeren Städte in zahlreiche Fürsorgebezirke eingeteilt und jeder Bezirk von einem Armenpfleger geleitet, den die lokale Verwaltung einsetzte. Die offene Fürsorge wurde erheblich verstärkt und auch systematisiert. Die Armenpfleger und die karitativen Institutionen begannen, umfangreiche Register zu führen, in denen sie ausführlich Name, Beruf, Geburtstag und Geburtsort, ausgeübte Tätigkeiten, Krankheiten und körperliche Gebrechen verzeichneten sowie die Zahl der Angehörigen des Fürsorgeempfängers festhielten. Dieses systematische Vorgehen war ein Zeichen für den neuen Geist der Bürokratie in der Armenpflege. Die Tendenz zur Bürokratisierung und Rationalisierung sollte bis zum Ende des Ancien Régime anhalten. In Nord- und Mitteleuropa war er besonders ausgeprägt, während in Spanien, Frankreich und Italien eine tief verwurzelte Abneigung seitens des Staats bestand, in der Armenhilfe durchorganisierte und zentralisierte Strukturen zu entwickeln.

Aber auch innerhalb der Grenzen eines wieder erstarkenden Katholizismus führten die Auflösung alter Bindungen und das

Aufkommen moderner sozialer Beziehungen zu einer neuen Qualität der Mildtätigkeit. Hilfe kam nun von öffentlichen Institutionen statt von privaten Almosengebern. Die Leiter der Spitäler und die Armenpfleger errichteten nun zwischen sich und den Armen ein ganzes System von eindeutigen, schriftlich fixierten Regeln, das an die Stelle der formlosen Verfahren der Vergangenheit trat. Einige neue Lösungen waren weitblickend, besonders weil katholische und protestantische Reformer mit Erfolg die wirtschaftlichen Vorteile solch rationaler Methoden über die Verschwendung ungeprüfter Almosenvergabe unterstrichen hatten. Andere Maßnahmen (z. B. die bedürftigen Armen zum Tragen eines Abzeichens zu zwingen) entsprangen einer eher naiven Vorstellung und wirkten wahrscheinlich kontraproduktiv.

Allerdings wurde die Notwendigkeit umfassender Reformen in der Armenpflege durchaus nicht von allen akzeptiert. Manche äußerten die Befürchtung, die Rationalisierung berge die Gefahr, das Mitleid zu ersticken. Eine andere Denkschule sah die menschliche Natur in einem pragmatischeren und weniger idealistischen Licht und befürwortete den Zwang: Der Staat sollte die Hilfe gewähren und alle Bürger zwingen, einen Beitrag zu leisten. Während einige Autoren der Meinung waren, die Besteuerung sei keine vernünftige Alternative zur Mildtätigkeit und andere Verfahren vorschlugen, bei denen man Gaben gewährte, die einerseits nicht ganz freiwillig, andererseits aber auch eindeutig keine Steuern waren (z. B. wöchentliche Haussammlungen), änderte das alles nichts an einem Dauerproblem: Aus verschiedenen Gründen waren vom 16. Jahrhundert an in ganz Europa Männer und Frauen nicht mehr bereit, sich dem Zwang zur Mildtätigkeit zu unterwerfen.

3. Die Verbindungen zwischen katholischen und protestantischen Einstellungen gegenüber den Armen sind im Fall der *Erziehung* ungewöhnlich eindeutig. Während der Reformation und nach dem Konzil von Trient ebenso wie später im Rahmen der Aufklärung überschnitt sich die Umstrukturierung der Armenpflege mit der Bildungsreform. Die Frage der Ar-

menerziehung ist ein Prüfstein dafür, wie im gesamten Europa der Frühen Neuzeit die Armenpflege reformiert wurde. In einer angemessenen Erziehung der Unterschicht sahen die Reformer ein geeignetes Mittel zur Bekämpfung der Armut. Und selbst wenn mit der Erziehung die sozialen Missstände der Zeit nicht sofort zu beseitigen waren, erschien sie ihnen als die beste Chance, die Armut in der nächsten Generation einzudämmen. Diese Vorstellung hat niemand im 16. Jahrhundert klarer formuliert als ein englischer Autor, der vorschlug, man solle »die ärmeren Leute anständigen Gewerben, Wissenschaften, Beschäftigungen, Handwerken und Arbeiten zuführen, damit sie in der Lage seien, ihrer großen Not und Bedürftigkeit selbst abzuhelfen«.[1] Solche Ziele waren leicht mit den Absichten der meisten Regierungen der Frühen Neuzeit in Übereinstimmung zu bringen. Die Ausbildung von Kindern aus armen Familien in irgendeiner Tätigkeit oder einem Handwerk, um sie zum Fleiß anzuhalten und ihnen die Möglichkeit zu verschaffen, sich später selbst zu ernähren, war ein charakteristisches Merkmal der Sozialpolitik des 16. Jahrhunderts. In verschiedenen englischen Städten (London, Norwich, Ipswich, York) versuchte man mit mehr oder weniger Erfolg, Bettelkinder von der Straße zu holen und möglichst vielen armen Kindern die Art von Bildung und Ausbildung zu vermitteln, die man damals für wünschenswert hielt. Diese Beschäftigung mit den Kindern und die Einsicht in die Notwendigkeit, ihnen nicht nur ein gutes moralisches Beispiel zu bieten, sondern sie außerdem für einen Beruf auszubilden, zeigt sich auch in der kastilischen Armengesetzgebung des 16. Jahrhunderts. Dort wurde den Eltern untersagt, Kinder im Alter von über fünf Jahren zum Betteln zu schicken; statt dessen schrieb man ihnen vor, sie zur Ausbildung zu einem Handwerksmeister zu geben. Der Elan, »die Fürsorgeempfänger selbst umzuerziehen« (Christopher Hill), ließ in der Frühen Neuzeit nicht nach; er verstärkte sich vielmehr zur Zeit der Aufklärung. Im katholischen Grenoble des 18. Jahrhunderts richtete man ein *Bureau des Écoles Charitables* ein, deren Leitung die Ansicht vertrat, ihre Schule werde »die Armen dem gefährlichen Müßiggang entreißen, dem sie sich ohne unsere Hilfe gewohnheitsmäßig hingeben«.² Im überwiegend protestantischen Hamburg des späten 18. Jahrhunderts wurden die Gewerbeschulen, die Eberhard von Rochow auf seinem Gut in Reckahn, Heinrich Sextroh in Braunschweig und die Gebrüder Wagemann in Göttingen entwickelt hatten, zum Vorbild für Fürsorgebeamte, die nach neuen Wegen suchten, arme Kinder zu nützlichen Mitgliedern der Gesellschaft zu erziehen. Die Historiker sehen heute solche reformerischen Bildungsprojekte kritisch. Einige kommen sogar zu dem Schluss, dass die Bemühungen der Fürsorge-Reformer im Bereich der Erziehung mit wenigen Worten zusammenzufassen sind: bescheidene Anfänge, große Erwartungen, magere oder sogar enttäuschende Ergebnisse.

Die neuere Forschung zur Armut und Armenpflege im frühneuzeitlichen Europa hat so den verbreiteten Mythos von der einschneidenden Rolle der Reformation bei der Schaffung geordneter Verhältnisse und der Linderung materiellen Mangels und physischen Leidens gründlich entzaubert. Zwei Fragen bleiben dennoch offen. Selbst wenn nach Aussage der Historiker die Gegensätze zwischen katholischer und protestantischer Armenpflege geringfügig sind, gab es möglicherweise andere bemerkenswerte Unterschiede im Umgang mit der Armut in den einzelnen Ländern. Und wenn es sie gab, was lässt sich dann über die Effektivität der reformierten Armenpflege im Vergleich zu Strukturen sagen, die der mittelalterlichen Form der Mildtätigkeit noch deutlich näher standen?

Einige Sozialhistoriker haben zumindest versucht, eine überzeugende Erklärung dafür zu finden, warum katholische und protestantische Gemeinwesen nach fast identischen Grundsätzen verfuhren. Nach Aussage des englischen Historikers Brian Pullan führte die »Allgegenwart von Krankheit, Verbrechen und Krise« dazu, dass Territorialstaaten und die städtische Obrigkeit auf drängende Gesellschaftsprobleme in ähnlicher Form reagierten. Andere Historiker äußern sich ähnlich und verweisen auf verschiedene Bedingungen, die den Reformbemühungen eine ähnliche Richtung gaben: erstens, das Versagen der Institutionen (z. B. der Spitäler), das überall ähnliche administrative Probleme schuf; zweitens, die zunehmende Zahl von

Bettlern auf den Straßen; drittens, die kumulative Wirkung verschiedener Wirtschaftskrisen und sozialer Probleme. An Studien zum gesellschaftlichen und wirtschaftlichen Hintergrund der Armut mangelt es nicht. Ziel unserer Untersuchung ist es nicht, den geographischen Zuwachs oder die chronologische Entwicklung der säkularisierten Systeme der Armenpflege in Europa nachzeichnen oder die Fürsorgeinstitutionen im katholischen und evangelischen Gemeinwesen quantitativ vergleichen zu wollen, sondern zu zeigen, wie zwei stark miteinander konkurrierende Fürsorgesysteme entstanden sind und wie es möglich war, dass sowohl staatliche als auch kirchliche Behörden an der Reform der Wohlfahrt mitwirkten, die dann die mittelalterliche Mildtätigkeit verdrängte. In der Debatte des 16. Jahrhunderts über die Umstrukturierung der Armenpflege ging es nicht um den Gegensatz zwischen Staat bzw. Kirche einerseits und Mildtätigkeit andererseits, sondern um öffentliche oder private, zentralisierte oder dezentrale Fürsorge.

Zentralisierte Armenpflege

In der ersten Hälfte des 16. Jahrhunderts brach in vielen europäischen Städten eine neue Epoche der Sozialpolitik an. Fast überall hatten die Verwaltungen Versuche unternommen, in ihrer Stadt ein zentral organisiertes System der Armenpflege einzuführen. Mit Ausnahme einiger italienischer, deutscher und spanischer Städte wurden die existierenden karitativen Vermögen in eine gemeinsame Kasse (*gemeiner Kasten, gemene beurs, common box, aumône générale*) überführt. Heutige Historiker sehen so gut wie keinen religiösen Einfluss, sei er katholisch oder protestantisch, auf die Entwicklung der charakteristischen Merkmale der Fürsorgestrukturen im 16. Jahrhundert, zu denen diese Zusammenführung der Vermögen in einen gemeinsamen Fonds oder die Zentralisierung der Armenpflege-Institutionen zu zählen wären.

Als erste stellten Nürnberg (1522) und ein Jahr darauf Straßburg, Augsburg und ein paar kleinere deutsche Städte die Fürsorge unter die zentrale Aufsicht weltlicher Behörden. Andere europäische Städte folgten später nach. Mit Ausnahme von Ypern und Nîmes sowie einigen überwiegend katholisch gebliebenen Städten war die Neuordnung der Armenpflege in den zwanziger und dreißiger Jahren des 16. Jahrhunderts das Ergebnis einer Entscheidung des Stadtrats, sich der Reformation anzuschließen. Alle protestantischen Strukturen wiesen bestimmte Gemeinsamkeiten auf: Sie beruhten auf der Vorstellung einer gemeinsamen Kasse, die sich aus den Vermögen ehemals katholischer karitativer Institutionen speiste, aus Klosterbesitz, aus Schenkungen und Stiftungen und aus laufenden Kollekten in der Kirche. Dennoch war die Idee, öffentliche, private und kirchliche Wohlfahrt zu zentralisieren, keineswegs auf protestantische Städte beschränkt. So richtete man in Lille schon 1506 eine *bourse commune* ein und unterstellte alle Einkünfte der zahlreichen karitativen Einrichtungen der Stadt der zentralen Aufsicht eines Treuhänderkomitees, das die Bürger repräsentierte. Zweifellos ebnete die städtische Reform der Armenpflege, die dem Protestantismus um Jahre vorausging, dem zentralisierten System der Armenfürsorge, das im Laufe des 16. Jahrhunderts in vielen europäischen Städten entstand, den Weg.

In Deutschland war die Armenpflege vom Spätmittelalter bis zur Auflösung des Heiligen Römischen Reichs Deutscher Nation im Jahr 1806 Sache der Gemeinde. Der Reichstag in Lindau hatte bereits 1497 erklärt, jede Gemeinde müsse ihre eigenen Maßnahmen zur Armenfürsorge ergreifen. Dieser Grundsatz wurde später in der Reichspolizeiordnung als verbindlich erklärt und blieb im gesamten Untersuchungszeitraum gültig. Den Historikern zufolge sind zwei Ursachen für die Reform der Armenpflege in den deutschen Städten verantwortlich. Eine davon steht in unmittelbarem Zusammenhang mit der religiösen Bewegung, die zur Reformation führte, die andere unterlag stärker dem Einfluss sozio-ökonomischer und humanistischer Vorstellungen.

Die älteste Armenpflege-Verordnung, die evangelischen Prinzipien folgte, war die sogenannte *Beutelordnung*, Ende 1520 oder Anfang 1521 vom Wittenberger Stadtrat unter der Mitarbeit und Beratung Martin Luthers erlassen. Darin wurden folgende Vorschriften festgehalten: Ein mit drei verschiedenen Schlüsseln verschlossener Kasten sollte sichtbar in der Pfarrkirche aufgestellt werden, damit dort das Geld aus den regelmäßigen Kollekten deponiert werden konnte. Vier Kämmerer, einer aus jedem Viertel der Stadt, waren zu wählen; sie sollten ehrliche, wohlhabende und treue Bürger sein, mit der Stadt und mit Besitz, Charakter, Stand, Herkunft und Ehrlichkeit der Armen vertraut, um unterscheiden zu können zwischen Arbeitswilligen und Müßiggängern: »(...) ist vonnotten, das dem gemeinen beuthel diese vorsteher, welche in der Stad kundigk und der armen leutthen vormoge, wesen, stand, hehrkomen und redlichkeyt wissen und untterden selbigen, ab sie zur Arbeyth geschickt ader lessigk, neben allen umstenden ein untterschey irkennen mogen, vorordenth werde.«[3] Während Luther auf der Wartburg in Schutzhaft war, wurde sein Schüler Andreas Bodenstein von Karlstadt zum Führer der Reformbewegung in Wittenberg. Nach gründlicher Beratung mit beiden Theologen erließ der Stadtrat am 24. Januar 1522 *Ain lobliche Ordnung der Fürstlichen Stat Wittenberg*. Die neue Kirchenordnung befasste sich nicht nur mit der Armenpflege, sie schrieb den Bürgern auch die Form der Religionsausübung und die Kirchenstrafen vor, mit denen Regelverstöße zu ahnden waren. Die charakteristische Neuerung der Verordnung war die gemeinsame Kasse. Das dafür vorgesehene Einkommen kam aus säkularisiertem Klosterbesitz, aus Spitalstiftungen, aus aufgelösten religiösen Gemeinschaften sowie aus karitativen Vermächtnissen und freiwilligen Spenden. Die Einkünfte sollten der Armenfürsorge zugute kommen, aber ein wesentlicher Teil der Gelder wurde für die Besoldung des lutherischen Pastors und des Kirchendieners aufgewendet, für die Erhaltung der Schul- und Kirchengebäude und als Rücklage für künftige Notfälle. Ein genaueres Studium der Buchführung des »gemeinen Kastens« in Wittenberg verrät, dass die neue Einrichtung in den ersten zwei Jahrzehnten gut funktionierte. In den frühen Jahren floss etwa die Hälfte des beträchtlichen Einkommens in die Armenhilfe.

In Absprache mit Luther entwarf das sächsische Leisnig 1523 eine Verordnung zur Führung eines gemeinsamen Fonds, die in ihren Bestimmungen hinsichtlich der Armen ausführlicher war als die Wittenberger Beutelordnung. Sie enthielt zudem einen neuen Aspekt. Zum ersten Mal wurde nämlich in einer protestantischen Armenpflege-Verordnung eine Armensteuer erwähnt.« (...) ein jeder Erbarman, burger und bawer, yn dem kirchspiell wohnhafftig, nachdem er hat und vermag, fur sich, sein weib und kinder, ierlichen ein gelt zulegen solle, damit die heubtsumma, so sich eine gemeine eingepfarte versammlunge yn yrem bedencken und ratschlage aus der yarrechnung, als fur notturfftig und gnugsam, belerrnen und erkunden wurde, fur folh aus zubrengen und zuerlangen sein moge.«[4] Das Experiment von Leisnig war aber nicht sehr erfolgreich. In dem Brief vom 24. November 1524 an seinen Freund Spalatin (1484–1545) gesteht Luther, dass die Armenpflege-Reform von Leisnig seine Erwartungen nicht erfüllt habe, obwohl sie, als die erste ihrer Art, als Vorbild hätte dienen sollen. Es steht dennoch außer Zweifel, dass Luthers Vorschläge damals Folgen zeitigten. Zwischen 1522 und 1530 wurden mehr als 25 Armenverordnungen in deutschen Städten erlassen, die im Wesentlichen Luthers Vorschlägen entsprachen; nur dort, wo sie sich den lokalen Bedingungen anpassten, wichen sie voneinander ab. Nach 1526 war Luthers unmittelbarer Einfluss auf die Geschichte der protestantischen Armenpflege in Deutschland jedoch nicht mehr groß. Bugenhagen (1485–1558) wurde nun zur Leitfigur in diesem Bereich. 1526 reformierte er den »Gemeinen Kasten« in Wittenberg. Danach holten andere norddeutsche Städte seinen Rat ein und übernahmen seine praktischen Überarbeitungen in ihren Kirchenordnungen (Braunschweig 1528, Hamburg 1529 und Lübeck 1531). Bugenhagen hielt an Luthers zentralem Prinzip des »Gemeinen Kastens« fest. Die meisten Veränderungen, die er vornahm, bezogen sich auf die Verwaltung und betrafen Nebensächlichkeiten, nicht die wesentlichen Ideen – mit einer Ausnahme: Bugenhagen hielt es für besser, die Gelder für die Instandhaltung der Kirchengebäude und die Besoldung der Geistlichen und Lehrer von dem Armenfonds zu trennen, der ausschließlich den Bedürftigen vorbehalten war. Auf diese Weise wurde ein vom übrigen Kirchenvermögen getrennter »Armenkasten«

geschaffen, der vorher Teil des »Gemeinen Kastens« war, nun aber in die protestantischen Kirchenverordnungen integriert wurde. Nach 1530 prägten weitere protestantische Reformer, wie Caspar Hedio in Straßburg (1533) und Andreas Hyperius in Bremen (in den frühen 1560er Jahren) die Umstrukturierung der Armenpflege in Deutschland. Sie folgten zwar Luthers Modell, wurden aber auch stark von Ludovicus Vives beeinflusst. So war Caspar Hedio z. B. der erste deutsche Übersetzer von Vives' einflussreicher Abhandlung *De subventione pauperum* (erste lateinische Ausgabe: Brügge 1526). Hyperius stammte aus der flämischen Stadt, an die Vives dachte, als er eine Reform der Armenpflege befürwortete. Der wesentliche Beitrag des christlichen Humanismus, auf das sich Vives' Reformprogramm außerdem stützte, war allerdings bereits Anfang der zwanziger Jahre des 16. Jahrhunderts in Nürnberg und Augsburg sichtbar geworden. In diesen wirtschaftlich und politisch mächtigen Gemeinwesen war der Ruf nach einer Neuordnung der Armenpflege zunächst auf die Wertvorstellungen, die Naturauffassung und das moralische und sozio-ökonomische Engagement von Laien zurückzuführen, deren Projekte und Maßnahmen eine christlich-humanistische Orientierung verrieten.

Weder das kommunale noch das staatliche System der Armenfürsorge wurden also durch die Reformation geschaffen, denn beide hatten ja ihre Entsprechungen in katholischen Ländern. Aber zweifellos prägten die Diskussion von Luthers Prinzipien der Wohlfahrt und ihre Nachwirkungen im 16. Jahrhundert die zentralisierte Armenpflege nicht nur im frühneuzeitlichen Deutschland, sondern auch im übrigen Europa. Die Reformation machte den Weg frei für die Entwicklung einer neuen sozialen Politik, die weltliche Strukturen der Fürsorge bevorzugte.

Das reformatorische Erbe war immer noch zu erkennen, als deutsche Städte Ende des 18. Jahrhunderts eine neue große Reform der Armenpflege in Angriff nahmen. Für Hamburg liegt eine sehr gründliche Studie vor. Die Fürsorgeverordnungen von 1550 schlossen die 1527/28 begonnene Umstrukturierung der offenen Fürsorge ab; die Aufgaben der Diakone und Subdiakone wurden definiert, wobei man die eigentliche Last der Pfarrfürsorge an sie delegierte. Die Unterstützung aus dem »Gotteskasten« nahm all jene aus, die als gemeindefremd oder unerwünscht galten, nämlich Bettler, Durchreisende und Pilger. Wie in anderen Gemeinwesen, in denen man die Armenpflege neu organisiert hatte, hoffte die Führungsschicht, dass die Gemeinde Wege finden würde, für alle arbeitsfähigen Armen eine Beschäftigung zu finden. Dies stellte sich jedoch als schwierig heraus, und Ende des 16. Jahrhunderts wurde ein wesentliches Charakteristikum der zentralisierten Armenhilfe aufgegeben – die gründliche Überprüfung jedes Fürsorgeempfängers in seinem Haus, um seine Arbeitsfähigkeit zu prüfen. Alles, was von einem einst ehrgeizigen und umfassenden Projekt übrig blieb, war »ein Verzetteln von Almosen und gelegentliche Brot-, Kleidungs- und Brennstoffausgabe« (Mary Lindemann). Zu Beginn des 18. Jahrhunderts geriet die Armenpflege in Hamburg in eine Krise. Bis zu diesem Zeitpunkt hatte der Flickenteppich von Institutionen, der sich aus der Reformationsepoche erhalten hatte, mehr oder weniger gute Dienste geleistet. Aus dem »Gotteskasten« wurde die offene Fürsorge bezahlt, das »Zuchthaus« war der Ort, in dem man Bettler und Verbrecher festhielt, entwickelte sich aber allmählich zur Zuflucht der Alten und Kranken, der »Pesthof« hatte sich aus seiner ursprünglichen Funktion zu einer Vielzweck-Anstalt entwickelt: in seinen verschachtelten Gebäuden bot er Gebrechlichen, Schwachsinnigen und Greisen gleichermaßen eine Bleibe; außerdem gab es das Waisenhaus und mehrere Dutzend »Armenschulen«, in denen man den Fürsorgezöglingen Disziplin, Religion und Wissen vermitteln wollte. Die Pestjahre von 1712 bis 1714 versetzten dem System einen schweren Schlag. Die wirtschaftliche Rezession, die die Pest nach sich zog, trug nicht nur zu einer allgemeinen Verarmung bei, sondern auch zu einer wachsenden Besorgnis um die Armen. Die verbesserte Armenordnung von 1711, mit deren Hilfe man das Kapital zentral verwalten und das Geld, das nun nicht mehr durch Sammlungen, sondern durch Beiträge aufgebracht wurde, sinnvoller verteilen wollte, stellte einen ersten Versuch dar, die Armenpflege der Kontrolle der

Pfarrei zu entziehen, die Gelder auf einer übergeordneten Ebene zusammenzuführen und eine Gesamtstruktur der Fürsorge zu schaffen, die eine strengere Überwachung sowohl der registrierten Armen als auch der arbeitsfähigen Bettler beinhaltete. Kaum war die Pestgefahr gebannt, wurde die Verwaltung der Armenpflege erneut entflochten, und Kirchensprengel, Spital und Armenhaus wurden wieder zu den mächtigsten Verteilerstellen für die Unterstützung. Als es dann in den siebziger und achtziger Jahren des 18. Jahrhunderts wieder zu einer schweren Krise kam, griffen die Reformer die Ideen auf, die schon die Neuordnung zu Beginn des Jahrhunderts bestimmt hatten.

Die Fürsorgereform, die von der »Patriotischen Gesellschaft« ausging, vertrat zwar die zentralistische Idee, befürwortete aber die Freiwilligkeit. So übernahm sie die Schirmherrschaft für eine Reihe von Wettbewerben, in denen es um Vorschläge zur Reform der Armenpflege ging, die überregional Beachtung fanden. Zur gleichen Zeit waren Hamburgs Zeitungen voll von Berichten über die Reformen in anderen deutschen Städten. Bis zur Mitte der achtziger Jahre des 18. Jahrhunderts hatten verschiedene Städte in Deutschland und Österreich bereits mit neuen (wenn auch nicht revolutionären) Maßnahmen zur Bekämpfung der wachsenden Armut experimentiert: Berlin 1774, Lüneburg 1776, Bremen 1779, Augsburg 1782/83, Lübeck und Wien 1784, Hannover 1785, Mainz 1786. Die Hamburger Reformen standen zudem in engem Zusammenhang mit einigen Pionieren der Fürsorgereformen des Jahrhunderts, wie etwa August Wilhelm Alemann (gest. 1784) in Hannover, Johann Anton Leisewitz (1752–1806) in Braunschweig, Christian Garve (1742–98) in Breslau, Benjamin Thompson alias Graf Rumford (1753–1814) in München, Friedrich Eberhard von Rochow (1734–1805) in Reckahn, Heinrich Balthasar Wagnitz (1755–1838) in Halle.

Das Ergebnis der intensiven Diskussion in Hamburg war die Neuordnung der Armenpflege, die sich auf drei entscheidende Reformbereiche konzentrierte: Arbeit, Gesundheit und Bildung. Im Mittelpunkt stand die Allgemeine Armenanstalt, eine halb-öffentliche Institution, für die die Prinzipien der

Zentralisierung und der Freiwilligkeit galten. Man teilte die Stadt in fünf Bezirke unter der Leitung zweier Armen-Vorsteher, auf. Jeder Bezirk bestand aus zwölf Stadtvierteln unter der Obhut von jeweils drei Armenpflegern. Die Bezirke griffen über die Grenzen der alten Kirchspiele hinaus. Das Armenkollegium, das sich aus fünf Mitgliedern des Stadtrats, zwei *Oberalten*, zehn Direktoren, fünf Gotteskastenverwaltern des Pfarrbezirks und den Leitern der drei Armenhäuser (Waisenhaus, Zuchthaus und Pesthof) zusammensetzte, war das Herzstück dieser Zentralverwaltung und des gesamten Armenpflege-Systems.

In der *Schweizer Konföderation* war seit 1491 die örtliche Obrigkeit für die Armenhilfe zuständig. Wie in Deutschland musste jede Gemeinde ihre eigenen Maßnahmen für die Armen ergreifen, wobei sie das Recht hatte, auswärtige Bettler abzuweisen. In Zürich, unter Zwingli, war die Armenpflege von Anfang an vorwiegend protestantisch geprägt. Während die Almosenordnung von 1520 noch dem Muster der traditionellen Strukturen der Armenhilfe in Zürich entsprach, erschloss das 1525 vom Stadtrat verabschiedete Gesetz neues Terrain, weil es alle Formen der Armenpflege einer einzigen zentralen Verwaltung unterstellte. Die Armenhilfe musste auch deshalb lokal geleistet werden, weil der Stadtrat die Stadtbezirke in die Armenpflegestrukturen integriert hatte, indem er für jeden der sieben Bezirke Aufseher (einen Laien und einen Geistlichen) bestellte, die mit den örtlichen Gegebenheiten vertraut waren. Einige deutsche Städte, die in den frühen zwanziger Jahren des Jahrhunderts ebenfalls eine Zentralverwaltung in der Armenpflege eingeführt hatten, übernahmen diese lokalen Strukturen nicht. In Zürich war die Armenhilfe also »gleichzeitig zentral und lokal, nicht auf den Einzelnen bezogen, aber im vertrauten Rahmen« (L. P. Wandel). In anderen Schweizer Kantonen (z. B. Oberwalden, Solothurn) wurde nach dem Grundsatz dieser Ortsgebundenheit die Hilfe für die Armen der jeweiligen ländlichen oder städtischen Gemeinde überantwortet. In Apples, einem Dorf im Wallis, wird erstmals im Jahr 1638 eine *bourse des pauvres* erwähnt. Sie verfügte zu diesem Zeitpunkt über 266 Gulden. In der ersten Hälfte des 18. Jahrhunderts machte die aus diesem Fonds extern gewährte Hilfe bis zu elf Prozent des gesamten Haushalts dieser Schweizer Gemeinde aus. In einigen Kantonen ging dann die Zuständigkeit für die Armenhilfe von der Ortsverwaltung in einen Regionalrat über, die sogenannte Armendirektion. Diese Institution bemühte sich mit Erfolg, die in Solothurn und anderen Kantonen noch existierende private Armenpflege unter ihre Aufsicht zu stellen.

Genf ist ein weiteres Beispiel für die Art, wie die frühen Protestanten die Verwaltung der Wohlfahrt in einer Schweizer Stadt reformierten. Das Genfer Spital (*Hôpital-Général*), eine Vielzweck-Institution, die allen möglichen Armen Unterstützung gewährte, war ein Werk der Reformation, auch wenn es nicht von Calvin ins Leben gerufen wurde. Die herrschende Schicht in Genf, die in ständigen Handelsbeziehungen mit Lyon stand, wurde durch die dort zwischen 1531 und 1534 eingerichtete *Aumône-Générale* beeinflusst. Vor 1535 gab es in Genf mindestens acht verschiedene Institutionen, die sich vorwiegend der Bekämpfung der Armut in der Stadt widmeten. An die Stelle mehrerer dieser miteinander konkurrierenden Einrichtungen trat nun eine einzige zweckmäßig organisierte Behörde, deren Leitung ausschließlich Laien aus der städtischen Oberschicht übertragen wurde. Eine Reihe von Helfern und Bediensteten arbeitete unter der Aufsicht eines vollzeitbeschäftigten *hospitallier*, der seinerseits den *procureurs*, einer Art Aufsichtsrat, Rechenschaft schuldig war. Dieser wurde von den 25 Mitgliedern des regierenden kleinen Rats ernannt. Calvin erwähnt diese *hospitalliers* und die *procureurs* gelegentlich in seinen Schriften, insbesondere in den Kirchenordnungen, die er 1541, kurz nach seiner Rückkehr aus Straßburg, für Genf entwarf. Indem er sie zu Diakonen machte, verlieh er ihnen den Status von Laiengeistlichen der reformierten Kirche. Nach 1562 saßen drei der vier *procureurs* des *Hôpital-Général* auch als Älteste im Kirchenrat. Das Genfer Spital erwies sich als außerordentlich dauerhafte Einrichtung. Die erste größere Neuorganisation fand 1869 statt, als es in eine neue Institution der städtischen Armenpflege umgewandelt wurde, das *Hospice-Général*.

Calvinistische Prinzipien der Armenhilfe stießen gegen Ende des 16. Jahrhunderts in den *Niederlanden* auf fruchtbaren Boden. Eine 1568 in Wesel abgehaltene Synode änderte Calvins ursprüngliche Bestimmung ab, indem sie auch »erfahrene und im Glauben bewährte« Frauen zuließ.[5] Die Generalsynode von Herborn (1586) legte bestimmte Anforderungen an zwei unabhängige Gruppen von männlichen und weiblichen Diakonen fest. Die einen waren zuständig für die Gewährung von Almosen und Unterstützung außerhalb der karitativen Institutionen; die anderen widmeten sich vor allem der Fürsorge für Kranke, Alte und Gefangene. Aber noch bevor der Calvinismus in den Niederlanden Eingang fand, hatten holländische Städte die Einrichtungen der Armenhilfe säkularisiert und zentralisiert, wenngleich die Verwaltung nur selten so weitgehend den Laien anvertraut wurde wie in Genf. Die allmähliche »Munizipalisierung der Fürsorge« (C. R. Steinbicker) in den Niederlanden begann in den frühen zwanziger Jahren des 16. Jahrhunderts. Die zentralisierten Formen der Armenhilfe, die man 1525 in Ypern und 1526 in Brügge geschaffen hatte, folgten im Wesentlichen aus den sozialen, ökonomischen und politischen Entwicklungen in diesen Städten seit Anfang des Jahrhunderts. Der Reformplan für Ypern wurde im September 1525 veröffentlicht. Er begann mit dem selbstbewussten, berühmten Satz: »Ohne Zweifel ist es die Aufgabe aller Herrschenden, in der Politik wie im bürgerlichen Leben, sich der Armen anzunehmen und für sie zu sorgen.«[6] Vier bürgerliche Aufseher für die Armen sollten ernannt werden, die einmal in der Woche zusammentreten mussten, um die Möglichkeiten der Armenhilfe zu erörtern und die Fürsorgearbeit zu überwachen, die einer Gruppe von mindestens vier in jeweils einem Pfarrbezirk tätigen Personen zugewiesen wurde. Sie hatten die Aufgabe, alle Armen in ihren Wohnungen aufzusuchen, Almosen zu sammeln und die Armenkasse zu verwalten, die in jeder Kirche eingerichtet werden sollte. Die eigentliche Besonderheit dieses neuen Plans ist jedoch die Einrichtung einer Gemeinschaftskasse (*bourse commune*), deren Zweck darin bestand, wohltätige Stiftungen und Almosen so zu lenken, dass eine effiziente, unparteiische und gerechte Verteilung der Armenhilfe gewährleistet wurde. Der Plan aus dem Jahr 1525 war allgemein genug formuliert, um sich den vorhandenen karitativen Institutionen anzupassen. Die drei Spitäler von Ypern blieben beispielsweise auch nach der Einrichtung der Gemeinschaftskasse bestehen, und die oben erwähnten Armenpfleger arbeiteten reibungslos mit der Verwaltung der bereits existierenden Fürsorgeinstitutionen zusammen, die seit dem Spätmittelalter als *Hl. Geesttafels* (Heilig-Geist-Tafeln) bekannt waren. Nur die Bettelorden der Stadt fanden sich mit den neuen Regelungen nicht ab. Im Jahre 1530 legten sie dem Stadtrat eine förmliche Beschwerdeliste vor, in der sie die Ansicht vertraten, das Bettelverbot und die zwangsweise vorgenommene Ausweisung von Bettlern aus der Stadt seien Verstöße gegen das göttliche Gebot; außerdem hätten Laien nicht das Recht, karitative Einkünfte zu verwalten und zu verteilen. Zudem beanspruchten sie das Recht, aus dem Gemeinschaftsfonds Unterhaltsleistungen zu bekommen, weil man ihnen ihre Haupteinnahmequelle, das Betteln, genommen habe. Der Fall wurde an die theologische Fakultät der Sorbonne verwiesen, die im Januar 1531 entschied, die Armenpflegereform von Ypern stehe im Einklang mit der Heiligen Schrift, den Lehren der Apostel und mit dem Kirchenrecht, allerdings unter bestimmten Voraussetzungen. So dürften die Reichen z. B. nicht annehmen, sie hätten ihrer Pflicht, Almosen zu geben, durch ihren Beitrag zur Gemeinschaftskasse bereits vollständig genügt, und wenn das Geld aus der Kasse nicht die Bedürfnisse aller Armen befriedigen könne, so müsse man jenen, die keine Unterstützung erhalten hätten, das Recht zu betteln zugestehen. Die Entscheidung der Sorbonne fand nicht nur in den Niederlanden, sondern auch im restlichen Europa ein gemischtes Echo, besonders in Spanien und Frankreich. Der Kardinal von Lothringen und der päpstliche Legat gewährten denjenigen in Ypern Nachlass, die ihren Beitrag zur Gemeinschaftskasse leisteten, während ein Franziskaner aus Brügge, Jean Royart, eine Streitschrift gegen die Reform veröffentlichte und der Vorsteher des dortigen Franziskanerklosters in seinen Predigten gegen die neue Institution wetterte. Angesichts der Drohung mit einem Gerichtsverfahren nahm Royart seine

Kritik öffentlich zurück; sein Glaubensbruder und Abt wurde 1531 vom Rat von Flandern offiziell gerügt. Selbst Kaiser Karl V. stand sicherlich unter dem Einfluss der positiven Entscheidung der Sorbonne, als er in Gent ein Dekret erließ, das die Reform der städtischen Fürsorge fördern sollte. Darin wurde u. a. empfohlen, aus allen karitativen Einkünften eine Gemeinschaftskasse zu bilden.[7] Das Betteln wurde untersagt, außer für Bettelorden, Gefangene, Leprakranke und alle bedürftigen Armen, die nicht aus dem gemeinsamen Fonds unterstützt werden konnten.

Juan Luis Vives widmete seine berühmte Abhandlung *De subventione pauperum* (1526) dem Magistrat von Brügge, doch kann man ihm nicht das Verdienst anrechnen, die dortige Wohlfahrtsreform angeregt zu haben, weil seine Schrift erst veröffentlicht wurde, als die Stadt ihre neue Sozialpolitik bereits in die Wege geleitet hatte. Man darf eher davon ausgehen, dass die Reform der Armenhilfe in Brügge von den bereits durchgeführten Reformen in Mons, Ypern, Straßburg und Nürnberg beeinflusst war. Dafür hatte Vives das zweifelhafte Vergnügen, dass seine Vorstellungen durch den franziskanischen Vikar des Bischofs von Tournai als ketzerisch bezeichnet wurden; außerdem beeinflusste er spätere Versuche in den Niederlanden sowie in anderen europäischen Städten, die Armenhilfe zu reformieren. Vives selbst war bestrebt, sein Reformprojekt flexibel zu gestalten, um Ausnahmen und Anpassungen zu ermöglichen, da es nicht immer und überall wünschenswert sei, alle seine Regeln zu befolgen.[8] So war Anfang der sechziger Jahre des 16. Jahrhunderts der Senat von Brügge gezwungen, seine früheren Reformen zu korrigieren, indem die Stadt nun alle karitativen Institutionen übernahm. Gyl Wijts, ein Ratsherr, verteidigte diesen radikalen Schritt in einem Buch mit dem Titel *De continendis et alendis domi pauperibus* (1562). Zwei Jahre darauf brachte ein spanischer Augustiner, Lorenzo de Villavicentio, der in Brügge als Prediger wirkte und zugleich Philipp II. als Spitzel diente, die einflussreiche Schrift *De oeconomia sacra circa pauperum curam* heraus, in der er Wyts und Vives ebenso wie jede andere weltliche Institution verurteilte, wenn sie versuchten, karitative Einrichtungen zu übernehmen oder das Betteln zu verbieten. Er setzte sich dafür ein, die Fürsorgearbeit wieder der Kirche anzuvertrauen, und wies stolz darauf hin, dass das Vorbild des modernen Spitals und seiner Pflegestruktur aus Spanien komme.[9]

Nicht wegen Villavicentios leidenschaftlicher Attacke, sondern infolge der verschiedenen religiösen und politischen Unruhen kam die katholische Reform der Armenhilfe im späteren 16. Jahrhundert zum Erliegen. Und als schließlich Frieden einkehrte, wurden die Reformmaßnahmen des Konzils von Trient zur Leitlinie in den katholischen Niederlanden, während in den nördlichen, protestantischen Gebieten die Säkularisierung der Fürsorge kalvinistisch beeinflusst wurde. Die großen Reformen erfolgten Ende des 18. Jahrhunderts. Das französische Wohlfahrtsgesetz von 1796 ordnete die öffentliche Armenpflege in den südlichen Niederlanden neu. Man rief in jeder Gemeinde zwei weltliche Institutionen ins Leben, die unter der Aufsicht der örtlichen Behörden standen: den Ausschuss für das Bürgerhospiz, dem die Verwaltung aller karitativen Stiftungen und Spitäler übertragen wurde, und das Wohlfahrtsamt, das die offene Fürsorge überwachte. In den kalvinistischen Städten vertraute man die offene Fürsorge für Angehörige der Staatskirche den Diakonen an. Ihre Aufgabe bestand darin, alle freiwilligen Spenden, Kirchenrenten und andere Einkünfte entgegenzunehmen und die Armenhilfe aus diesem Fonds zu leisten. Ein Engländer namens Bagley, der 1684 die Stadt Leiden besuchte und anschließend einen ausführlichen »Bericht über die verschiedenen Methoden, mit denen die Holländer Geld zum Unterhalt der Armen beschaffen und wie sie es verteilen« verfasste, beschreibt voller Bewunderung die Effizienz des Systems.[10] In Amsterdam konnte im 18. Jahrhundert jeder, der nicht einer religiösen Gemeinschaft angehörte oder der aus irgendeinem Grund nicht in den Wohlfahrtseinrichtungen der Pfarrbezirke berücksichtigt wurde, Unterstützung bei einem der beiden *huiszittenhuisen* (städtischen Wohlfahrtszentren) beantragen, wenn er seit mindestens sieben Jahren in der Stadt wohnte und die nötigen Voraussetzungen erfüllte. Diese öffentlichen Institutionen wurden direkt

Zentralisierte Armenpflege

von der Stadt bezuschusst, doch die Treuhänder waren – abgesehen von der jährlichen Abrechnung – völlig unabhängig.

Im Gegensatz zur raschen und fast fraglos akzeptierten Reform der Armenhilfe in Nord- und Westeuropa stießen die Versuche der Regierung, die Armenhilfe im *Spanien* des 16. Jahrhunderts neu zu ordnen, auf heftigen Widerstand. Trotzdem gelang es zumindest einigen Städten, die örtlichen Spitäler einer Zentralverwaltung zu unterstellen und die offene Fürsorge zweckmäßiger zu organisieren. Am 25. August 1540 reagierte Karl V., der im Heiligen Römischen Reich und in den Niederlanden ein Fürsprecher der Reform gewesen war, auf das nachdrückliche Verlangen nach einer Wohlfahrtsreform. Er erließ landesweite Verordnungen, die einen neuen Umgang mit der Armenpflege forderten. Allerdings ging er dabei nicht so weit wie Zamora und andere spanische Städte, die bereits Alternativen zum genehmigten Betteln gefunden hatten. Das einzige fortschrittliche Element in den Verordnungen Karls V. ist, dass er gleichzeitig die weltlichen und religiösen Behörden drängte, der örtlichen Obrigkeit Auskunft über das Einkommen karitativer Einrichtungen zu geben. Er verwies darauf, dass bei einer effizienteren Verwaltung dieser Mittel durch zentral verwaltete Institutionen die Armen vielleicht nicht auf das Betteln angewiesen wären. Obwohl das königliche Dekret von 1540 jede Stadt verpflichtete, sich mit dem Problem der Armenhilfe auseinander zu setzen, unternahmen nur wenige Städte in Kastilien Anstrengungen, der Aufforderung des Königs Folge zu leisten. In Zamora entwarfen führende Vertreter der geistlichen und weltlichen Macht gemeinsam den ersten umfassenden Reformplan für eine spanische Stadt. Ihre Verordnungen aus den frühen vierziger Jahren des 16. Jahrhunderts haben große Ähnlichkeit mit den katholischen Reformen von Ypern (1525) und Brügge (1526). Nachdem man den Plan in Zamora erfolgreich in die Tat umgesetzt hatte, übernahmen ihn Valladolid (1543) und Salamanca (1544). Im November 1544 jedoch bat Prinz Philipp als Regent für seinen Vater Karl V. zwei angesehene spanische Theologen aus Salamanca, Domingo de Soto und Juan de Medina, ihre Meinung zu den laufenden Reformen in spanischen Städten zu äußern.

Die leidenschaftliche Debatte zwischen diesen beiden Männern über grundlegende Fragen, die durch die neuen Beschränkungen für Wohlfahrtsempfänger und Bettler aufgeworfen wurden, war nicht einfach ein Wortgefecht, sondern sie hatte erhebliche Auswirkungen in der katholischen Welt. Die Anhänger de Sotos, die sowohl aus theologischen als auch aus praktischen Gründen die neuen Verbote des Bettelwesens ablehnten, behielten schließlich die Oberhand. Nach Aussage eines Autors aus dem 17. Jahrhundert, Diego de Colmenares, waren die Argumente in de Sotos Buch so überzeugend, dass sie jeder Auseinandersetzung über diese Fragen ein Ende setzten.

Es überrascht daher nicht, dass die wenigen spanischen Stadtverwaltungen, die dem Beispiel Zamoras gefolgt waren, die umstrittenen Verordnungen nur wenige Jahre lang durchsetzten. In den achtziger Jahren des 16. Jahrhunderts kamen Medinas Vorstellungen allerdings in verschiedenen Versuchen, Spitäler zu zentralisieren, wieder zum Tragen. In Zamora fasste der Stadtrat nach einer eingehenden Debatte zwar am Ende den Beschluss, die Spitäler der Stadt nicht einer einheitlichen Verwaltung zu unterstellen; in Sevilla, um ein Gegenbeispiel zu nennen, verschmolz man 76 von insgesamt 112 kleinen Spitälern zu zwei großen karitativen Einrichtungen (*Espiritu Santo* und *Amor de Dios*). Allerdings waren diese Maßnahmen nicht sonderlich erfolgreich. Einige Jahre später, 1592, beklagten die Cortes von Madrid, die Zusammenlegung der Spitäler habe keinen Nutzen gebracht, und Vertreter der drei Stände beantragten, die vereinigten Anstalten wieder in die Selbstständigkeit zu entlassen. Die spanische Regierung nahm im 18. Jahrhundert noch einmal Wohlfahrtsreformen in Angriff, stieß aber wiederum auf Widerstand. Das Fortleben eines religiös begründeten, dezentralen Systems der Armenfürsorge in Spanien bis weit in das 19. Jahrhundert hinein hatte politische, gesellschaftliche und wirtschaftliche Gründe. Dazu gehören vor allem die chronischen Haushaltsprobleme des spanischen Staats im 17. und frühen 18. Jahrhundert, die einer Übernahme des kostenintensiven Systems von Armenhäusern und städtischen Wohlfahrtsinstitutionen im Wege standen und die in einigen anderen katholischen Ländern (Frankreich und Italien) bereits existierten.

In den Stadtstaaten *Italiens* führte das Interesse der weltlichen Herrscher an der Überwachung der Bruderschaften und Spitäler dazu, dass vom Spätmittelalter an die Satzungen und sogar die karitativen Maßnahmen selbst mehr oder weniger vereinheitlicht wurden. So bezog man in Venedig die Bruderschaften in das System der Armenpflege ein, das auf dem Pfarrbezirk beruhte und 1529 durch ein vom Senat beschlossenes Gesetz eingeführt worden war. In Rom dagegen blieben die Bruderschaften im Großen und Ganzen von den Pfarreien unabhängig; ihre territorialen Grenzen waren weiter gezogen, ihre Mitglieder mächtiger und einflussreicher. Eine Kampagne für die Zentralverwaltung der Spitäler begann in Italien deutlich vor dem 16. Jahrhundert. Unter dem Einfluss franziskanischer Observanten argumentierten die Reformer, man müsse zur Verbesserung der Unterstützung Bedürftiger große Zentralhospize in der Stadt einrichten. Dabei schlug man auch vor, in diesen Institutionen alle oder die meisten der bereits bestehenden karitativen Einrichtungen der Stadt aufgehen zu lassen. In vielen italienischen Städten fand jedoch die Vereinnahmung bzw. Verschmelzung der kleineren Stiftungen nur partiell statt. In Venedig z. B. redeten die Reformer im Senat viel über ein großes Spital, ebenso wie in Siena und Florenz, doch es gelang ihnen lediglich, ein relativ kleines einzurichten – zum Dank für die siegreichen Kämpfe gegen die Türken. Die herrschende Partei in Mailand hatte im frühen 15. Jahrhundert mehr Erfolg. Das neue Allgemeine Spital, das von Francesco Sforza (1401–1466) errichtet wurde, sollte dem Ruhm und den politischen Ambitionen des Emporkömmlings und Herrschers entsprechen. Im Turin des späten 16. Jahrhunderts steht die Entwicklung eines umfassenden und zweckmäßiger organisierten Systems städtischer Fürsorge wohl im Zusammenhang mit den Machtkämpfen zwischen Magistrat und der Herrschaft des Herzogs. Das in den meisten italienischen Stadtstaaten im 16. und 17. Jahrhundert vorherrschende Wohlfahrtssystem wurde jedoch aus verschiedenen Gründen nie vollständig zentralisiert. Man muss es eigentlich als ein System auf der Basis karitativer Institutionen bezeichnen, die mit Hilfe freier oder kirchlicher Vereinigungen Unterstützung gewährten und unter gemischter bzw. rein weltlicher Leitung standen, dabei aber, besonders in Notzeiten, einer zunehmend engen Aufsicht und Kontrolle durch die Regierung unterworfen wurden.

Aus politischen und ökonomischen Gründen konnten die Städte in *Frankreich* keine so wichtige Rolle in der Armenpflege übernehmen wie die Städte in Deutschland, der Schweiz oder in den Niederlanden. Im späteren 15. und frühen 16. Jahrhundert sind daher in Frankreich Eingriffe des Königs in das System der Armenhilfe ein wichtigerer Faktor als in anderen Ländern. Schon 1453 hatte Ludwig XI. ein Edikt erlassen, das die Verwaltung aller karitativen Institutionen ausdrücklich dafür ernannten Bürgern übertrug. Vom 16. Jahrhundert an lag die Aufsicht über die Spitäler und die institutionelle Armenpflege in den Händen des *Parlement*, das sich auch häufig in die praktische Verwaltung einschaltete. Franz I., seit 1515 König von Frankreich, beschäftigte sich in den ersten zwanzig Jahren seiner Herrschaft wenig mit der Sozialpolitik. Im Jahre 1536 erließ er jedoch ein Dekret zur Reformierung der Armenpflege in Frankreich. Es lässt sich nicht genau feststellen, ob er durch die Reformen in verschiedenen französischen Städten Anfang der dreißiger Jahre oder durch die Reformbemühungen Kaiser Karls V. in den Niederlanden dazu angeregt wurde. Das Dekret des französischen Königs enthielt ein allgemeines Bettelverbot und die strikte Anweisung, alle arbeitsfähigen Armen zu irgendeiner Form von Arbeit zu verpflichten. Wer arbeitsunfähig war, sollte vom Pfarrbezirk unterstützt werden; bedürftige Obdachlose sollten befristet in die Spitäler aufgenommen werden. Es war vorgesehen, Bürger zu ernennen, die zu festen Zeiten und an bestimmten Orten Almosen sammelten und, wenn dabei zu wenig zusammenkam, auch eine Hauskollekte durchführen sollten. 1547 wurde das Dekret durch weitere Bestimmungen ergänzt: die städtische Fürsorge sollte sich besonders der obdachlosen Armen annehmen, während die Ortsarmen durch die Armenhilfe in der Pfarrei Unterstützung erhielten. Franz II. und Karl XI., die Nachfolger Franz' I., verfügten 1561 und 1566 in weiteren Bestimmungen, dass die Gemeinde nur für jene Armen zuständig sein sollte, die dort ansässig oder geboren waren, während die übrigen an ihre ursprünglichen Wohnorte verwiesen werden mussten. Damit genügend Geld für die Unterstützung der Ortsarmen zur Verfügung stand, war jeder Bürger dazu angehalten, im Rahmen seiner finanziellen Möglichkeiten einen Beitrag zu leisten.

Schon vor den königlichen Erlassen hatten Paris, Lyon und andere Städte in Frankreich Maßnahmen für den Beistand der Armen ergriffen. In Lyon brachten die Notabeln und Rechtsanwälte der Stadt 1531 mit Unterstützung der Katholiken und Protestanten eine Wohlfahrtsreform auf den Weg. Im selben Jahr veröffentlichte der Prediger und Humanist Jean de Vauzelles aus Lyon die Schrift *Police subsidiaire à celle quasi infinie multitude des povres*, in der er u. a. die Zentralisierung und Rationalisierung der Armenpflege befürwortete. Nicolas Morin, Dominikaner und Abt in Lyon, attackierte in seinem *Tractatus Catholice* diese Reformpläne, konnte aber offenbar nicht verhindern, dass die Partei der Reformer im Stadtrat die Oberhand behielt. Die *Aumône-générale* von Lyon wurde endgültig im Jahre 1534 gegründet. Dieses Ereignis bezeichnet den Höhepunkt einer fast hundertjährigen Entwicklung, in der die Kontrolle der Wohlfahrt aus kirchlichen Händen in die der weltlichen Macht überging. Wie in anderen europäischen Städten werden in dieser Reform zwei Prinzipien sichtbar: Zentralisierung und Rationalisierung. Natalie Zemon Davis zufolge unterstützte die *Aumône* in den ersten dreißig Jahren ihrer Existenz etwa 3000 Menschen pro Woche mit Geld- und Sachleistungen, was bedeutet, dass rund fünf bis sieben Prozent der Bevölkerung in dieser Zeit Fürsorgeempfänger waren. In demselben Jahr (1534) erließ die Stadt Rouen eine Verordnung zur Armenhilfe, die über alles bisher Dagewesene hinausging. Man versuchte, Missbräuche im traditionellen kirchlichen System abzustellen, allerdings ohne dem örtlichen Klerus die Zuständigkeit zu entreißen. Der Pariser Stadtverwaltung wurde durch ein königliches Privileg von 1544 das Recht zugesprochen, »alles zu überwachen und zu verwalten, was für die Armen und ihre Unterstützung zu tun ist«.[11] Paris war auch

Abb. 9: Almosenverteilung aus dem Gemeinen Kasten zu Lyon. Titelblatt von »La police de l'aumône générale«, Paris 1539

die erste Stadt, die eine Armensteuer einführte (1551). Englands berühmte Armensteuer, die *poor rate* von 1572, hatte also ihre Entsprechungen in den Städten des katholischen Frankreich. Trotzdem bestanden sichtbare Unterschiede. In Frankreich erhob man obligatorische Steuern für die Armen aus gegebenem Anlass, um z. B. auf eine Krise zu reagieren; sie wurden nie zu einem festen Bestandteil französischer Sozialpolitik. Aus bisher nicht ausreichend geklärten Gründen kam das Armensteuersystem französischer Städte im 17. Jahrhundert zum Erliegen, und man kehrte wieder zu einer Methode zurück, die stärker auf Freiwilligkeit beruhte. Es ist gut möglich, dass die wirtschaftlichen und demographischen Folgen der französischen Bürger- und Religionskriege im 16. und frühen 17. Jahrhundert zu dieser Entwicklung beigetragen haben.

Noch ein weiterer Unterschied ist zu vermerken. Zwar verfügten viele Dörfer und Städte über ein *bureau de charité*, eine zentrale Almosenstelle, von der aus die offene Armenfürsorge geleistet wurde, doch die Wohlfahrtspolitik beruhte bis zum Ende des *Ancien Régime* im Wesentlichen auf dem *Hôpital Général*, einer Institution zur Bestrafung arbeitsfähiger Bettler, zur Unterstützung der Armen und Waisen und zur Beschäftigung der Arbeitslosen, die sich im 17. Jahrhundert in ganz Frankreich ausbreitete. Im Gegensatz zu vielen anderen europäischen Ländern machte es der politische Zentralismus in Frankreich wenigstens theoretisch möglich, Armenhilfe-Projekte viel umfassender als im übrigen Europa durchzusetzen. Die französische Regierung griff im 16. und frühen 17. Jahrhundert vor allem über das Amt des *Grand Aumônier du Roi*, des Großalmoseniers und königlichen Beichtvaters, in die Geschäftsführung institutioneller Armenpflege ein und förderte die Wohlfahrt im Rahmen der Gemeindeverwaltungen. Später unterstützte der König eher ein gemischtes System öffentlicher und privater Wohlfahrt und verzichtete darauf, eine zentralisierte Armenhilfe so weiter zu führen, wie man sie wohl zur Zeit Franz' I. geplant hatte. Die religiöse Erneuerung in Frankreich nach dem Konzil von Trient gab der privaten Mildtätigkeit neue Impulse, sodass es in Frankreich im Bereich der Armenpflege nie zu jener Einheitlichkeit und Gemeinschaftsverpflichtung kam, wie man sie in England seit dem späten 16. Jahrhundert durch die Einführung der Armensteuer auf der Basis des Pfarrsprengels erreicht hatte. Der »karitative Imperativ« (Colin Jones) in Frankreich führte dazu, dass die Stadtverwaltungen weniger an der offenen Fürsorge und der Verwaltung der Spitäler beteiligt waren. Diese lagen mehr und mehr in den Händen der Bruderschaften. Vom 17. Jahrhundert an schuf die absolutistische Regierung ein Gegengewicht zu ihren zentralistischen Bestrebungen, indem sie auf lokale, kirchliche und korporative Privilegien Rücksicht nahm und vorsichtig zu einem dezentralen Wohlfahrtssystem zurückkehrte, das an anderer Stelle ausführlich beschrieben werden soll.

Vom frühen 16. Jahrhundert an erlebte *England* eine allmähliche, aber stetige Entwicklung in Richtung einer gesetzlich geregelten Armenpflege. Die Folgen der politischen und religiösen Umwälzungen der 1530er Jahre für die lokale Armenhilfe waren verheerend. Die Zentralmacht musste eingreifen. Das Gesetz von 1531 war jedoch eine unmittelbare Folge der Wirtschaftskrise der späten zwanziger Jahre. Es beinhaltete den ersten Versuch der englischen Herrscher zwischen arbeitsunfähigen und arbeitsfähigen Armen zu unterscheiden. Man gestattete den ersteren das Betteln, allerdings nur innerhalb ihrer eigenen Gemeinde. Die Mängel dieses ersten Gesetzes wurden rasch erkannt, vor allem die Tatsache, dass man für die »würdigen« Armen nicht wirklich Vorsorge getroffen hatte. 1535 kam es zu einer weiteren Gesetzesinitiative, mit großer Wahrscheinlichkeit von William Marshall vorbereitet, der die englische Übersetzung der Armenordnung von Ypern besorgt hatte, die man im gleichen Jahr der Öffentlichkeit in England als Modell dessen vorstellte, was dringend notwendig sei. Das Gesetz, das dann 1536 endgültig verabschiedet wurde, folgte in vielen Aspekten Marshalls Entwurf und brachte drei Elemente in die englische Armenpflege ein, die für die spätere Entwicklung großes Gewicht erlangten. Erstens betonte es die Notwendigkeit einer öffentlichen Beschäftigungspolitik flankierend zu den üblichen repressiven Maßnahmen gegenüber Müßiggängern. Zweitens wurde die Vorsorge für arbeitsunfähige Arme etwas erweitert durch ein Armenhilfesystem auf der Ebene des Pfarrsprengels, das durch Almosen finanziert wurde, die nicht Einzelpersonen zugute kamen, sondern in die gemeinsame Kasse eines jeden Sprengels flossen. Drittens schränkte das Gesetz die unregelmäßige und unterschiedslose Gabe von Almosen ein. Damit entsprach es den charakteristischen Grundsätzen der innovativen Wohlfahrtsgesetzgebung der ersten Hälfte des 16. Jahrhunderts in vielen Teilen Europas: Zentralisierung, Rationalisierung und Professionalisierung.

In den folgenden Jahrzehnten vollzog sich die entscheidende Wendung von einer freiwilligen zur obligatorischen Armenhilfe. Mitte des Jahrhunderts war die Unterstützung durch die Kirche so gut wie nicht mehr vorhanden. Der Laie, der auf der Ebene des Pfarrsprengels die Gelder sammelte, war zur Schlüsselfigur geworden. Das berüchtigte Gesetz von 1547 mit seinen drakonischen Maßnahmen gegen Landstreicher ging einen deutlichen Schritt weiter, obwohl es sich als undurchführbar erwies und 1550 aufgehoben wurde. Wie das Gesetz von 1536 schrieb es wöchentliche Sammlungen für die hilfsbedürftigen Armen vor und untersagte ausnahmslos das Betteln, wies aber gleichzeitig die örtlichen Obrigkeiten an, für alle »erwerbslosen, hilfsbedürftigen, verkrüppelten und alten Personen«, die keine Landstreicher waren, Unterkunft zu schaffen. Ein weiteres Gesetz der Zeit (1552) schrieb vor, dass jeder, der einen Beitrag zu den wöchentlichen Sammlungen verweigerte, vom Pfarrer zu »ermahnen« sei, womit man sich bereits auf dem Weg zu einer nationalen Armensteuer befand. Der Grundsatz einer obligatorischen Gabe wurde zum wesentlichen Merkmal elisabethanischer Wohlfahrtspolitik. Das Gesetz von 1563 (*Act for the Relief of the Poor*) führte die Maßnahmen der Gesetze von 1531 und 1549 fort, enthielt jedoch außerdem eine Bestimmung, dass diejenigen, die ihren Beitrag nicht leisteten, vor einem Richter zu erscheinen hatten, verbunden mit der Androhung einer Haftstrafe. Die nachfolgenden Gesetze von 1572 und 1576 betrafen im Wesentlichen die Unterdrückung der Landstreicherei und enthielten kaum Neues zur Unterstützung arbeitsunfähiger Armer. Hinsichtlich der bedürftigen Armen ermächtigte das Gesetz von 1572 die Friedensrichter, die Armenhilfe der Pfarrei und der Gemeindeverwaltung zu beaufsichtigen. Im Gesetz von 1576 ist erstmals von »armen und bedürftigen Arbeitswilligen« die Rede, die keine Arbeit finden konnten. Alle Städte mit eigenem Recht wurden in diesem Zusammenhang angewiesen, Lager für Wolle und andere Materialien anzulegen und »Besserungsanstalten« einzurichten, die jene ambivalente Funktion des Strafens und der Unterstützung ausübten, die für die Reformen der Wohlfahrt in der Frühen Neuzeit so charakteristisch ist.

Mit den Gesetzen von 1598 und 1601, das eine zur Armenhilfe, das andere zur Bestrafung von Gaunern, Landstreichern und arbeitsfähigen Bettlern, rundete sich das Bild elisabethanischer Armengesetzgebung. So kam mehr als ein Jahrhundert der Experimente zum Abschluss, die von brutaler Unterdrückung über Prävention bis zur Verbesserung der Lage reichten. Die Gesetze von 1598 und 1601 enthalten nur wenige neue Elemente hinsichtlich der Unterstützung der bedürftigen Armen: die Almosensammler in den Sprengeln sollten durch Armenpfleger ersetzt werden; die über Armensteuern finanzierte offene Fürsorge wurde zum Normalfall; es mussten Grafschaftskämmerer ernannt werden, die die Gelder zur Unterstützung von durchreisenden Häftlingen, Soldaten und Matrosen verwalteten. Was diese Gesetze von ähnlichen Maßnahmen im übrigen Europa unterscheidet, ist nicht ihre Neuartigkeit, sondern vielmehr der Umstand, dass sie landesweit eingeführt wurden und bis 1834 in Kraft blieben, auch wenn sie durch den *Settlement Act* von 1662 und das »Speenhamland-System« im späteren 18. Jahrhundert Abänderungen erfuhren. Wie reagierte man aber im England der Tudorzeit auf die Armut?

Die Hauptsorge der Zentralregierung war die innere Sicherheit, weswegen die Gesetzgebung zunächst die Landstreicherei ins Visier nahm und dann die Armenpflege. Die Gemeindeverwaltungen bevorzugten andere Strategien und konzentrierten ihre Anstrengungen eher auf zentrale Institutionen als auf das Spendensammeln im Pfarrsprengel. In den zwanziger Jahren des 16. Jahrhunderts legten mehrere englische Städte zum ersten Mal Getreidevorräte für ihre Armen an. Zwischen 1531 und 1547 wurden in Southampton, Cambridge, Chester, York und anderen Städten Bettelgenehmigungen, Bettlerabzeichen oder andere Methoden zur Regelung des Bettelwesens eingeführt. In London kam es zwischen 1544 und 1557 zur Gründung bzw. Umstrukturierung von fünf Spitälern. Diesen Versuch, die Armenpflege nicht auf dem Weg über regelmäßige Almosensammlungen in den Pfarrbezirken und eine effizientere Verteilung neu zu ordnen, sondern indem man die verschiedenen Kategorien von Fürsorgeempfängern zentral verwalteten städtischen Institutionen zuwies, die sich durch private Wohltätigkeit finanzierten, hat man als »das größte Experiment der sozialen Wohlfahrt im England der Tudorzeit« bezeichnet (Paul Slack). Diese Spitäler zogen um die Mitte des 16. Jahrhunderts fast die Hälfte aller karitativen Schenkungen in London auf sich. Andere englische Städte folgten. Der Stadtrat von London stellte bald fest, dass die institutionelle Armenhilfe das Problem der Gelegenheitsarbeiter und »verelendeter Haushaltsvorstände« nicht lösen konnte; daher musste man dauerhafte Vorkehrungen für die offene Fürsorge im Pfarrbezirk treffen. In den sechziger Jahren des 16. Jahrhunderts behielten die Londoner Pfarreien die Almosen ein, die sie eigentlich zur zentralen Verteilung an das Christ's Hospital hätten weiterleiten müssen, sodass die angestrebte Zentralisierungsfunktion der großen Spitäler untergraben wurde. Die Städte erprobten eine Reihe weiterer neuartiger Maßnahmen zur Armenpflege. In Chester (1539), Coventry (1547) und Ipswich (1551) führte man Armenzählungen und Umfragen durch. In Oxford und Kings Lynn realisierte man zwischen 1546 und 1548 Projekte mit dem Ziel, die Armen zur Arbeit zu verpflichten. Pfarrsammlungen wurden 1549 in Norwich und 1550 in York von obligatorischen Armensteuern abgelöst, einige Jahre bevor das Parlament ähnliche Wege einschlug. Die lokalen Initiativen wirkten also auf die nationale Gesetzgebung. So hatte London die Gesetze von 1531 und 1536 vorweggenommen, und die späteren Gesetze beruhten häufig auf den in einzelnen Orten gemachten Erfahrungen (z. B. Norwich). Die Zentralregierung konnte nur die Leitlinien vorge-

Abb. 10: Bettelausweis für Bettler in Hanau (1713).

ben, obwohl sie auch in den einzelnen Orten Einfluss hatte, entweder durch unmittelbaren Druck auf Landesebene oder durch die Tätigkeit von einzelnen Beratern in Städten oder Provinzen. Das Gesetz von 1598 bestimmte beispielsweise, dass Bürgermeister und Ratsherren es in den Städten mit eigenem Recht (*corporate towns*) durchzusetzen hätten. Und es lässt sich feststellen, dass wenig später mehrere Stadtverwaltungen diese Forderung bereitwillig erfüllten (u. a. Norwich), indem sie die Armenhilfe zentralisierten und Gelder von einem Sprengel in andere transferierten.

Die Praxis des 17. Jahrhunderts deckte einige Mängel der Landesgesetze von 1598–1601 auf. Die Epoche der praktischen Umsetzungen erreichte in den dreißiger Jahren des Jahrhunderts ihren Höhepunkt, als Karl I. die Armenpflege zu einer der Hauptaufgaben seiner Regierung machte. Nach dem Bürgerkrieg zog sich die Zentralregierung allmählich aus ihrer Rolle bei der praktischen Durchsetzung zurück, blieb aber weiterhin in der Gesetzgebung aktiv. Das wichtigste Problem, das sich aus dem Gesetz von 1598 ergab, war die Frage, wie man die Pfarrsprengel davor bewahren konnte, für die Unterstützung jedes zufälligen Besuchers oder Durchreisenden zuständig zu sein. Das Niederlassungsgesetz von 1662 entstand unter dem direkten Druck der Gemeinden, die größere Vollmachten brauchten, um unerwünschte und potenziell bedürftige Zuwanderer abzuweisen. Das Gesetz bestätigte noch einmal ausdrücklich die traditionelle Voraussetzung einer ausschließlichen Verantwortung der einzelnen Gemeinden für ihre eigenen Armen und sprach den Armenpflegern per Gesetz das Recht zu, jeden neuen Zuwanderer, bei dem sie argwöhnten, er könne der Gemeinde finanziell zur Last fallen, dorthin zurückzuschicken, wo er zuletzt als einheimisches Haushaltsmitglied oder Lehrling oder Dienstbote für die Dauer von mindestens vierzig Tagen ansässig gewesen sei, es sei denn, er gebe ausreichende Sicherheit dafür, dass er der betreffenden Gemeinde nicht zur Last fallen werde.

Die Niederlassung war nicht das einzige Problem, das die Aufmerksamkeit des englischen Gesetzgebers nach 1601 auf sich zog. Im 16. und im frühen 17. Jahrhundert hatte sich die

Regierung bemüht, lokale Maßnahmen zur Unterstützung der Armen zu initiieren und zu lenken, zunächst durch die Gesetzgebung und später durch die Umsetzung auf Verwaltungsebene. Jetzt wurden die Rollen vertauscht. Die örtlichen Behörden unternahmen den ersten Schritt und wandten sich an die Zentralregierung, um die gesetzliche Vollmacht zu erhalten, die Armenhilfe nach ihren eigenen Vorstellungen möglichst effizient zu organisieren. Die Lösung dieser Probleme waren die »local Acts of Parliament«, Gesetze, die jeweils nur örtlich Geltung hatten und die, wenn auch nicht vollständig, in F.M. Edens berühmtem Buch *The State of the Poor* (1797) leicht zugänglich sind. Eines davon verdient besondere Erwähnung. 1782 wurde der sogenannte *Gilbert's Act* mit dem Ziel verabschiedet, die Vorteile, die für die Local-Act-Gebiete galten, auch auf ländliche Bezirke auszuweiten. Ein besonders bemerkenswertes Ergebnis der öffentlichen Diskussion über die Armenpflege im 18. Jahrhundert war das Roundsman-System, das später mit dem 1785 in Berkshire formlos aufgekommenen Speenhamland-System kombiniert wurde. In der Praxis wurden im Roundsman-System arbeitslose Fürsorgeempfänger nach dem Rotationsprinzip den Gemeindebürgern zugewiesen, sodass jeweils einer für dessen Unterhalt aufzukommen hatte und von ihm Dienstleistungen verlangen durfte. Das Speenhamland-System beinhaltete zum ersten Mal Lohnzuschüsse. Es breitete sich nach 1795 auf weitere Landesteile aus und herrschte besonders in den Agrarregionen Südenglands vor. Von nun an mussten die Fürsorgebehörden den Lohn aller Arbeiter bezuschussen, wenn dieser ein bestimmtes Niveau unterschritt, das sich am Preis für Brot und an der Familiengröße orientierte. Das Jahr 1795 ist aus verschiedenen Gründen zum »Wendepunkt in der Geschichte der alten Armengesetzgesetzgebung« erklärt worden (G. W. Oxley). Dies wird deutlich, wenn man sich mit der Buchführung der Armenpfleger aus den ländlichen Gemeinden der Gebiete befasst, die das System eingeführt hatten. Bis 1795 ist die Liste der Zuwendungen relativ kurz und nennt vorwiegend Frauen, Kinder und Witwen. Danach wird die Liste viel länger, und ab diesem Zeitpunkt sind die meisten Empfänger Männer. Das

Speenhamland-System gab der englischen Armenhilfe für immer ein neues Gesicht.

Schottland und England verabschiedeten ihre nach-reformatorischen Armengesetze mit nur wenigen Jahren Abstand voneinander. Das schottische Gesetz von 1574–1579 lehnt sich eng an die meisten Bestimmungen der elisabethanischen Gesetzgebung von 1572 an. Allerdings entwickelte sich die Situation in Schottland anders. Das Gesetz von 1574–1579 wurde nämlich nicht in die Praxis umgesetzt, auch wenn im Schottland des späten 16. Jahrhunderts eine Armenhilfe auf der Ebene des Pfarrbezirks existierte. Da es bereits eine in der Armenpflege tätige Kirchenorganisation gab, verwundert es kaum, dass das Parlament die Kirchenversammlung auf der untersten Ebene der kirchlichen Hierarchie, die *Kirk Session*, als Fürsorgeinstanz übernahm. Somit besteht einer der wichtigsten Unterschiede zwischen der englischen und der schottischen Armenhilfe im 16. und 17. Jahrhundert darin, dass in Schottland keine effektive Laienfürsorge existierte. Obwohl die Vereinigung mit England von 1707 zu einer allmählichen Angleichung der schottischen Einrichtungen an die englischen Vorbilder führte, bestand das System der Armenpflege unverändert fort. Ein schottischer Autor beschrieb die Hauptmerkmale der Fürsorge in Schottland so, dass die Unterschiede zum englischen System jedem ins Auge fallen, der mit den englischen Verhältnissen vertraut ist: es gab keine Unterstützung außer für dauerhaft arbeitsunfähige Personen, und man ging von der Voraussetzung freiwilliger Leistungen als Haupteinnahmequelle der Armenhilfe aus.

In den *skandinavischen* Ländern übernahm man Luthers Vorstellungen zur Fürsorge gleichzeitig mit der Reformation. So wurde 1558 in Dänemark das Gesetz verabschiedet, das es jeder Gemeinde zur Pflicht machte, für die eigenen Armen aufzukommen. Die Gemeinden wurden verpflichtet, einen Armenkasten (*fattigblok*) für die Schenkungen aufzustellen und ein Armenhaus für die Bedürftigen im Ort zu errichten. Einige Pfarrregister und Pfarramts-Abrechnungen für »Almosenkästen« (*fattigkasser*) aus der Zeit vor 1700 sind erhalten geblieben. Ein weiterer wichtiger Schritt in der dänischen Armengesetzgebung ist der Abschnitt »Spitäler und Arme« (om Hospitaler og Fattige) im dänischen Gesetzbuch von 1683. Alte, Kranke und Gebrechliche sollten bevorzugt in Anstalten aufgenommen werden. Arme mit Wohnsitz (*husarme*) sollten Unterstützung durch örtliche Armenpfleger erhalten (*fattigvorstandere*). Das Geld musste über freiwillige Sammlungen und Schenkungen aufgebracht werden. Natürlich hatten die dänischen Könige ein größeres Interesse an der Errichtung von Armenhäusern als an offener Fürsorge. Allein in einem Bezirk (Fionie) entstanden bis 1850 ungefähr achtundvierzig Spitäler in verschiedenen Gemeinden. In Norwegen verfügte die Kirchenordnung von 1539, dass in jedem Pfarrbezirk eine gemeinschaftliche Armenkasse (*mennige Kiste for de Fattige*) aufzustellen sei. Drei Jahre vorher war durch ein königliches Dekret eine Spitalreform vorgeschrieben worden. Auch das norwegische Gesetzbuch von 1687 enthält einige Abschnitte zur Armenpflege. Sie sollte in den Händen der protestantischen Kirche liegen. In den Städten waren bestimmte Beamte (*forstandere*) unter der Aufsicht der örtlichen Pastoren und des Stadtrats mit der offenen Fürsorge beauftragt, während diese Aufgabe auf dem Land in die Zuständigkeit der Kirchenvorsteher fiel, die ebenfalls vom jeweiligen Pfarrer kontrolliert wurden.

Dezentrale Armenpflege

Im Zuge der Gegenreformation lebte das traditionelle Wohlfahrtssystem wieder auf, wenn auch nur teilweise. Vielen europäischen Staaten, besonders jenen, die von überzeugten Katholiken regiert wurden, erschien das dezentrale System der Armenpflege immer noch konkurrenzfähig. So war es möglich, dass gegen Ende des 18. Jahrhunderts ein englischer Reisender, Joseph Townsend, über das Ausmaß karitativer Dienste erstaunt war, die man in einigen ärmeren Gegenden Spaniens anbot, so wie Luther es gewesen war, als er 1511 nach Rom kam und die zahlreichen Spitäler und Findlingsheime sah. Um 1700 herum bestand die dezentrale Armenhilfe auf vier verschiedenen Ebenen: den Bruderschaften, den Spitälern, den

Pfarreien und den Monti di Pietà. Sie stammten aus dem Mittelalter, befanden sich aber im 16. und 17. Jahrhundert immer noch in einem Prozess der Fortentwicklung und Anpassung. Für die offene Fürsorge waren die Bruderschaften bei weitem die wichtigste Institution. Aus religiöser Perspektive stellten sie Gemeinschaften dar, die ihre Mitglieder auf den Tod vorbereiteten und die Hoffnung auf das Seelenheil fördern wollten, indem sie durch gute Werke gemeinsam Verdienste sammelten. Für die wohltätigen Zwecke arbeiteten die Bruderschaften mit Privatpersonen, Priestern, Ordensbrüdern und Nonnen zusammen, sodass ein umfassendes Wohlfahrtsprogramm entstand. Der für karitative Akte gewählte Zeitpunkt verweist auf die religiösen Züge dieser Mildtätigkeit. Die Almosen wurden an Geburtstagen, bei Hochzeiten, Begräbnissen und an Heiligenfesten vergeben. Die elementarste Form der Armenhilfe beinhaltete den Krankenbesuch; die fortgeschrittenste Form gegenseitiger Hilfe manifestierte sich in der Verwaltung der Armenhäuser und der Entwicklung eines ausgefeilten Vorsorgesystems für die Mitbrüder. Die mittelalterlichen Bruderschaften waren weniger spezialisiert als die im 16. und 17. Jahrhundert gegründeten Organisationen. In den wohlhabenderen und größeren Bruderschaften besuchte man nicht nur Kranke, man kümmerte sich auch um Frauen im Kindbett, richtete Häuser für die Alten und Kranken ein, verwaltete Herbergen für Pilger und Reisende, stand Gefangenen mit geistlicher und materieller Hilfe bei. Man trug nicht nur die eigenen Mitglieder zu Grabe, sondern nahm sich auch der Armen an, die sich ein ordentliches christliches Begräbnis nicht leisten konnten, und schließlich teilte man Almosen an alle Bedürftigen überhaupt aus. Nach dem Konzil von Trient versuchte die Kirche, die Bruderschaften stärker in die amtliche Lehre einzubinden, doch es gelang ihr nicht, die lokalen Kulte radikal zu beseitigen, die mit dieser Form karitativer und bußfertiger Frömmigkeit einhergingen. In einigen katholischen Staaten (Venedig z. B.) führte das Interesse der weltlichen Herrscher an einer Überwachung der Bruderschaften allerdings dazu, dass vom 14. und 15. Jahrhundert an die Bruderschaftsregeln und die Formen ihrer Frömmigkeit vereinheitlicht wurden. Die Bruderschaften büßten ihre Popularität auch in der Frühen Neuzeit nicht ein. In einigen katholischen Ländern wurden sie zur tragenden Säule des Wohlfahrtssystems. Wo für einzelne Städte präzise statistische Unterlagen erhalten sind, die einen Vergleich erlauben, sieht man, dass die Zahl der Bruderschaften vor und nach der Gegenreformation nur unwesentliche Schwankungen aufweist. So fällt die Zahl der Bruderschaften pro Haushalt im spanischen Zamora von 1 : 14 im 16. Jahrhundert auf 1 : 17 zwei Jahrhunderte später. Auch wenn uns entsprechende Daten für Frankreich in der Frühen Neuzeit fehlen, lassen die vorliegenden Quellen darauf schließen, dass die durch das Konzil von Trient eingeleiteten Reformen die korporative Struktur der französischen Gesellschaft signifikant veränderten. Einer der praktischsten Aspekte dieses traditionellen Wohlfahrtssystems bestand darin, dass die katholische Kirche ohne die Unterstützung eines großen bürokratischen Apparats über ein Modell verfügte, an dem sich die Gemeinden überall in Europa orientieren konnten, um entsprechende Formen der Armenpflege zu organisieren. Die allgegenwärtigen Erzbruderschaften der *Misericordia* bestatteten beispielsweise Fürsorgeempfänger in verschiedenen Ländern Europas nach dem gleichen Muster und mit vergleichbaren religiösen Zielen.

Da Spitäler oft von Bruderschaften geführt wurden (z. B. die Hl.-Geist-Häuser), mag eine Unterscheidung von zwei Ebenen der traditionellen Fürsorge künstlich wirken. Das Spital, das in der Hauptsache dazu diente, allen möglichen Menschen Zuflucht zu bieten, unterschied sich von der Bruderschaft, die im Wesentlichen offene Fürsorge leistete. Wir wissen von der Existenz von über 10 000 Spitälern in Europa am Ausgang des Mittelalters, die meisten davon in oder in der Nähe von Städten. Größere Städte verfügten über sechs oder mehr solcher Häuser, von denen einzelne bereits auf die Pflege von Kranken und Armen spezialisiert waren (Leprakranke, Syphilitiker). Die institutionelle Form reichte von mehr oder weniger gut ausgestatteten Gruppen von Priester- und Ordensgemeinschaften, die nach der Regel eines Kirchenordens lebten

Abb. 11: Pieter Bruegel, Caritas, (1559).

(z. B. der Augustiner) und die ihre Hauptaufgabe in der Mildtätigkeit sahen, bis zu Einrichtungen, die unter der Aufsicht eines Vorstands oder Priors Alten und Kranken in bestimmter Form medizinische Hilfe, Unterkunft und geistlichen Beistand gewährten. Die Spitäler wurden von unterschiedlichen externen Institutionen überwacht, wie von Bischöfen, Klöstern, Königen, Territorialherren und nicht zuletzt von den Stadtverwaltungen. Seit dem späten 15. und frühen 16. Jahrhundert kontrollierten in unterschiedlichem Ausmaß fast überall in Europa weltliche Behörden Spitäler und vergleichbare karitative Einrichtungen. Die meisten Häuser gewährten den Armen, Alten und Kranken in dieser oder jener Form zeitlich begrenzte Unterstützung. Manche verteilten Almosen an Arme, die außerhalb des Hauses lebten. Zu Beginn der Frühen Neuzeit stellten die meisten von ihnen, Personen, die nach Maßgabe ihrer Armut ausgewählt wurden, bereits langfristig Unterkunft zur Verfügung. Seit der Mitte des 16. Jahrhunderts nahmen immer mehr Spitäler Heimbewohner auf, die den Trägern für lebenslängliche Pflege und Unterkunft größere Stücke Land bzw. erhebliche Geldbeträge stifteten. Im Allgemeinen hatten die mittelalterlichen und frühneuzeitlichen Spitäler drei Funktionen: die gastliche Aufnahme von Pilgern und Reisenden, die Pflege der Kranken und die Fürsorge für weitere Personen, die in den Quellen mit dem Begriff *pauperes* nur unzulänglich beschrieben sind.

Im späten 15. und frühen 16. Jahrhundert entstanden dann die sogenannten »großen Spitäler«. Der unkontrollierte Aufbau und die unzulängliche Verwaltung zahlreicher kleiner Häuser hatte schon lange vor der Reformation viele europäische Regierungen beunruhigt. Da die Verschmelzung kleiner Spitäler nicht selten als Eingriff in private und kirchliche Rechte betrachtet wurde, war häufig die Zustimmung der Kirche und eine Intervention der weltlichen Obrigkeit erforderlich. Wenigstens zu Beginn dieser Machtverschiebung und des Übergangs der Kontrolle in andere Hände saßen in der Leitung der neuen Generalspitäler sowohl Kleriker als auch Vertreter des Staats bzw. der Stadtverwaltungen. In der gesamten Epoche der Frühen Neuzeit expandierten die großen Häuser und erfüllten sowohl die Aufgabe einer Institution der Krankenpflege als auch der Fürsorge für die Armen innerhalb und außerhalb ihrer Mauern. Die Insassen zählten oft nach Hunderten, wobei die Zahl in Zeiten von Seuchen und Not erheblich anstieg. Aus einer Zählung in Venedig von 1642 geht hervor, dass in der ersten Hälfte des Jahrhunderts rund 16 Prozent der Bevölkerung »Spitalarme« waren. In Städten mit einem zentralen Fürsorgesystem lagen diese Zahlen natürlich viel niedriger. In Braunschweig etwa bewohnten im Jahr 1671 nur 3,1 Prozent der Bevölkerung die verschiedenen städtischen Spitäler. In der neueren Forschung zur geschlossenen Fürsorge kommt man jedoch zu dem Schluß, dass die Gesamtzahl der Personen, die entweder im Haus untergebracht oder in Abhängigkeit von ihnen außerhalb lebten, viel größer war als die offiziellen Zählungen angeben. In vielen katholischen Gebieten und Gemeinden nahm die Anzahl der Spitäler und Armenhäuser nach einem Niedergang im 16. Jahrhundert wieder zu.

Die Spitalgründungen nach dem Konzil von Trient spiegelten eine neue Einstellung gegenüber den Armen wider. Die »neue Philanthropie« (Brian Pullan), die sich bereits im 16. Jahrhundert durchgesetzt hatte, legte größeren Wert auf die Auswahl der tatsächlich Bedürftigen. Das Schlagwort war die »erlösende Barmherzigkeit«. Die offene Fürsorge war wichtig, doch im Allgemeinen griff man eher zum Mittel geschlossener, halb-klösterlicher Einrichtungen bzw. Spitäler, die den Armen helfen sowie auch durch regelmäßige Arbeit und religiöse Frömmigkeit Sozialdisziplin einimpfen sollten.

Obwohl die Spitäler im 16. und 17. Jahrhundert zunehmend Unterstützung und öffentliche Aufmerksamkeit auf sich ziehen, wird diese Tendenz durch neuere Untersuchungen von wohltätigen Vermächtnissen nicht immer erhärtet. Im Siena der Frühen Neuzeit z. B. bestand nach dem Konzil von Trient der Wandel der Fürsorge in einer Rückkehr zu mittelalterlichen Praktiken.

Gemessen an ihrem Anteil an der Gesamtheit karitativer Zuwendungen erlebten die Spitäler, die so eng mit dem religiösen und sozialen Netz der Stadt im Mittelalter und in der

Renaissance verbunden waren, im 17. und 18. Jahrhundert eine Periode des Niedergangs. Früher waren diesen Häusern in Siena bis zu 17 Prozent aller frommen Schenkungen zugefallen; mit der Gegenreformation sank ihr Anteil endgültig auf 3 Prozent. Im Fall einer anderen katholischen Stadt, Münster, ist der Niedergang weniger offenkundig. Die katholische Erneuerungsbewegung führte nicht zu einem vergleichbaren Rückgang wohltätiger Stiftungen an Spitäler und Armenhäuser. Zwischen 1530 und 1618 lag der Anteil der (insgesamt zwanzig) Häuser bei ungefähr 34 Prozent aller Zuwendungen. Zwar kam es zu einem leichten Rückgang im späteren 16. Jahrhundert, aber mit dem Beginn des 17. Jahrhundert zogen die Spitäler von Münster erneut viele Spenden an.

Die Gegenreformation führte zu tiefreichenden Veränderungen philanthropischer Strategie. In Siena, Münster, Köln und in anderen europäischen Städten profitierte eine andere traditionelle Fürsorgeinstitution von dem Wandel bei frommen Schenkungen im frühen 16. Jahrhundert: die Hilfsvereine, die seit dem Spätmittelalter unter dem Namen »Armenbretter« bekannt waren (*poor tables, Hl. Geesttafels, plats de los pobres, maison de l'aumône*). Was den Umfang der Unterstützung für die Armen angeht, so gewannen diese Einrichtungen in der Frühen Neuzeit zweifellos an Gewicht; man darf jedoch nicht vergessen, dass selbst in der nach-reformatorischen Epoche die extern gewährte Hilfe immer noch Ergänzung war und nicht im Gegensatz zur institutionalisierten Armenpflege stand. Die »Armenbretter« waren Sammelstellen freiwilliger Almosen, der Pfarrkollekten und kleiner Hinterlassenschaften der Gemeindemitglieder. Sie wurden an die würdigen Armen des Sprengels durch Bruderschaften, Kirchenvorstände und bestimmte andere Einzelpersonen oder Gruppen verteilt, die in der Lage waren, die Bedürfnisse und die Anspruchsberechtigung des Betreffenden zu beurteilen. Die auf Pfarrebene arbeitenden Stellen für offene Fürsorge waren gewissermaßen das katholische Gegenstück zu Luthers »Gemeinem Kasten«. Während die Art der Versorgung von Armen weitgehend übereinstimmte (Ausgabe von Brot, Fleisch, Hering, Erbsen, Speck, Wein und Bier, Kleidung, Schuhwerk,

Geld), variiert die Menge der regelmäßig oder gelegentlich ausgeteilten Güter ebenso wie die Zahl der damit bedachten Armen von einem »Armenbrett« zum anderen (siehe Tabelle 10). Das Wenige, was wir an Quellen aus Spanien, Frankreich, Deutschland und den Niederlanden von der Mitte des 16. Jahrhunderts bis zur Mitte des 18. Jahrhunderts haben, lässt keinen Zweifel daran, dass die von diesen Pfarrorganisationen ausgegebenen Güter und Geldbeträge immer nur einen Teil der gesamten institutionalisierten Armenhilfe darstellten und dass der Geldwert solcher Unterstützung nie mehr als ein Drittel des Lohns eines zeitgenössischen männlichen Arbeiters ausmachte.

Viele dieser Institutionen der Armenhilfe auf der Basis des Pfarrsprengels bestanden bis zum Ende des *Ancien Régime* fort. In Frankreich entstand aus dem reformerischen Elan des späten 17. Jahrhunderts eine neue Form der offenen Fürsorge, die teilweise nach dem Vorbild der spätmittelalterlichen »Armenbretter« ausgerichtet war. Die *bureaux de charité* waren karitative Einrichtungen, die ebenfalls auf der Ebene des Pfarrbezirks wirkten. Ähnlich wie die Armentafeln in anderen europäischen Ländern verteilten auch sie jeden Sonntag Brot und Kleidung an die Bedürftigen des Sprengels. Die Empfänger wurden nach strengen Wohnsitzkriterien ausgewählt, und häufig musste ihnen der Pfarrer ein Führungszeugnis ausstellen. Neben der Wohnsitzvoraussetzung bestimmten weitere wichtige Kriterien wie körperliche Gebrechen und Witwenschaft die Kategorie der Gemeindemitglieder, denen Unterstützung gewährt werden konnte. Diese neuen Organisationsformen der Fürsorge entstanden seit dem 17. Jahrhundert unter dem Einfluss der Jesuiten. Da die Unterlagen der *bureaux de charité* weitgehend verloren gegangen sind, haben wir kaum Informationen darüber, wie vielen Menschen ihre Hilfe zugute kam. In einer französischen Provinzstadt z. B. (Mende) erhielten 100 Arme zwei Mal wöchentlich eine Mahlzeit, obwohl eigentlich 1000 Bedürftige in dieser Stadt lebten. Die anfängliche Hoffnung der katholischen Reformer, dass man in jedem Kirchspiel ein *bureau* gründen werde, ging kaum in Erfüllung. So existierten in den Diözesen von Clermont und Limoges au-

Tabelle 10: *Zahl der Fürsorgeempfänger und Höhe der Zuwendungen in den einzelnen Pfarrbezirken von Köln und Toledo im 16. Jahrhundert*

Toledo

Pfarrbezirk	Einwohner (1561)	Empfänger (1558)	% Anteil der Armen	wöchentl Zuwendung (pro Person)
S. Andrés	2250	398	17,68	1,6 kg Brot
S. Antolin	535	85	15,75	dto.
S. Bartolomé	1605	492	30,65	dto.
S. Cipriano	2600	573	22,03	dto.
S. Cristóbal	1190	370	31,09	dto.
S. Ginés	495	38	7,67	dto.
S. Isidoro	3320	154	4,63	dto.
S. Juan Baptista	580	64	11,03	dto.
S. Justo	2950	555	18,81	dto.
Sta Leocadia	2720	508	18,67	dto.
S. Lorenzo	3950	998	25,29	dto.
Sta Maria Magdalena	3205	723	22,55	dto.
S. Martin	1740	232	13,33	dto.
S. Miguel	3855	1283	33,28	dto.
S. Nicolás	3060	663	21,66	dto.
S. Pedro	1890	251	13,28	dto.
S. Román	2185	575	26,31	dto.
S. Salvador	645	76	11,78	dto.
Santiago	7475	1110	14,84	dto.
Sto Tomé	8635	1719	19,90	dto.
S. Vicente	1390	238	17,12	dto.

Köln

Pfarrbezirk	Einwohner (1568/74)	Empfänger (16. Jh.)	% Anteil der Armen	wöchentl. Zuwendung (pro Person)
Kl. St. Martin	2695	35	1,29	?
St. Brigiden	1985	20	1,02	1/12 fl.
St. Alban	805	53	6,58	1/16 fl.
St. Laurenz	1145	33	2,88	1/12 fl.
St. Peter	3345	36	1,07	Sachleistung
St. Kolumba	3995	25	0,62	1/12 fl.
St. Aposteln	2890	75	2,59	1/12 fl.
St. Lupus	1050	12(?)	1,14	Sachleistung
St. Paul	1255	?	?	?
St. Maria Ablass	1475	?	?	?
St. Kunibert	1210	12(?)	0,99	?
St. Maria Lysk.	575	8	1,39	450g Brot
St. Jakob	1135	24	2,11	1/24 fl.
St. Johann Bapt.	2760	50	1,81	1/12 fl.
St. Christoph	1300	?	?	?
St. Mauritius	1380	?	?	?
St. Severin	1615	10(?)	0,61	?
St. Johann Ev.	365	10	2,73	1/24 fl.
St Maria i.P.	?	?	?	?

Quellen: Martz, *Spain*, S. 114 u. S. 134; R. Jütte, »Parochialverbände als Träger städtischer Armenfürsorge«, in: *Geschichte in Köln* 12 (1982), 27–50, Tabelle 2.

ßerhalb des Bischofssitzes überhaupt keine entsprechenden Stellen. Der begrenzte Erfolg der Wohltätigkeit auf Pfarrbezirksebene, nicht nur in Frankreich, sondern auch in anderen Ländern, in denen die Armentafel im Untersuchungszeitraum fortbestand, erklärt sich u. a. durch finanzielle Schwierigkeiten. Die Defizite entsprachen häufig der Höhe der jährlichen Einkünfte oder überstiegen sie sogar – eine Situation, die sich erst völlig umkehren ließ, als diese Institutionen gegen Ende des 18. Jahrhunderts in Vergessenheit gerieten. Zwei Schlüsse sind daraus zu ziehen: erstens, dass viele Armentafeln in Zeiten der schlimmsten Not (Existenzkrisen) völlig versagten, weil sie dann durch die steigende Zahl der Bedürftigen gezwungen waren, die Leistungen zu kürzen; zweitens, dass die zahlreichen anhaltenden wirtschaftlichen Rezessionen des 17. und 18. Jahrhunderts sich dauerhaft auf die Finanzlage dieser Einrichtungen auswirkten, wenngleich die offene Fürsorge auf Pfarrebene nach dem Konzil von Trient offenbar keineswegs unter nachlassendem karitativen Eifer litt.

Was die kommunalen Leihhäuser betrifft (*monti di pietà*), so war dieses vierte Kennzeichen traditioneller Fürsorge eine Reaktion der Christen auf die jüdischen Geldverleiher. Die Leihhäuser entstanden zuerst im 14. und 15. Jahrhundert in Mittel- und Oberitalien. Dort hatte man besondere karitative Institutionen gegründet, um den weniger wohlhabenden Gesellschaftsschichten eine Alternative zu christlichen und jüdischen Geldverleihern zu bieten, die Profit aus der Geldnot der erwerbstätigen Armen und der kleinen Handwerker zogen. Die Leihhäuser wurden im Spätmittelalter unter dem Einfluss der Franziskaner eingerichtet. Kurz nach der Gründung des ersten Instituts in Orvieto (1463, unter der Schirmherrschaft von Papst Pius II.) entstanden ähnliche Einrichtungen in Assisi, Mantua, Pavia, Ravenna, Verona, Lucca und anderen italienischen Städten. In Bologna gab es 1506 ein solches Leihhaus. Der römische *Monte di Pietà* wurde erst 1539 ins Leben gerufen. Lediglich in Venedig hatte in den zwanziger Jahren des 16. Jahrhunderts der Rat der Zehn wegen seiner komplexen Beziehungen zu den Juden diese karitative Institution durch sein Veto verhindert. Am Ende des 18. Jahrhunderts waren die kommunalen Leihhäuser in Italien in relativ großer Zahl vorhanden, mindestens elf in der Region Arno und manche sogar in kleinen Gemeinden wie Laterina oder Modigliana. Außerhalb Italiens waren entsprechende Einrichtungen vor allem im 16. Jahrhundert entstanden. Selbst einzelne protestantische Gemeinden, wie etwa Frankfurt a. M., trafen besondere Regelungen für Niedrigzins-Kredite aus der Armenkasse, in denen man sich ausdrücklich auf das erfolgreiche italienische Vorbild der *monti di pietà* berief. In Frankreich gründete der Bischof von Grenoble gemeinsam mit frommen Laien ein karitatives Leihhaus, das *prêt charitable*, das nach 1699 zinslose Kredite an Arme vergab. Die außergewöhnlich rasche Ausbreitung dieser karitativen Institutionen ist der Beweis dafür, dass sie einen tatsächlichen Bedarf befriedigten. Von der Kirche wurden sie 1515 offiziell gebilligt. Allerdings gab es auch einige Zeitgenossen, die zwiespältige Gefühle hinsichtlich der *monti di pietà* hegten, weil sie befürchteten, das System könne die Armen zu Leichtfertigkeit verführen. So kämpften die Behörden im Florenz des späten 18. Jahrhunderts einen vergeblichen Kampf gegen Arme, die das Bett oder Bettzeug, das sie von städtischen Stellen ergattert hatten, ins Leihhaus brachten. Die meisten dieser Einrichtungen schossen kleinere Geldbeträge zu niedrigen Zinsen (4–6 Prozent) oder sogar zinslos vor, im Austausch auch für unbedeutenden Hausrat. Die *monti di pietà*, mit oder ohne Zweigstellen, wurden (ebenso wie die neuen Generalspitäler) durch ein Gremium oder ein großes Direktorat verwaltet, dessen Mitglieder entweder vom Stadtrat gewählt wurden oder ihm als städtische Beamte von Amts wegen angehörten. Zwar bestand die Hauptaufgabe in der Kreditvergabe an Bedürftige, doch wurden die kommunalen Leihhäuser als integraler Bestandteil der dezentralen Fürsorge betrachtet und manchmal zur Finanzierung anderer karitativer Institutionen herangezogen. Für Kleinbauern kurz vor der neuen Ernte und für Handwerker oder Kleinhändler in Zeiten wirtschaftlicher Flaute waren die *monti di pietà* zweifellos eine bedeutende Möglichkeit, sich vor drohender Armut zu schützen.

Die veränderte Haltung gegenüber der Wohlfahrt zeigt sich darin, dass im späten 15. und frühen 16. Jahrhundert die Regierungen mit Maßnahmen in die Fürsorge eingriffen, die eher strafenden und regulierenden Charakter hatten, und dass die religiöse Wohltätigkeit Anfang des 16. Jahrhunderts von Seiten der Humanisten und Teilen der katholischen Kirche wegen ihrer Wahllosigkeit zunehmend in die Kritik geriet. Die Bewegung zur Reform der karitativen Institutionen innerhalb einer dezentralen Struktur der Fürsorge ging Anfang des 16. Jahrhunderts von einzelnen Katholiken aus (zu denen Bischöfe und Priester ebenso wie Laien zählten). Die Kirchenführer nahmen diese Versuche durchaus wahr und reagierten mit verschiedenen Provinzversammlungen im 16. Jahrhundert auf den Ruf nach Reformen. Unter dem Eindruck der Breschen, die die Reformation in deutschen Städten und Ländern geschlagen hatte, und der damit einhergehenden Auswirkungen auf das Wohlfahrtssystem widmete die Kölner Provinzialsynode von 1536 sieben Dekrete unmittelbar dem Problem einer Neuordnung der Armenpflege. So erklärten die versammelten Bischöfe beispielsweise, es sei ihr Recht und ihre Pflicht, neue karitative Institutionen im Kölner Bistum zu schaffen und bestehende zu beaufsichtigen; ihre Zuständigkeit auf dem Gebiet der Wohlfahrt erstrecke sich auch auf die Finanzierung solcher Einrichtungen. Eines der großen Hindernisse auf dem Weg zur wirksamen Beseitigung von Missständen, die Befreiung von der bischöflichen Gerichtsbarkeit, wurde durch die Kölner Provinzialsynode beseitigt. Man verurteilte zudem die wahllose Verteilung von Almosen an Bettler. Alle nachfolgenden Konzile in Deutschland bis zum Jahre 1563, als die Beschlüsse des Konzils von Trient bekannt gegeben wurden, nahmen die von den Kölner Bischöfen 1536 angeregten Reformmaßnahmen wieder auf.

Die Beschlüsse des Konzils von Trient zur Armenpflege stellen einerseits die erneute Formulierung von Vorschriften dar, die schon zuvor praktiziert worden waren, andererseits beinhalten sie den Versuch, die Prinzipien universeller christlicher Nächstenliebe den örtlichen Gegebenheiten anzupassen. Obgleich die Kirchenführer von Trient offiziell die Rolle des Staats in der Fürsorge anerkannten, so zogen sie doch einen deutlichen Trennstrich zwischen den beiden Mächten. Sie ließen zwar das gesetzlich gesicherte Patronatsrecht von weltlicher Obrigkeit über Kircheneigentum innerhalb der Kirchengüter gelten, bestritten ihr aber den Anspruch, die Buchführung der Spitäler zu beaufsichtigen oder einzusehen. In den Dekreten wurde die Verwaltung der karitativen Institutionen den Bischöfen, nicht Laien zugesprochen. Ebenso fiel den Bischöfen die Entscheidung darüber zu, welcher Anteil des Einkommens im Bistum für die Armenhilfe aufgewendet werden sollte und welchen anderen frommen Zwecken die finanziellen Mittel aufgegebener Fürsorgeeinrichtungen zuzuführen seien. Im Bereich der institutionellen Wohlfahrt waren die Dekrete des Konzils von Trient umfassend; der offenen Fürsorge widmete man weniger Aufmerksamkeit. Dafür trafen die versammelten Bischöfe und Kardinäle keine direkten Regelungen.

Die karitativen Bestimmungen des Tridentinum wurden zuerst im nördlichen *Italien* umgesetzt. Im Jahre 1565 sorgten Kardinal Borromäus (1538–1584) und seine Suffraganbischöfe dafür, dass die in Trient beschlossene Reform der Armenpflege im Erzbistum Mailand verwirklicht wurde. Die große Pestepidemie, die Mailand 1576 heimsuchte, deckte jedoch fortbestehende Mängel im dezentralen System auf. Die drei bedeutenden karitativen Einrichtungen, die aus den Erfahrungen von 1576–1577 heraus entstanden, waren das Sophienkolleg, eine Zuflucht für Mädchen, die ihre Eltern verloren hatten, die großen Armenhäuser im alten Benediktinerkloster und der Orden der Oblaten des heiligen Ambrosius, später zum Karl-Borromäus-Orden umbenannt. Diese Institution war bekannt für ihre Zusammenarbeit mit den städtischen Behörden und nahm Ende des 16. Jahrhunderts eine führende Rolle auf dem Gebiet der Armenpflege ein.

In dem Jahr, in dem Karl Borromäus starb (1584), wurde in Rom eine der wichtigsten katholischen Organisationen in der Geschichte der institutionellen Armenpflege ins Leben gerufen. Die vom heiligen Camillo de Lellis gegründete Gemeinschaft von Armenpflegern widmete sich den Kranken und Armen in Spitälern und in Privathäusern. Papst Gregor XIV. erkannte sie 1591 als geistlichen Orden an. Als Camillo de Lellis 1614 starb, waren mehr als dreihundert Mitglieder seines Ordens in sechzehn verschiedenen Städten Italiens in der Armenpflege tätig. Fünfzig Jahre später hatte sich der Orden bereits auf Spanien, Portugal, Frankreich und die katholischen Niederlande ausgedehnt. Während in manchen italienischen Städten (z. B. Venedig) die Bruderschaften nach dem Tridentinum an den Pfarrsprengel gebunden waren, überlebten die römischen Bruderschaften als ein Netzwerk von Vereinigungen, die im Bereich der Armenhilfe mit den Pfarrbezirken konkurrierten. Und am Ende des 16. Jahrhunderts konnte sich Rom einer Reihe neuer karitativer Organisationen rühmen, darunter religiös geleitete Häuser für reuige Sünder, Zufluchtsstätten für Ehefrauen, die im Streit mit ihren Männern lebten oder einer unsittlichen Lebensführung beschuldigt wurden, und Heime für arme und sittlich gefährdete Kinder.

In Turin zeichnete sich die traditionelle Wohlfahrt durch eine eigene Richtung aus. Die private Mildtätigkeit spielte hier für relativ lange Zeit eine untergeordnete Rolle; die dezentrale Armenhilfe wurde im Wesentlichen aus dem städtischen Haushalt und den Einkünften der örtlichen Spitäler finanziert. Erst im 18. Jahrhundert lässt sich eine Zunahme privater Initiativen beobachten, die zu einer erhöhten Zahl wohltätiger Nachlässe und Schenkungen führte. Eine Ausnahme macht nur das Ospedale Maggiore di S. Giovanni Battista, das schon von der Mitte des 16. Jahrhunderts an mit frommen Gaben bedacht wurde, sodass es sich zu einem bedeutenden Zentrum der Armenpflege entwickelte. Allerdings wurde der karitative Impuls, der diese Entwicklung förderte, erst in den letzten Jahrzehnten des 17. Jahrhunderts deutlich spürbar.

In Venedig kamen die neuen Prinzipien der katholischen Philanthropie von 1540 an zum Tragen. Die meisten karitativen Initiativen dieser Epoche, die zu einer Umgestaltung der dezentralen Wohlfahrt in der Stadt führten, gingen nicht von Körperschaften aus, die sich einfach mit der Kirche oder dem Staat identifizieren lassen; vielmehr sind sie auf Geistliche und Laien zurückzuführen, die über gemeinsame Wertvorstellungen zusammenfanden. Die karitative Tätigkeit dieser »Gesellschaften« war geistlichen und moralischen Zielvorstellungen verpflichtet; man wählte die Empfänger nach wirtschaftlichen und moralischen Gesichtspunkten aus. Ihr Vorzug bestand darin, dass sie großen Wert auf den persönlichen Kontakt zu den Armen legten. Deswegen wurden sie sowohl von der Kirche als auch von den städtischen Behörden unterstützt. Das gilt z. B. für die *Compagnia del Divino Amore*, die *Compagnia della Carità* und verschiedene andere Bruderschaften, die sich der bedürftigen Armen annahmen. Die grundlegende Übereinstimmung in den Zielen zwischen dem Stadtstaat und diesen Gesellschaften verhinderte auch einen Proteststurm, als die in der ersten Hälfte des 16. Jahrhunderts erlassenen Armengesetze nach dem Tridentinum gebilligt und praktiziert wurden.

Es kann kaum überraschen, dass in *Spanien* der König bereit war, die Reformregelungen des Konzils von Trient weitgehend zu befolgen. Philipp II. verstand sich als Hüter der katholischen Kirche. Auch wenn er die alte Armengesetzgebung erneuerte, die auf den Lehren des Domingo de Soto beruhte, blieb die Armenpflege im Wesentlichen in kirchlicher Hand. 1565/66 entsandte Philipp einen königlichen Legaten in alle Provinzialsynoden, die man einberufen hatte, um die tridentinischen Reformen in die Praxis umzusetzen. In der zweiten Hälfte des 16. Jahrhunderts führte man in den kastilischen Spitälern Reformen durch, die unter dem Einfluss der Spital-Dekrete des Tridentinum standen; darin wurde eine Aufsicht des Bischofs über die Dienste, Ausgaben und die Verwalter solcher karitativer Einrichtungen gefordert. Nur die Königlichen Spitäler waren davon ausgenommen. Auch der König versuchte jedoch die zum sogenannten Krongut gehörigen Häuser zu ermitteln, unter seine Aufsicht zu stellen und zu reformieren. Die Armenhäuser waren nur eine unter mehreren Institutionen, die nach den Regelungen des Konzils von Trient unter bischöfliche Aufsicht gestellt werden sollten. Darunter fielen auch die Bruderschaften, die in irgendeiner Form karitativ tätig waren. Von den 143 Bruderschaften, die im späten 16. Jahrhundert in Toledo existierten, hatten sich etwa zwanzig der öffentlichen Wohlfahrt (also nicht nur der Unterstützung ihrer Mitglieder) verschrieben. Von diesen zwanzig leisteten vier Unterstützung in größerem Umfang, entweder indem sie ein Spital unterhielten oder durch offene Fürsorge in allen Pfarrbezirken der Stadt. Wegen der Rivalität unter den verschiedenen Bruderschaften mit ihren negativen Folgen für die Verteilung der Leistungen versuchte die Diözesanversammlung, eine Einigung unter den größeren Organisationen herbeizuführen bzw. dafür zu sorgen, dass ernannte Inspektoren die Durchführung frommer Stiftungen streng überwachten. Angesichts der immer wieder ausgesprochenen Empfehlungen und Verbote darf man den Schluss ziehen, dass die Kirche die Konkurrenz unter den Bruderschaften ohne großen Erfolg bekämpfte. In den zwei Jahrhunderten nach dem Konzil von Trient genossen die Bruderschaften unter der einfachen Bevölkerung in Spanien hohes Ansehen. In Madrid beispielsweise holte die San-Fernando-Bruderschaft Bettler von der Straße und gab ihnen Unterkunft und Verpflegung; die Bruderschaft des *Refugio* führte im 18. Jahrhundert ein Hilfsprogramm durch, im Rahmen dessen durchschnittlich 5000 Personen pro Jahr unterstützt wurden. Die karitativen Aktivitäten zahlreicher wohltätiger Gemeinschaften (*hermandades, cofradias, congregaciones*) wurden durch die Kirche ergänzt, die über Bischöfe, Domkapitel, Klöster, Konvente und religiöse Gemeinschaften Almosen, Mahlzeiten und Kleidung an die Bedürftigen verteilten. Ohne Zweifel blieb man in Spanien weit hinter den Initiativen zurück, die im übrigen katholischen Europa ergriffen wurden, um die dezentrale Armenhilfe auf eine besser strukturierte und indirekt weltlichere Basis zu stellen. Im Spanien des 18. Jahrhunderts wurde die Unterstützung noch immer eher wahllos und wenig zuverlässig von einer Vielzahl karitativer Institutionen gewährt, von denen die meisten unter kirchlicher Aufsicht wirkten.

Auch in *Frankreich* waren die Bischöfe darauf bedacht, die Prinzipien der tridentinischen Reform der Armenhilfe in die Praxis umzusetzen. Sie drangen auf jährliche Rechenschaftsberichte der karitativen Einrichtungen. Die Rechtsfähigkeit wurde ihnen vom französischen Herrscher jedoch konsequent bestritten. Bis zum Jahr 1656, in der Regierungszeit Ludwigs XIV., war die Amtsgewalt über die Spitäler von der Kirche vollständig auf die weltliche Macht übergegangen. Diese Einrichtungen blieben bis ins 19. Jahrhundert eine wesentliche Stütze der Armenpflege in Frankreich. Eine vom Ausschuss für staatliche Hilfe in der Gesetzgebenden Versammlung 1791 durchgeführte Untersuchung lässt darauf schließen, dass es am Ende des *Ancien Régime* mehr als 2000 Spitäler in ganz Frankreich gab, die mindestens 120 000 Personen beherbergten; im Vergleich dazu verfügte England im Jahre 1800 lediglich über eine Aufnahmekapazität für 3000 Personen. Ebenso wichtig wie die umfassende Neuordnung der französischen Armenhäuser im 17. und 18. Jahrhundert war die enorme Energie, mit der die gesellschaftlichen und kirchlichen Eliten nach dem Konzil von Trient die Verwaltung und Unterstützung der karitativen Institutionen im Land betrieben. Nicht nur die Bischöfe, sondern auch die Pfarrer waren von neuer Zuversicht erfüllt. Die Synoden von Narbonne (1609) und von Bordeaux (1624) ebneten den Weg für ein solides und effektiveres System der Armenpflege auf der Ebene des Pfarrbezirks. Die Gegenreformation in Frankreich bewirkte zudem eine stärkere Anteilnahme der Laien an Kirchenangelegenheiten; die von Vinzenz von Paul (1581–1660) ins Leben gerufene Wohlfahrt, die 1625 mit der Gründung des ersten Ordens in Paris begann, stützte sich jedoch auf Gemeinschaften von Männern oder Frauen, die einer strengen kirchlichen Aufsicht unterstanden. Einige der Gemeinschaften, die im 17. Jahrhundert in Frankreich gegründet wurden, waren als Tertiarier den Häusern anerkannter religiöser Orden angeschlossen; andere arbeiteten auf Pfarrebene im Rahmen der bestehenden Konzilsvorschriften. Die bedeutendsten Institutionen im Bereich der regierungsunabhängigen Armenpflege im Frankreich der Frühen Neuzeit waren die *Compagnie du Saint-Sacrement* und die Gemeinschaft von Frauen, die unter dem Namen *Filles de la Charité* bekannt wurden. Die erste war ein Zusammenschluss religiöser Aktivisten, zu denen hochgestellte Kirchenleute ebenso gehörten wie Laien aus der französischen Oberschicht. Die Gemeinschaft wurde 1620 gegründet und wirkte mit großer Energie an der Reform der Armenpflege (u. a. Spitalpflege, geschlossene und offene Fürsorge, Gefangenenbesuche) in ganz Frankreich mit. Die andere Institution, die aus der nach-tridentinischen religiösen Erneuerung in Frankreich hervorging, stellte eine Mischung aus karitativer Vereinigung und regulärem Orden dar. Vinzenz von Paul und Louise de Marillac (1591–1660) gründeten sie als Hilfsorganisation zur Unterstützung und Ergänzung der karitativen Aktivitäten der zahlreichen Bruderschaften, die in den zwanziger Jahren des Jahrhunderts in Paris und in anderen Teilen Frankreichs aus dem Boden geschossen waren. Die Mitglieder kamen aus den weniger wohlhabenden Schichten der Gesellschaft. Die religiöse Gemeinschaft der *Filles de la Charité* leistete ihre Arbeit bald landesweit und war beim Klerus und bei den Laien gleichermaßen anerkannt. Die Schwestern wirkten in der Erziehung, der geschlossenen und offenen Fürsorge und in der Krankenpflege, kurz, sie bewiesen ihr karitatives Engagement in jeder nur denkbaren Form. Ihr philanthropischer Schwung erlahmte jedoch – mit wenigen wichtigen Ausnahmen –, als die große Welle der Mildtätigkeit des 17. Jahrhunderts verebbte. Allerdings entstanden hier und dort neue Institutionen im Sinne des heiligen Vinzenz von Paul und seiner Anhänger. Im 18. Jahrhundert änderte sich nicht nur der Kreis der Armenhilfe-Empfänger, sondern auch derjenigen, die die Unterstützung gewährten. Im Grenoble des 17. Jahrhunderts wurden beispielsweise Wohltätigkeitsinstitutionen von Richtern der Landesgerichte und Adligen aus den höchsten Kreisen des Militärs und der Kirche gegründet, finanziert und verwaltet. Im 18. Jahrhundert hatte sich die gesellschaftliche Elite aus diesen Ämtern bereits zurückgezogen und einer anderen sozialen Gruppe ihren Platz in der Armenpflege überlassen, dem Bürgertum: Anwälten, Geschäftsleuten, Bankiers, Ärzten und örtlichen Beamten.

Ihre traditionelle Funktion als Weg zur Gnade Gottes behielt die Wohltätigkeit vor allem in jenen Ländern und Städten in *Deutschland*, die entweder unter kirchlicher Herrschaft standen (wie Salem oder Fulda) oder von Katholiken regiert wurden (wie Münster oder Köln). In diesen Gemeinschaften hielt sich die traditionelle Auffassung von den Armen und Schwachen als Stellvertretern Christi länger als anderswo. Die katholische Wohlfahrt war insgesamt dezentralisiert; man nahm sich einer Reihe verschiedener Bedürfnisse an und bewies dabei ein relativ hohes Maß an gesellschaftlicher Toleranz. Das Ziel war, verschiedenen Bevölkerungsgruppen ganz allgemein Beistand zu leisten und durch Mitgefühl, Almosengaben und religiöse Erziehung Moral und Anstand zu fördern. In Deutschland wie im übrigen Europa der Frühen Neuzeit war die Gegenreformation ein Feldzug zur Eroberung der Seele. Der Bettler, der auf der Straße starb, war eine verlorene Seele, weil er ohne den Beistand der Sakramente starb, und dem untätigen Landstreicher drohte ständig die Verdammung. Die Armenpflege war daher in den Augen der katholischen Reformer mehr als rein materieller Beistand, sie beinhaltete vielmehr eine vollständige moralische Wandlung des Empfängers. So erließ Fürstbischof Julius Echter von Mespelbrunn (1541–1617) ein Dekret für Würzburg, durch das die Fürsorgeempfänger einer strengeren Kirchendisziplin und moralischen Kontrolle unterworfen wurden als zuvor. Bevor sie Almosen erhielten, mussten sie nachweisen, dass sie regelmäßig die Messe hörten und einen christlichen Lebenswandel führten. Auf diese Weise wurden die Armen nicht nur Gegenstand, sondern auch Werkzeug einer kirchlichen und moralischen Reform im großen Maßstab. Die katholische Obrigkeit war sich der Tatsache bewusst, dass eine zentrale Armenpflege religiösen wie weltlichen Behörden mehr Macht über das Privatleben ihrer Untertanen verschaffte. Die Tendenz zur Zentralisierung der Armenhäuser und der Institutionen offener Fürsorge war in den katholischen Gebieten stark ausgeprägt, obwohl der Kampf zwischen den Anhängern öffentlicher bzw. privater Armenpflege nicht immer einfach entschieden wurde. Bischof Echters Plan, die Armenhäuser und karitativen Einrichtungen von Würzburg zu zentralisieren, stieß beispielsweise auf heftigen Widerstand, als er der Stadtverwaltung bekannt wurde. Anfänglich war der Stadtrat gewillt, die Reform zu verhindern, wenngleich man die Zentralisierung als solche keineswegs ablehnte. Für die Stadt stellte sich nur die grundlegende Frage, wer denn dann verantwortlich sein würde: Bischof oder Stadtrat?

Maßnahmen und Entwicklungen des 16. Jahrhunderts wie die Almosenkollekte durch weltliche Beamte, eine strengere

Regulierung des Bettelwesens und die Neuverteilung und Zentralisierung der Einkünfte standen durchaus nicht im Gegensatz zu den Zielen der Kirchenhierarchie und der katholischen Obrigkeit. Im Gegenteil, sie stimmten mit den tridentinischen Regeln der Mildtätigkeit und den Bemühungen der katholischen Kirche überein, die Unzulänglichkeiten ungeregelter Wohlfahrt zu beseitigen, aber gleichzeitig so viel vom Geist traditioneller christlicher Caritas zu erhalten wie möglich. Das Konzil von Trient stellte ein ideologisches Instrument zur Verfügung, mit Hilfe dessen katholische Gemeinschaften in ganz Europa ähnliche Formen der Fürsorge entwickelten. Und selbst dort, wo die katholischen Herrscher oder die städtische Obrigkeit den letzten Schritt zur Einrichtung einer Zentralbehörde für die Armenhilfe, die Luthers »Gemeinem Kasten« entsprach, nicht mehr taten, selbst dort übten die Behörden eine strenge administrative und finanzielle Kontrolle über die Almosenvergabe aus. So entwickelten sich zwei Strukturen der Armenpflege. Parallel zum teilzentralisierten oder zentral überwachten Wohlfahrtssystem existierte der oft wichtigere Bereich privater Mildtätigkeit. Im nach-tridentinischen katholischen Europa blieb die milde Gabe direkt an den Bedürftigen oder an regierungsunabhängige karitative Institutionen (Bruderschaften, Spitäler usw.) ein bedeutendes Mittel, sich das Seelenheil zu sichern.

Institutionalisierte und informelle Armenhilfe

Auch in protestantischen Gemeinschaften waren die Geschenke, die man Bettlern unmittelbar machte – auf der Straße, vor der Kirche, in den Höfen der Schenken – viel spontaner und weniger diskriminierend. Zweifellos wurde diese unkontrollierte Form der Barmherzigkeit im gesamten untersuchten Zeitraum keineswegs ausgemerzt, sondern sie trotzte allen Versuchen seit dem 16. Jahrhundert, das Betteln gesetzlich zu verbieten. Es ist ein Irrtum zu glauben, die massive Verurteilung des Bettelns und das Vorhandensein alternativer Formen der Armenhilfe in den protestantischen Gemeinschaften hätten langfristig Auswirkungen auf die individuelle Mildtätigkeit gehabt. Ein herausragendes Beispiel für das Fortbestehen privater und individueller Mildtätigkeit liefert die Gestalt des anglikanischen Geistlichen Ralph Josselin (1617–1683), der gelegentlich fastete und die Mahlzeiten, auf die er verzichtete, an Bedürftige weitergab. In katholischen Städten gab es jedoch nach Aussage von Reiseberichten aus dem 18. Jahrhundert eine riesige Zahl von Bettlern auf den Straßen, die man dort gewiss nicht angetroffen hätte, wenn ihnen die Passanten nichts gegeben hätten. Im Paris des 18. Jahrhunderts hatten die meisten der von der Polizei festgenommenen Bettler durchschnittlich 47 Sous in der Tasche, vermutlich Geld, das sie als Almosen erhalten hatten. Das war mehr als doppelt so viel wie der Tageslohn eines Arbeiters im Baugewerbe. Diejenigen, die bei ihrer Festnahme wegen Bettelns ohne Geld angetroffen wurden, hatten statt dessen im Durchschnitt vier Stück Brot dabei, die sie kurz vorher erbettelt hatten. Allerdings sollte man diese Erkenntnisse nicht verallgemeinern. Aus anderen Quellen weiß man, dass selbst in katholischen Städten die Bürger es allmählich leid wurden, den von Tür zu Tür ziehenden Bettlern etwas zu geben, auch wenn ihnen klar war, dass das Betteln Lücken in der Fürsorge füllte.

In ländlichen Gegenden lagen die Dinge etwas anders. In jüngeren Untersuchungen wird die Ansicht vertreten, die Form der persönlichen Almosengabe habe sich auf dem Land wegen der traditionellen Frömmigkeit und der persönlicheren Bindungen länger erhalten. Ein französischer Dorfpfarrer beschreibt, wie dieses System in der Diözese von Tours im Jahre 1774 funktionierte. Jeden Morgen gab man nach der Messe den als arm bekannten Frauen und Kindern, die in der Messe waren, eine Scheibe Brot. Im Lauf des Vormittags wurden die Kinder in Absprache mit dem Pfarrer aufgeteilt und bekamen von den reicheren Familien eine Schale Milch. Nach Mittag suchten die Mütter dieser Kinder dieselben Häuser auf, wo man ihnen ein in Suppe oder Soße eingeweichtes Stück Brot gab oder die Reste der Hauptmahlzeit überließ. In ähnlicher Weise führte man auch die alten Armen den besser gestellten Haushalten zu. Und 1601 berichteten die Armenpfleger von Holkham in Norfolk, es gebe in ihrem Pfarrbezirk auch verschiedene Arme, die keine Geldzuwendung erhielten, weil sie man sie zur täglichen Versorgung bestimmten Einwohnern zugewiesen habe.[12] Diese formlose Armenhilfe kam jedoch nur den Ortsarmen zugute. Doch selbst der umherziehende Bettler konnte auf Unterstützung in Form von Sachleistungen hoffen und, was besonders wichtig war, auf ein Nachtlager in einer Scheune. Allerdings war diese Art mildtätiger Gaben – als Sach- oder Geldleistung – sehr eingeschränkt und zufällig; gegen die chronische Armut auf dem Land richtete dies wenig aus.

Aus einleuchtenden Gründen ist es fast unmöglich, die Zunahme institutioneller Armenhilfe seit dem Aufkommen einer Sozialpolitik im 16. Jahrhundert zu quantifizieren, sei es in zentralisierten oder auch dezentralen Systemen öffentlicher Wohlfahrt. Der beste Indikator sind vielleicht die Gesamtausgaben für die Armenpflege in ausgewählten europäischen Städten bezogen auf die Bevölkerungszahl. Die Graphik auf Seite 188 zeigt die geschätzten Ausgaben pro tausend Einwohner zu verschiedenen Zeitpunkten in deutschen und englischen Städten. Auch wenn diese Zusammenstellung durch Lücken in den Urkunden beeinträchtigt ist und in bestimmten Fällen auf geschätzten Einwohnerzahlen beruht, vermittelt das Diagramm eine anschauliche Vorstellung von der Bedeutung institutioneller Armenpflege in frühneuzeitlichen Städten Europas. Die öffentlichen Ausgaben für die Armen nahmen in diesem Zeitraum zu, zunächst sprunghaft gegen Ende des 16. Jahrhunderts, und in den folgenden Jahrhunderten dann gleichmäßiger. Was die Graphik ebenfalls zeigt, ist die Tatsache, dass selbst in den deutschen Städten, wo man der öffentlichen Wohlfahrt vor dem späten 18. Jahrhundert misstraute – im Gegensatz zu den Städten in England, die durch Gesetzesinitiativen der Zentralregierung energisch dazu angehalten wurden –, die finanziellen Aufwendungen zwischen dem Beginn und dem Ende des untersuchten Zeitraums auf das Doppelte anstiegen. Aus dieser provisorischen Statistik ist abzulesen, dass die soziale Wohlfahrt nach und nach zu einem wesentlichen Merkmal der Fürsorge in den meisten europäischen Stadtzentren der Frühen Neuzeit wurde.

Ausgaben für die öffentliche Armenpflege in deutschen und englischen Städten der Frühen Neuzeit

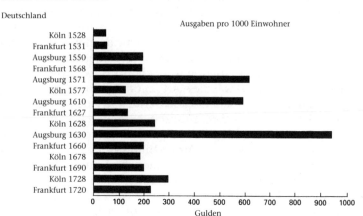

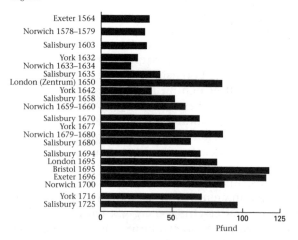

Quellen: R. Jütte, »Poverty and Poor Relief«, *Germany: A Social and Economic History*, Band II, hg. v. Robert Scribner/Sheila Ogilvie, London 1996, Abb. 4; Paul Slack, *Poverty and Policy in Tudor and Stuart England*, London/New York 1988, S. 181, Abb. 4.

Es lässt sich nur schwer feststellen, ob die zentralisierten Strukturen der Armenpflege in den protestantischen Gemeinden, die ihre Mittel zweckmäßiger zuteilen sollten, die Armen besser versorgten als das im Prinzip dezentrale System der katholischen Städte. In jedem Fall sollten beide nur die schlimmsten Härten der Armut ausgleichen. Die Historiker haben den Wandel der Sozialpolitik im 16. Jahrhundert zwar wahrgenommen, sie haben aber – außer in einigen Fallstudien – die langfristigen Entwicklungen nicht systematisch analysiert. Es besteht kein Zweifel, dass die Ausgaben für institutionelle Armenpflege in vielen europäischen Ländern während des 17. und 18. Jahrhunderts langsam, aber stetig zunahmen, und zwar über die Inflationsrate und das Bevölkerungswachstum hinaus. Zumindest in den städtischen Zentren der Frühen Neuzeit entwickelte sich die öffentliche Armenpflege zu einem machtvollen Instrument, mit dem man Unruhen unter den Bedürftigen beherrschen und soziale Disziplin durchsetzen konnte. Die Archive der Stadtverwaltungen zeigen, dass die Obrigkeit kurzfristige Notlagen, wie Missernten, Handelskrisen oder Seuchen, meistern konnte. Außer der Armenpflege gab es noch andere Maßnahmen der Obrigkeit, die das Betteln und die Landstreicherei einschränkten. Auf dem Land sah die Lage jedoch ganz anders aus. Die traditionellen Formen der Armenhilfe in ländlichen Siedlungen waren überlastet, sodass die Migration eine Notwendigkeit blieb. Um das Problem zu lösen, sahen die örtlichen Behörden keine andere Möglichkeit, als die nicht ansässigen Bedürftigen an ihren Herkunftsort zurückzuschicken, wo sie – wenigstens in der Theorie, aber nicht unbedingt in der Praxis – in den Genuss gesetzlicher Armenhilfe kamen. Diese Methode, die Bedürftigen abzuschieben (häufig mit einer zusätzlichen Bestrafung verbunden), kostete Zeit und Geld. Doch erst gegen Ende des 18. Jahrhunderts kamen viele europäische Regierungen davon ab.

Die Armen als Außenseiter der Gesellschaft

Armut und Kriminalität

Aus der Sicht der Kirche wie in den Augen der Staatsgewalt ging Armut stets mit Sünde und Verbrechen einher. Die Zeitgenossen sahen darum in der Person des Armen nicht nur Jesus Christus, sondern manchmal den Teufel persönlich. Ein englischer Autor, der in der frühen Tudorzeit durchaus Einfluss auf Regierungskreise hatte, schrieb 1532/33, die Armut sei »die Mutter von Verdruss und Bosheit, Zwietracht und Streit, und vieler anderer Übel, die daraus folgen«.[1] Und offenbar waren Katholiken und Protestanten in dieser Meinung einig. Im frühen 17. Jahrhundert beschreibt eine von der Heilig-Geist-Gesellschaft in Toulouse herausgegebene Flugschrift ausführlich die materiellen und spirituellen Gefahren, die von der Armut ausgehen:

»Sie [die Armen] leben fern der Kirche, gotteslästerlich, wider Gott... Nie hören sie die heilige Messe, sie beten nie zu Gott... Die Bettler, die dort in der Stadt leben, manche seit mehr als zehn Jahren, plündern ihre Gastgeber, rauben ihnen Kraft durch Laster und Sittenlosigkeit... wenn man ihnen Almosen gibt, richtet man mehr Schaden als Nutzen an, denn es scheint... dass man dadurch nur eine Bande von Schwächlingen, Kneipengängern, Sittenstrolchen, Gaunern, Räubern und Dieben am Leben erhält, mit anderen Worten: ein ganzes Nest des Lasters.«[2]

Im Europa der Frühen Neuzeit betrachtete man überall die Armen und insbesondere die arbeitsfähigen Armen als Unruhestifter der Gesellschaft, die Moral und bürgerliches Leben bedrohen. William Perkins (1558–1602), der erste kalvinistische Theologe in England, verglich das Leben von Gaunern, Bettlern und Landstreichern mit dem der Tiere. Ähnliche Einstellungen finden sich im zeitgenössischen Schrifttum auch bei Nicht-Theologen. Die Armut und ihre Begleiterscheinungen – Sünde, Verbrechen und Landstreicherei – stellten nicht nur ein Problem für die weltlichen Behörden dar, sondern auch für die Kirche. Der Bettler, der ohne festen Wohnsitz im Elend und in unmittelbarer Gefahr für Leib und Seele lebte, ließ sich nicht ohne Schwierigkeiten in die Pfarrgemeinde integrieren; ihm fehlte die besondere Aufsicht und die Unterweisung in den christlichen Tugenden. In den Augen katholischer wie protestantischer Theologen mussten die Menschen, die »ohne Stand, ohne Richter, ohne Geistlichkeit, ohne Gott in der Welt leben, die Gott nicht anbeten, dem Fürsten nicht dienen, dem Gemeinwohl nicht nutzen«[3], kirchlicher wie sozialer Disziplin unterworfen werden.

Als die Fürsorgeempfänger im späten 15. und frühen 16. Jahrhundert immer zahlreicher wurden, begann man in der Gesetzgebung der Zeit zwischen bedürftigen und unwürdigen Bettlern zu unterscheiden. Die Definition der »wahren« Armen (z. B. Kinder, Alte, Kranke und Gebrechliche) spiegelte die veränderte Sozialpolitik der frühneuzeitlichen Regierungen in ganz Europa wider, die sich weigerten, mit Arbeitslosigkeit als solcher das Betteln zu entschuldigen. Die Behörden vertraten die Ansicht, alle Bettler, abgesehen von denen, die aus Alters- oder Gesundheitsgründen ihren Lebensunterhalt nicht selbst verdienen konnten, seien als bewusste Müßiggänger zu betrachten, die man unnachsichtig verfolgen müsse. Daher wurde das Betteln arbeitsfähiger Armer kriminalisiert. Das geschah in der Absicht, denen beizustehen, die sich nicht selbst helfen konnten; wer arbeitsfähig, aber nicht arbeitswillig war, hatte dagegen keinen Anspruch auf Fürsorge, sondern bekam unterschiedliche Ordnungsmaßnahmen zu spüren. Im 16. und 17. Jahrhundert entwickelte sich eine stereotype Vorstellung, die besagte, in der Regel gehe die Gefahr von heimatlosen, herrenlosen und wohnsitzlosen Bettlern aus. Der Bettler, der auf kriminelle Abwege geriet und sich nicht an die Konventionen einer christlichen Gesellschaft der »Stände« und »Berufe« hielt, wurde plötzlich zum Landstreicher, zum strafwürdigen Angehörigen einer abweichenden Subkultur. Die Art der Bestrafung fiel je nach dem Grad der Abweichung verschieden aus, wie sich aus Tabelle 11 ablesen lässt, in der die unterschiedlichen Strafen verschiedener Gruppen »sittenloser Armer« im Bordeaux des frühen 16. Jahrhunderts aufgeführt sind. Zur Rechtfertigung ihrer Strafpraxis, die sich im Verlauf des 17. und 18. Jahrhunderts noch verschärfte, hoben die Herrschenden den Zusammenhang zwischen Bettelei und Kriminalität hervor. In einer Proklamation des französischen Königs vom 12. Oktober 1686 heißt es, die arbeitsfähigen Armen gingen keiner Arbeit nach, sondern sie »geben sich dem Bettlerdasein hin, verfallen dem Müßiggang, verüben Raubüberfälle und geraten zum Unglück auf zahlreiche andere verbrecherische Abwege«.[4] Die Gleichsetzung des Bettelns mit Verbrechen wurde vom 16. Jahrhundert an zum Gemeinplatz. Das diente der Rechtfertigung rücksichtsloser, aber auch erfolgloser Maßnahmen gegen Menschen, die angeblich unverbesserliche Faulpelze waren und verstockt darauf beharrten, von der Wohlfahrt zu leben, wodurch sie unvermeidlich vom rechten Wege abkamen, sodass ihnen ein gesetzloses und verbrecherisches Leben (Landstreicherei, Diebstahl, Schmuggel und Prostitution) zur Gewohnheit wurde.

Tabelle 11: *Die Bestrafung verschiedener Arten »sittenloser Armer« in Bordeaux (1542)*

Person	Vergehen	Erststrafe	Strafe bei Wiederholung
1. ortsfremde Arme	Faulenzen	Prügelstrafe	nach Gutdünken
2. Arbeitsscheue	Betteln	Arbeitszwang	Prügelstrafe
3. betrügerische Bettler	Störung d. öff. Ordn.	Prügelstrafe	–
4. gewöhnliche Arme	Betteln	Armenhaus	nach Gutdünken
5. arme Verbrecher	Verbrechen	willkürlich	–
6. Müßiggänger	Glücksspiel	Arbeitszwang	–
7. Konkubinen	Konkubinat	Prügelstrafe	–
8. Bordellwirte, Zuhälter	Prostitution	Untertauchen	nach Gutdünken
9. Landstreicher	Müßiggang	Prügelstrafe/ Ausweisung	–

nach: Martin Dinges, *Stadtarmut in Bordeaux, 1525–1675*, Bonn 1988, S. 267, Tabelle 59.

Landstreicherei

Landstreicherei war ein gesellschaftlich definiertes Vergehen, in dem sich das doppelte Problem geographischer und sozialer Mobilität im Europa der Frühen Neuzeit spiegelt. Übeltäter wurden nicht wegen ihrer Taten verhaftet und bestraft, sondern wegen ihrer Randposition in der Gesellschaft. Die unausgesprochene Voraussetzung dafür war die Überzeugung, ein Landstreicher sei kein gewöhnlicher Krimineller; er wurde als große Gefahr für die Gesellschaft betrachtet, von allen Behörden verfolgt und als Außenseiter gebrandmarkt. Das Vergehen, das man ihm vorwarf, stellte das moralische und physische Wohlergehen christlicher Gesellschaft ernsthaft in Frage. Man darf diese Landstreicher nicht mit jenen Außenseitern verwechseln, die im mittelalterlichen Deutschland als »fahrende Leute« bekannt waren. Darunter fielen ganz verschiedene Menschen, vom reisenden Gelehrten über Minnesänger bis zu Messerschleifern. Viele von ihnen übten wenig angesehene Gewerbe bzw. Berufe aus, die Mobilität voraussetzten (Unterhaltungskünstler, fahrende Heiler, Hausierer, Kesselflicker). Auch sie wurden verachtet, verspottet, gebrandmarkt, ausgestoßen, aber wegen ihrer andersartigen Lebensweise nicht systematisch verfolgt. Allerdings tritt im Lauf des 15. Jahrhunderts neben diesen traditionellen »Vagabunden« ein neues gesellschaftliches Phänomen ins Licht: der betrügerische Bettler und der arbeitsscheue, rüstige Bettler. Sein Erscheinen löste eine entsprechende Reaktion der Obrigkeit aus. Im frühneuzeitlichen Württemberg wurden beispielsweise die Staatsdiener 1495 aufgefordert, nach vagabundierenden Müßiggängern Ausschau zu halten, und bis 1508 war die Zahl derer gestiegen, die man unter der Beschuldigung »verdächtiger Landstreicherei« verhaftete. Der juristische Begriff der Landstreicherei beruht auf der Unterscheidung zwischen arbeitsfähigen und »hilfsbedürftigen« Armen. Sie war seit dem Spätmittelalter von den Kritikern der traditionellen Armutsidee propagiert worden, wurde aber erst ab dem 16. Jahrhundert von Regierungen jeder Couleur übernommen. Den ideologischen Unterbau lieferten die rhetorischen Gedankenflüge von Humanisten und Predigern und die Attacken gegen Landstreicher im volkstümlichen Schrifttum. Ein Randkommentar zur Apostelgeschichte 17, 1–6 der Genfer Bibel beschreibt das »Gassenvolk« des Bibeltexts als »Herumtreiber (...) die nur durch die Straßen ziehen, Bösewichter, die für Geld zu jeder Untat bereit sind, solche, die wir gemeinhin Schurken nennen, der Abschaum aller kleinen und großen Städte«.[5] Die Bedrohung durch die Landstreicherei ist in der Armengesetzgebung nicht weniger präsent, wird dort aber natürlich präziser definiert, gewöhnlich unter Bezugnahme auf einzelne von insgesamt fünf Hauptmerkmalen, die A. L. Beier benannt hat: arm, arbeitslos, arbeitsfähig, heimatlos und verdächtig. Das englische Landstreichergesetz von 1531 definiert den Übeltäter als »jeden Mann oder jede Frau, die körperlich unversehrt, kräftig und arbeitsfähig ist, kein Land besitzt, keinen Herrn hat und auch nicht rechtmäßig Handel betreibt, Handwerk oder Beruf ausübt, um den Lebensunterhalt zu verdienen«. Eine impressionistischere Darstellung findet sich in der volkstümlichen Literatur der Zeit, so in Thomas Dekkers *Bell-Man of London* (1608), wo der Autor den Landstreicher recht plastisch beschreibt:

»Einen Schuft kennt jeder bei seinem Namen, aber nicht jeder kennt ihn, wie er ist: Kein Puritaner verstellt sich besser als er. Man wird ihn in jammervollem Tone reden hören und sehen, wie er sich durch die Straßen schleppt, mühsam auf seinen Stock gestützt, als könne er sich kaum mehr auf den Beinen halten. Den Kopf bindet er in Tücher, widerwärtig anzuschauen und so verdreckt wie sein Gesicht geschwärzt; er kleidet sich in Lumpen, die Brust enblößt, meist trägt er nicht einmal ein Hemd... das alles, um unser Mitleid zu wecken und Geld zu bekommen, das er, wenn er es erst einmal ergattert hat, des Nachts so lustig und unzüchtig verprasst, wie er es tagsüber mit schurkischer Verstellung ergaunert hat.«[6]

Mit diesem Bild vom Landstreicher und arbeitsscheuen Bettler war die Vorstellung verwandt, die Vagabunden seien nicht eigentlich arm durch äußere Umstände, die man ihnen nicht anlasten könne, als vielmehr aus eigenem Verschulden. Der Nürnberger Künstler Barthel Behaim (vgl. Abb. 1) stellte 1524 zwölf verschiedene Arten von Landstreichern dar und zeigte gleichzeitig die Gründe für ihren Abstieg zum Bettlerdasein. Nur ein einziger ist von Geburt an arm, alle anderen werden als Außenseiter beschrieben, denen es nicht gelungen ist, sich den zeitgenössischen Normen anzupassen. Fünf sind Bettler, weil sie moralisch versagt haben: der Lebemann, der Spieler, der Verschwender, der Zecher und der Streithahn. Drei wurden durch eigene Dummheit arm: der Alchimist, der ewige Student und der Verprasser des Erbes. Die drei Frauen sind durch moralische Schuld verarmt: die faule Magd, die verführte Dienstmagd und das Flittchen.

Die dehnbaren juristischen Definitionen der Landstreicherei und auch die Beschreibungen in der gelehrten oder volkstümlichen Tradition bleiben nicht rein theoretisch. Natürlich wies nicht jeder Übeltäter alle stereotypen Merkmale auf, und sie waren auch nicht unabdingbare Voraussetzung für eine tatsächliche Verfolgung oder Verhaftung. Nach Aussage der zeitgenössischen Quellen hatte die Zahl der Landstreicher im Verlauf des 16. Jahrhunderts zugenommen, doch es ist schwer, solche Schätzungen statistisch zu erhärten. Der deutlichste Hinweis auf eine tatsächliche Zunahme in der Frühen Neuzeit ergibt sich aus den Zahlen derer, die ausschließlich wegen Landstreicherei verhaftet, schuldig gesprochen oder bestraft wurden, und nicht wegen irgendeines anderen Vergehens. Im späten 16. Jahrhundert ging die Zahl der englischen Landstreicher, die man im Zuge der Razzien nach der Rebellion im Norden aufgespürt hatte (1571/72), bloß in die Hunderte, während der Kronrat sechzig Jahre später die Festnahme von vielen Tausenden herumziehender Gauner und arbeitsfähiger Bettler berichtet (fast 25 000 in 32 englischen Grafschaften zwischen 1631 und 1639). Wahrscheinlich stieg die Zahl der als Landstreicher zu bezeichnenden Personen bis weit ins 17. Jahrhundert an, und zwar nicht nur in England, sondern auch in anderen europäischen Ländern. Doch es sollte noch schlimmer kommen. Im 18. Jahrhundert verschärfte sich die Lage nicht nur durch demographische und wirtschaftliche Faktoren, sondern auch durch die verstärkten Anstrengungen der Regierungen, das Problem zu beseitigen. Eine vergleichende Statistik der Gesamtzahl von Landstreichern in verschiedenen europäischen Ländern wird dadurch kompliziert, dass man diese Personen unterschiedlich bestrafte. Trotz zahlloser Ungewissheiten ist es möglich, die Zahl derjenigen zu vergleichen, die im späteren 18. Jahrhundert in England und Frankreich als Landstreicher (im weiteren Sinn) in »Besserungsanstalten« (*houses of correction*) bzw. »Arbeitshäusern« (*dépôts de mendicité*) eingeliefert und interniert wurden. Während man in England jährlich drei- bis viertausend Landstreicher und Arbeitsscheue einwies, verhaftete die französische Polizei im gleichen Zeitraum (in den siebziger und achtziger Jahren) zwischen zehn- und dreizehntausend Landstreicher jährlich. Ein Vergleich der Zahlen pro 100 000 Einwohner zeigt, dass die französische Regierung offenbar mit größerem Erfolg operierte und ihre Polizei die Gesetze gegen die Landstreicherei, die in beiden Ländern seit dem 16. Jahrhundert in Kraft waren, besser durchzusetzen verstand. Diese Zahlen geben also durchaus Aufschluss über das Durchsetzungsvermögen der beiden mächtigsten Staaten Europas und ihrer jeweiligen Polizeiorgane im 18. Jahrhundert, aber ohne Zweifel unternahmen andere Länder vergleichbare Anstrengungen, um die Landstreicherei in den Griff zu bekommen. Im Jahre 1780 verhaftete die bayerische Polizei über 1000 Menschen in einer großangelegten Fahndung nach allen Landstreichern und Betrügern. Dieselbe Polizeibehörde verzeichnet für die Jahre 1786–88 die Verhaftung von über 5834 Bettlern und Vagabunden.

Dennoch wäre es irreführend, mit den oben genannten Zahlen das wirkliche Ausmaß des Problems beziffern zu wollen. Da die Quellen lückenhaft sind, kann man die Zahlen leicht unterschätzen. Andererseits ist die besondere Auffälligkeit (»high visibility« – A. L. Beier) dieser Gesellschaftsgruppe zu berücksichtigen, die wiederum zu einer Überschätzung bei den Zeitgenossen führte. Außerdem sind die angegebenen Verhaftungswellen mit Vorsicht zu beurteilen, weil sie bestimmte Schwankungen spiegeln können; so konnte die Zahl der Bettler und Vagabunden im Sommer (besonders auf dem Land) oder nach der Beendigung von Feldzügen (wegen der Massenentlassungen von Soldaten oder wegen der zahllosen Flüchtlinge) enorm zunehmen, und das Gleiche gilt für Zeiten wirtschaftlicher Flaute oder während einer Hungerkrise.

Die Quellen geben auch Auskunft über die Struktur der Landstreicherei. So waren Landstreicher mobiler und überwanden größere Entfernungen als andere Migranten. Einer englischen Untersuchung zufolge bewegten sich Lehrlinge und Handwerksgesellen in einem Radius von unter vierzig Meilen, während von den Landstreichern mit feststellbarer Herkunft mehr als siebzig Prozent weiter herumgekommen waren und ein erheblicher Teil (22 Prozent) sogar einen Radius von einhundert Meilen überschritten hatte. Das Durchschnittsalter verhafteter Landstreicher ist wegen der unvollständigen Unterlagen oft schwer zu ermitteln. Dennoch lassen die wenigen vorliegenden Statistiken für die Zeit zwischen dem 16. und 18. Jahrhundert keinen Zweifel daran, dass die Landstreicherei im Wesentlichen ein Vergehen junger Menschen war. Vergleicht man die Zahlen in England für die Zeit zwischen 1570 und 1622 einerseits und 1623 und 1639 andererseits, so sank der Anteil der unter 21-jährigen von zunächst 67 Prozent auf 47 Prozent ab, blieb aber insgesamt hoch. Die entsprechenden Zahlen für Deutschland im späten 18. Jahrhundert liegen ein wenig niedriger, aber in Holstein z. B., wo die Behörden die Zahlen für Kinder durchgängig festhielten, lag der Anteil der Jugendlichen unter den Landstreichern bei mindestens 28 Prozent. Die meisten Landstreicher waren alleinstehend und männlichen Geschlechts (vgl. Tabelle 12). Eben diese Gruppe ist in den Listen ortsansässiger »ehrbarer« Armer unterrepräsentiert. Das überwiegend jugendliche Alter ist somit ein weiteres Merkmal des Landstreichers.

Die zeitgenössischen Beobachter und Gesetzgeber gehen fast ausnahmslos davon aus, dass Landstreicher sich bewusst für die Arbeitslosigkeit entschieden. Was uns an Dokumenten über die jeweils zurückliegende und aktuelle Beschäftigung vorliegt, lässt darauf schließen, dass das Problem der Arbeitslosigkeit an Bedeutung zunahm, während die Erwerbsmöglichkeiten schrumpften. Die Armen mussten daher auf weniger gesicherte Beschäftigungen zurückgreifen, z. B. als Gelegenheitsarbeiter, Soldaten

Tabelle 12: *Landstreicher und fahrende Bettler: Verteilung nach Geschlecht*

Ort	Zeit	männl (abs.)	%	weibl. (abs,)	%	Kategorie
Köln	1568–1612	74	93	5	7	verhaftete Bettler
Toledo	1597	136	82	33	19	ausgewiesene Bettler
Cheshire	1570–1600	129	51	48	19	Landstreicher alleinst.
Essex	1597–1620	69	67	18	17	Landstreicher alleinst.
Norwich	1597–1609	186	50	106	28	Landstreicher alleinst.
London	1624–1625	453	56	320	39	Landstreicher alleinst.
Chelmsford	1620–1680	143	72	56	28	verhaftete Bettler
Salzburg	1675–1690	–	70	–	30	verhaftete Bettler
Aix-en-Provence	1724	834	70	360	30	eingewiesene Bettler
Bayern/Franken/Schwaben	1750–1790	4739	65	2518	35	ausgew. Landstreicher
Meaux/Melun	1768–1790	–	83	–	17	eingew. Landstreicher
Rennes	1777	135	66	68	34	eingew. Landstreicher
Grenoble	1772–1790	–	63	–	37	eingew. Landstreicher
Madrid	1786	374	82	84	18	verhaft. Landstreicher
Holstein	1794–1809	–	53	–	28	verhaft. Landstreicher

oder Unterhaltungskünstler, was damals eng mit dem Landstreicherdasein verbunden war. Nach einer Studie zum Profil der Landstreicher im England des 16. und 17. Jahrhunderts waren rund ein Drittel derer, die in der Vergangenheit erwerbstätig gewesen waren, in der Produktion von Lebensmittel, Lederwaren, Textilien und Metallwaren oder im Bergbau und Baugewerbe beschäftigt; mindestens ein Drittel waren Dienstboten, Lehrlinge, Gesellen, ungelernte Arbeiter und Erntehelfer; beinahe ein Fünftel waren Kleinhändler und Hausierer, ein Zehntel Soldaten oder Matrosen. Dieses Beschäftigungsprofil zeigt eine auffallende Übereinstimmung mit dem, das man für Landstreicher erarbeitet hat, die im 18. Jahrhundert in Bayern verhaftet wurden. Die zweitgrößte Gruppe, die in deutschen Verhaftungslisten einen wichtigen Platz einnimmt, setzt sich aus einer Mischung von fahrenden Handwerkern und Angehörigen »gefährlicher Gewerbe« zusammen, zu denen vor allem Abdecker, Schinder und ihre Gehilfen und Familien gehörten.

All diese Eigenschaften und sozialen Merkmale schufen den Nährboden für die Abneigung gegenüber faulenzenden Gaunern und arbeitsfähigen Bettlern, die man mit gewöhnlichen Migranten oder Fürsorgebedürftigen in einen Topf warf.

Diebstahl

1789 wiederholte ein französischer Geistlicher, was andere Autoren in den drei Jahrhunderten vor der Französischen Revolution ähnlich ausgedrückt hatten: Bettler seien nicht besonders religiös und noch weniger ehrenhaft, weswegen sie der Versuchung zum Diebstahl nicht lange widerstehen könnten.[7] Den Zeitgenossen mögen die Landstreicher und die vielen Verbrechen, die man ihnen anlastete, Angst eingejagt haben, aber die Bürger frühneuzeitlicher Städte hatten in Wahrheit mehr von ihren Nachbarn zu fürchten, ob sie nun arm waren oder nicht. Den Bedürftigen stand außer der Fürsorge und dem Betteln immer eine weitere Alternative offen: die Kleinkriminalität, insbesondere der Diebstahl. Selbstverständlich war Diebstahl kein Monopol der Armen, doch ihre Vergehen kamen im Allgemeinen am ehesten vor Gericht, vor allem, wenn Fremde, nicht die Ortsarmen, sie begangen hatten.

Die Beweise für eine signifikante Zunahme von Diebstählen in Notzeiten sind nicht unbedingt schlüssig. Im England des späten 16. Jahrhunderts stieg die Zahl der in den Grafschaften rund um London überführten Diebe unmittelbar nach Missernten zwar an; in anderen Untersuchungen dagegen ist der Zusammenhang zwischen Getreidepreisen und Diebstahl weniger eindeutig. So gibt es im 17. Jahrhundert in Bordeaux nur zwei Jahre, für die sich eine unmittelbare Korrelation zwischen wirtschaftlicher Not und Kriminalität nachweisen lässt, und diese beiden Fälle (1614 und 1630) sind gewiss nicht typisch, weil in anderen Jahren der Getreidepreis noch höher lag, die Eigentumsdelikte aber zurückgingen.

Unglücklicherweise geben die Gerichtsprotokolle nur selten ausführlich Auskunft über die wirtschaftliche Lage der Übeltäter, denn vor dem 18. Jahrhundert hatte man kein ausgeprägtes Interesse an mildernden Umständen. Erst seit dieser Zeit erklärten die Delinquenten ihr Vergehen viel häufiger als ihre Vorgänger mit ihrer wirtschaftlichen Notlage. Nach Aussage einer Untersuchung über Kriminalität und Armut im Grenoble in der Frühen Neuzeit waren die Richter zur Zeit der Aufklärung eher geneigt, mildernde Umstände zu berücksichtigen, und die Diebe waren naturgemäß nur allzu willig, sie ihnen auch zu liefern. Dazu gehörte z. B. eine gewisse Marie Mansion, eine mittellose, sechzigjährige Altwarenhändlerin, die dem Gericht erklärte, ihr »Elend« habe sie gezwungen, Brot zu stehlen, während ein anderer, viel jüngerer Dieb, ein achtzehnjähriger arbeitsloser Maurerlehrling, behauptete, der »Hunger« habe ihn getrieben, Eisen bei einem Schmied zu entwenden. Solche Entschuldigungen und Behauptungen sind jedoch selbst im 18. Jahrhundert selten, und jede Feststellung über den Zusammenhang zwischen Kriminalität und Armut kann sich nur auf schwankende Kriterien wie Beruf, Herkunft und die Art des Vergehens berufen. Informationen über die Kategorie der Personen, die im 18. Jahrhundert in Aix-en-Provence wegen Diebstahls verhaftet wurden, und über ihren sozialen Hintergrund lassen erkennen, dass sie aus den bedürftigsten Schichten der Bevölkerung kamen. Die meisten Delinquenten waren arme Hilfs- und Textilarbeiter, jene gesellschaftliche Gruppe also, welche die Reihen der Armen und der Fürsorgeempfänger in der Stadt füllten.

Natürlich heißt das nicht, dass es in den Städten der Frühen Neuzeit keine Berufsverbrecher gegeben hätte. Ganz im Gegenteil, in den Augen der zeitgenössischen Autoren und der Obrigkeit galt die Zunahme des organisierten Verbrechens als alarmierend. Angesichts der Tatsache, dass sich in der Stadt Geld und Wertsachen konzentrierten und leichter zugänglich waren, angesichts auch der Einwohnerzahl und -dichte sowie der stärker fluktuierenden Bevölkerung, aber ebenso auf Grund eines ausgeprägten Konsumverhaltens boten sich hier ideale Bedingungen für alle, die ihren Lebensunterhalt auf unehrliche Weise verdienen wollten. Es ist daher kaum verwunderlich, dass die Menschen sich vom 16. Jahrhundert an plötzlich der Existenz einer »kriminellen Unterwelt« (Christopher Hill) bewusst wurden. Trotz aller Mühe dieser professionellen Diebe war die Verbrechensquote im frühneuzeitlichen Europa im Vergleich zur modernen postindustriellen Gesellschaft immer noch ziemlich niedrig.

Die Art des Diebesguts in der Kleinkriminalität zeigt die Beziehung zwischen Armut und Verbrechen an. In einigen französischen Städten wurden bei der Hälfte aller Diebstähle Kleidung und Stoffe entwendet, wozu auch Zubehör wie Schuhschnallen, Knöpfe, Broschen usw. gehörten. Andere Untersuchungen zeigen, dass unter den ärmeren Schichten im England der Frühen Neuzeit der Diebstahl und die Hehlerei von Kleidung weit verbreitet waren. So betrug der Anteil von Kleidung und Haushaltsgegenständen an allen Diebstählen im 17. Jahrhundert in Essex 14 Prozent, und ein Jahrhundert später stellte in Surrey Kleidung das häufigste Diebesgut dar. Eine neuere Studie über Paris weist sogar eine beträchtliche Steigerung (von 24 auf 37 Prozent) des Anteils dieser Delikte an allen im Châtelet verhandelten Kriminalfällen auf, woraus man schließen kann, dass der Konsumtrend, der sich zuallererst auf eine stattliche äußere Erscheinung richtete, entscheidenden Einfluss auf die Auswahl der Diebesbeute ausgeübt haben muss. Eine soziologische Analyse der wegen Kleiderdiebstahls angeklagten Delinquenten lässt erkennen, dass im Paris des 18. Jahrhunderts die Armen oft ihresgleichen bestahlen, wenn auch die häufigsten Opfer die Inhaber von Pensionen und deren Bewohner waren, sowie diejenigen, die Gelegenheitsarbeiter oder Hausbedienstete beschäftigten. Zwei Drittel der Straftäter gehörten der untersten Arbeiterschicht an; sie waren als Lehrlinge, Hilfsarbeiter oder Gesellen beschäftigt. Elf Prozent waren Hausbedienstete, nur 3,5 Prozent Soldaten. Die Historiker haben den Kleiderdiebstahl im Europa der Frühen Neuzeit grundsätzlich als Gelegenheitsdiebstahl beschrieben, doch waren nicht selten professionelle Diebe am Werk. Für die in Banden operierenden spezialisierten Kleiderdiebe gab es in England im 16. Jahrhundert im Fachjargon sogar eigene Bezeichnungen (»*anglers*« und »*hookers*«).

Auf dem Land war das Diebesgut ähnlicher Art; der Diebstahl von Kleidung stand an zweiter Stelle in der Statistik. Am häufigsten wurden Lebensmittel für den unmittelbaren persönlichen Verzehr entwendet: Getreide, Honigwaben, Käse,

Obst, Eier, Fleisch, Wurst, Speckseiten (von den reicheren Höfen). Die Beschränkung auf relativ wenige Diebesgüter spiegelt das Zusammenspiel zwischen Ökonomie und krimineller Gelegenheit und beweist gleichzeitig, dass die Bestohlenen selbst nicht zu den Wohlhabenderen zählten. Die Gelegenheitsdiebe, die in den Archiven der Kriminalgerichte Englands und denen der *Prévôtés* in Frankreich den Löwenanteil ausmachen, gehörten in der Regel nicht zu denen, die den Bauern Angst einjagten. Auf dem Land fürchtete man vor allem im 18. Jahrhundert viel mehr das Bandenunwesen. Die Landbevölkerung hatte wie die örtlichen Behörden grundsätzlich das Gefühl, dass man mit Bettlern, die hier und da etwas mitgehen ließen, und mit den Ortsarmen, die gelegentlich Lebensmittel oder Holz stahlen, durchaus allein zurecht kam. Die Räuberbanden jedoch ebenso wie die Landstreicher und Zigeuner, die in Gruppen unterschiedlicher Größe auftraten, waren weniger berechenbar und wirkten bedrohlicher.

Warenschmuggel

Ein weiteres Vergehen, das man oft mit der Armut in Zusammenhang brachte, war der Schmuggel. In zahlreichen Ländern der Frühen Neuzeit fanden die Dorf- und Stadtbewohner in Grenzgebieten im Schmuggel eine einträgliche Ergänzung zum Lebensunterhalt. Jacques Necker (1732–1804), gebürtiger Schweizer und fortschrittlicher Finanzminister unter Ludwig XVI., schätzte die Zahl der Personen, die jährlich wegen Warenschmuggels vor französischen Gerichten stand, auf 2300 Männer, 1800 Frauen und rund 6600 Kinder. In Wahrheit lagen die Zahlen sicher höher als Neckers zweifelhafte Statistik aussagt. Im Zuständigkeitsbereich des Gerichts von Laval, das nur Fälle von Salzschmugglern verhandelte, wurden auf beiden Seiten der Grenze 12 000 Kinder wegen Verstoßes gegen das Gesetz verhaftet. Während des Ancien Régime stellte der Schmuggel in Frankreich eine landesweite Industrie dar, in deren Diensten Tausende von Männern, Frauen, Kindern, Zivilpersonen, Soldaten und korrupten Regierungsbeamten standen. In anderen Ländern war dieses Gewerbe relativ unterentwickelt, außer in England, wo der Warenschmuggel sich im 18. Jahrhundert fast zum Volkssport entwickelte; das Volk stand dabei auf der Seite der Schmuggler und gegen die Zollbeamten. Für das Jahr 1773 schätzt man den illegalen Handel mit Frankreich und Holland auf ein Drittel des legalen Handelsvolumens mit diesen beiden Ländern. Am Ende unseres Untersuchungszeitraums stammte offenbar nur noch knapp ein Drittel des Teekonsums in England aus legal importierter Ware. Und selbst ein Mann wie Adam Smith sympathisierte mit dem Schmuggler, der seiner Meinung nach in jeder Hinsicht einen hervorragenden Staatsbürger abgegeben hätte, hätten die Gesetze seines Landes nicht etwas zum Verbrechen deklariert, was von Natur aus keines sei.[8]

Die Strafen waren hoch, aber kaum wirksam, weil die Schmuggler nur selten gefasst wurden; sie waren mit dem Terrain, auf dem sie operierten, bestens vertraut. Die Polizei hatte kaum Personal und war auf die wenigen Spitzel angewiesen, die Namen verrieten. Die Ortskenntnis der Schmuggler zusammen mit der Komplizenschaft und Unterstützung von Seiten der Bevölkerung machte eine Entdeckung unwahrscheinlich. Die Personen, die man fasste, waren häufig Kinder und schwangere Frauen, die entweder ganz straffrei ausgingen oder erheblich mildere Strafen erhielten. In Frankreich stand im späten 18. Jahrhundert auf das unbewaffnete Schmuggeln von Salz oder Tabak, falls die Ware von dem Betreffenden am Leib getragen wurde, für Ersttäter eine Geldbuße von 200 Livres, im Wiederholungsfall eine Geldbuße und sechs Jahre als Galeerensträfling. Für Frauen und Mädchen, die mit Schmuggelware gefasst wurden, betrug die Geldbuße im ersten Fall 100 Livres, im Wiederholungsfall 300 Livres und eine öffentliche Prügelstrafe, beim dritten Mal Verbannung aus der Provinz. Für Köln liegen uns aus der Zeit der französischen Herrschaft (1794–1814) ausführliche Statistiken zur Zahl der bestraften Schmuggler vor. Über dreizehn Prozent der Angeklagten wurden freigesprochen, rund zehn Prozent erhielten eine Haftstrafe von mehr als sechs Monaten, ein Drittel wurde für weniger als ein halbes Jahr eingesperrt und die große Mehrheit kam mit einer Geldbuße davon.

Zweifellos war der Warenschmuggel nicht nur für die großen Unternehmer, die das Kapital zur Verfügung stellten, ein gutes Geschäft, sondern auch für die vielen kleinen Schmuggler. Den Quellen zufolge konnte in Frankreich im 18. Jahrhundert ein Kind jeweils mühelos mehrere Pfund Salz schmuggeln und dabei einen Gewinn von vierzehn Solidi machen (was dem Tageslohn eines Landarbeiters entsprach). Bei einem Erwachsenen konnte der Profit auf ein Vielfaches davon ansteigen, was für die erwerbstätigen Armen, wenigstens in manchen Fällen, eine substanzielle und attraktive Aufbesserung des Einkommens bedeutete. Belege für das Schmuggeln im kleinen Maßstab gibt es im Überfluss. Von Zeit zu Zeit brachten die Zollbeamten und die wenigen Polizisten ein paar kleine Schmuggler auf, denen man dann den Prozess machte. In Köln stellten die Tagelöhner dabei die größte Berufsgruppe. An zweiter Stelle kamen alle möglichen Personen, die auf die Beförderung von Gütern und Waren spezialisiert waren. Englische und französische Quellen zeigen, dass sogar die örtlichen Geistlichen mit im Geschäft waren. Ein Pfarrer aus Lothringen, der 1789 auch als Abgeordneter in der Versammlung der Generalstände saß, rechtfertigt in seinen Memoiren seine Aktivitäten als Salz- und Tabakschmuggler damit, dass er das Geld für arme Pfarrkinder gebraucht habe. Und John Wesley (1703–1791), der britische Begründer des Methodismus, hatte größte Mühe, seine Mitbrüder in Cornwall, Sussex, Cumberland und Dover zu überreden, dem Warenschmuggel aus moralischen Gründen abzuschwören.

Der typische Schmuggler ist nicht jene romantische Gestalt, die uns in der zeitgenössischen Literatur begegnet: der Mann, der sein Boot in einer malerischen Bucht landet oder sein Packpferd im Morgennebel belädt und der sich dann mit seiner Konterbande (Brandy, Tabak, Textilien) einen Schleichweg durch die Hügel sucht, unterwegs immer unterstützt von den einfachen Leuten. Am zahlreichsten waren vielmehr, wie bereits erwähnt, die Kinder unter den Schmugglern, jedenfalls im Frankreich des 18. Jahrhunderts, wo der Salzschmuggel den Kindern aus ärmeren Familien die Möglichkeit bot, ihren Lebensunterhalt frühzeitig selbst zu verdienen. Wenn sie gefasst wurden, erzählten sie oft herzzerreißende Geschichten, die nicht unbedingt erlogen waren, sondern widerspiegelten, wie die grausame Wirklichkeit in den ärmeren Schichten der Landbevölkerung tatsächlich aussah. Ein achtjähriger Junge erzählte zum Beispiel dem Richter, sein Vater liege mit Fieber hilflos im Bett und seine Mutter habe nicht mehr genug Milch, um sein kleines Schwesterchen zu stillen. Andere Kinder erklärten ihr Vergehen vor Gericht damit, dass sie von ihren Eltern sich selbst überlassen worden seien und keine andere Möglichkeit hätten, ihren Lebensunterhalt zu bestreiten als durch das Schmuggeln von Salz in kleinen Mengen.

Natürlich war der Salzschmuggel in großem Maßstab einträglicher und die auf diesem Gebiet tätigen Unternehmer waren angesehene Kaufleute, die allerdings kein Risiko eingingen. Das eigentliche Schmuggeln überließen sie professionellen Banden, die aus hauptberuflichen Mitgliedern bestanden, rekrutiert unter Veteranen, Deserteuren, entlassenen Soldaten, Landstreichern und *porteurs* oder *journaliers*, die man meist für einen bestimmten Auftrag einstellte und die jung und risikofreudig genug waren, die Ladung zu transportieren. Im Schmuggelgewerbe gab es zwei Arten von Unternehmern im großen Stil: einerseits die Schmuggler, die über weite Entfernungen und mit großen bewaffneten Banden (oft einhundert Mitglieder oder noch mehr) operierten; andererseits kleine Banden auf Familienbasis, die nach der üblichen Methode der von Einzelpersonen am Leib versteckten Ware verfuhren. In beiden Fällen rekrutierte man die Helfer unter den städtischen und ländlichen Armen, die kein ausreichendes oder regelmäßiges Einkommen hatten und darum bereit waren, die riskante Arbeit zu übernehmen. Das Schmuggeln im kleinen Maßstab war zwar kein Monopol der Männer, doch bestanden die Banden überwiegend aus männlichen Mitgliedern. Olwen Hufton kommt in ihrer Untersuchung zum 18. Jahrhundert in Frankreich zu dem Schluss, dass das Schmuggeln bestimmter Ware (in diesem Fall Tabak) am Ende kein Volkssport mehr war, sondern schließlich in die Regie von Landstreichern oder Straßenräubern überging, die nicht nur Konterbande schmuggelten, sondern zusätzlich andere schwere

Verbrechen verübten. Der Schmuggler, einst eine Art Volksheld, war zum Banditen verkommen.

Prostitution

Für viele Prostituierte, die ihrem illegalen Gewerbe in den Städten der Frühen Neuzeit nachgingen, gilt die Feststellung, dass Armut zugleich Folge und Ursache ihres Berufsweges war. Armut kennzeichnete auch die Bedingungen, unter denen sie lebten, während sie ihr Gewerbe ausübten. Einige Historiker sind offenbar überrascht, nur so wenige Prostituierte unter den historisch belegten Armen der vorindustriellen Städte zu finden, man darf aber nicht vergessen, dass die Prostitution oft eine vorübergehende Alternative zur Armut darstellte und außerdem kein Beruf war, zu dem man sich ohne Not bekannte.

Selbstverständlich war die Bedürftigkeit als solche nicht notwendigerweise ein ausreichender Grund dafür, dass eine Frau auf den Strich ging; wenn das so wäre, hätte es in einer Stadt der Frühen Neuzeit weit mehr Straßenmädchen geben müssen, denn dort lebte ja, wie wir im dritten Kapitel sahen, über ein Drittel der Bevölkerung unter der Armutsgrenze, und die meisten davon waren Frauen. Die Prostitution mochte in den größeren Städten, vor allem in den europäischen Metropolen florieren (so in London, Paris, Venedig, Nürnberg, um nur die Städte zu nennen, die für ihre vielen Straßenmädchen berüchtigt waren); in den Provinzstädten dagegen trat sie relativ selten in Erscheinung. So berichten die Quellen für Aix-en-Provence nur über vier Fälle von Prostitution in der Zeit zwischen 1773 und 1790. Eine besondere Anstalt, das *Hôpital du Refuge*, in der man Prostituierte aus der gesamten Provence zu Bessserungszwecken internierte, beherbergte daher im 18. Jahrhundert eine erstaunlich niedrige Zahl von Frauen (zwischen 65 und 70). In Montpellier, einer Stadt, die im 18. Jahrhundert allmählich einen Ruf als Mekka der Prostituierten Südfrankreichs erwarb, lagen die Dinge etwas anders. Zwischen 1700 und 1709 bestrafte das *Bureau de police* 72 Prostituierte.

In der Zeit von 1780 bis 1790 wurden allein in dieser Stadt unterschiedliche Strafen gegen 93 »leichte« Mädchen ausgesprochen. Die entsprechende Besserungsanstalt in Venedig (*Santa Maria Maddalena delle Convertite*) beherbergte im 16. Jahrhundert zwischen 200 und 300 Frauen. Nicht alle Insassen waren bekehrte Prostituierte im strengen Sinn, einige hatten einfach zu wenig Kapital, um sich den Eintritt in ein besser beleumundetes Frauenkloster leisten zu können.

Der Bedarf an Prostituierten in den städtischen Zentren des frühneuzeitlichen Europa war immer relativ groß, und es leuchtet ein, dass es an Nachschub nicht mangelte. Der Hauptgrund dafür war die große Armut in der Stadt wie auf dem Land. Die Quellen geben nur begrenzt Auskunft über die Gründe, die einzelne Frauen ursprünglich veranlassten, Prostituierte zu werden. Für einzelne französische Städte hat man nachgewiesen, dass die Prostituierten häufig aus armen Familien stammten und dass zwischen Prostitution und städtischer Herkunft ein Zusammenhang bestand. Die Straßenmädchen in Paris stammten aus dem Elsass und aus Lothringen, die in Lyon aus Bresse, Bugey und Forez. In Straßburg, Dijon, Lille und Troyes dagegen rekrutierten sich die Prostituierten aus der jeweiligen Stadt selbst. Die größte Wahrscheinlichkeit, auf der Straße zu landen, bestand nicht für das unschuldig verführte Mädchen vom Land, sondern für das vorübergehend oder dauerhaft arbeitslose Dienstmädchen. Ebenso leichte Opfer waren Textilarbeiterinnen in Zeiten wirtschaftlicher Krise. Auch wenn ein Mädchen ungewollt schwanger wurde, geriet es leicht auf die schiefe Bahn. Vom Arbeitgeber entlassen, von ihrem Verführer verlassen, und ohne eine Familie, zu der sie zurückkehren konnte, sah eine ledige Mutter einem trostlosen Schicksal entgegen. Alles sprach dann für eine Karriere, an deren Anfang die Teilzeit-Prostitution stand, bis es zu spät für die Erkenntnis war, dass Prostitution für die Armen eine »Einbahnstraße« (O. Hufton) bedeutete.

Mit Armut mussten mit größter Wahrscheinlichkeit all jene Prostituierten rechnen, deren Schönheit verblichen war oder die sich eine Geschlechtskrankheit zugezogen hatten. Der unausweichliche Abstieg einst erfolgreicher Huren lieferte reichlich Stoff für die volkstümlichen Moralschriften der Frühen Neuzeit. Gedichte, Predigten und Flugschriften malten den Fall der Prostituierten plastisch nach: von Krankheit zerfressen, vom Alter gezeichnet, verurteilt zum Betteln auf Brücken oder siech im Spital für Syphiliskranke. Nach volkstümlichem Glauben war die Syphilis das Symbol der Strafe, die alle ereilte, die sich durch ihre sittenlose und skandalöse Lebensweise selbst zugrunde gerichtet hatten. 1692 brachte der italienische Künstler Giuseppe Maria Mitelli eine Flugschrift unter dem Titel heraus, *Das unglückliche Leben einer Dirne, nach den zwölf Monaten des Jahres eingeteilt*[9], in der er das elende Schicksal einer ehrlosen Prostituierten schilderte, die im Monat Juli noch »auf dem Altar der öffentlichen Lust opfert« und nach diesem »unfehlbaren Kalender« nur vier Monate später in Armut enden wird, »von Kummer und Krankheit zerfressen, eine Bettlerin in der Gosse«, bevor sie schließlich im tiefsten Elend stirbt. Solche Greuelgeschichten sollten das Band zwischen Armut, Laster und Prostitution in den Augen der Öffentlichkeit fester knüpfen, um so um Unterstützung für die zahlreichen Versuche der Gegenreformation in Europa zu werben, die Prostitution durch die Religion zu besiegen.

Marginalisierung und gesellschaftliche Randgruppen

Stigmatisierung

Seit den sechziger Jahren des 20. Jahrhunderts spricht man in den Sozialwissenschaften gern vom »Stigma der Armut«. Der Begriff ›Stigma‹, von dem amerikanischen Soziologen Erving Goffman nicht geprägt, aber popularisiert (*Stigma. Notes on the Management of Spoiled Identity*, Englewood Cliffs, NJ, 1963), greift auf eines der beiden größeren Begriffs- und Erklärungssysteme zur Beziehung zwischen Wertvorstellungen und Gesellschaftsstruktur zurück. Das Wort wird im Zusammenhang mit Menschen gebraucht, die in Bezug auf ein ganzes System von Verhaltensmustern anders, abweichend sind. Das wird an Randgruppen und Minderheitskulturen nachgewiesen, die es nicht nur in der postindustriellen Gesellschaft des 20. Jahrhunderts gibt, sondern auch im Mittelalter und in der Frühen Neuzeit existierten. Ein Verhalten, das nicht bestimmten Konventionen entspricht, gerät leicht kollektiv in Misskredit.

Da unser besonderes Augenmerk dem Stigma der Armut gilt, werden wir uns im Wesentlichen mit dem Kennzeichnungsprozess auseinandersetzen, der auf moralischen Urteilen über Bettler beruht. Die Überzeugung, unwürdige Arme hätten keine Moral, sie seien hartnäckige Schwindler, sittenlose Müßiggänger und Diebe, diese Überzeugung also stammt aus dem Mittelalter und lebt in der einen oder anderen Form bis heute fort.

Abweichendes gesellschaftliches Handeln, das auf Verhaltens- und Wertemustern der Armen beruht, zieht vielfältige gesetzliche und kollektive Sanktionen auf sich, zu denen Ausgrenzung und Verachtung gehören. Wenn Verachtung auf diese Weise institutionalisiert wird, löst das Stigma (mit der daraus folgenden Wirkung auf die soziale und persönliche Identität) Reaktionen der Betroffenen aus. Goffman legt verschiedene Strategien dar, die eine stigmatisierte Person möglicherweise anwendet, um mit der Situation und den Formen der Stigmatisierung zurecht zu kommen. Allerdings ist es fraglich, ob sich solche Möglichkeiten als realistischer Ausweg für die heterogene Masse der Armen im Europa der Frühen Neuzeit anboten.

Man wird Stigma also weniger als Folge des Umstands sehen, dass bestimmte institutionelle oder gesellschaftliche Rollen besetzt werden, als vielmehr wie solche Rollen durch das Handeln einer Person und die Art ihres Werdegangs Ausdruck finden. Der »charakterliche Werdegang« (»moral career«) stammt als Begriff wiederum von Goffman und beinhaltet eine dynamischere Sehweise, die »die Normen, Werte und Wünsche der Armen berücksichtigt und sie in Beziehung zu den Wechselwirkungen zwischen Armen und Nicht-Armen setzt« (Chaim Isaac Waxman). Zur Veranschaulichung und Analyse des Stigmas der Armut wurden hier drei Formen der Kennzeichnung ausgewählt: Zeichen, Gesten bzw. Sprache und Rituale.

An der Wende vom 15. zum 16. Jahrhundert standen die moralischen Kategorien des würdigen und des unwürdigen Armen seit langem fest. Schon im 12. Jahrhundert untersagten die päpstlichen Dekretalen, »den Vertretern unehrlicher Berufe« Almosen zu geben.[1] Das Neuartige an der Fürsorge-Gesetzgebung der Frühen Neuzeit ist die eingehende Beschreibung von Personen, die ihren Lebensunterhalt auf unmoralische Weise verdienten, und die Bemühungen der lokalen Behörden, die verschiedenen Verhaltensweisen zu kategorisieren, die sie von Zuwendungen der Gemeinde ausschlossen. Die meisten Gesetze zur Armenhilfe, die im 16. und 17. Jahrhundert von europäischen Stadtverwaltungen und Territorialherren formuliert und verabschiedet wurden, enthielten solche Kriterien. Sogar schon vor der Reformation nahm man z. B. in Zürich Unterscheidungen zwischen Bettlern auf der Grundlage moralischer Urteile vor. Das Almosengesetz von 1520 nennt zwei Arten von Armen, wobei sich die Stadtväter auf ihre Erfahrungen mit bedürftigen und unwürdigen Armen, bettelnden Armen und fahrenden Bettlern stützten. Die Erstgenannten sind »fromme, ehrenhafte Haus-Arme(...), die auch gearbeitet, ein Handwerk ausgeübt haben und die willens waren, für ihren Lebensunterhalt zu sorgen«.² Zur zweiten Kategorie gehörten diejenigen, deren gesellschaftliche Abweichung sich sowohl in ihrer äußeren Erscheinung (zerlumpte oder anmaßende Kleidung) als auch in ihrem Verhalten (Spielsucht, Prasserei, Unzucht) zeigte. Mit dem Armengesetz von 1525 ging der Stadtrat von Zürich noch über dieses Gesetz hinaus. Zum ersten Mal sah man vor, die würdigen Armen in der Gemeinschaft öffentlich zu kennzeichnen:

»Unnd damit man dieselben hussarmen lüt erkenne soellend sy ein gestempft oder gossen zeichen haben, und offentlich tragen, unnd so eins gsünd oder hablich wirt, dass es disers almuosens nit mer notturfftig were, und sölichs nit mer nemmen welte, dass es dann das selbig zeichen den pflaegeren widerumb antwürten soelle, Ob aber etwann von Iren vorderen eren lüt, unnd manns personen, so den lüten wercken weltind, unnd dennocht des almuosens notturfftig werend, die mag man des zeichens ze tragen wol erlassen, unnd die pflaeger hierinn ze handlen gwalt haben.«³

Solche Abzeichen dienten nicht nur dazu, die würdigen von den unwürdigen Bettlern zu unterscheiden; sie sollten den Einwohnern, die nur die Armen aus ihrem Viertel kannten, auch die übrigen Fürsorgeempfänger der Stadt kenntlich machen. In den Augen der protestantischen oder katholischen Obrigkeit sollten die Armen dabei nicht nur als würdige Empfänger öffentlicher Fürsorge erkennbar werden, sondern auch als Gegenstand christlicher Nächstenliebe.

Die Vorschrift, dass Empfänger öffentlicher Fürsorge ein Abzeichen zu tragen hatten, war im 16. Jahrhundert nicht ungewöhnlich. In Frankreich findet man eine solche Forderung schon im späten 13. Jahrhundert. Nürnberg war die erste Stadt im Heiligen Römischen Reich Deutscher Nation, die, im Jahre 1370, eine Abzeichenpflicht einführte. Andere deutsche Städte folgten im Laufe des 15. Jahrhunderts (Frankfurt am Main 1488, Augsburg 1491). Damals gaben die städtischen Behörden Abzeichen oder Marken aus, um öffentlich auszuweisen, dass ihre Träger von Amts wegen betteln durften, so wie das noch im 17. Jahrhundert in Schottland galt, wo die Abzeichen bzw. Bettel-Lizenzen obligatorisch waren. Als man das Betteln später untersagte, diente die Marke als Kennzeichen der Fürsorgeempfänger. Form, Farbe und Material der Abzeichen waren örtlich verschieden. In manchen Städten bestanden sie aus Metall (oft in der Form des Stadtwappens) und mussten an der Kleidung befestigt werden. In den meisten Fällen handelte es sich um Stoffabzeichen verschiedener Form (als Buchstabe T, A, o. ä., als französische Lilie usw.) und Farbe (meist gelb, rot oder blau).

Die Form des Zeichencodes mochte zwar variieren, die Erkennbarkeit und Bedeutung des Zeichens jedoch – als unterscheidendes Merkmal gesellschaftlicher Identität – war in diesem Fall allgemeingültig. Im Mittelalter sah man in der Verwendung solcher sozialer Kennzeichen nichts Unrechtes. Der heilige Bernardino, der berühmte franziskanische Prediger, erklärte den Gläubigen im heimischen Siena unmissverständlich, warum Kleiderabzeichen die soziale Stellung ihrer Träger beschreiben:

»Woher wissen wir, wo wir Geld leihen sollen? Weil wir das aufgehängte Zeichen sehen. Woran erkennen wir, wo man Wein verkauft? Am Türschild. Wie finden wir die Schenke? Durch das Aushängeschild. ... Aber wer, glaubt Ihr, würde sich einer Frau nähern, die Kleider oder Kopfschmuck trägt, die das Abzeichen einer Dirne sind?«[4]

Im Spätmittelalter waren Abzeichen und Plaketten bereits zum legitimen Instrument (meist negativer) sozialer Kennzeichnung geworden; man dehnte sie auf alle Randgruppen der christlichen Gesellschaft aus, zu denen beispielsweise Prostituierte, Ketzer, Henker, die Juden und sogar Leprakranke gezählt wurden. Jüdische Frauen kennzeichnete man durch gelbe Schleier oder kreisförmige Abzeichen auf ihren Kleidern. In manchen Städten machte man den Henker durch eine besondere, auffällige Kleidung kenntlich oder er trug ein Abzeichen in Form eines Galgens. Häretiker erkannte man an einem gelben Kreuz. Die Glocke war das Merkmal des Leprakranken, bei einer Prostituierten jedoch konnte dasselbe Zeichen mit jenen Töchtern Zions assoziiert werden, die »beim Gehen hochrecken den Hals und ihre Augen verdrehen, die trippelnd und tänzelnd einhergehen und mit den Fußspangen klirren« (Isaias, 3, 16). In einigen italienischen Städten verpflichtete man die Prostituierten dazu, einen gelben Streifen an der Schulter zu tragen, der an das runde gelbe Abzeichen erinnerte, das die Juden sich an die Brust heften mussten.

Die Gesetzgeber des Mittelalters und der Frühen Neuzeit schoben Personen und Gruppen mit abweichendem Verhalten in eine besondere soziale Kategorie ab, indem sie ihnen demütigende Abzeichen zuwiesen. Andere Personen versuchte man durch Kleidervorschriften zu integrieren, nicht auszugrenzen. Das war der Fall bei den bedürftigen Armen in Zürich und anderswo in Europa; sie sollten als Empfänger städtischer Fürsorge erkennbar sein.

In der Theorie verfolgte man mit dem Gesetz positivere Ziele als die zeitgenössischen Reaktionen vermuten lassen könnten. Indem die Behörden den unwürdigen Armen ein solches Merkmal der Ehrbarkeit verweigerten, hofften sie, die Mildtätigkeit in die rechten Bahnen zu lenken. Doch die Kennzeichen prägten ihre Träger stärker als die Stadtverwaltungen es vielleicht beabsichtigt hatten. Jedenfalls ist die Umwertung, die das Abzeichen »würdiger« Armer im Lauf des 16. Jahrhunderts erfuhr, nicht zu übersehen. Der spanische Arzt Cristóbal Pérez de Herrera z. B. hielt es für nötig, Argumente seiner Zeitgenossen zu widerlegen, die solche Plaketten als entwürdigend und »schändlich« empfanden. Alexander Berner, ein Armenpfleger aus Straßburg, der in den dreißiger Jahren des 16. Jahrhunderts eine Erkundungsreise durch Süddeutschland und die Schweiz unternahm, stellte fest, das die Abzeichen bei denen, die sie tragen mussten, auf starken Widerstand stießen:

»es ist das zeichen, das do ein zeichen der lieb solt sein (das man sehe, das wir unsere bruder nit manglen ließen, und wer in etwas geben wolt, das man si beim zeichen kante, als die von almusenpflegern darzu wurdig geachtet wurden, das si das almusen empfangen), zum schandzeichen worden, das man einen dester minder trawt und nit mer arbeit geben will.«[5]

Wenn solch widersprüchliche Ansichten gängig waren, nimmt es dann Wunder, dass die bedürftigen Armen ein Zeichen ablegen wollten, das nicht nur die Abhängigkeit von öffentlicher Wohlfahrt verkündete, sondern auch die Schande eines Menschen? Wenn die »ehrbaren« Armen wie Außenseiter und Randgruppen durch ein Zeichen zu erkennen waren, das nicht nur der Unterscheidung diente, sondern (unbeabsichtigt) auch Unehre und Schande kundtat, konnte man einen braven Bürger, der verarmt war, dann zwingen, ein solches Abzeichen zu tragen? Viele Fürsorgeempfänger lehnten das ab und beantragten daher bei der Obrigkeit, man möge ihnen und ihren Familien gestatten, das entehrende Abzeichen abzulegen. In einigen Fällen wurde ihrem Antrag stattgegeben, oft jedoch bestanden die Behörden auf der Vorschrift.

Nach Aussage des bereits genannten Reisenden Alexander Berner verfuhr offenbar nur Memmingen in dieser delikaten Frage liberaler. Die Reichsstadt überließ die Entscheidung schließlich den Betroffenen selbst. Andere Städte waren zumindest bereit, einen Unterschied zu machen zwischen den »verschämten« Armen einerseits, nämlich Personen von Stand, die durch Krankheit oder Not so in Bedrängnis geraten waren, dass sie für ihren Lebensunterhalt nicht mehr allein aufkommen konnten, und andererseits der großen Masse der Armen, die man öffentlich als würdige Empfänger von Armenhilfe kennzeichnen durfte.

Die Umdeutung des Abzeichens der Fürsorgeempfänger vom Unterscheidungsmerkmal und Zeichen öffentlicher Billigung in ein Schandmal und Kennzeichen des Außenseiters markiert das Ende eines langen Widerstreits zwischen Armutsideal und der Notwendigkeit, einem wachsenden und beunruhigenden Gesellschaftsproblem durch härtere Maßnahmen beizukommen, zu denen auch die Ausgrenzung zählte.

Obwohl die Armen im Allgemeinen nicht über die wirtschaftlichen Mittel verfügten, sich selbst über Wasser zu halten, hatten sie einen hohen Wert immer noch zu verteidigen: ihre individuelle und kollektive Ehre. Zwei englische Theologen des 16. Jahrhunderts, John Dod und Robert Cleaver, formulierten es folgendermaßen:»»Jeder Mensch muss seinen Nächsten mit Nachsicht beurteilen und eine gute Meinung von ihm haben, solange dieser von dem Wunsch erfüllt ist, seinen guten Namen zu bewahren.«[6] Den Armen, denen man abweichendes

Verhalten unterstellte, entzog man jedoch dieses Recht. Die Menschen, die von den Zeitgenossen als »betrügerische Müßiggänger« und »Faulpelze« definiert und attackiert wurden, hatten offenkundig ihre Ehre, ihren guten Namen und ihre Glaubwürdigkeit verloren bzw. verwirkt. Die Verleumdung war daher eine weitere Strategie im Prozess der Ausgrenzung. Verschiedene stereotype Vorstellungen in Bezug auf Verhalten, Gewohnheiten und Handlungen stempelten bestimmte Arme nicht nur als Personen ab, die keine Barmherzigkeit verdienten, sondern die zudem verächtlich waren. Diese Vorwürfe reichten vom verwerflichen Lebenswandel über den physischen und moralischen Verfall bis zu kriminellen Handlungen und Sittenlosigkeit. Viele Zeitgenossen müssen bei der Verwendung von Ausdrücken wie Bettler oder Landstreicher dieselben Assoziationen gehabt haben, die sich heute in den meisten westlichen Gesellschaften an ihre Entsprechungen (beispielsweise »Anarchist« oder »Terrorist«) heften. In der Frühen Neuzeit haben ehrbare Leute häufig andere Personen der Verleumdung beschuldigt, weil sie ihnen solche ehrenrührigen Bezeichnungen an den Kopf geworfen hätten. Zu den zahlreichen Möglichkeiten der Beleidigung gehörte die Anspielung auf verschiedene Formen der Unehrlichkeit, der Schande und des abweichenden Verhaltens. So musste sich im 17. Jahrhundert in England jemand vor einem Kirchengericht verantworten, weil er einen Mitbürger auf der Straße als »geborenen Landstreicher, Trunkenbold, Schurke« beschimpft hatte.[7] Im Paris des 18. Jahrhunderts entstanden im Klima obsessiver Angst und tief wurzelnder Verachtung angesichts sozialer Außenseiter Beleidigungen wie Dunkelmann (*rodeur de nuit*), Schuft (*bougre*), Bettler (*gueux*), Schurke (*coquin*), Gauner (*fripon*), Prasser (*mangeur de biens*) und Kanaille (*canaille*). Für einige dieser Beschimpfungen gab es weibliche Varianten. Allerdings muss man sich vergegenwärtigen, dass die wörtliche Bedeutung solcher Beleidigungen nur in Grenzen aussagekräftig ist, da Ausdrücke wie Bettler oder Landstreicher durch die Abnutzung im täglichen Gebrauch viel von ihrer ursprünglichen Bedeutung eingebüßt haben. In ihrem jeweiligen gesellschaftlichen Kontext haben sie allmählich eine allgemeinere und symbolische Qualität angenommen.

Eine weitere beliebte Methode, jemand sprachlich zu brandmarken, war die Verwendung abwertender Spitznamen. In Köln z. B. nannte man im 16. Jahrhundert Personen, die wegen Landstreicherei oder kleinerer Vergehen verurteilt worden waren, häufig nicht beim richtigen Namen, sondern verwendete ihre verschiedenen Spitznamen. Einer war etwa als »Placknäß« bekannt (wegen seiner gebrochenen Nase), ein Anderer als »Paßbortutt« (weil er Dietriche benutzte). In Nürnberg, einer Stadt, aus der uns eine lange Liste von Spitznamen überliefert ist, die auf Urkunden des 16. Jahrhunderts zurückgehen, wurden Außenseiter nach Namen und Orten ihrer Vergangenheit gerufen, z. B. »Wolf aus der Findel« (offenbar ein ehemaliges Findelkind), oder nach ihrer Bettelgewohnheit: »Groschenpumpel«, gelegentlich auch nach ihrer äußeren Erscheinung: »Lumpenbub«.

Mit solchen Verleumdungen und Methoden der Ausgrenzung waren Beschuldigungen wegen verbüßter Strafen eng verwandt, denn diese eigneten sich natürlich besonders gut für einen persönlichen Angriff. Die Behauptung, jemand sei an den Pranger gestellt, ausgepeitscht oder gebrandmarkt worden (eine beliebte Strafe für arbeitsfähige Bettler und Landstreicher), provozierte leicht eine Verleumdungsklage, da sie die Feststellung beinhalteten, der Betreffende habe eine entehrende Strafe erhalten, sei ehrlos geworden. So musste sich im 17. Jahrhundert ein Mann vor Gericht verantworten, weil er in Bezug auf eine gewisse Witwe Alice Parr behauptet hatte, sie verdiene die öffentliche Auspeitschung als Kupplerin, eine Strafe, mit der zur Zeit der Tudors und Stuarts Landstreicher bedroht wurden.[8] Schenkt man den Archiven der Pariser Polizei Glauben, so wurden solche Beschuldigungen gegenüber Männern öfter erhoben. Das spiegelt möglicherweise den tatsächlichen Sachverhalt wider. Im späten 18. Jahrhundert bezweifelte man zunehmend die Moral und die Effizienz dieser rituellen Strafen. Das Argument, öffentliche Auspeitschungen und Brandmarkungen bewirkten lediglich, dass »ihre Opfer endgültig entehrt werden und die Bürger Anstoß nehmen«, wurde zum Allgemeingut.[9] Landstreicher, Bettler und andere Kleinkriminelle, die das Stigma solcher Strafen trugen, wurden von Arbeitgebern abgelehnt und dadurch auf kriminelle Abwege zurückgedrängt.

In den Gesetzen der Frühen Neuzeit wird der arbeitsfähige Bettler als Inbegriff des Müßiggängers beschrieben. Man rechtfertigte die Prügelstrafe, die Brandmarkung, die Zwangsarbeit auf Galeeren und alle anderen Strafmaßnahmen gegen das Betteln und die Landstreicherei, die mit öffentlichem Ehrverlust einhergingen, mit der Begründung, sie sollten die Armen daran hindern, ihren ungesetzlichen und unchristlichen Neigungen nachzugeben; auf diese Weise wollte man sie dazu anhalten, durch Arbeit ihrer moralischen und gesellschaftlichen Pflicht zu gehorchen. Die Brandmarkung und das Durchbohren eines Ohrs waren rituelle Strafen, die auf dem Körper des Übeltäters dauerhafte Schandmale hinterließen. In England bestimmte das Gesetz von 1547, dass Vagabunden mit einem ›V‹ auf ihrer Brust zu kennzeichnen seien. Das Durchlöchern eines Ohrs mit dem Brenneisen wird zum ersten Mal in einem 1572 verabschiedeten Gesetz erwähnt. Es gebot, festgenommene Landstreicher »unbarmherzig auszupeitschen« und ihnen »mit einem glühenden Eisen« ein Loch von einem Zoll Durchmesser »durch die rechte Ohrmuschel zu brennen«. Es gibt Belege dafür, dass diese entehrende Strafe im England des späten 16. Jahrhunderts tatsächlich an mehreren Landstreichern vollstreckt wurde. Zu Beginn des 17. Jahrhunderts wurde das Brandmarken zur üblichen Praxis, nicht nur in England zur Zeit Jakobs I. Das Gesetz von 1604 z. B. legte fest, rückfälligen Landstreichern (»rogues«) sei »mit dem Brenneisen ein Mal von der Größe eines Schillingstücks in die linke Schulter zu brennen, mit einem großen römischen ›R‹ auf dem Eisen«. Die Operation sollte so gründlich vorgenommen werden, dass »der Buchstabe ›R‹ als dauerhaftes Mal an dem oder der Betreffenden ein Leben lang zu sehen bleibt«. Allerdings ließ man weibliche Landstreicher meist mit einer Prügelstrafe davonkommen, wenngleich einige Ausnahmen belegt sind. In Frankreich unterwarf man vor Gericht gestellte Bettler und Landstreicher ebenfalls einer rituellen körperlichen Züchtigung, zu der die Kennzeichnung durch ein Brandmal (›M‹ für *mendiant*, ›V‹ für *vagabond*) und die öffentliche Auspeitschung gehörten. Polizei und Richter untersuchten die Verdächtigen auf solche Male und die Spuren einer Auspeitschung, bevor sie Maßnahmen ergriffen. Gelegentlich diente schon ein kaum erkennbares Mal (wie eine leichte Hautverfärbung oder Gewebeveränderung an der Schulter) als Beweis für entsprechende Vorstrafen.

Es gab noch andere Formen körperlicher Züchtigung für nicht anerkannte Bettler, wie das Kahlscheren des Kopfes, das Abschneiden eines Ohrs oder den Pranger. Sie beinhalteten jeweils verschiedene Grade des Ehrverlusts. Der Pranger war seit dem Spätmittelalter als Strafe für betrügerische Bettler angewendet worden. Andere entwürdigende Strafen für Landstreicher waren lokalen Ursprungs, so etwa der *cucking-stool*, ein »Schandstuhl«, der in einigen englischen Städten der Frühen Neuzeit Anwendung fand. Dabei handelte es sich um eine spezifische Strafmaßnahme gegen Prostituierte oder betrügerische Händler und andere Missetäter, die auf einen Stuhl gebunden und dem Spott der Leute preisgegeben oder unter Wasser getaucht wurden.

Ausgrenzung und Ausweisung

Der amtlichen Definition abweichenden Verhaltens lag die Auffassung der Herrschenden von ihrer eigenen Staatskunst ebenso zugrunde wie ihre Vorstellung vom Staatsbürger. In der Frühen Neuzeit formulierten Autoren, Amtspersonen und der Gesetzgeber diese Voraussetzungen nicht nur ungewöhnlich freimütig, sondern entwickelten sie bis an ihre logischen Grenzen fort; zudem hatten sie die Möglichkeit, sie auch praktisch umzusetzen. Vor allem der rüstige Bettler und Landstreicher, so scheint es, weckte die schlimmsten Ängste bei den Behörden. Stadt und Land waren potenziellen und manchmal verborgenen Gefahren ausgesetzt, die Leib und Leben, Politik, Moral und Kultur bedrohten. Das nicht gesellschaftskonforme Verhalten der Armen stand im schlimmsten Fall für Verbrechen, Laster, Aufruhr und Krankheit. Wenn aber in den Augen der Zeitgenossen die Massen der herrenlosen Menschen auf der Straße eine Brutstätte aller möglichen Gefahren darstellten, dann gab es zwei mögliche vorbeugende Maßnahmen. Da die meisten von obdachlosen Bettlern verursachten Probleme angeblich auf Müßiggang zurückzuführen waren, bot sich als naheliegende Lösung ein staatliches Programm erzieherischer und disziplinärer Maßnahmen an. Als einfachste Lösung stand alternativ die Möglichkeit zur Verfügung, Randgruppen rigoros auszugrenzen, um sie auf Distanz zu halten.

In den größeren städtischen Siedlungen der Frühen Neuzeit verfolgte man das Ziel der Ausgrenzung zwar mit großem Eifer, aber meist mit geringem Erfolg. Mit Ausnahme der spätmittelalterlichen jüdischen Ghettos gab es zu keinem Zeitpunkt einen Stadtbereich, der als obligatorisches Wohnviertel für die nicht gesellschaftskonformen Armen gedient hätte. Allerdings nutzten manche Städte einen bestimmten Pfarrbezirk oder ein bestimmtes Viertel als bequemen Abschiebeort für alle moralisch oder physisch verdächtigen Personen, die im Stadtzentrum unwillkommen waren. Im Toledo des 16. Jahrhunderts z. B. wurden alle Prostituierten, Personen mit ansteckenden Krankheiten und Bettler im Pfarrbezirk San Isidoro untergebracht. In Medina del Campo und Segovia konzentrierte man die Bettler in Randbezirken wie in Toledo, während die Trennung in einigen weiteren spanischen Städten anders vorgenommen wurde. Als Ende des 15. Jahrhunderts sich immer mehr Bettler im Zentrum von Frankfurt niederließen, erließ der Stadtrat eine Verordnung, die es ihnen untersagte, weiterhin im Bereich Liebfrauenberg zu wohnen; sie mussten in die Gilergasse (Bettlergasse) ziehen. Um etwa die gleiche Zeit ordnete der Stadtrat von Nürnberg an, dass Prostituierte in einem Judenpühel (Judenhügel) genannten Viertel wohnen müssten, in dem die untersten Schichten der Gesellschaft der Zeit hausten.

Unabhängig davon, ob die Bettler und andere Randgruppen in Außenbezirke abgeschoben wurden oder ob sie es selbst vorzogen, in bestimmten Stadtbereichen zu wohnen, die nicht nur billige Unterkunft, sondern auch Zuflucht und Schutz boten, hatten diese Bezirke nie den Charakter eines Zwangsghettos. Flussufer, Friedhöfe, Hafengelände, Wohngebiete in der Nähe der Stadtmauern ebenso wie Pfarrbezirke in den Vor-

Abb. 12: Stadtverweisung zweier Mönche aus Genf. Aquarell (1561).

städten waren die Slums der Frühen Neuzeit, die von neuen Zuwanderern, Schuldnern, Prostituierten, Verbrechern und Bettlern bevölkert wurden. Eine der berühmtesten »Zufluchtsstätten« der Zeit war das Kohlenbergviertel in Basel. Dieser Bezirk hatte bis zum Beginn des 16. Jahrhunderts den Status der Immunität, obwohl er nie eine private Enklave darstellte, in der die Stadt keine Rechte hatte. Er genoss bestimmte rechtliche Privilegien, war mit besonderen Institutionen genossenschaftlicher Art ausgestattet und zeichnete sich durch bestimmte feste Lebensweisen aus. In anderen Städten gab es keine freiwillig abgeschotteten Stadtbezirke dieser Art, die einer besonderen Rechtsprechung unterlagen und ihre eigenen exklusiven Verhaltenscodes pflegten. Wenn ihnen auch Immunität verweigert wurde, historisch und ihrer Funktion nach waren sie jenen übel beleumdeten Stadtgebieten verwandt, in denen sich die Ordnungskräfte nur schwer durchsetzen konnten. Straßennamen wie Bedelerstraße in Hildesheim oder Rue de la Truanderie (Landstreicherstraße) in Paris lassen darauf schließen, dass hier nicht nur die Behausungen von bekannten Bettlern zu finden waren, sondern auch von Ehebrechern, Dieben, Mördern und anderen Kriminellen. Trotz dieser topographischen Konzentration von Randgruppen in bestimmten Bezirken war die Gesellschaft der Frühen Neuzeit zu komplex und mobil, als dass eine Absonderung nach sozialen Kriterien möglich gewesen wäre.

Die örtliche Obrigkeit bediente sich nur selten ihrer gesetzgebenden Funktion, um obdachlose oder nicht gesellschaftskonforme Arme entweder einzusperren (Einschließung) oder ihre Bewegungsfreiheit innerhalb des Stadtgebiets einzuschränken (Ausgrenzung). Relativ häufig suchten die Stadtverwaltungen ihr Heil in einer Rückkehr zum alten Mittel der Ausweisung. Es gab fast keine europäische Stadt der Frühen Neuzeit, die nicht zu irgendeinem Zeitpunkt das Betteln verboten und die Ausweisung aller arbeitsfähigen Bettler und Landstreicher angeordnet hätte. Die Torwächter und Wachtmeister wurden zu besonderer Aufmerksamkeit verpflichtet, um unliebsame Bettler aus der Stadt fern zu halten. Für bestimmte Städte (wie Bordeaux oder Köln) war es schwierig, ortsfremde Bettler am

Betreten der Stadt zu hindern, entweder, weil sie über zu wenig Ordnungskräfte verfügten oder weil die Stadtbefestigungen Möglichkeiten zum Durchschlüpfen boten. Andere Städte wiederum hatten den Zustrom besser im Griff. Im frühen 18. Jahrhundert machten z. B. die Torwächter und Wachtmeister in London so viele Eindringlinge dingfest, dass der Stadtrat die Kopfprämie von einem Schilling auf sechs Pence herabsetzen musste.

Auch wenn die Ausweisung nur kurzfristig erfolgreich war, griff man immer wieder zu diesem Mittel. Offenbar leisteten nur wenige Bettler der Anordnung Folge, weil sie die Auspeitschung oder Inhaftierung fürchteten; die übrigen kehrten auf das Risiko hin zurück, von den Ordnungskräften erneut verjagt zu werden. Die Vertreibung der nicht ortsansässigen oder unerwünschten Armen aus der Stadt verlagerte das Problem auf das Land bzw. in andere städtische Gemeinden. Die Ausweisung bedeutete also weder wirksame Abschreckung noch war sie ein Mittel, das Armutsproblem als solches zu lösen.

Angesichts der verschiedenen Mängel, mit denen die Ausweisung oder Massenvertreibung von Bettlern behaftet war, suchten die Regierungen effektivere Formen, sich der unerwünschten Landstreicher und arbeitsfähigen Bettler zu entledigen. In England kann man die Deportation von Landstreichern in die Kolonien in die Regierungszeit Elisabeths I. zurückverfolgen. Das Landstreichergesetz von 1597 schrieb vor, dass gefährliche Vagabunden nach Übersee deportiert werden mussten. Eine Verordnung des Kronrats nennt verschiedene Ziele: Neufundland, die ost- und westindischen Inseln, Frankreich, Deutschland, Spanien und die Niederlande. Die meisten Deportierten wurden allerdings in die amerikanischen Kolonien geschickt. Genaue Zahlen sind nicht bekannt, weil es schwierig ist, zwischen Landstreichern, die kleinere Vergehen begangen hatten, Schwerverbrechern oder verschickten Kindern zu unterscheiden. Eine andere Kolonialmacht, Frankreich, verfolgte dieselbe erbarmungslose Politik ungefähr hundert Jahre später. Zwischen 1718 und 1720 verfügte die Regierung des Regenten die Deportation arbeitsfähiger Bettler, Landstreicher und der *gens sans aveu* (Herrenlosen) nach Louisiana und in andere französische Kolonien der Neuen Welt. Diese Maßnahme war zwar schon häufig vorgeschlagen worden, hatte bis dahin aber noch nie das königliche Plazet erhalten. Die Unterstützung kam anfangs aus den Reihen der Handelsgesellschaften und der Investoren. In einem Antrag an das französische Marineministerium vom Mai 1718 vertraten die Kaufleute von La Rochelle die Verschiffung von Vagabunden und Müßiggängern in die Kolonien mit dem Argument, es sei »gut für das Königreich, wenn man sich dieses Ungeziefers entledige«.[10] Auch die Leiter des Generalhospitals in Paris unterstützten solche Vorschläge, indem sie Deportationslisten zusammenstellten; die Kandidaten waren aus unterschiedlichen Gründen in Gewahrsam, die von Betteln und Landstreicherei über Diebstahl bis zu Mord reichten. Es überrascht daher nicht, dass die Krone die Richter drängte, die Deportation als Strafe für Männer und Frauen zu verhängen, die des Bettelns und Vagabundierens beschuldigt wurden. Im Jahr 1719 verschiffte man sechs- bis siebenhundert Häftlinge nach Louisiana, zumeist verurteilte Schmuggler, Kleinkriminelle, Landstreicher und Bettler.

Unter den Deportierten befand sich oft ein hoher Anteil von jüngeren Männern und Frauen. Die Umstände, unter denen diese jungen Häftlinge auf ihren Aufbruch ins Exil der Kolonien warteten, wurden von den Zeitgenossen mit gemischten Gefühlen aufgenommen. Aus manchen Augenzeugenberichten lässt sich schließen, dass man die Deportation häufig als äußerste Schande für einen Menschen betrachtete. Die erbärmlichen Bedingungen vor der Einschiffung und das ungewisse Schicksal, das ihnen bevorstand, empörten die Öffentlichkeit nicht nur in England, sondern auch in Frankreich ebenso wie die widerrechtlichen Festnahmen von Personen, die nicht unter das Gesetz fielen. Der Herzog von Saint-Simon z. B. billigte zwar grundsätzlich das Vorhaben, Herrenlose und gemeingefährliche Personen aus Frankreich zu verbannen, die willkürlichen Verhaftungen und die Gleichgültigkeit und Brutalität, mit der man beim Transport der Betreffenden zum Ort der Einschiffung verfuhr, sah er jedoch kritisch. In einigen Fällen wurden die Wachleute von der wütenden Menge angegriffen und ihre Gefangenen befreit. Die Deportation rief nicht nur Widerspruch und Widerstand hervor, sie löste in den ärmeren Bevölkerungsschichten auch Ängste aus. So fanden die Bauern in der Umgebung von Paris keine Feldarbeiter mehr, weil die Wanderarbeiter aus Angst, bei einer Durchsuchung gefasst und anschließend deportiert zu werden, in ihre Provinzen zurückgekehrt oder gar nicht erst von dort aufgebrochen waren. In einer englischen Quelle wird berichtet, im Jahre 1618 hätten etwa vierzig »arme Mädchen« ein einziges Dorf in Somerset fluchtartig verlassen, weil sie fürchteten, in die Kolonien verschickt zu werden. Ein paar Jahre später brach in Bridewell, der berühmten Besserungsanstalt in London, eine Revolte unter den dort festgehaltenen Kindern aus, die damit bekundeten, dass sie »nicht willens« waren, »nach Virginia zu gehen«.[11] Ihr Protest war allerdings vergeblich. Während man in England weiterhin Sträflinge in die amerikanischen Kolonien und später nach Australien deportierte, wurde in Frankreich die Deportation als Strafe wegen des heftigen Widerstands und der verbreiteten Kritik an dieser missbräuchlich praktizierten Maßnahme der Sozialpolitik im Jahr 1722 offiziell widerrufen.

»Das große Einsperren«

Verglichen mit der stigmatisierenden körperlichen Züchtigung und anderen traditionellen Mitteln der Sozialkontrolle wie Ausweisung und Deportation, bot ein neuer reformerischer Weg bei den Strafmaßnahmen, die sogenannten Besserungsanstalten, den Behörden die Möglichkeit, Delinquenten unter Kontrolle zu bringen, ohne sie körperlich zu misshandeln. Allerdings darf man nicht vergessen, dass es trotz der humanitären Absicht in den meisten dieser Anstalten, die im späten 16. und frühen 17. Jahrhundert in vielen Ländern Europas gegründet wurden, bis zum Ende des Absolutismus üblich war, Insassen in Ketten zu legen und die Prügelstrafe an ihnen zu vollziehen.

Das wirklich charakteristische Ergebnis frühneuzeitlicher Wohlfahrtstheorie war die Geburt einer neuen Form von Spital. Die Praxis, Bettler in gefängnisähnlichen Institutionen festzuhalten, wurde in der Tat im 18. Jahrhundert immer beliebter, doch als Mittel, Bedürftigen Arbeit zu verschaffen und Personen von schlechtem Ruf und mit abweichendem Verhalten zu strafen, hatten sie eine lange Geschichte, die bis in die zweite Hälfte des 16. Jahrhunderts zurückreicht.

1553 überließ Eduard VI. unter dem Einfluss von Bischof Nicolas Ridley der Stadt London einen alten, verfallenen Palast, Bridewell, damit dort müßiggehende Arme und Landstreicher in Gewahrsam genommen, bestraft und zur Arbeit gezwungen werden könnten. Andere englische Städte (so auch Norwich und Ipswich) folgten dem Beispiel in den sechziger Jahren desselben Jahrhunderts. Das Fürsorge-Gesetz von 1576 ordnete die Einrichtung sogenannter »Besserungsanstalten« in allen Grafschaften und freien Städten des Königreichs an. In diesem Prototyp einer Institution, die später als »Armenhaus« bekannt wurde, erhielt die Strafe durch Einsperren ein neues Gewicht, und man führte erstmals Arbeit als Erziehungsmaßnahme zur Besserung des Delinquenten ein. Die englischen Gesetze von 1576, 1597 und 1610 erwähnen Strafe, Arbeit und Disziplin als Zweck der Einrichtung solcher geschlossenen Anstalten. Während einige Zeitgenossen in den Besserungsanstalten einen deutlichen Fortschritt gegenüber den Gefängnissen erkannten, blieben andere skeptischer, was das Ergebnis dieses Reformprogramms betraf, wie beispielsweise ein Richter aus Middlesex namens Jacob Stoit, der 1605 eine Petition aufsetzte, in der er die Ansicht vertrat,

»dass sie [die Besserungsanstalt] eine Last bedeutet, die jede Gemeinde in der Grafschaft zur Genüge kennt; dass sie keine Früchte trägt, vielmehr einen Schritt und eine zwangsläufige Stufe auf dem Weg zum Galgen ist, wie man allenthalben beobachtet. Und aus diesen Gründen hämmert und klöppelt sich der Landstreicher, den man nach dort eingewiesen hat, wo er Schwerarbeit leistet, die Seele aus dem Leib und kommt in einer schlimmeren Verfassung heraus, als er dort hineinging, denn wenn man erfährt, wo er gewesen ist, erhält er auch keine Unterstützung mehr.«[12]

Ohne jeden Zweifel blieb der Aufenthalt in einer Besserungsanstalt als Stigma an dem Betreffenden haften, sodass er

Schwierigkeiten hatte, außerhalb einer solchen Institution wieder Arbeit zu finden. Es ist zudem belegt, dass die Disziplin, die in den geschlossenen Anstalten geübt wurde, manche Landstreicher so abschreckte, dass sie lieber darum baten, in ein Gefängnis gesteckt zu werden. Die Aufnahme in ein Zuchthaus ging mit einer Auspeitschung einher, nach der man eingesperrt und zu schwerer Arbeit gezwungen wurde. Der Tag war reglementiert. Die Insassen der Anstalt in Norfolk z. B. sollten im Sommer von fünf Uhr morgens bis acht Uhr abends arbeiten, mit einer halben Stunde Pause zum Essen und einer Viertelstunde zum Beten. Wer die Arbeit verweigerte, wurde »nach Gutdünken der Aufseher mit der Peitsche bestraft«[13] oder aber man kürzte ihm die Essensration.

Anfang des 17. Jahrhunderts waren die hohen Erwartungen, die man in die Besserungsanstalten gesetzt hatte, weitgehend verflogen, vor allem wegen der Missstände durch schlechte Verwaltung und unzureichende finanzielle Ausstattung. Es ist auch erkennbar, dass die Verantwortlichen resignierten, weil man das Problem schon quantitativ nicht zu bewältigen schien. So klagte ein zeitgenössischer Autor: »Die Zahl der vagabundierenden Armen in jeder Grafschaft ist so groß, dass es (...) für eine Besserungsanstalt einfach zu viele sind.«[14] Die Häuser beschäftigten auch deswegen nicht wirklich genügend Landstreicher, weil diese meist bald nach Verbüßung ihrer Strafe auf freien Fuß gesetzt wurden. Eine längere Haft und Beschäftigung, um sie durch die Arbeit zu bessern, war kostspielig. Wegen dieser finanziellen und administrativen Probleme ging in den meisten Besserungsanstalten das ursprüngliche Ziel verloren, Sozialdisziplinierung mit wirtschaftlichem Gewinn zu verbinden. Dennoch blieb die Vorstellung mehr oder weniger geläufig, bis 1834 ein neues englisches Armengesetz verabschiedet wurde. Die moderne Arbeitshaus-Bewegung begann, als im Jahr 1696 die Stadt Bristol durch ein lokal gültiges Gesetz das Recht erlangte, die gesetzliche Armenfürsorge selbst in die Hand zu nehmen. 1722 wurden die Arbeitshäuser förmlich und auf Dauer in die alte Armengesetzgebung integriert. Diese neuen Einrichtungen, die im frühen 18. Jahrhundert aus dem Boden schossen, unterschieden sich kaum von den alten Besserungsanstalten, kämpften aber mit ähnlichen administrativen und finanziellen Problemen.

Etwa zu der Zeit, als Bridewell zum englischen Vorbild einer neuartigen Institution zur Bekämpfung der Landstreicherei wurde, brachte der holländische Humanist Dirck Volkertsz Coornhert die Idee ins Gespräch, man müsse die arbeitsunwilligen Armen durch harte Arbeit disziplinieren und in jeder Stadt eine gefängnisähnliche Einrichtung schaffen, um rüstige Bettler, Landstreicher und Außenseiter zu bestrafen. In seiner *Boeventucht* (Schurkenzucht), die 1567 entstanden war, aber erst 1587 veröffentlicht wurde, vertrat er die Ansicht, mit der körperlichen Züchtigung sei man gescheitert; die richtige Lösung für das wachsende Gesellschaftsproblem sei Freiheitsentzug und Zwangsarbeit. Seine Vorstellungen wurden von zwei prominenten Holländern wieder aufgenommen: Jan Laurensz Spiegel und Sebastiaan Egberts, die Ende des 16. Jahrhunderts verschiedene Ämter in der Amsterdamer Stadtverwaltung ausübten. Im Jahr 1589 entschieden die Stadträte, in Amsterdam ein *tuchthuis* für Männer einzurichten, dem 1596 ein *spinhuis* für Frauen folgen sollte. Die Männer mussten brasilianisches Farbholz spalten und raspeln, die Frauen und jüngeren Kinder mussten spinnen, stricken oder nähen. Ziel der beiden Anstalten war laut Aussage von Jan Laurensz Spiegel die Disziplinierung der Insassen. Im Sinne der beabsichtigten Besserung wurde großer Wert auf persönliche Sauberkeit, auf Fleiß und Frömmigkeit gelegt. Außerdem wollte man vermeiden, dass der Aufenthalt in der Anstalt für die Insassen Scham und Schande nach sich zog. Eine Methode zur Umsetzung dieses Ziels bestand darin, das gesamte Personal durch einen Eid zum Stillschweigen über die Identität der Personen in ihrem Gewahrsam zu verpflichten. In dieser Hinsicht bestand bezeichnenderweise unter den Stadträten, die das Amsterdamer *tuchthuis* ins Leben riefen, keine Einigkeit. Sebastiaan Egberts z. B. war der Meinung, wer eine solche Schande fürchte, der solle doch versuchen, sie durch harte Arbeit und ein ehrenhaftes Leben auszulöschen. Natürlich war er nicht so naiv zu glauben, dass alle Menschen die Dinge so sahen wie er. Deswegen schlug er vor, entlassene Insassen sollten durch den Umzug in

Abb. 13: Innenhof des Amsterdamer Zuchthauses. Kupferstich (1612).

eine andere Stadt ihre Vergangenheit hinter sich lassen. Coornherts Buch und die Berichte von Spiegel und Egberts geben die intellektuelle und politische Debatte wieder, die der Initiative für eine neuartige Besserungsanstalt mit eindeutigem Strafcharakter vorausging. Die Einrichtung des Amsterdamer *tuchthuis* stellt einen Meilenstein in der Geschichte eines umfassenden sozialpolitischen Programms dar, das seit Michel Foucaults Studien auf diesem Gebiet als »das große Einsperren« oder »die große Gefangenschaft« bezeichnet wird. In den Niederlanden wurde die Einschließung von Bettlern und Kriminellen im 17. Jahrhundert zur gängigen Praxis. Rund 26 Städte in Holland folgten dem Beispiel Amsterdams, indem sie ähnliche geschlossene Anstalten zur Beschäftigung arbeitsunwilliger Armer und zur Besserung von Delinquenten schufen.

Die verschiedenen Bettleranstalten, die man im späten 16. Jahrhundert in Italien ins Leben rief, waren ebenfalls eher neuartige Einrichtungen als den Umständen angepasste alte Institutionen. Auch in diesen Fällen wollte man Bettler disziplinieren und bestrafen, die man sonst ausgewiesen oder auf die Galeeren geschickt hätte. Papst Sixtus V. gründete 1587 das berühmte Bettlerhaus von Ponte Sisto in Rom. Vergleichbare Anstalten wurden in Turin (1583) und Modena (1592) eingerichtet. In Venedig machte der Senat 1594 aus einer verfallenen Leprastation ein Armenhaus, das *Mendicanti-Haus*. In Florenz führte die Anstalt von San Salvatore 1621 die gleiche Reform durch. In Genua entwickelte sich Mitte des 17. Jahrhunderts das dortige Armenspital aus dem öffentlichen Pestkrankenhaus. Dieses neue *Albergo dei Poveri* war die italienische Entsprechung des 1656 in Paris geschaffenen *Hôpital Général*. Die Institutionen in Italien gingen weder auf die alleinige Initiative von Staat oder Kirche zurück noch wurden sie ausschließlich von diesen verwaltet. Finanzierung und Verwaltung lagen sowohl in privater als auch in öffentlicher Hand. So vertraute Papst Sixtus V. die Verwaltung von Ponte Sisto Beamten an, die einerseits vom römischen Senat bestimmt worden waren, andererseits aus einer sehr erfahrenen Bruderschaft kamen, der *Trinità*, die sich mit Erfolg um Pilger und Kranke gekümmert hatte. Auch in Italien träumten im 17. Jahrhundert einige Reformer und Philanthropen vom großen Einsperren aller möglichen Arten von Armen, doch die meisten dieser Projekte scheiterten an den fehlenden finanziellen Mitteln. Das Beispiel des Armenhauses von Florenz beweist, dass es möglich war, ein geschlossenes Haus mit zwei- bis dreihundert Insassen zu führen, aber nicht mehr. Der Zustrom von Bettlern aus den ländlichen Gebieten während einer Wirtschaftskrise, die zu Hungersnot und anhaltender Arbeitslosigkeit führte, war nicht mehr zu bewältigen. Auch wenn sie also in dieser Hinsicht in ähnlicher Weise scheiterten wie viele ähnliche Institutionen in anderen europäischen Ländern, so unterschieden sich die italienischen Armenhäuser wenigstens in einem wichtigen Aspekt von ihren Entsprechungen im übrigen Europa: Nach dem Konzil von Trient sah man in Italien die Unterbringung der Armen in geschlossenen Anstalten nicht vorwiegend als Ordnungsmaßnahme, sondern als Akt der Menschlichkeit und der christlichen Nächstenliebe.

Als Toledo 1581 die Gründung eines Armenhauses verkündete, gehörte es damit zu den ersten Städten in Spanien. Zwei Jahre zuvor hatte Miguel de Giginta, Domherr der Kathedrale von Elna, seinen *Tratado de remedio de los pobres* veröffentlicht, in dem er u. a. wenig praktikable Vorschläge machte, wie man arbeitsfähige Bettler dadurch disziplinieren könne, dass man diese in Gewahrsam nehme. Weitere spanische Städte folgten denn auch weniger seinem recht verschwommenen Reformprogramm als vielmehr dem pragmatischen Schritt Toledos. Im Juli 1581 verabschiedeten die spanischen *Cortes* eine Petition an den König, in der sie eine geschlossene Unterbringung aller Armen im Königreich verlangten.[15] Der Präsident des Kronrats befürwortete jedoch eine Ablehnung der Bittschrift mit der Begründung, es handele sich um eine »Neuheit« und der König werde täglich mit neuen Vorschlägen überschwemmt. Trotz dieses ablehnenden Bescheids kam es nach 1581 zu mehreren Gründungen von Armenhäusern, das bedeutendste darunter in Madrid (1582). In Barcelona war Giginta persönlich die treibende Kraft bei der Eröffnung des Misericordia-Hauses von 1583. Alle diese Institutionen wurden auf umständliche Art und Weise durch Spendengelder finanziert; das gemeinsame Merkmal dabei war der Umstand, dass man das Geld indirekt und auf der Basis der Freiwilligkeit aufbrachte. Die meisten Einrichtungen waren daher in Geldnöten und konnten den Aufgaben, die ihre Gründer und Wohltäter ursprünglich angestrebt hatten, nicht nachkommen. Obwohl in einigen Fällen arbeitsfähige Arme, vor allem die jüngeren Insassen, eingesperrt und einem Arbeitszwang unterworfen wurden, stellten diese Institutionen doch nie die Vorstufe einer Strafanstalt dar wie die englische Besserungsanstalt oder das *tuchthuis* in Holland. Die in Gigintas Reformprojekt enthaltenen Aspekte der Freiwilligkeit und des Idealismus standen bei der spanischen Variante des »großen Einsperrens« stets im Vordergrund.

Das Amsterdamer *tuchthuis* wurde zum einflussreichsten Modell ähnlicher Institutionen der Sozialreform auch in den südlichen Niederlanden. Im Jahre 1613 machte man aus dem Pesthaus in Antwerpen eine Besserungsanstalt, wo man Bettler und Landstreicher einsperrte und zur Arbeit zwang. Einige Jahre später entstanden entsprechende Häuser in Brügge, Gent, Ypern und Mechelen, die aber binnen kurzem alle scheiterten, weil es sich als unmöglich herausstellte, sie finanziell auf eigene Füße zu stellen: die meisten Städte in Flandern hatten im späten 16. und frühen 17. Jahrhundert mit dem Niedergang ihrer traditionellen Wollindustrie zu kämpfen.

In Deutschland errichtete man die ersten Zuchthäuser im frühen 17. Jahrhundert, so in Bremen (1609–1613), Lübeck (1613), Hamburg (1614–1622) und Danzig (1629). Nach dem Ende des Dreißigjährigen Kriegs folgten Wien (1670), Frankfurt am Main (1679) und Königsberg (1691) ihrem Beispiel. Die meisten Zuchthäuser in Deutschland wurden jedoch im 18. Jahrhundert geschaffen; zur gleichen Zeit breiteten sie sich auch in Österreich aus. Am Ende des Heiligen Römischen Reichs Deutscher Nation im Jahr 1806 zählte man allein in den verschiedenen deutschen Staaten über einhundert kleinere oder größere Institutionen dieser Art. In Österreich gab es sechzehn größere Zucht- und Arbeitshäuser, während Preußen sich unter den deutschen Territorialstaaten der größten Zahl solcher Einrichtungen rühmen durfte: zweiundzwanzig.

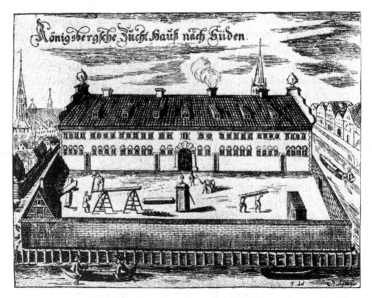

Abb. 14: Das Königsberger Zuchthaus um 1691.

Wie für die entsprechenden Institutionen in den anderen europäischen Ländern galt auch für die deutschen Zuchthäuser, dass man sie in der falschen Erwartung gegründet hatte, sie könnten sich durch die Arbeit der Insassen finanziell selbst tragen. Die wirtschaftlichen Ergebnisse der Produktion in den Arbeitshäusern waren sowohl für die Regierungen, die ständig Subventionswünsche zu erfüllen hatten, ziemlich ernüchternd, als auch für private Unternehmer, die anfänglich geglaubt hatten, durch die Produktion in solchen Anstalten den Zunftzwang umgehen zu können, jedoch alsbald feststellten, dass sie ohne staatliche Hilfe den Bankrott erklären mussten. Wegen dieser wirtschaftlichen Probleme verlor man das ursprüngliche Ziel der deutschen Zucht- und Arbeitshäuser, arbeitsunwillige Arme und Müßiggänger zu bessern und zu beschäftigen, im Zuge der Entwicklung aus den Augen. Am Ende des 18. Jahrhunderts wurden überwiegend Straftäter aufgenommen: von all denjenigen, die man in der zweiten Hälfte des 18. Jahrhunderts in das Pforzheimer Zuchthaus einlieferte, fielen nur noch zwanzig bis dreißig Prozent unter die Rubrik Landstreicher, alle übrigen waren entflohene Häftlinge, Diebe, Einbrecher und eine erhebliche Anzahl von Personen, die wegen Unzuchtsdelikte verurteilt worden waren (Prostituierte, Mütter unehelicher Kinder, Bigamisten, Sittlichkeitsverbrecher). Die entsprechenden Quellen aus Preußen, Österreich und bestimmten deutschen Reichsstädten (z. B. Köln und Frankfurt a. M.) lassen ein vergleichbares Muster erkennen.

Die Entwicklung in Skandinavien war der deutschen sehr ähnlich. Vor dem 18. Jahrhundert entstanden nur wenige Besserungsanstalten. In Dänemark errichtete man das erste *tugthus* außerhalb Kopenhagens in Stege auf der Insel Mön im Jahr 1739. In Finnland liefen im späten 17. Jahrhundert Bettlerinnen zumindest theoretisch Gefahr, in das örtliche *spinnhus* eingewiesen zu werden. In Norwegen gründete man in den späten dreißiger Jahren des 16. Jahrhunderts ein *tukthus* in Trondheim. Ein Gesetz von 1683 schrieb die Errichtung von Arbeitshäusern (*arbejdshuse*) in allen norwegischen Städten vor, jedoch hat die jüngere Forschung nachgewiesen, dass solche Anweisungen entweder nicht befolgt wurden, oder aber die

Institutionen, falls sie geschaffen wurden, nur wenige Insassen beherbergten.

Das Beispiel Frankreichs ist besonders interessant, weil es zeigt, dass politische wie kirchliche Absichten eine Bewegung zur Unterbringung der Armen in geschlossenen Anstalten in Gang setzen konnten. Das Vorbild war hier *Notre Dame de la Charité* in Paris, das von seiner Eröffnung an die Armen zur Arbeit verpflichtete und sie an Disziplin zu gewöhnen trachtete. Zu diesem Zeitpunkt hatten einige französische Reformer schon die ideologischen Grundlagen für ein solches Reformprogramm gelegt. So veröffentlichte gegen Ende des 16. Jahrhunderts Barthélmy de Laffemas zwei kleine Schriften, in denen er die These vertrat, man solle die arbeitsunwilligen Bettler durch die geschlossene Unterbringung in einer öffentlichen Einrichtung disziplinieren und in den wichtigen Städten des Königreichs Arbeitshäuser einrichten. Seine Vorstellungen wurden Anfang des 17. Jahrhunderts von zahlreichen französischen Autoren aufgegriffen und erweitert. Sie vertraten die Ansicht, die geschlossene Unterbringung trage dazu bei, das Betteln und den moralischen Verfall der Armen zu bekämpfen, indem man die Insassen solcher Institutionen einer strengen Disziplin unterwerfe, zu der religiöse Erziehung und regelmäßige Arbeit gehörten. Bald nach dem Beginn der Herrschaft Ludwigs XIV. kam die Regierung zu dem Schluss, die Unterbringung der Armen in solchen Häusern sei die beste Lösung des Problems.

Das *Hôpital Général* in Paris wurde 1656 gegründet und dann der Verwaltung des Ordens vom Heiligen Sakrament unterstellt. Nur sechs Jahre später ordnete ein Erlass des Königs die Einrichtung entsprechender Häuser in allen französischen Städten an, in denen sie noch nicht vorhanden waren. Der Erlass blieb bis zum Jahr 1722 in Kraft, als man einen weiteren Versuch unternahm, Bettler durch ein Gesetz zur Arbeit zu zwingen. Doch das neue System wurde schon nach neun Jahren wieder aufgegeben. Eine andere gesetzgeberische Initiative fand Unterstützung in den Kreisen der Physiokraten innerhalb der Regierung. Die Proklamation des Königs zum Problem der »Vagabunden und Arbeitsscheuen« vom 2. August 1764 war nur die erste einer ganzen Reihe neuer Maßnahmen zur Regelung der Wohlfahrt, der Fürsorge und des Bettelproblems, doch sie enthielt bereits die wichtigen Anweisungen, die zur Einrichtung der sogenannten *dépôts de mendicité* führten. Es wurde nunmehr gesetzlich vorgeschrieben, Bettler nach ihrer Festnahme und Verurteilung in das *dépôt* einzuliefern, das dem Pfarrbezirk, aus dem sie stammten, am nächsten lag.

Wenige Jahre später verfügte die Mehrzahl der französischen Verwaltungsbezirke (*généralités*) über drei bis vier solcher Strafanstalten, die zwischen einhundert und zweihundert Delinquenten aufnehmen konnten. Die Aufgabe, den Insassen Arbeit zu geben, wurde meist einer einzigen Betreibergesellschaft anvertraut. In der Öffentlichkeit sah man die neue Institution in einem recht positiven Licht, obwohl sich bald herausstellte, dass die *dépôts* kaum oder gar nicht abschreckend wirkten; die örtlichen Behörden jedoch waren sich der administrativen und wirtschaftlichen Probleme durchaus bewusst, die sich aus der Unterbringung von Bettlern und allen möglichen Personen mit abweichendem Verhalten in geschlossenen Anstalten ergaben. Neuere Untersuchungen zeigen, dass fast nie mehr als die Hälfte und gewöhnlich sogar weniger als ein Drittel der Insassen zu der Art von Landstreichern gehörten, die von den Zeitgenossen besonders gefürchtet wurden. Darum hat man die *dépôts* lange Zeit als einen institutionellen Fehlschlag betrachtet. Erst seit kurzem sehen Historiker sie in einem freundlicheren Licht. Zu ihren zahlreichen Qualitäten gehörte beispielsweise das, was der amerikanische Historiker Thomas MacStay-Adams als die »Entwicklung eines klinisch-therapeutischen Modells für die Resozialisierung von Straftätern« bezeichnet hat. Im 19. Jahrhundert hat es die Gefängnisreform in Frankreich beeinflusst.

Wegen ihrer vielfältigen praktischen und theoretischen Implikationen hat die Politik des »großen Einsperrens« die besondere Aufmerksamkeit der Historiker und Sozialwissenschaftler auf sich gezogen. Ob man nun Foucaults Theorie von der Kontinuität des Kerkersystems und der gemeinsamen Merkmale des Disziplinierens in Arbeitshäusern, Irrenhäusern, Gefängnissen und Fabriken zustimmt oder nicht, so ist kaum an der »symbolischen Bedeutung« (Stuart Woolf) solcher Versuche zu zweifeln, Landstreicherei und Bettelei zu bekämpfen, indem man Personen, die ohne Genehmigung beim Betteln angetroffen wurden, aussonderte und zur Arbeit zwang. Im 16. Jahrhundert verband sich die Arbeit noch mit starken moralisch-religiösen Konnotationen: sie war Heilmittel gegen sündhaften Müßiggang. Aber seit dem 17. Jahrhundert, als die Idee des Arbeitshauses sich in ganz Europa durchzusetzen begann, wurde die ursprünglich der Arbeit zugeschriebene Wirkung, den Müßiggang als angeblich wichtigste Ursache der Armut zu bekämpfen, von einer pragmatischeren Vorstellung überlagert: Nun sah man die geschlossene Unterbringung und den Arbeitszwang als geeignete Instrumente zur strafweisen Besserung von Bettlern und anderen nicht gesellschaftskonformen Personen. Der paternalistische Staat des späten Absolutismus versuchte auf diese Art, Sozialdisziplinierung mit wirtschaftlichem Gewinn zu verbinden. So wurde das Arbeitshaus zum entscheidenden Merkmal der Armenfürsorge bis ins 19. Jahrhundert, selbst wenn diese englische Institution und ihre europäischen Varianten die hohen Erwartungen der Zeitgenossen nicht erfüllten.

Reaktionen auf die Ausgrenzung

Eine Subkultur der Armut?

Inwieweit es eine Subkultur der Armut gegeben hat, ist eine viel diskutierte Frage in der europäischen Sozialgeschichte des 16. und 17. Jahrhunderts. Die Antwort ist keineswegs eindeutig. Die Vertreter der einen Schule sehen in Bettlern und Landstreichern eine professionelle Gruppe, als Bruderschaft organisiert und fest strukturiert. Andere Forscher vermuten, dass man das Ausmaß organisierten und professionellen Verbrechertums unter Bettlern und Landstreichern oft überbewertet hat und dass die negativen Helden der Gaunerliteratur mit der Unterwelt im frühneuzeitlichen London oder Paris so wenig gemein haben wie die Protagonisten der Opern des 18. und 19. Jahrhunderts mit realen Zigeunern. Es ist nicht die Aufgabe des Literaturhistorikers, in diesem Streit zu entscheiden, selbst wenn er durchaus den Verdacht hegen mag, dass zahlreiche Historiker für ihre geschichtliche Rekonstruktion der kriminellen Unterwelt fiktionale Details in der Gaunerliteratur gesucht haben, ohne dabei die Absichten der jeweiligen Autoren oder die Funktion bestimmter Episoden im größeren Kontext der Erzählung zu berücksichtigen.

Nach Peter Burke trägt die Historische Anthropologie verdienstvoll dazu bei, in solchen literarischen Quellen den reellen Sachverhalt von der Fiktion zu unterscheiden. Gab es tatsächlich einen »Stand« der Bettler und Landstreicher im Europa der Frühen Neuzeit? Inwieweit sind literarische Quellen zuverlässig, wenn keine unabhängigen Belege vorliegen, mit denen sich prüfen lässt, ob diese Quellen die gesellschaftliche Realität zutreffend beschreiben? Hier können die Gerichtsarchive Auskunft geben, die zudem eine Fülle von Informationen über die Organisation der Bettler und Landstreicher und ihren Zusammenhalt untereinander liefern.

Allerdings gibt es kaum Belege darüber, wie diese Randgruppen ihre eigene soziale Welt gesehen haben. Die förmlichen, häufig literarischen Beschreibungen als »Bruderschaften« (»Fraternity« bei John Awdeley, 1561; »Brotherhood« bei Thomas Harman, 1566) verweisen auf eine zeitgenössische soziologische Terminologie, die durchaus irreführend sein kann. Diese Quellen vermitteln uns nämlich im Wesentlichen eine Art Vogelperspektive, wenngleich einige Schriften, die sich mit der Unterwelt des 16. Jahrhunderts befassen, als »proto-ethnographisch« bezeichnet werden könnten, und zwar insofern als ihre Autoren, wie Thomas Harman oder Mathias Hütlin, der mutmaßliche Verfasser des *Liber vagatorum* (1509/10), Bettler und Vagabunden nach deren eigenen Kategorien zu definieren bestrebt waren, angetrieben von einer Art Neugier, die in gewisser Weise mit der eines modernen Anthropologen verglichen werden kann. Während diese literarischen Zeugnisse ein eher statisches und konventionelles Bild der sozialen Struktur von Randgruppen in der Frühen Neuzeit entwerfen, kann man in den Glossaren des Rotwelschen bzw. der Gaunersprache mit ihrem umgangssprachlichen Vokabular sozialer Klassifizierung eine reiche Quelle anzapfen, die in den meisten fiktionalen oder literarischen Beschreibungen der »gemeingefährlichen Klassen« der Frühen Neuzeit nicht genutzt wurde. Ein Blick auf das zeitgenössische soziologische Vokabular, das in einer neueren Untersuchung des Rotwelschen im 16. Jahrhundert vorliegt, zeigt nicht nur exemplarisch jene Aufteilung und Spezialisierung der Arbeit und Kleinkriminalität, die Olwen Hufton und andere Historiker als das Wesen der »Ökonomie des Notbehelfs« ausgemacht haben, sondern lässt auch vermuten, dass innerhalb gesellschaftlicher Randgruppen im spätmittelalterlichen und frühneuzeitlichen Europa recht simple und primitive Vorstellungen von der Gesellschaft existierten. Die Wörter im Rotwelschen für Herren und Diener, für die Behörden und die anonyme Masse der leichtgläubigen Opfer verschiedener Gaunereien hatten oft in der Praxis des Bettler- und Landstreicheralltags größere Bedeutung als die abgestufte Hierarchie einer Subkultur der Armen, wie sie von gelehrten Zeitgenossen in Werken dargelegt wurde, die zur Veröffentlichung oder zum Umlauf bestimmt waren. Menschen, die nur das eine Ziel verfolgten, in einer immer noch vorindustriellen Welt ohne ausreichende

Mittel zu überleben und ohne die Chance oder die Fähigkeit, einen Beruf auszuüben, konnten in alltäglicher Rede eine wesentlich einfachere und weniger förmliche Terminologie verwenden.

Die Belege, die man zum Nachweis dafür herangezogen hat, dass Vagabunden und Bettler eigene, zusammenhängende Gesellschaftsgruppen bildeten, werden von einigen englischen und französischen Historikern als nicht überzeugend angesehen. Obwohl aber die legendäre *monarchie d'argot*, das Königreich sozialer Randgruppen im Frankreich des 16. Jahrhunderts, gewiss nicht existierte, bestand unter den Gesetzlosen und Ausgestoßenen zweifellos eine Art zwangloser Organisation als Überlebensgemeinschaft in einer feindlichen Umwelt. So wissen wir, dass betrügerische Bettler, wie Bauernfänger und Geldfälscher, in »Gesellschaften« oder Banden zusammenarbeiteten. Banden mit mehr als fünf Mitgliedern waren jedoch unter Bettlern selten, im Gegensatz zu marodierenden Jugend-, Einbrecher- und Räuberbanden, welche die Straßen im Europa der Frühen Neuzeit unsicher machten. Nur die irischen Kesselflicker und die Zigeuner zogen in Großfamilien über Land. Quellen aus England und Deutschland zeigen, dass die meisten Landstreicher in kleineren Gruppen oder sogar allein unterwegs waren, um keinen Argwohn zu wecken. Sie bildeten eine Gemeinschaft, die von Soziologen als »Quasi-Gruppe« bezeichnet worden ist, eine Sozialstruktur auf halbem Weg zwischen der rein zeitlich befristeten »Aktionsgemeinschaft« und der permanenten »Gruppe«. Ein deutliches Zeichen des Zusammenhalts unter fahrenden Bettlern und Randgruppen ist der häufig genannte Umstand, dass sie einander als »Brüder« oder »Weggenossen« bezeichneten und Solidarität bewiesen, wenn einer von ihnen verhaftet wurde oder in Schwierigkeiten geriet. So gestanden zwei junge Bettler, die im frühen 17. Jahrhundert von der Polizei in Salzburg verhaftet und verhört wurden, sie hätten feierlich (»bei ihrer Seele«) geschworen, sich niemals gegenseitig zu verraten.

Außerhalb der Gaunerliteratur gibt es kaum zusätzliche Belege für Rangordnungen unter Bettlern und Landstreichern. Die Beschreibungen in den Druck- und Flugschriften verfolgten unterschiedliche Ziele und waren mehr oder weniger ausführlich. Jede hatte ihre besonderen Merkmale. Dennoch liefern sie einen zuverlässigen Anhaltspunkt für die vorherrschenden Muster gesellschaftlicher Beziehungen, für die grundlegende Ausrichtung und Dynamik der traditionellen Sozialstrukturen, aus denen sich Bettler oder Vagabunden nicht befreien konnten. Daher ist es wohl falsch, bei diesen Außenseitern typische gesellschaftliche Einstellungen vorauszusetzen, mit denen man die Begriffe »Subkultur«, »Gegenkultur« oder »Kryptokultur« rechtfertigen könnte, die von einigen Historikern in Bezug auf bestimmte Merkmale verwendet werden, die für die Analyse des Armut-Stigmas entscheidend sind. Wenn es charakteristische Verhaltensmuster der Armen gab (wie etwa die Verwendung einer Gaunersprache), dann sind sie nicht als Produkt eines eigenen Wertesystems anzusehen, sondern als die übliche Folge von Situationen, in denen die herrschende Sozialstruktur für jene Menschen ungünstig war, die man aus dem einen oder anderen Grund benachteiligte oder als Außenseiter abstempelte. Die zeitgenössischen Vorstellungen von Sozialordnungen unter Außenseitern der Frühen Neuzeit liefern möglicherweise hilfreiche Abstraktionen, müssen aber im historischen Kontext evaluiert werden. Sie tragen dazu bei, unser Denken in Bezug auf die komplexe soziale Wirklichkeit am Rande der »verlorenen Lebenswelt« in geordnete Bahnen zu lenken, auch wenn diese Klassifizierungen uns zu der Annahme verleiten könnten, hochmobile, komplexe Gesellschaftsformen ließen sich fein säuberlich gliedern und in Schubladen unterbringen.

In den meisten Fällen beschrieben die Zeitgenossen soziale Randgruppen entweder als funktionsbestimmte »Stände« analog zur mittelalterlichen Gesellschaftstheorie oder als eine eigene Hierarchie von »Berufsgruppen« (Zünfte, Gesellschaften) oder semi-religiösen Gruppen (Bruderschaften). Wer versuchte, eine Gesellschaftsform als traditionelle Sozialhierarchie zu beschreiben, war gezwungen, die verschiedenen Stufen der Rangordnung auf der Grundlage von Merkmalen zu definieren, die entweder den Rechtsstatus oder die Lebensweise betrafen. Der Italiener Teseo Pini führte in seinem *Speculum cerre-*

tanorum (1484/86) rund vierzig verschiedene »Berufsgruppen« bei den Bettlern auf. Das deutsche *Liber vagatorum* unterscheidet dreiundzwanzig »Berufe« (»Narungen« in der Gaunersprache). Der Engländer John Awdeley spricht von einer »Bruderschaft der Landstreicher« (*fraternity of vagabonds*), die aus neunzehn verschiedenen Gruppen mit ihren »eigenen Bezeichnungen und Eigenschaften« bestehe, während Thomas Harman, der wenige Jahre später schrieb, uns eine Sammlung von Geschichten präsentiert, die auf Hörensagen oder eigener Erfahrung beruhten und die sich um eine Liste von dreiundzwanzig »verabscheuenswürdigen Ständen« ranken. Eine erheblich hierarchischere Sicht dieser Randgruppen findet sich in dem berühmten französischen Volksbuch *Le Jargon ou langage de l'argot réformé* (1629), das Ollivier Chereau verfasst hat. Die Vorstellung von einem Königreich der Bettler, das in sechzehn »Stände« gegliedert ist, die sogar ihre Generalstände einberufen, war zweifellos vom politischen Denken und der gesellschaftlichen Realität der Zeit beeinflusst.

Für soziale Außenseiter, die in einer ständischen Gesellschaft lebten, war es naheliegend, Konzepte hierarchischer Strukturen zu entwickeln, die den bestehenden Rangstufen und Ständen glichen. Kein Wunder, dass ein englischer Landstreicher im Jahre 1597 Beamten in Kent erzählte, er sei der »Fürst der Landstreicher«. Auch in Frankreich kannte man den Anführer einer Bande als »König« (*roy de la Coquille*). Solche Auffassungen von einer Gesellschaftsordnung unter Angehörigen einer Randgruppe darf man allerdings nicht beim Wort nehmen. Wie andere volkstümliche Vorstellungen der Zeit beinhalten sie sowohl eine »mentale Anpassung an die damalige sozio-ökonomische Realität« (Keith Wrightson) als auch die Anlehnung an verschiedene Denkmuster. So war denn die mit dem »Königreich der Argot-Sprecher« bezeichnete Sozialhierarchie weniger eine Realität als vielmehr die Spiegelung einer sozialen Institution, die den Randgruppen von den Behörden aufgezwungen wurde. So wurde der Büttel und Wachtmeister, der damit beauftragt war, Bettler und Landstreicher zu verfolgen und zu disziplinieren, amtlich als *roi des ribauds* oder »Bubenkönig« bezeichnet.

Nichts verband die fahrenden Bettler so sehr wie ihre gemeinsame Sprache, bekannt als *Rotwelsch, Pedlars' French, Gergo* oder *Argot.* Die Gaunersprache gehört definitionsgemäß zu einer gesellschaftlichen Randgruppe. Ihre wesentliche Funktion besteht darin, Außenstehende vom Verständnis auszuschließen. Während die Etymologie des deutschen Worts Rotwelsch klar ist, sind sich die Philologen in Bezug auf das englische »cant« nicht ganz einig. Einige Wissenschaftler glauben, es stamme von lateinischen oder französischen Wörtern für den Singsang ab, mit dem Bettler um Almosen baten, andere vertreten die Ansicht, das Wort sei irischen oder gälischen Ursprungs.

Die Struktur solcher »Geheimsprachen« ist dergestalt, dass ein zufälliger Ohrenzeuge nicht unbedingt Verdacht schöpft, weil er den Eindruck bekommt, es handele sich um gewöhnliches Englisch oder Deutsch mit einzelnen verballhornten Wörtern. Während die Terminologie der Gaunersprache mit Sicherheit nützlich für die Tricks der Bauernfängerei war, die den Bettlern und Landstreichern von Zeitgenossen angelastet wurde (darunter auch von Luther, der ein Vorwort zu einer späteren Ausgabe des berühmten *Liber vagatorum* verfasste), so spielte sie doch eine wesentlichere Rolle als eine Art Losung, mit der man sich als jemand zu erkennen gab, der zur Gemeinschaft der Obdachlosen gehörte, mit ihren eigenen Ehrbegriffen und ihren verschiedenen, oft gesetzwidrigen Überlebensstrategien.

Auf diese Weise wurde der Kontakt zwischen den fahrenden Bettlern und der Außenwelt durch die Gaunersprache gewissermaßen abgepuffert.

Das Rotwelsch leitete sich zum Teil aus dem lateinischen Kauderwelsch der Bettelmönche und fahrenden Studenten ab. Hebräische und jiddische Begriffe sowie Elemente des Romani (der Sprache der Sinti und Roma) trugen mit zum »Geheimcharakter« der meisten europäischen Gaunersprachen bei. Die Untersuchungen von Fachwissenschaftlern zu europäischen Gaunersprachen haben jedoch erwiesen, dass die meisten Begriffe mit Hilfe verschiedener sprachlicher Techniken aus der Volkssprache gebildet wurden: durch Bedeutungswandel (z. B.

Metaphern) oder formale Verfahren wie das Ersetzen, Zufügen oder Umstellen von Konsonanten, Vokalen und Silben. Außerdem verfügte jede Gaunersprache über einen gewissen Anteil von Wörtern, die zum Zeitpunkt ihrer Verwendung in der Volkssprache bereits veraltet waren. Schon Mitte des 16. Jahrhunderts brachte der Engländer Gilbert Walker ein Buch über Tricks beim Würfelspiel heraus, in dem er behauptete, die Betrüger verwendeten ihre Sondersprache »in der Absicht, dass sie jederzeit in jeder Gesellschaft dem Anschein nach in vertrauter Sprache reden, in Wahrheit aber mit solcher Heimlichkeit, dass man ihre Absichten nicht argwöhnt«.[1] Es sei noch darauf hingewiesen, dass die zahlreichen sprachlichen Mittel unterschiedlich kombiniert werden konnten und dass man für die Wortschatz-Bildung der Gaunersprache keine einfachen Regeln aufstellen kann.

Der Ursprung dieser Sondersprache liegt im Dunkeln, aber Thomas Harman irrte, als er in seinem *Caveat for Common Cursitors* (1566) behauptete, das englische »cant« habe sich erst seit den dreißiger Jahren des 16. Jahrhunderts entwickelt, auch wenn Ausdrücke der englischen Gaunersprache in der Tat erst um die Mitte des 16. Jahrhunderts erwähnt werden. Das Rotwelsch lässt sich bis ins 13. Jahrhundert zurück verfolgen. Italienische und französische Wörter der Gaunersprache tauchen in Texten aus dem 14. und 15. Jahrhundert auf. Thomas Harman war der erste Engländer, der ein ureigenes und geradezu ethnographisches Interesse an der merkwürdigen Sprache entwickelte, die Bettler und Landstreicher sprachen. Er schreibt 1566: »So weit ich es durch meine Erkundigungen bei mehreren von ihnen herausgebracht und verstanden habe, entwickelte sich ihre Sprache, die sie ›peddlers French‹ oder ›canting‹ nennen, innerhalb der letzten dreißig Jahre, kaum früher; und ihr erster Erfinder soll am Galgen gestorben sein.«[2] Harman zeichnete fast einhundert Wörter oder Sätze auf, während spätere Autoren mehrere Hundert sammelten. Belege aus nicht-literarischen Quellen wie Gerichtsakten aus der Epoche Elisabeths I. und der Stuarts sind selten. Immerhin gab es einige wenige Bettler und Landstreicher, die zugaben, mit der Gaunersprache vertraut zu sein. Mary Roberts, eine Landstreicherin aus Dorset, gestand 1613 beim Verhör, sie kenne Ausdrücke wie »glimmer maunderer« (ein betrügerischer Bettler, der vorgibt, sein Haus oder seine Habe bei einem Brand verloren zu haben) oder »fakers« (Passfälscher). Deutsche Gerichtsakten geben Einblick in die Vielzahl von Bezeichnungen für Trickbetrüger beim Betteln. So gab es »Stabüler« (berufsmäßige Bettler mit vielen Kindern), »Klenkner« (Bettler, die auf dem Kirchhof oder dem Marktplatz mit gebrochenen Gliedern Mitleid heischten, die sich aber ihre Verletzungen entweder selbst beigebracht hatten oder diese nur vortäuschten) und »Grantner« (Bettler, die dem Anschein nach fallsüchtig waren, in Wahrheit aber Seife benutzten, damit ihnen der Schaum vor den Mund trat).

In welchem Maß Landstreicher und andere Randgruppen ihren Argot verwendeten, ist schwer zu ermitteln. Die Verfasser der Gaunerliteratur gehen davon aus, dass er unter verschiedenen sozialen Randgruppen (Landstreichern, Bettlern, Straßenräubern, Prostituierten, Söldnern) allgemein üblich war. Tatsächlich muss die Kenntnis der Gaunersprache ziemlich weit verbreitet gewesen sein, berücksichtigt man die zusätzlichen Belege aus den Gerichtsakten und die Ergebnisse vergleichender linguistischer Untersuchungen. Einige Wörter der Gaunersprache gingen später in die Umgangssprache ein, andere blieben bis ins 20. Jahrhundert hinein in lokalen Dialekten erhalten. Dieser sprachliche Entwicklungsprozess zeigt an, dass die Fachsprache langsam von den Rändern zum Zentrum hin rückte und in den Wortschatz eines größeren Bevölkerungsteils eindrang, der mit den gesellschaftlichen Randgruppen direkt oder indirekt in Kontakt stand. Das Sondervokabular der Bettler und Landstreicher verlor allmählich seine ursprüngliche Funktion, als die Armut ihre zahlreichen Facetten einbüßte und mit dem Beginn der Industrialisierung zur Massenarmut wurde. An seine Stelle traten die verschiedenen Abarten des *Pedlars' French* (Krämersprache) und der Obdachlosensprache im frühen 19. sowie der Häftlingssprachen im 20. Jahrhundert, was nach Meinung vieler Sprachwissenschaftler und historischer Anthropologen darauf hindeutet, dass diese Gruppen eine Art »Subkultur« bildeten. Wenn man die im 16. und 17. Jahrhundert gesprochene Gaunersprache mit dem Slang von zeitgenössischen Randgruppen (Landstreichern, Kesselflickern, Prostituierten) vergleicht, dann fällt die enge Verwandtschaft trotz aller semantischen und lexikologischen Veränderungen gleich ins Auge. Die rotwelsche Bezeichnung für Brot (*Lehm*), die sich aus dem hebräischen *lechem* herleitet, wird zum Beispiel in derselben Bedeutung immer noch in modernen deutschen Jargons gebraucht. Andere haben Form und Bedeutung leicht verändert, so etwa das rotwelsche *Fleb* (Spielkarte), das uns im zeitgenössischen deutschen Jargon als »Fleppe« (Ausweise, Dokumente) wieder begegnet.

Insgesamt bleibt ungewiss, ob die von Bettlern und Vagabunden gesprochenen Gaunersprachen als »alternative Ideologie« (A. L. Beier) interpretiert werden können oder als Zeichen für eine voll ausgeprägte Subkultur unter Randgruppen. Ihre »Geheimsprache« bot zweifellos ein wichtiges Kommunikationsmittel, dessen Merkmal die Notwendigkeit war, die Kenntnis wichtiger Dinge anderen Personen vorzuenthalten. Ihre wichtigste Funktion war es jedoch, ihren Sprechern das Gefühl zu vermitteln, einer weit verstreuten *Ingroup* anzugehören. Die gesellschaftlich an den Rand gedrängten Gruppen wurden weniger durch gemeinsame Überzeugungen und Einstellungen geeint als vielmehr durch ihre extrem mobile Lebensweise und ihr Ziel, in einer überwiegend feindseligen Umwelt zu überleben. Insofern war die Gaunersprache mehr als bloß der für hochspezialisierte Berufe charakteristische Fachjargon. Sie verfügte nicht nur über Begriffe für die verschiedenen Formen des Lebensunterhalts von Bettlern und Landstreichern im Europa der Frühen Neuzeit, sie enthielt auch zahlreiche Wendungen, die viel über die Vorstellungswelt ihrer Sprecher verraten. Wenn man z. B. die Jargon-Begriffe gründlicher betrachtet, die von den Menschen, die die meiste Zeit ihres Lebens auf der Straße verbrachten, für elementare Kleidungsstücke gebraucht wurden, dann stößt man auf ein vergleichbares semantisches Muster: Es ergibt sich aus dem Vergleich von Bildern und Assoziationen, die zur Bildung »exklusiver« Ausdrücke verschiedener europäischer Gaunersprachen geführt haben. Die Herkunft der verschiedenen Wörter für

Schuhe (*dritling* im Rotwelschen, *stamper* in der englischen und *passant* in der französischen Gaunersprache) vermittelt die körperliche und psychische Ermüdung durch lange Fußmärsche, oft sogar ohne passendes Schuhwerk.

Die Angehörigen sozialer Randgruppen der Frühen Neuzeit waren häufig echte Wandervögel. Die meisten bestritten ihren Lebensunterhalt mit verschiedenen Berufen. Die einen waren Kesselflicker, andere Hausierer, die alle möglichen Waren feilboten. Wenn es nötig war und die Gelegenheit sich bot, dann übernahmen sie auch andere einfache Arbeiten und Übergangsbeschäftigungen. Wenn diese »Ökonomie des Notbehelfs« (O. Hufton) versagte, dann waren sie, wie bereits gezeigt wurde, durchaus geschickt genug, sich durch Betteln, kleine Betrügereien und Gelegenheitsdiebstähle durchzubringen. Insofern war die Gaunersprache keine standardisierte Sprache, die nur von denen gesprochen wurde, die aus unterschiedlichen Gründen ein Leben auf der Straße führen mussten. Dennoch gab es so etwas wie einen Grundwortschatz, der die primäre Motivation all dieser Gruppen reflektiert: mit allen, notfalls auch gesetzwidrigen Mitteln zu verhindern, dass man verhungerte.

Rebellion

Um die Erörterung möglicher gewaltsamer Reaktionen auf die Ausgrenzung und Kriminalisierung eines wachsenden Teils der frühneuzeitlichen Gesellschaft zu vereinfachen, nehmen wir an, dass die Möglichkeiten des Widerstands drei Hauptkategorien zuzuordnen sind: Rebellion, Hungerrevolten und Bandenwesen. Außerdem setzen wir voraus, dass es möglich ist, all diese Formen gewaltsamer Auflehnung gemeinsam zu erörtern, obwohl die Umstände und Bedingungen, durch die solche Unruhen ausgelöst wurden, nach Zeit und Ort verschieden beschaffen sein konnten.

Erst in jüngster Zeit wurde nachgewiesen, dass Betteln, Landstreicherei und Volksaufstände häufig in engem Zusammenhang standen, dass aber Landstreicher und arbeitsscheue Bettler an Bauernaufständen und städtischen Unruhen überraschend wenig Anteil hatten. Das bedeutet freilich nicht, dass die ärmeren bzw. unteren Schichten der Bevölkerung in Volkserhebungen, die den Regierungen der Frühen Neuzeit Angst einjagten, nicht präsent waren oder nur eine passive Rolle spielten. Zeitgenössische Autoren ebenso wie die Herrschenden brachten immer wieder ihre Sorge zum Ausdruck, dass Missernten das soziale Netz zerreißen und in der Stadt wie auf dem Land Aufstände auslösen könnten. »Nichts führt schneller zum Aufruhr als die Teuerung der Lebensmittel«,[3] bemerkte ein führender Politiker der elisabethanischen Zeit. Auch bei der örtlichen Obrigkeit wuchs die Sorge wegen der zunehmenden Armut in Stadt und Land. Und es gibt Hinweise darauf, dass die Armen in der Tat einen gefährlichen Unruheherd bildeten. Aus Angst, Hungers zu sterben, erhoben sich im Jahr 1528 die Bauern aus der Gegend um Aquila in den Abruzzen mit dem Schlachtruf »Es lebe die Armut!« (*Viva la povertà*). Und Thomas Walker, der Bürgermeister einer englischen Provinzstadt, berichtet von dem Chaos, das 1625 in Exeter herrschte:

»Es hat zahlreiche gefährliche Tumulte gegeben, indem sich die ärmeren Leute in Gruppen von zwei- bis dreihundert Mann zusammenrotteten und der Polizei Widerstand leisteten; sie drohten, ihrer Not mit Gewalt abzuhelfen. Dabei beläuft sich die Zahl der Armen auf rund 4000, von denen die meisten in bitterstem Elend leben.«[4]

Ähnliche Vorfälle gab es in anderen Städten Englands und auf dem Kontinent, wo die Armen auf den Straßen randalierten, den Ordnungskräften Widerstand leisteten und Unterstützung forderten.

Man verdächtigte aber nicht nur die Armen allgemein, sondern insbesondere die Obdachlosen und Landstreicher, Unruhe zu stiften und Aufstände anzuzetteln. So war Francis Bacon der Überzeugung – die er mit vielen Zeitgenossen teilte –, die Landstreicher seien eine »Quelle der Gefahr und des Aufruhrs im Lande«.[5] Der Engländer Richard Morison veröffentlichte 1536 eine Flugschrift unter dem Titel »Ein Mittel gegen den Aufruhr« (*A Remedy for Sedition*). Darin machte auch er einen Unterschied zwischen den Armen und arbeitsscheuen Bettlern, die eine Gefahr für die politische Ordnung werden könnten:

»Einige behaupten, die Armut sei der Grund, dass Menschen zu Dieben, Mördern und Rebellen werden. Ich glaube aber, das ist durchaus nicht der Fall. Denn ich kenne einige Länder, in denen viel schlimmere Armut herrscht als in England und doch gibt es dort keine Rebellen... das Fehlen ehrlichen Handwerks und übermäßiger Müßiggang sind vielleicht nicht die einzige Ursache von Aufruhr, aber sie bringen Diebe, Mörder und Bettler hervor, die andere Menschen dazu anstiften.«[6]

Allerdings gibt es nur vereinzelte Belege für die Verwicklung von Bettlern und Landstreichern in Unruhen. Nach der Bundschuh-Revolte von 1513 im Südwesten Deutschlands erließen die Behörden einen Haftbefehl gegen mehrere Personen, die als »Hauptmann Bettler« bezeichnet wurden. Einer hieß Lorentzen von Pfortzen. Im Rundschreiben wird er folgendermaßen gekennzeichnet: »ein junger faister unnd hat nyenen hes und schrigt vast lut uf der gassen und heischt durch sanct Ziliags und ist ime der rechten arm vmb den elenbogen offen, den lest er nit zu heilen.«[7] Während des großen Aufstands von 1529 in Lyon (*La Grande Rebeine*) tauchten an den Stadtmauern Plakate auf, die der anonyme Verfasser mit *Le Povre* (Der Arme) zeichnete. »Captain Poverty« und »Lord Poverty« waren die entsprechenden englischen Pseudonyme der Anführer des Aufstands in den Grafschaften des Lake Districts (*Pilgrimage of Grace*, 1536/37). Natürlich bedeutet dies nicht, dass die Unruhen von Bettlern oder Landstreichern angezettelt oder angeführt wurden. Die volkstümlichen Namen spiegeln bloß die sozialen Motive der Aufrührer und die Vorurteile und Ängste der Herrschenden; mit der nachweisbaren Wirklichkeit der meisten Unruhen der Frühen Neuzeit in der Stadt und auf dem Land haben sie wenig zu tun.

Die häufigen Volksaufstände versetzten Fürsten, Grundherren und Stadtverwaltungen in ganz Europa in Angst, sodass sie sich zum Handeln gezwungen sahen. Die örtlichen Behörden unternahmen Anstrengungen, die Instabilität und die sozialen Verwerfungen auf Grund der Armut in den Griff zu bekommen, wobei sie eine Doppelstrategie verfolgten: einerseits die Reform der Armenhilfe, andererseits der Kampf gegen das Bettelwesen und die Landstreicherei. Vor allem in den fahrenden Bettlern sah man Unruhestifter, die nicht nur Krankheiten übertrugen, sondern auch gefährliche Gerüchte verbreiteten, die zum Aufruhr anstiften konnten. Der Friedensrichter Edward Hext aus Somerset malt 1596 in einem Brief an Lord Burghley ein Bild allgemeiner Unbotmäßigkeit, die er auf die marodierenden Soldaten und andere Landstreicher in seiner Grafschaft zurückführte. Er erwähnt besonders einen arbeitsscheuen Bettler, der die Richter einschüchterte, indem er heilige Eide schwor, »wenn man ihn auspeitsche, dann sollte diese Auspeitschung bestimmte Personen überaus teuer zu stehen kommen«.[8] Im England der Stuartzeit wurde ein von den Behörden als Landstreicher beschriebener Mann aus Chesterfield verhaftet, weil er am Vorabend des Englischen Bürgerkriegs in der Öffentlichkeit gerufen hatte: »Zu den Waffen, zu den Waffen, Meuterei und Aufruhr!« Doch die einzigen Aufstände in England, an denen Landstreicher eine auffällig aktive und führende Rolle spielten, waren die Unruhen in Westminster, die von demobilisierten Soldaten nach dem gescheiterten Portugal-Feldzug im Sommer 1589 ausgingen. Etwa fünfhundert Menschen rotteten sich zusammen und drohten, den Bartholomew-Jahrmarkt zu plündern. Man benötigte 2000 Angehörige der Bürgerwehr, um ihrer Herr zu werden. Zusätzlich zu diesen militärischen Maßnahmen wurden in einem Dekret alle entlassenen Soldaten und alle Herrenlosen unter Androhung der Todesstrafe aufgefordert, sich einen Passierschein zu besorgen, mit dem sie binnen zwei Tagen in ihre Heimat zurückkehren mussten. Es dauerte aber noch Monate, bis sich die Öffentlichkeit wieder beruhigte. In Deutschland und anderen europäischen Ländern hielt man ebenfalls die umherstreifenden und bettelnden Soldaten (*Gartknechte*) für eine der größten Gefährdungen der öffentlichen Ordnung, selbst wenn sie nicht in Banden, sondern allein unterwegs waren, meist begleitet von ihrer Konkubine.

Wie andere durchaus ehrbare Leute auch stießen Landstreicher und Bettler, besonders wenn sie beim Betteln abgewiesen wurden, in ihrem Zorn nicht nur Flüche aus, sondern auch aufrührerische Parolen. Die Behörden nahmen solche achtlos dahingeworfenen Bemerkungen ernst und verhafteten Landstreicher, die Meinungen kundtaten, die nach Ansicht der Obrigkeit gottlos und gefährlich waren. Ein in Hertfordshire 1602 verhafteter Landstreicher hatte gedroht, »wenn er wieder Soldat wäre wie schon früher einmal, dann würde er eher gegen als für sein Land kämpfen.«[9] Aus den Gerichtsakten kann man jedoch nicht entnehmen, dass Landstreicher sich mit dieser Art von Gesetzwidrigkeit besonders hervorgetan hätten. Gemäß einer Fallstudie zu Köln in der Frühen Neuzeit gehörten nur zwölf Prozent derjenigen Personen, die man aufrührerischer Reden gegen das politische System und den gesellschaftlichen Status quo beschuldigte, Randgruppen an (verglichen mit einem Gesamtanteil von 20 Prozent). Diese Ergebnisse werden durch neuere Untersuchungen in anderen europäischen Ländern bestätigt, die zeigen, dass dieser Gesetzesverstoß ein Vergehen bzw. manchmal sogar ein Schwerverbrechen war, das sich vorwiegend die Angehörigen der städtischen Mittelschicht zuschulden kommen ließen, nicht dagegen die Stiefkinder und Benachteiligten der vorindustriellen Gesellschaft.

Was die Volksaufstände im frühneuzeitlichen Europa von den Hungerrevolten unterschied, war der eindeutige Kausalzusammenhang zwischen Lebensmittelmangel und Teuerung einerseits und dem Auftreten von Unruhen andererseits. Außerdem waren sie insgesamt zahlreicher und durch stärkere soziale Kohärenz charakterisiert. Die Zeitgenossen erkannten den engen Zusammenhang zwischen Hungersnot und Aufruhr. Nach Aussage von Francis Bacon waren Hungerrebellionen die schlimmsten. In der Zeit, als ganz Europa nach mehreren Missernten in den Jahren 1595–97 in eine schwere Krise geriet, berichtete ein Müller in England den Behörden, »er habe mehrere Leute sagen hören, es müsse bald einen Aufstand geben, weil die Getreidepreise so hoch seien«.[10] Auch hier waren die Anführer nicht arbeitsscheue Bettler, Landstreicher oder Kriminelle. Die Anstifter und die Menge selbst handelten aus echter Angst vor Hunger und Elend, selbst wenn man zuweilen die Landstreicher verdächtigte, Informationen über geplante Aufstände wegen einer Teuerung auszustreuen. Dennoch waren die meisten Hungerrevolten eine lokale Angelegenheit, nicht das böse Werk von Außenseitern. In einer englischen Kleinstadt fasste eine Witwe einmal den Plan, den örtlichen Getreidehändler zu überfallen; sie gab an, es sei ihr unmöglich, von den Armenpflegern Weizen zu bekommen. Gerade die Frauen übernahmen bei solchen Unruhen eine führende Rolle. Im 17. Jahrhundert in Newbury oder im 18. Jahrhundert in Paris waren es Frauen, die dafür sorgten, dass man Getreidefuhren auf der Straße abfing. Die Hungerrevolten in anderen europäischen Ländern wiesen ähnliche Merkmale auf, und auch die Teilnehmer entstammten zuweilen denselben Gesellschaftsgruppen.

Die Unzufriedenheit der unterprivilegierten, verarmten und manchmal an den Rand der Gesellschaft gedrängten Bevölkerungsgruppen konnte in einem Volksaufstand oder meist eher in lokalen Hungerunruhen zur Explosion kommen, doch sie äußerte sich auch in kleinerem Maßstab als ein Phänomen, das Eric Hobsbawm und andere als »Sozial-Banditentum« (*social banditry*) bezeichnet haben. Es handelte sich um eine Form von Verbrechen, das aus einer politischen oder gesellschaftlichen Krise heraus entstand, ganz besonders in Gebieten, in denen die Regierung nur wenig Macht ausüben konnte, überwiegend in Bergregionen, gelegentlich auch im Grenzland. Die Hauptherde des Bandenwesens in der Frühen Neuzeit lagen im dalmatinischen Hochland zwischen Venedig und der Türkei, in den weitläufigen ungarischen Grenzregionen, in Katalonien, in den Pyrenäen nahe der französischen Grenze und in den Mittelgebirgen des Heiligen Römischen Reichs (z. B. im Westerwald und im Hunsrück).

Viele Zeitgenossen betonten, wie bereits erwähnt, die Gefahren, die von bewaffneten Landstreicherbanden drohten, wobei sie häufig übertrieben. An dieser Stelle beschäftigen wir uns nur mit einer bestimmten Art von Obdachlosen, die in Banden durch das Land streiften, Gewalt anwendeten bei Einbrüchen, Raubüberfällen oder wenn ihnen Almosen verweigert wurden, und die von den Zeitgenossen nicht als gewöhnliche Verbrecher angesehen wurden. Ein englischer Sozialhistoriker bezeichnet es als das charakteristische Merkmal der Sozialbanditen, dass sie »vogelfreie Kleinbauern sind, die von ihren Herren und vom Staat als Kriminelle betrachtet werden, die jedoch Teil der bäuerlichen Gesellschaft bleiben und in denen das Volk Helden, Rächer, Kämpfer für die Gerechtigkeit, vielleicht sogar Anführer einer Befreiungsbewegung sieht, jedenfalls aber Menschen, die man bewundert und denen man Hilfe und Unterstützung leistet«.[11] Die Legende von Robin Hood, der die Reichen beraubte, mit Bettlern die Kleider tauschte und den Armen beistand, ist nicht nur in England, sondern in ganz Europa seit vielen Jahrhunderten populär. Alle anderen Räuberhelden sind deutlich jüngeren Datums; viele von ihnen sind der hier untersuchten Epoche zuzuordnen, wie Stenka Razin, der aufständische Anführer der russischen Armen im 17. Jahrhundert. In Italien entstammten die Banditen auch einem bäuerlichen Hintergrund. Marco Sciarra, der berühmte neapolitanische Räuberhauptmann vom Ende der neunziger Jahre des 16. Jahrhunderts, erklärte sich selbst zur »Geißel Gottes und zu seinem Gesandten gegen die Wucherer und Besitzer von unproduktiven Reichtümern«.[12] Es gibt Belege dafür, dass er tatsächlich Reichtum wieder verteilte und deswegen unter den armen Neapolitanern hoch angesehen war. Robert Mandrin (1724–1755), ein berühmter französischer Räuberheld, war ebenfalls ziemlich vertraut mit der »Ökonomie des Notbehelfs«, denn er begann seine Karriere als professioneller Warenschmuggler im französisch-schweizerischen Grenzgebiet.

Landstreicher und Sozialbanditen waren oft Leidensgenossen und pflegten gelegentlich auch Umgang miteinander. Verarmte Tagelöhner und Hausangestellte stießen zu Banden, in denen junge Bettler eng mit entlassenen Soldaten, Deserteuren, Mördern, ehemaligen Priestern und Prostituierten zusammenarbeiteten. Die Sozialbanditen begannen ihre Laufbahn in einigen Fällen mit kleinen Delikten, die sie früher oder später in Kontakt mit der Welt der umherziehenden Verbrecher brachten. Im England der Frühen Neuzeit wurden nach Aussage einer Untersuchung von A. L. Beier zahlreiche »Herrenlose« wegen

Diebstahlverdachts (45 Prozent) oder Landstreicherei (16 Prozent) festgenommen. Für die zweitgrößte Gruppe (23 Prozent) ist der Grund für die Festnahme nicht eindeutig festzustellen, während eine dritte Gruppe, die Fälscher von Pässen und Bettellizenzen, fünf Prozent ausmacht.

Emigration – Migration

Allein zwischen 1660 und 1700 wanderten rund 100 000 Menschen von England nach Amerika aus. Zumeist handelte es sich um junge kräftige Männer, die im frühen 17. Jahrhundert die Masse der Landstreicher gestellt hatten. Im Hafen von Sevilla sammelten sich Emigrantenmassen, darunter verarmte Adlige, Soldaten und Söldner auf der Suche nach Abenteuer und Arbeit in Amerika, mittellose junge Männer, die hofften, in Übersee reich zu werden, und gemeinsam mit ihnen diejenigen, die Fernand Braudel als den »Bodensatz der spanischen Gesellschaft« bezeichnet hat, nämlich gebrandmarkte Diebe, Bettler, Banditen, Vagabunden, alle in der Erwartung, ihr Los bessern zu können. Für alle waren die spanischen Kolonien das Gelobte Land, wie Miguel de Cervantes in »Der Eifersüchtige von Estremadura« in den *Exemplarischen Novellen* darlegt. Er erzählt die Geschichte eines Emigranten, der, reich geworden, von den Westindischen Inseln zurückkehrt, sein Geld anlegt, ein Haus kauft, ein Leben als Ehrenmann führt, aber dann mit seiner Eheschließung einen großen Fehler macht.

Neben der Auswanderung nach Übersee lösten Armut und die repressiven Maßnahmen gegen das Betteln auch eine großräumige Migration innerhalb Europas aus. Nach bestimmten modernen Definitionen der Migration waren Vagabunden gar keine Migranten, weil sie sich in einem Zustand kontinuierlicher Bewegung befanden, fast ohne Chance, jemals irgendwo eine Heimstatt zu finden oder sich niederlassen zu können. Soweit die sogenannte Armutsmobilität (»subsistence migration« – Peter Clark) betroffen ist, wurde die Entscheidung, die Heimat auch nur für kurze Zeit zu verlassen, dem Migranten dadurch aufgezwungen, dass er in seiner Heimatstadt oder seinem Heimatdorf seinen Lebensunterhalt nicht verdienen konnte. Für die Angehörigen gesellschaftlicher Randgruppen jedoch lagen die Dinge anders. Sie konnten nicht den ausgetretenen Pfaden folgen, die es uns gewöhnlich leichter machen, eindeutige Migrationsmuster zu unterscheiden und aus der Mobilität der Armen in der Frühen Neuzeit allgemeine Schlüsse abzuleiten. Sie mussten auf Maßnahmen der Unterdrückung reagieren, die für die Einstellung der meisten europäischen Regierungen gegenüber fahrenden Bettlern im späten 15. und frühen 16. Jahrhundert typisch waren.

Der Bettler auf der Landstraße ist als Gestalt so alt wie die Armut selbst. Neu für das 16. Jahrhundert und die folgende Zeit war der Umstand, dass das Problem der Landstreicherei in die Städte vorgedrungen war, die Müßiggängern und fahrenden Bettlern feindselig gegenüberstanden, und landesweite und europäische Dimensionen annahm. Das Katz-und-Maus-Spiel zwischen Büttel und Bettler, Verwaltung und Vagabund, war ohne Anfang und Ende; es war eine Dauervorstellung, die auf ihre Art die repressiven Maßnahmen der lokalen und nationalen Obrigkeit in ganz Europa lächerlich machte. Die Schwierigkeit bestand darin, dass die ausgewiesenen Bettler einfach nicht abwanderten; sie zogen es vielfach vor, zu ihrer ursprünglichen und zeitweiligen Bleibe zurückzukehren – sehr zum Ärger der zuständigen Behörden, die dennoch ihren Glauben an die Wirksamkeit ihrer Methoden nicht aufgaben. Die Quellen lassen weiterhin den Schluss zu, dass die Ausweisung von Armen, die keiner Arbeit nachgingen, diese lediglich an einen anderen Ort vertrieb – außer in den Fällen, in denen man (wie in Frankreich, England und Spanien) die Landstreicher im Rahmen großer Streifjagden verhaftete und in die Kolonien verfrachtete, damit sie dort nach ihrer Ankunft ein neues Leben beginnen und ihren Lebensunterhalt als Farmarbeiter oder Handwerker selbst verdienen konnten. Dass Bettler, die man aus einer Stadt oder einem Landstrich vertrieb, auf die herkömmlichen Methoden zur Unterdrückung des Bettelwesens flexibel reagierten, zeigt das Beispiel Spaniens. Im Jahre 1586 hatte der Vizekönig strenge Maßnahmen gegen Müßiggänger und Landstreicher ergriffen.

Die Anordnung zur Ausweisung galt für alle Städte und Dörfer im Königreich Valencia und bezog sich auf Bettler und Fremde sowie auf alle Menschen, die nicht willens waren, für ihren Lebensunterhalt aufzukommen. Die Betroffenen reagierten unverzüglich, wie ein venezianischer Brief vom 24. Juli 1586 belegt, der die Situation auf den Straßen nach Saragossa beschreibt:

»Man reist in großer Hitze und vielfach gefährdet durch Mörder, die sich in großer Zahl auf dem Lande aufhalten. Das alles, weil man in Valencia alle Landstreicher mit einer Frist von soundsoviel Tagen unter Androhung schwerster Strafen aus dem Königreich gejagt hat; nun sind sie teils nach Aragon, teils nach Katalonien gekommen. Ein weiterer Grund, nur tagsüber und unter guter Bewachung zu reisen.«[13]

Fahrende Bettler nutzten alle verfügbaren Möglichkeiten, legal oder illegal, im Bedarfsfall weiterzuziehen, und nicht nur, wenn man sie dazu zwang. So konnte es vorkommen, dass man einen Bettler, der eben noch an einem Ort Almosen als »armer Reisender« erhalten hatte, im nächsten Ort verhaftete, weil er Argwohn weckte oder als Störenfried betrachtet wurde. Wohin er ging, wie lange und mit wem, das war von mehreren Faktoren abhängig. Die Geographie war einer davon, das jeweilige Alter und Geschlecht ein weiterer. Viel hing auch davon ab, was bestimmte Städte oder Regionen dem fahrenden Bettler vermeintlich oder erfahrungsgemäß zu bieten hatten. Für Landstreicher, die aus Dörfern oder kleinen Provinzstädten in die großen Stadtzentren des frühneuzeitlichen Europas zogen (nach London, Paris, Rom, Madrid), waren diese häufig die Endstation: sie starben kurz nach ihrer Ankunft, weil sie nicht wussten bzw. nicht zur Kenntnis nahmen, dass solche Ballungszentren für Menschen in ihrem schlechten Gesundheitszustand ein hohes Risiko bedeuteten. Andere, die vielleicht von einem neuen Anfang in Nord- oder Südamerika geträumt hatten, stellten bald fest, dass auch dort die Lebensumstände nicht das erhoffte Paradies auf Erden waren.

Schluss

Seit den sechziger Jahren des 20. Jahrhunderts hat die Diskussion der »Neuen Armut« in den Industriegesellschaften das Interesse erneut auf die Entstehung des Wohlfahrtstaats und das Problem der Armut in der Vergangenheit gelenkt. Sozialwissenschaftler haben in diesem Zusammenhang oft eine Form historischer Forschung betrieben, die für Sozialarbeiter und Bürokraten von größerem Nutzen war als etwa für Sozialhistoriker. Jene begrüßten die gelegentliche Unterstützung durch historische Fallstudien über Armut und Armenfürsorge und widmeten Machtverhältnissen, Familienzyklen, demographischem Wandel und ökonomischen Strukturen weniger Aufmerksamkeit als den institutionellen und administrativen Problemen der Sozialpolitik in der Vergangenheit. Die besondere Bedeutung der Geschichte für das Verständnis des akuten Problems der Armut in den Industrienationen ebenso wie in den Entwicklungsländern wird auch deutlich, wenn man die Diskussion des Armutsbegriffs in den Sozialwissenschaften seit den sechziger Jahren betrachtet.

Wie im späten 19. und frühen 20. Jahrhundert, als Sozialreformer wie Sidney und Beatrice Webb die Entwicklung der frühen englischen Armengesetzgebung untersuchten, ist auch heute noch eine vergleichende historische Betrachtung der Armut und Armenhilfe für sozial- und politikwissenschaftliche Studien nützlich. Die Geschichte der Armut unter ihren moralischen, sozialen, ökonomischen und politischen Aspekten liefert möglicherweise aufschlussreiche Analogien und Hinweise auf eine Reihe moderner Probleme, die aufs engste mit der Armut verbunden sind. Obwohl vieles in der sozialwissenschaftlichen Erörterung der Armut und der Wohlfahrtssysteme nur begrenzten Wert hat, wenn man den zyklischen Charakter der Armut im Mittelalter und in der Frühen Neuzeit analysiert, verdienen gemeinsame, typische Merkmale dieses anhaltenden Problems die besondere Aufmerksamkeit derjenigen, deren Interesse den Ursprüngen des modernen Wohlfahrtstaats gilt.

Schluss

Wir haben versucht, verschiedene Aspekte der Armut zu erhellen, die im frühneuzeitlichen Europa in einer Wechselbeziehung zueinander standen: die Armutsbegriffe, die Ursachen der Verarmung, das Ausmaß des Phänomens, die Sozialpolitik und Wohlfahrtsprogramme, und das, was seit Oscar Lewis als »Armutskultur« bezeichnet wird. Offenbar sind alle diese Phänomene einem Wandel unterworfen; in der Frühen Neuzeit waren sie häufig anders beschaffen als in der heutigen Industriegesellschaft.

Zunächst einmal kann Armut in der Epoche des Absolutismus nicht auf ein sozio-ökonomisches Problem reduziert werden. Ein politisch-ökonomisches Modell der Sozialkontrolle würde der komplexen Wirklichkeit und den Armutsbegriffen jener Zeit, die hier als »Frühe Neuzeit« bezeichnet wurde, nicht gerecht. Heute betrachtet man die Armut nicht mehr als selbstverständliches, gottgegebenes und unabwendbares Phänomen. Sozialwissenschaftler und Politiker sind vielmehr der Meinung, dass es darum geht, die richtige Strategie in dem »Krieg« zu finden, den die meisten westlichen Länder der Armut erklärt haben. Es werden Theorien vertreten, in denen man die Gesellschaft für die Armut verantwortlich macht bzw. die gesellschaftlichen und ökonomischen Kräfte, die den Grundstein für die ungleichmäßige Verteilung von Reichtum und Ressourcen legen. Unter solchen theoretischen und ideologischen Voraussetzungen erfordert die Beseitigung der Armut deshalb nicht so sehr die Besserung, Erziehung oder Rehabilitation des Individuums als vielmehr gesellschaftliche Organisation. Wie die Gesellschaft auf die Bedürfnisse des Menschen reagiert, das wird zweifellos durch die jeweils vorherrschenden Weltanschauungen geprägt. Der Glaube an die Durchführbarkeit einer Sozialpolitik oder von Wohlfahrtsprogrammen schafft die Grundlage für eine völlig andere Art, mit der Armut umzugehen.

In der Frühen Neuzeit hatte die Einstellung gegenüber der Armut aber noch viele mittelalterliche Merkmale, wenngleich moderne Elemente schon eine Rolle spielten. Man betrachtete die Armut noch nicht ausschließlich als ökonomisches Phänomen. Für Katholiken wie Protestanten waren das Leben und das Beispiel Christi immer noch eine wichtige Richtschnur für die Vorstellung von einer Gesellschaftsordnung. Daraus folgte ein anderer Armutsbegriff. Trotz der komplexen und ambivalenten Konnotationen, die den Armutsbegriff nach der Reformation kennzeichnen, hat er seinen religiösen Wert bzw. Hintergrund nie vollständig eingebüßt. Allerdings lagen die Dinge nicht mehr so einfach wie im Mittelalter, als man in den Armen vor allem ein Mittel zum Seelenheil der Reichen sah. Von den letzteren verlangte die Kirche den Akt der Barmherzigkeit, während die Armen ihrerseits für das Seelenheil des Almosengebers beten mussten. Schon einige Jahrzehnte vor der Reformation lässt sich ein tiefgreifender Wandel beobachten: Schon damals galten die Armen als von Gott gesegnet und verdammt, als tugendhaft und sündig, faul und fleißig zugleich. Die Kirche war nicht zuletzt in der Frage der »Verdienste« gespalten. Die Almosengeber konnten nicht mehr darauf zählen, dass ihnen ihre Mildtätigkeit am Tag des Jüngsten Gerichts angerechnet werden würde. Der »karitative Imperativ« (Colin Jones) mag im katholischen Europa nach dem Konzil von Trient neuen Schwung bekommen haben, doch sollte man nicht außer Acht lassen, dass auch die lutheranischen Theologen die Mildtätigkeit förderten. Innerhalb der protestantischen Kirche war die *Caritas* nicht mehr in Gesten der Demut oder Barmherzigkeit zu suchen, sondern sie war Ausdruck bzw. äußeres Zeichen christlicher Nächstenliebe, die sich im Vergleich zu ihrer traditionellen Gestalt auch wandeln und eine leicht veränderte religiöse und symbolische Bedeutung annehmen konnte.

Nicht für die Kirche, sondern für die Regierungen und Justiz der Frühen Neuzeit waren die Armen überwiegend ein Problem der öffentlichen Ordnung und weniger der öffentlichen Fürsorge. In den zeitgenössischen politischen und wirtschaftlichen Schriften repräsentierten die Armen eine Arbeitskraft-Reserve, die in der Zukunft als »Produktivquelle« (J. O. Appleby) nützlich sein konnte. Im Rahmen des ökonomischen Prozesses, den einige Historiker als »Proto-Industrialisierung« bezeichnen, ließen sich die Armen, Männer wie Frauen, in den Augen der Armenpfleger wie der Unternehmer in zwei Kategorien einteilen: Arbeitswillige und Arbeitsfähige einerseits und Müßiggänger andererseits. Diese Zweiteilung blieb vom 16. bis zum 18. Jahrhundert die ideologische Basis für die meisten Projekte zur Beschäftigung der Armen.

Untersuchungen, die in den sechziger und siebziger Jahren des 20. Jahrhunderts in England, Deutschland, den USA und anderen westlichen Ländern veröffentlicht wurden, haben gezeigt, dass trotz der Sozialreformen der Nachkriegszeit und der relativ niedrigen Arbeitslosenzahlen die Armut in großem Ausmaß bei alten Menschen, Familien ohne Familienoberhaupt, Arbeitslosen und Kranken anzutreffen ist. Amtliche Studien ergaben eine erhebliche Anzahl von Menschen, die unter dem gesellschaftlich akzeptierten Existenzminimum leben. Michael Harrington wies in seinem bahnbrechenden Buch *The Other America* (»Das andere Amerika«) aus dem Jahr 1962 nach, dass nach modernen Definitionen der Mittellosigkeit mehr als ein Fünftel der Bevölkerung in einem Land in Armut lebte, das stolz auf seine demokratische Verfassung ist, die jedem Bürger das »Streben nach Glück« gewährleistet. Doch die Armut in einer wohlhabenden Gesellschaft wie in Amerika sieht anders aus als in den ärmsten Entwicklungsländern. Die Sozialwissenschaftler sind sich heute darin einig, dass nicht befriedigte Bedürfnisse nur in Bezug auf die Gesellschaft definiert werden können, in denen sie existieren bzw. geltend gemacht werden. Deswegen lassen sich Unterscheidungen zwischen »absoluter« und »relativer« Armut – oder zwischen »elementarer« und »kultureller« Armut – nur schwer auf das vorindustrielle Europa anwenden, für das nicht nur viele quantitative Daten in Bezug auf zahlreiche Aspekte des sozialen und wirtschaftlichen Lebens fehlen, sondern wo sich auch die Frage stellt, nach welchen Kriterien ein historischer Vergleich vorzunehmen wäre.

Die Analyse der zahlenmäßigen und räumlichen Verteilung der Armut ergibt mehrere charakteristische Muster. In allen europäischen Gesellschaften der Frühen Neuzeit findet man einen harten Kern dauerhaft armer Menschen, die für den eigenen Lebensunterhalt bzw. für den ihrer Familien nicht sorgen konnten, ebenso wie eine große Zahl potenziell armer

Menschen. Die erste Kategorie von Armen, die sich auf Grund von Alter, Krankheit oder körperlichen Gebrechen nicht selbst ernähren konnten, repräsentiert in den meisten europäischen Städten im 15. bis 18. Jahrhundert zwischen fünf und zehn Prozent der Bevölkerung. Die zweite Gruppe besteht aus den Menschen, die auf niedrige Löhne und Gelegenheitsarbeit angewiesen waren und daher unmittelbar unter den Preisschwankungen für Brot zu leiden hatten, wenn es zu einer Versorgungskrise kam – ein bis heute in den Entwicklungsländern noch verbreitetes Phänomen, das in Westeuropa jedoch nur bis zum Ende des Absolutismus feststellbar ist. Diese Gruppe machte zwanzig bis dreißig Prozent der Stadtbevölkerung aus und repräsentiert den sogenannten »Krisenpegel« (»crisis level«, Paul Slack) der Armut. Und schließlich darf man nicht den ebenfalls existierenden »Grundpegel« (»background level«) der Armut vergessen, der sich in der Frühen Neuzeit nur mittel- bis langfristig veränderte. In dieser relativ großen Kategorie, der maximal fünfzig bis achtzig Prozent aller Haushalte angehörten, finden wir städtische Handwerker und Kleinhändler, die nur den niedrigsten Steuersatz zahlen mussten und die ohne weiteres aus materieller Unabhängigkeit in die Armut absinken konnten. Die entsprechenden Zahlen für die Armen auf dem Land ergeben fast das gleiche Bild. Um den kleinen Kern der von struktureller Armut betroffenen Menschen zog sich ein erheblicher größerer Ring von armen Pächtern und Landarbeitern, die der Bevölkerungsgruppe der Saisonarbeiter und Kleinbauern zuzurechnen sind. Ihre Anteile in den jeweiligen Landstrichen schwankten im Lauf der Jahrhunderte, wobei sie bis zu einem Drittel oder gar die Hälfte des Kleinbauernstands ausmachen konnten.

Bevölkerungswachstum, wirtschaftliche Stagnation, Kriege und Naturkatastrophen sind traditionelle Erklärungen für Armut, die immer noch vorgebracht werden, wenn man heute die Erscheinungsformen und Ursachen der Armut in unterentwickelten Ländern erörtert. Im Vergleich zur modernen Industriegesellschaft erlebten die Menschen der Frühen Neuzeit Armut auf vielen Stufen der Gesellschaft, obgleich die unteren Schichten am ehesten in existenzielle Not gerieten. Nicht nur Tagelöhner, Kleinbauern und Lohnarbeiter, sondern auch Handwerker, Bauern mit mittelgroßem Landbesitz und selbst der niedere Adel waren gefährdet. Jedem konnte ein Unglück zustoßen (Krankheit, Unfälle, vorzeitiger Tod des Ernährers, Kriegsgefangenschaft usw.), von dem man sich in einer Zeit, die keine Sozialversicherung kannte, nur schwer erholte; das führte in vielen Fällen zu Verarmung oder völliger Mittellosigkeit.

Eine weitere wichtige Ursache war – wie heute in den Entwicklungsländern – das Bevölkerungswachstum. Die stetige Zunahme der Bevölkerungszahl in der gesamten Epoche der Frühen Neuzeit – nur unterbrochen durch demographische Einbrüche in der Folge von Pestepidemien, Hungerkatastrophen und Kriegen – bewirkte den wohlbekannten Druck auf begrenzte Ressourcen, die nicht im gleichen Tempo zunahmen, sodass auch die Preise stetig stiegen. Im Allgemeinen führten hohe Lebensmittelpreise nicht unbedingt zu Hungersnot, sondern nur zu weitreichender Verarmung. Es gab jedoch Krisenzeiten im 16., 17. und 18. Jahrhundert, als die Menschen, wie heute in Somalia oder Bangladesch, auf den Straßen ausgezehrt zusammenbrachen und Hungers starben. Auch der strukturelle Wandel, den die europäische Wirtschaft zwischen dem späten 15. und dem frühen 19. Jahrhundert durchmachte, ist von besonderer Bedeutung. Aus der allgemeinen Krise des Feudalismus und der Grundherrschaft folgten soziale Verwerfungen und für viele Menschen wirtschaftliche Not, wobei vor allem Landarbeiter und die Kleinbauern betroffen waren, die von ihrer Landparzelle vertrieben wurden. Außerdem hatten die Zunahme des internationalen Handels und das Entstehen einer Geldwirtschaft mit ihren neuen Elementen – Kapitalanlage, Kredit, Zinsen, Pacht und Löhne – Folgen für das Auftreten und die Form der Armut. Das gilt ebenso für die Proto-Industrialisierung, die sich – trotz der langfristig positiven Folgen der Industrialisierung und Mechanisierung – im traditionellen Textilgewerbe mehrerer städtischer Zentren kurzfristig negativ auswirkte, weil sie in diesem wichtigen Wirtschaftszweig der Frühen Neuzeit zunächst massive Arbeitslosigkeit auslöste. Obwohl die Dimensionen und das Ausmaß der Armut entsprechend den kurzfristigen Bedingungen und langfristigen Umwälzungen der vor-industriellen Wirtschaft schwankten, bleiben die Ursachen der Armut auf der Ebene des Einzelnen und der Familie über die Jahrhunderte hinweg doch bemerkenswert konstant. Heute wie damals besteht die Mehrheit der als arm bezeichneten Menschen aus Kindern unter fünfzehn Jahren, Alten und von Frauen geführten Haushalten.

Die wesentlichen Prinzipien und Programme aller Fürsorgesysteme spiegeln die Gesellschaft wider, in der das System zur Anwendung kommt. Man kann deshalb gegenwärtige Sozialpolitik nur verstehen oder beurteilen, wenn man zunächst die Grundlagen erfasst, auf denen das moderne Wohlfahrtssystem ruht. Chronologisch lassen sich verschiedene typische Reaktionen der Nicht-Armen auf die Armut unterscheiden, auch wenn die traditionellen Begriffe der »Mildtätigkeit« und der »Philanthropie« samt der Vorstellungen, für die sie stehen, weiterhin eine entscheidende Rolle für die Armenfürsorge in der untersuchten Epoche spielten. Unter den traditionellen Formen der Fürsorge, die bereits in der Antike und im Mittelalter praktiziert wurden, existierte neben der persönlichen, formlosen mildtätigen Gabe die Verteilung von Lebensmitteln, Kleidung, Brennstoff und anderen Gütern durch verschiedene karitative Institutionen (Spitäler, Klöster, Bruderschaften, Berufsgenossenschaften). Die offene Fürsorge finanzierte sich überwiegend aus karitativen Stiftungen, Schenkungen und manchmal auch aus Zehntabgaben. Im 16. Jahrhundert unternahm man erste Versuche, eine obligatorische Armenabgabe einzuführen, um die Kosten der Fürsorge für die wachsende Zahl der Bedürftigen bestreiten zu können. Vergleichbare fortschrittliche Tendenzen kamen auch in verschiedenen anderen Ländern Europas zum Tragen, und zwar durch die Gründung der *monti di pietà*, der kommunalen Leihhäuser, die Armen günstige Kredite boten.

Unterstützung für die Armen bot im Mittelalter und verstärkt seit dem 16. Jahrhundert nicht zuletzt das Spital. Diese Einrichtung der Frühen Neuzeit kümmerte sich anders als das moderne Krankenhaus nicht in erster Linie um die Pflege und die medizinische Versorgung der Kranken; vielmehr stellte sie Unterkunft und Pflege für Pilger, Reisende, Waisen, Alte und Arme zur Verfügung, überhaupt Dienstleistungen verschiedener Art für all diejenigen, die man in einer vorwiegend christlichen Gesellschaft für bedürftig hielt. Mit der Entstehung des modernen Staats übernahmen die weltlichen Behörden allmählich die Verantwortung für die institutionelle Fürsorge, die sich im Mittelalter noch in der Hand der Kirche befunden hatte. Allerdings stammen nicht alle Prinzipien der staatlichen Fürsorge aus dem frühen 16. Jahrhundert, weil sich die städtischen Verwaltungen schon lange zuvor der Armenhilfe angenommen hatten. Der lange Marsch in die soziale Sicherheit begann im 15. Jahrhundert bzw., im Fall der italienischen Stadtstaaten, möglicherweise sogar schon im 14. Jahrhundert.

Moderne Einstellungen gegenüber der Armenfürsorge wurden seit dem 16. Jahrhundert besonders in einem anderen Bereich sichtbar. Überall im Europa der Frühen Neuzeit stoßen wir auf eine neue Haltung, sobald es um den Arbeitszwang für Arme geht. In der Arbeit, die in der Reformation eine neue Würdigung erfuhr, sah man nun das Heilmittel gegen die Armut. Das war kein Zufall. Man wurde sich nicht nur zunehmend der wirtschaftlichen Bedeutung der Arbeit bewusst, sondern betonte eindringlicher als zuvor die gottgewollte Pflicht jedes Menschen zu arbeiten. Das Betteln fiel mit nur wenigen Ausnahmen der Verachtung anheim und galt nicht mehr als geeignetes Mittel, um die Armut zu überwinden. Auf Grund dieser veränderten Auffassung von arbeitsfähigen Armen bedeutete Arbeit in den Augen der Fürsorgereformer Bestrafung der Müßiggänger ebenso wie Erziehung und Ausbildung. Schon im 16. Jahrhundert waren die Ideen im Keim zu erkennen, die in der Folge Grundlage der meisten Projekte zur Beschäftigung der Armen waren. Auch heute noch vertreten die Reformer der Fürsorge die Meinung, der Staat müsse im Kampf gegen die Armut mehr Arbeitsplätze und Aufstiegsmöglichkeiten für den Einzelnen schaffen. In modernen Wohlfahrtssystemen lädt man zwar den Opfern nicht die alleinige Verantwortung auf, aber man arbeitet durchaus mit der Methode von Zuckerbrot und Peitsche.

Damals beruhte eine solche Auslegung der Armenpflege auf einer Auffassung, in der die karitativen Beziehungen viele Facetten hatten; sie beinhalteten Fürsorge ebenso wie das Prinzip der Gegenseitigkeit und zwar auf moralischer und ökonomischer Ebene. Heute sind die Beziehungen eindeutiger geworden, weniger persönlich, dafür bürokratischer. Im Bereich der Wohlfahrt dominieren jetzt die staatlichen Behörden, und dort herrscht ein neuer Geist. Diese Entwicklung, die im Wohlfahrtsstaat ihren Höhepunkt erreicht hat, begann bereits im 16. Jahrhundert, als man den persönlichen Kontakt immer weiter reduzierte und stattdessen allmählich ein Verhältnis schuf, das von Vorschriften bestimmt und seiner moralischen und religiösen Inhalte entleert war. Diese qualitative Veränderung der Beziehungen zwischen den Armen und denen, die Fürsorge leisteten, war auf tiefgreifende Veränderungen in der Gesellschaft der Frühen Neuzeit zurückzuführen. Durch den Übergang vom Feudalismus zum Kapitalismus büßten die sozialen Beziehungen ihre moralische Dimension ein. Vom Ende des 18. Jahrhunderts an bestimmten die Ideale des Liberalismus die Sozialpolitik der westlichen Länder, in der nun ökonomische und soziale Wertvorstellungen wie Selbsthilfe und Chancengleichheit hervorgehoben wurden. Als die Industrialisierung zunahm und die politische Macht sich zunehmend demokratisierte, weckten die Untersuchungen zur Zahl und Lage der Armen erneut das soziale Gewissen der Mittel- und Oberschicht. Der wirtschaftliche und gesellschaftliche Wandel brachte neue Einstellungen gegenüber den Armen hervor. Man betrachtete das Recht der Armen auf Fürsorge und Arbeit nicht länger als Aufgabe einer staatlichen, bevormundenden Obrigkeit; vielmehr wurde soziale Sicherheit zum Anspruch des Einzelnen.

Neben dieser veränderten Einstellung zu den Armen sollte man auch die Reaktionen der Armen auf ihre Armut im Blick behalten. Offenbar gab es in der Frühen Neuzeit eine deutlichere Verbindung zwischen Armut und Delinquenz (Diebstahl, Landstreicherei und Prostitution) als heute. Unabhängig von den jeweils benutzten Quellen oder den angewendeten Methoden räumen die meisten Forscher ein, dass die Kriminalität in der vorindustriellen Gesellschaft eine andere Qualität und andere quantitative Dimensionen hatte. Sicher war Gewalt noch nicht jenes Attribut der Slum-Kultur, die von der modernen Kriminologie als ihr gewöhnliches Umfeld angesehen wird. Das gilt auch für Eigentumsdelikte, denn der Diebstahl spielte eine besonders große Rolle. Und im Gegensatz zu den Ergebnissen der modernen Kriminalstatistik spielten die Frauen in diesem Bereich eine untergeordnete Rolle. Einige Vertreter der historischen Verbrechensforschung geben zu bedenken, dass Frauen in der Frühen Neuzeit in einem Maß versorgt waren, wie es die Männer für sich nicht erwarten konnten. Es gibt durchaus Hinweise darauf, dass eine arme Frau in der traditionellen Gesellschaft auf mehr Hilfe von Nachbarn zählen konnte als ein armer Mann. Eine hartnäckig vertretene und oft überprüfte Hypothese, die jedoch inzwischen immer häufiger in Frage gestellt wird, beruht auf einer Unterscheidung zwischen zwei Kategorien: Eigentumsdelikten und Gewaltverbrechen. In ihrer einfachsten Form besagt die Theorie, die Entwicklung der modernen Gesellschaft gehe mit einer Modernisierung des Verbrechens einher. Die Kriminalität im vorindustriellen Europa wäre demzufolge stärker charakterisiert durch Gewalt gegen Personen als durch Eigentumsdelikte wie z. B. Diebstahl. In der modernen Gesellschaft dagegen gebe es mehr Eigentumsdelikte als Gewalttätigkeit. Diese These beschäftigt die historische Kriminalistik immer noch; es ist jedoch schwer, einen messbaren Bezug zwischen Phänomenen wie Verbrechen, Armut und der Modernisierungstheorie herzustellen. Die Tatsache allerdings, dass ihre Lage die Armen häufig zu Außenseitern macht und sie in ein kriminelles Milieu abgleiten lässt, ist ausführlich und einleuchtend sowohl in der modernen soziologischen Forschung als auch in vergleichenden historischen Untersuchungen dargelegt worden. Der einzige Unterschied zwischen damals und heute ist, dass der Mundraub, das typische Delikt der Armen in der Frühen Neuzeit, in einer wohlhabenderen Gesellschaft kaum mehr eine Rolle spielt.

Eine der zahlreichen Fragen, mit denen sich sowohl Soziologen als auch Historiker seit den sechziger Jahren des 20. Jahrhunderts auseinandergesetzt haben, betrifft die Existenz einer »Armutskultur«. Diese Theorie bezieht sich auf die Lebensweise der Armen, die sich von den Nicht-Armen angeblich nicht bloß in wirtschaftlicher Hinsicht unterscheiden, sondern in vielen anderen Aspekten auch. In dem eher experimentellen Umfeld, in dem die Pioniere der Forschung zur Geschichte der Armut und des abweichenden Verhaltens gewirkt haben, fielen Hypothesen auf einen fruchtbaren Boden. Je mehr soziologische Daten und historische Dokumente den Wissenschaftlern zur Verfügung standen, desto sensibler nahm und nimmt man inzwischen die Möglichkeiten und die Grenzen geschichtlicher Zeugnisse wahr. Heute sehen wir die Position der Armen innerhalb einer gegebenen Sozialstruktur klarer, und wir verstehen auch die Einstellungen und das Handeln der Nicht-Armen gegenüber den bedürftigen und nicht gesellschaftskonformen Bevölkerungsteilen besser, ebenso wie die daraus folgende Wirkung auf die Armen und die gesellschaftlichen Randgruppen selbst. Der gegenwärtige Stand der Forschung im Bereich historischer und moderner Probleme der Armut und des abweichenden Verhaltens stützt jedenfalls die These, dass die »Armutskultur« keine eigenständige Subkultur darstellt; sie ist vielmehr ihrerseits bedingt und in ein Beziehungssystem eingebettet. Sie ist, wie es der amerikanische Soziologe Chaim Isaac Waxman einprägsam formulierte »eine Subkultur, die in einem Teufelskreis zusammen mit dem Stigma der Armut entsteht und weiterlebt«.

Anhang

Kurzbiographien wichtiger Reformer der Armenpflege

BERTIER DE SAUVIGNY, LOUIS-BÉNIGNE-FRANCOIS (ermordet 1789): Als *Intendant* von Paris hatte er im Kronrat schon einen Ruf als humanitärer Reformer und unermüdlicher Verwalter erworben, bevor er die Leitung einer groß angelegten Operation gegen die Armut übernahm, die die französische Regierung ab 1760 in Angriff nahm. Er wurde zum *commissaire de la mendicité* ernannt. Außerdem verfolgte er die Interessen seines Vaters weiter – von dem er das Amt des Intendanten übernommen hatte – und beschäftigte sich mit der Verbesserung landwirtschaftlicher Methoden, mit der öffentlichen Gesundheitsvorsorge und der Förderung wohltätiger Einrichtungen wie z. B. der Almosenämter. Eines seiner vielen wohltätigen Projekte, die »Gesellschaft der Arbeiter in der Provinz« – auch als *corps de pionniers* bezeichnet – sollte die Aufgaben der *dépots de mendicité* ergänzen, der französischen Variante der »Besserungsanstalten« für Bettler, die zu seinem Amtsbereich gehörten.

BORROMÄUS, KARL (1538–1584): Erzbischof von Mailand und Reformer in der Armenpflege. Neben seiner lebenslangen Arbeit für die Armen spielte Borromäus eine wichtige Rolle bei der Entstehung der karitativen Bestimmungen des Konzils von Trient (1545–63). Als erster setzte er die Gesetzgebung dieses wichtigen Konzils in die Praxis um. Bevor er sein Amt als Erzbischof von Mailand antrat, hatte Kardinal Borromäus mit Unterstützung des hl. Filippo Neri (siehe dort) die Irrenanstalt *S. Maria di Pietà dei Poveri Pazzi* wieder aufbauen und neu ausstatten lassen und eine Einrichtung für sittlich gefährdete junge Frauen geschaffen. Borromäus verließ Rom 1565, um nach Mailand zu gehen. Um die Tridentinischen Reformen der Armenpflege durchsetzen zu können, suchten er und seine Suffraganbischöfe weltliche Hilfe. 1568 gelang es Karl Borromäus, eine neue gemeinnützige Institution in der Stadt zu eröffnen, das sogenannte »Haus der Zuflucht«. Trotz der zahlreichen praktischen Reformen des kirchlichen Systems der Armenpflege, die er in Mailand auf den Weg gebracht hatte, zeigte die Pest, die die Stadt und die Diözese Ende 1576 heimsuchte, dass noch viele Schwachpunkte zu beseitigen waren. Die drei großen karitativen Werke, die aus der Erfahrung mit der katastrophalen Pest von 1576/77 in Mailand hervorgingen, zeugen von der Bedeutung des Erzbischofs.

BUCER, MARTIN (1491–1551): Herausragender protestantischer Reformator und Autor von *De regno Christi* (1550), der durch seine Predigten, Briefe und Bücher die Reform der Armenfürsorge in Straßburg, Ulm und Hessen beeinflusste. Seine Ideen breiteten sich auch in England aus, wo sein *Treatise, How by the Worde of God Christian Mens Almose Ought to Be Distributed* postum in den späten fünfziger Jahren des 16. Jahrhunderts veröffentlicht wurde. In seiner Abhandlung spricht er sich für einen Gemeinen Kasten und die Überwachung der Armenpflege durch Diakone aus. Offenbar beeinflusst durch die städtischen Reformen der Armenfürsorge auf dem Kontinent, die dort zwischen 1520 und 1540 durchgeführt wurden, vertritt er die Meinung, jede Stadt sei selbst für die Fürsorge ihrer Armen verantwortlich.

BUGENHAGEN, JOHANNES (1485–1558): Protestantischer Reformator und Theologe, der die Armenordnung in Wittenberg umsetzte. Seine praktischen Korrekturen wurden daraufhin in vielen norddeutschen Städten (Braunschweig, Lübeck, Hamburg) übernommen. Er hielt an Luthers zentralem Prinzip der Armenfürsorge, dem Gemeinen Kasten, fest. Die Veränderungen, die er vornahm, betrafen die Verwaltung und Finanzierung. Bugenhagens Neuordnung beschränkte sich aber nicht auf die Armenpflege, sondern betraf die gesamte Organisation der protestantischen Kirche. Auf seinen Einfluss hin nahmen viele protestantische Territorien und Stadtstaaten Vorschriften zur Armenfürsorge in ihre neuen Kirchenordnungen auf.

BURN, RICHARD (1709–1785): Englischer Rechtsgelehrter und Topograph, Friedensrichter der Grafschaften Westmorland und Cumberland. Er veröffentlichte ein wichtiges Handbuch, *The Justice of the Peace and Parish Officer* (1755), in dem er sich u. a. mit den unterschiedlichen praktischen Aspekten der Armenpflege durch lokale Beamte beschäftigte. Um 1770 legte er einen Entwurf für eine neue Armengesetzgebung vor. Burn war nicht nur Verfasser einer viel zitierten Streitschrift zur Reform der Armenpflege, er schrieb auch eine der besten juristischen Abhandlungen zu diesem Thema; darüber hinaus war er als praktizierender Richter wohl vertraut mit dem Alltag der Armenpfleger in seinen Grafschaften.

CALVIN, JOHANN (1509–1564): Französischer Theologe und Reformator, der die Erneuerung der Armenpflege in Genf beeinflusste. Das göttliche Liebesgebot war für ihn die Grundlage jeder gesellschaftlichen

Beziehung. Zum Kampf gegen die Armut schlug Calvin eine Zusammenarbeit von Kirchenführern und staatlichen Beamten vor. In der Kirchenordnung von 1541, die er aufgesetzt hatte, wurden die weltlichen Leiter der Genfer Spitäler als Diakone der Kirche anerkannt. Das System der Armenfürsorge, das zu seinen Lebzeiten in Genf eingerichtet wurde, beruhte auf den Diakonen. Sie waren verpflichtet, alle freiwilligen Spenden, kirchlichen Einkünfte und andere Einnahmen zu sammeln und die Armen aus diesem Fonds zu unterstützen.

CAMPOMANES, PEDRO RODRIGUEZ GRAF VON (1723–1802): Spanischer Jurist, Politiker und Ökonom. Wie viele andere merkantilistische Autoren im Spanien des 18. Jahrhunderts befürwortete Campomanes die Einrichtung von Arbeitshäusern, um die Mittellosen zu Beschäftigungen zu zwingen, die dem Staat nutzten. Er schrieb beispielsweise, dass »der Müßiggang in jedem Land, das seine Gewerbe entwickeln will, unterdrückt werden muss«. Die Ansicht, dass aus den Armen wirtschaftlicher Nutzen gezogen werden könne, war in Spanien weit verbreitet, nicht zuletzt durch einen Landsmann, Bernardo Ward, Minister unter Ferdinand VI., dessen Werk 1782 erschien. In seinen eigenen Schriften griff Campomanes oft auf lange Textausschnitte von Juan de Medina (siehe dort) zurück, um die zeitgenössischen Einwände gegen die geschlossene Unterbringung von Armen zu entkräften. Er machte geltend, dass die Insassen der sogenannten *hospicios* auch eine religiöse Unterweisung erhalten würden, und dass die Kirche von solch geistlicher Wohlfahrt ebenfalls profitieren werde. Er entwickelte spezifische Vorschriften zur Trennung der Armen in den *hospicios* und stellte in diesem Zusammenhang fest, das oberste Gesetz müsse sein, »die Unschuldigen von den Lasterhaften zu trennen«. Er gab auch ausführliche Anleitungen zur Festnahme von Bettlern und warnte davor, dabei Gewalt anzuwenden.

COORNHERT, DIRCK VOLKERTSZ (1522–1590): Niederländer, der aus einer Familie von Tuchhändlern stammte und Schriften über die Armenpflege verfasste. Er arbeitete fünfzehn Jahre als Graveur und war später als Schreiber in Haarlem und Gouda angestellt. Er ist vor allem für seine Schriften und seine kompromisslose Befürwortung religiöser Toleranz bekannt. Sein Hauptwerk ist die Abhandlung *Boeventucht* (1567/87). Der Untertitel verdeutlicht die Absicht dieses Büchleins: »Wie die Zahl schädlicher Personen zu senken ist«. Mit seinen Gedanken gab Coornhert sich als ein Vertreter des neuen säkularen Geistes im Umgang mit dem Betteln und der armutsbedingten Kriminalität zu erkennen. Der Müßiggang war nach Coornhert die Wurzel von Armut und Verbrechen. Für kriminelle Landstreicher wollte er eine Bestrafung finden, die schlimmer sei als der Tod. Die Lösung war Zwangsarbeit als das Gegenteil ihres Lebens in Freiheit und Müßiggang. Er schlug drei Arten von Zwangsarbeit vor: die Galeere, verschiedene Formen der Beschäftigung bei öffentlichen Bauvorhaben und die Ausübung bestimmter Handwerke in Strafanstalten und Zuchthäusern, die zu diesem Zweck in jeder Stadt und jedem ländlichen Bezirk eingerichtet werden sollten. Seine Abhandlung beeinflusste mit Sicherheit den Rat der Stadt Amsterdam, der Ende des 16. Jahrhunderts die erste Besserungsanstalt auf dem europäischen Festland errichtete.

ECHTER VON MESPELBRUNN, JULIUS (1545–1617): Bischof von Würzburg und Gründer der dortigen Universität. Als er 1573 Bischof von Würzburg wurde, bemerkte er, die halbe Stadt wäre nicht groß genug für ein Spital, das all denen seine Tore öffnen würde, die hinein wollten. Darum war die erste Regel für das Spital, das er 1579 in Würzburg gründete, dass nur die wirklich Kranken und Armen zugelassen werden sollten. Da er sowohl Bischof als auch Landesherr war, förderte er auch Reformen der Armenpflege in den großen Städten seines Herrschaftsgebiets. Sein Einfluss wird zum Beispiel in den Armenordnungen und Spitalregeln von Gerolshofen, Dettelbach, Mellrichstadt, Würzburg, Königshofen und Volkach sichtbar.

EDEN, SIR FREDERICK MORTON (1766–1809): Englischer Verfasser von Schriften zur Lage der Armen. Einer der Begründer und später Vorsitzender der *Globe Insurance Company*. Sein eigentliches Verdienst sind seine Untersuchungen zur Lage der erwerbstätigen Armen in England – ein Thema, auf das er durch die Teuerungen von 1794 und 1795 aufmerksam wurde. Sir Eden führte seine Untersuchungen außerordentlich gründlich durch, erkundete einige Gemeinden persönlich und stützte sich auf Informationen von Korrespondenten in ganz England. Die drei Bände, die er unter dem Titel *State of the Poor* 1797 veröffentlichte, sind ein Klassiker wirtschaftswissenschaftlicher Literatur. Der erste Band enthält die Abhandlung über die Armen, der zweite Erhebungen und Berichte der Pfarrsprengel, die sich mit der Verwaltung der Arbeitshäuser und Gewerbeschulen, mit Versicherungsvereinen auf Gegenseitigkeit usw. befassen. Der dritte setzt diese Berichte fort und enthält noch einen Anhang mit Tabellen zu Preisen und Löhnen.

GEILER VON KAYSERSBERG, JOHANNES (1445–1510): Bekannter Prediger in Straßburg. Schon 1498, und auch später immer wieder, beschwor er die Zuständigkeit der weltlichen Behörden für die Armen und die Armenpflege. Geiler rief die Bürger immer wieder eindringlich dazu auf, den armen Nachbarn zu helfen und diese große Last nicht ausschließlich auf den Schultern der wenigen kirchlichen und städtischen Armenpfleger abzuladen. Er setzte sich zudem dafür ein, die Arbeitsfähigen zu beschäftigten und die Kinder der Armen ein nützliches Handwerk zu lehren, damit sie ihren Lebensunterhalt selbst verdienen könnten, sobald sie mündig würden; so könne man vermeiden, dass sie ausschließlich von der Wohlfahrt abhängig würden. Seine Predigten bewegten die Straßburger Bürger dazu, ein Spital für mittellose Syphilitiker zu stiften, das zu den ersten im Heiligen Römischen Reich gehörte.

GIBERTI, GIAN MATTEO (1495–1543): Päpstlicher Beamter, später (ab 1528) Bischof von Verona und Freund Papst Clemens VII. Er ist bekannt für sein kreatives Armenpflegeprojekt in Verona. Eine der ersten Amtshandlungen in seinem Bistum war die Errichtung eines Spitals für die zahlreichen kranken, armen und verwaisten Kinder. Noch in Rom hatte er eine *societas pauperum* begründet, um das Problem des Bettelwesens zu bekämpfen. Sein wichtigster Beitrag zur Armenpflege war die Gründung einer »Wohlfahrtsgesellschaft« im Jahr 1534, in der er Geistliche und Laien in einer religiös und bruderschaftlich orientierten Gemeinschaft zur Verwaltung der Armenpflege zusammenführte.

GIGINTA, MIGUEL DE (1534–?): Spanischer Theologe, der die Pfründe eines Domherrn von Elna erhielt. Zwischen 1576 und 1588 durchquerte er die Iberische Halbinsel und versuchte, Prälaten, Herrscher und Räte von der Notwendigkeit und Nützlichkeit seiner Pläne für eine Reform der Armenpflege zu überzeugen. Er propagierte seine Projekte auch in Portugal. Nach Coimbra zurückgekehrt, veröffentlichte er seine einflussreiche Schrift *Tratado de remedio de los pobres* (1579). Diese Abhandlung gehört zu den bemerkenswertesten Versuchen, sich mit den Problemen der Organisation und öffentlichen Ordnung im Spanien des 16. Jahrhunderts auseinander zu setzen. Seine Pläne wurden in vielen spanischen Städten begrüßt, besonders in Barcelona, wo der Stadtrat und die Jesuiten 1583 gemeinsam begannen, ein Armenspital einzurichten.

GILBERT, THOMAS (1720–1798): Englischer Politiker und Reformer der Armenpflege. 1782 legte er drei Gesetzesentwürfe im englischen Unterhaus vor. Die ersten beiden wurden verabschiedet – Ergänzungsanträge zu den Gesetzen, die die Besserungsanstalten und den Zusammenschluss von zwei oder mehr Gemeinden betrafen –, aber der dritte, eine Reform der Verordnungen gegen die Landstreicherei, passierte die Kammer nicht. 1787 legte er einen weiteren Gesetzesentwurf zum Armenrecht vor, der vorsah, viele Gemeinden zusammenzuschließen, Hunde zu besteuern und eine Zusatzabgabe für das Passieren von Schlagbäumen an Sonntagen zu erheben. Gilbert hat zahlreiche Schriften zu seinen diversen Reformplänen veröffentlicht. So erschienen 1775 seine *Observations upon the Orders and Resolutions of the House of Commons with Respect to the Poor*, 1781 folgte *A Plan for the Better Relief and Employment of the Poor in England*.

HACKFURT, LUKAS (ca. 1495–1554): Geistlicher, Lehrer und Armenpfleger in Straßburg. 1523 wurde ihm die Aufsicht über das neue Armenpflegesystem übertragen. Bis zu seinem Tod leitete er die städtische Armenpflege (»Gemeines Almosen«). Er war ein glühender Anhänger des Protestantismus und hatte angeblich Verbindungen zur Bewegung der Wiedertäufer in Straßburg. Er war auch einer der ersten und erfolgreichsten berufsmäßigen Armenpfleger in Deutschland in der ersten Hälfte des 16. Jahrhunderts. Mit seiner akademischen Bildung und einer mehrjährigen Erfahrung in unterschiedlichen Kirchenämtern repräsentierte er den neuen Typus des Armenpflegers, der oft eine Karriere in der Kirche aufgab, um stattdessen Beamter im öffentlichen Dienst zu werden. Hackfurts Erfolge spiegeln die Vorteile der beginnenden Professionalisierung der Armenfürsorge im 16. Jahrhundert wider.

HARMAN, THOMAS (Lebensdaten nicht bekannt): Englischer Autor, der in seinem *Caveat for Common Cursitors* (1556) die Tricks der Landstreicher und arbeitsscheuen Bettler beschreibt. Harman war offenbar Friedensrichter in Kent. Allem Anschein nach hat er genau Buch geführt über die fahrenden Leute, die an seiner Tür bettelten. Heute zweifelt man kaum noch an der Authentizität seines Buches über elisabethanische Landstreicher und Gauner, das ausführliche Porträts verschiedenartiger Vagabunden und ein aufschlussreiches Lexikon der Gaunersprache enthält.

HERRERA, CRISTÓBAL PÉREZ DE (gestorben 1620): Geboren und aufgewachsen in Salamanca; 1577 wurde er Hofarzt (*protomedico*) und arbeitete einige Jahre bei der spanischen Flotte. 1595 begann er eine Karriere als Autor und *arbitrista*, wobei er in dieser Eigenschaft zahlreiche Projekte zur Armenfürsorge entwickelte, die er am ausführlichsten in der Abhandlung *Amparo de pobres* (1598) darstellt. Wie viele seiner schreibenden Zeitgenossen ging auch Herrera davon aus, Arbeit für Bettler sei vorhanden, wenn diese sich nur dazu entschließen könnten, sie auch anzunehmen. Einige praktische Korrekturvorschläge zu Plänen, die vor ihm Miguel de Giginta (siehe dort) propagiert hatte, setzte man in die Praxis um, als 1596 in Madrid ein Armenspital eingerichtet wurde.

HYPERIUS, ANDREAS (1511–1564): Protestantischer Theologe, der in vielen Fragen der Lehre mit Martin Bucer übereinstimmte. Von 1537 bis 1541 hielt er sich in England auf und war später an der ersten protestantischen Universität in Marburg Professor für Theologie. Er ist der Autor der Hessischen Kirchenordnung von 1566, in der einige wichtige Vorschriften zur Armenfürsorge enthalten waren. Außerdem verfasste er eine einflussreiche Abhandlung über die Armenpflege, die auch ins Englische übersetzt wurde. Seine Überlegungen und Vorschläge beeinflussten die Reform der Armenfürsorge in der Hansestadt Bremen und wahrscheinlich sogar in England. Hyperius war der Überzeugung, es sei Aufgabe sowohl der kirchlichen als auch der weltlichen Behörden, gemeinsam für die Armen zu sorgen. Er unterschied zwischen würdigen und unwürdigen Armen und befürwortete die Bestrafung und Disziplinierung von arbeitsscheuen Bettlern.

IGNATIUS VON LOYOLA (1491–1556): Spanischer Soldat und Kirchenmann, Begründer der Gesellschaft Jesu. 1535 überzeugte er den Stadtrat seiner Geburtsstadt Azpeitia, ein System zur Bekämpfung des Bettelwesens einzuführen. Seinen Vorschlägen zufolge sollte man die Kranken, die Gebrechlichen, die Verwitweten und die Waisen von den Arbeitsscheuen und den Müßiggängern trennen. Ein Geistlicher und ein Laie sollten die Almosen für die Armen sammeln und dann entsprechend einer Liste verteilen, die zu diesem Zweck von Beauftragten zusammengestellt wurde. Das Bettelverbot und die Organisation der Verteilung der Almosen war nur eine der Reformen, die während Loyolas Aufenthalt in seiner Heimatstadt verwirklicht wurden. Das Gesamtprojekt beinhaltete auch eine moralische Besserung, der sich u. a. diejenigen zu unterziehen hatten, die in Todsünde lebten, so z. B. Kartenspieler und unziemlich gekleidete Frauen.

KARLSTADT, ANDREAS VON (alias BODENSTEIN, ca. 1480–1541): Radikaler protestantischer Reformator, der 1522 die Armenpflege in Wittenberg neu ordnete. In seinem Traktat über das Betteln vertritt er den Standpunkt, eine Reform der Armenfürsorge sei die soziale Pflicht des Christen. Deshalb wird von den weltlichen Instanzen verlangt, ein Bettelverbot durchzusetzen und die Armenpflege in den Städten sorgfältig wahrzunehmen. Die Mittel zur Verwirklichung dieser Reform standen seiner Meinung nach bereits in Luthers »Gemeinem Kasten« zur Verfügung. Neuere Forschungen haben übrigens zweifelsfrei erwiesen, dass die Entwicklung und Umsetzung der Armenpflegereformen von 1522/23 in Wittenberg durch Luther (siehe dort) denen Karlstadts zeitlich vorausgingen.

LINCK, WENZESLAUS (1483–1547): Protestantischer Prediger und Reformator, der ein neues System der Armenfürsorge in der Stadt Altenburg einführte, das dem bereits existierenden in Wittenberg sehr ähnlich war. 1523 schrieb er eine kleine Abhandlung *Von Arbeit und Betteln*, in der er beklagte, dass die Reform der Armenfürsorge in Altenburg trotz all seiner Predigten Rückschläge erlitten habe. Er sah wie Luther die Schuld bei den Herrschenden, weil sie ihrer Pflicht nicht nachkämen, im Rahmen ihrer Möglichkeiten etwas gegen die Massenarmut zu unternehmen. Von 1525 bis zu seinem Tod 1547 diente er als Prediger im Spital von Nürnberg.

LORENZANA, FRANCISCO ANTONIO DE (1722–1804): Erzbischof von Toledo und Primas von Spanien zwischen 1772 und 1797. In Predigten und Hirtenbriefen unterstützte er Beschränkungen des Bettelns und die geschlossene Unterbringung der Armen. Durch die Einrichtung eines Armen-Arbeitshauses in Toledo setzte er seine Vorstellungen auf eigene Kosten in die Praxis um. Dieser ranghöchste Kardinal Spaniens nahm seine Bischöfe ins Gebet, indem er das altehrwürdige Bild vom frommen Bischof als Täuschung entlarvte, wenn dieser sich den Ruf der Heiligkeit durch milde Gaben für die Armen erwerbe und sich dann in ihrem Beifall sonne. Für ihn war diese Form der Großzügigkeit nur die »billigste Form der Barmherzigkeit«, die den unwürdigen Armen erlaube, auf Kosten der Kirche ein Leben im Müßiggang fortzusetzen. Im *hospicio* dagegen, dem spanischen Arbeitshaus des 18. Jahrhunderts, sah er »die Ausbildungsstätte für gute Untertanen und Nachbarn, nützliche Handwerker und wohlerzogene Christen«. Wie viele andere Sozialreformer seiner Zeit war Lorenzana überzeugt, dass in einer solchen Institution die Armen nicht nur religiöse Unterweisung erhalten, sondern durch die berufliche Ausbildung nach ihrer Entlassung auch eine ordentliche Arbeit finden würden.

Luther, Martin (1483–1546): Begründer des Protestantismus und bedeutender Reformer der Armenpflege. In seinem berühmten Brief *An den christlichen Adel deutscher Nation* (1529) forderte Luther, dass jede Stadt für ihre eigenen Armen zu sorgen habe und dass es niemandem gestattet sein solle zu betteln. Luthers Prinzipien der Fürsorge wurden erstmals in Wittenberg umgesetzt, wo sein Schüler Karlstadt (siehe dort) die städtische Armenpflege neu ordnete. 1523 verfasste Luther die Armenordnung für die sächsische Kleinstadt Leisnig. Sein Projekt beruhte auf dem »Gemeinen Kasten«. Luthers Idee war im Grunde die einer Stiftung, in der das gesamte Vermögen der Gemeinde enthalten war. Nur ein Teil dieses Fonds sollte der Armenfürsorge zugute kommen. Mit dem größten Teil des Vermögens sollten die Aufwendungen für den Pfarrer und den Unterhalt der Schulen und Kirchgebäude bestritten werden. 1528 schrieb Luther das Vorwort zu einer Neuausgabe des *Liber vagatorum*, in dem er darauf hinwies, dass er selbst in der Vergangenheit schon von falschen Bettlern und Landstreichern betrogen worden sei.

Malthus, Thomas Robert (1766–1834): Englischer Schriftsteller und 1798 Hilfspfarrer in Albury, Surrey. Von 1803 bis zu seinem Tod hatte er eine Pfründe als Pfarrer in Walesbury, Lincolnshire. Von William Pitts Gesetzesentwurf zum Armenrecht von 1796 angeregt, unterstützte er einen Vorschlag, Kindergeld einzuführen, gab aber gleichzeitig schon Befürchtungen Ausdruck, die sich gegen die damals geläufige Idee richteten, dass ein Bevölkerungszuwachs wünschenswert sei. 1798 veröffentlichte er die erste Ausgabe seiner berühmten Streitschrift *An Essay on the Principle of Population*, in der er darauf hinwies, dass die Bevölkerung bald schneller wachsen würde als man sie ernähren könne, und dass man dieses Wachstum begrenzen müsse. Er stützte sich dabei auf Informationen, die er auf seinen Reisen durch Europa gesammelt hatte. Er stellte beispielsweise eine Verbindung her zwischen der Armut der Fischer in Trondheim und dem frühen Zeitpunkt ihrer Eheschließung sowie ihren großen Familien und verglich sie mit den Bewohnern im Inneren Norwegens – ohne dabei allerdings andere Variablen in Betracht zu ziehen. Seine Arbeit rief stürmische Kontroversen hervor und übte großen Einfluss auf das sozialwissenschaftliche Denken im 19. Jahrhundert aus. In der folgenden Veröffentlichung, *The Present High Prices of Provision* (1800), setzte sich Malthus insbesondere mit den Problemen der Armenpflege auseinander.

MARILLAC, LOUISE DE (1591–1660): Witwe des einstigen Sekretärs der Maria von Medici, widmete nach 1625 ihr Leben dem Dienst an den Armen. Von Vinzenz von Paul (siehe dort) hatte sie die Erlaubnis bekommen, Frauen geistlichen Unterricht zu erteilen und praktische Schulungen in gemeinnützigen Gemeinschaften durchzuführen; 1634 gründete sie die Kongregation, die unter dem Namen *Filles de la Charité* bekannt wurde. Trotz anfänglichen Argwohns und Anfeindungen sogar seitens der Armen dehnten sich ihre karitativen Einrichtungen binnen kürzester Zeit auf ganz Frankreich aus. Diese karitative Gemeinschaft von Frauen entstand also gegen den starken Druck von Kirche und Gesellschaft, die weibliche Frömmigkeit lieber hinter Klostermauern verbannt hätten. Diese »Barmherzigen Schwestern« stellten eher eine Gemeinschaft oder Gesellschaft dar als einen religiösen Frauenorden. Ihre Mitglieder wurden zur Nachahmung Christi angehalten; sie sollten durch vielfältige Aktivitäten den Armen, Kranken, Findelkindern usw. geistliche und materielle Unterstützung leisten.

MARSHALL, WILLIAM (Lebensdaten nicht bekannt): Englischer Autor, der als Übersetzer der Armenpflegeordnung von Ypern bekannt ist. Er befürwortete eine Einkommensteuer, aus der öffentliche Vorhaben zu bestreiten seien, die ein »Rat zur Vermeidung des Landstreicherunwesens« in die Wege leiten müsse. Seine Überlegungen könnten die frühe Armengesetzgebung der Tudor-Zeit beeinflusst haben, insbesondere die Gesetze von 1531 und 1536.

MEDINA, JUAN DE (gestorben 1572): Abt des Benediktinerklosters San Vicente in Salamanca, dessen Buch *De la orden que en algunos pueblos de España se ha puesto en la limosna* (1545) die Antwort auf eine Abhandlung des spanischen Theologen Domingo de Soto (siehe dort) darstellte, die im selben Jahr erschienen war. Medina schlug vor, dass öffentliche Almosen nur nach sorgfältiger Prüfung gegeben werden sollten, während Privatpersonen ohne Ansehen der Person Barmherzigkeit üben könnten. So könnten lasterhafte Menschen oder Müßiggänger von der öffentlichen Unterstützung ausgeschlossen werden. Die Armenfürsorge sollte nicht von Laien, sondern von Geistlichen verwaltet und geleistet werden. Nach dieser großen Auseinandersetzung im Jahre 1545 wurde Juan de Medina von der Inquisition zum Zensor der Schriften des bedauernswerten Erzbischofs von Toledo, Bartolomé de Carranza, ernannt.

NERI, FILIPPO (1515–95): Berater zahlreicher Päpste und frommer Priester, der sein Leben und seine Arbeit den Armen widmete. Die Reformen der Armenpflege, die von verschiedenen Päpsten im 16. Jahrhundert durchgeführt wurden, übten eine tiefe Wirkung auf ihn aus; er nahm sich stets persönlich der Armen an, ganz gleich ob er sie auf der Straße traf, in den Spitälern besuchte oder in ihrem Hause. 1548 gründete er die Bruderschaft der Heiligen Dreieinigkeit in Rom, die für kranke und mittellose Pilger sorgte, die in Rom zusammenströmten. Er arbeitete mit Karl Borromäus (siehe dort) zusammen und war eng mit Ignatius von Loyola (siehe dort) befreundet. Immer wieder ermahnte er die Bürger von Rom, sie sollten sich den Armen in ihrer Stadt stärker zuwenden. Neri wurde 1622, nur wenige Jahrzehnte nach seinem Tod, von der katholischen Kirche heilig gesprochen.

OLAVIDE, DON PABLO ANTONIO JOSÉ (1725–1803): Spanischer Staatsmann, Ökonom, Verfasser von Schriften zur Armenfürsorge, der auch Anteil an der Vertreibung der Portugiesen aus Spanien hatte. Während seiner Amtszeit als Botschafter setzte er sich für die Säkularisierung der Armenpflege in Spanien ein, was er mit dem Argument begründete, es sei das Vorrecht des Fürsten, *pater familias* seines Volkes zu sein und in dieser Funktion für das Wohl aller Bedürftigen zu sorgen. Olavide schloss karitative Tätigkeiten der Kirche und von privater Seite nicht aus, aber wollte sie nur unter der Bedingung zulassen, dass sie der Autorität und Aufsicht der weltlichen Herrscher unterworfen würden.

PHILIPP I., LANDGRAF VON HESSEN (1504–1567): Deutscher Territorialherr, der frühzeitig die Reformation unterstützte. Die Armenhilfe-Reformen, die er in seinem Land in den späten zwanziger und frühen dreißiger Jahren des 16. Jahrhunderts einführte, sind weniger bekannt. Seine staatliche Wohlfahrtspolitik beinhaltete u. a. die Gründung der vier Landesspitäler Haina, Merxhausen, Hofheim und Gronau, die auf dem Land jenen Spitälern entsprachen, die während und nach der Reformation in den Städten aus dem Boden schossen. Diese karitativen Institutionen, in denen man die Geisteskranken, Alten und Kranken der Landbevölkerung pflegte, waren zum Zeitpunkt ihrer Gründung ziemlich einzigartig. Philipp lud auch angesehene protestantische Theologen wie Andreas Hyperius (siehe dort) nach Marburg ein, die ihm helfen sollten, die Armenpflege zu reformieren und Kirchenordnungen mit Vorschriften zur Verwaltung der Wohlfahrt zu erstellen.

RENAUDOT, THÉOPHRASTE (1586–1653): Französischer Arzt und Journalist, Gründer der ersten französischen Zeitung. In Loudun geboren, ließ er sich 1624 in Paris nieder, wo er Hofarzt wurde. Nachdem man ihn zum Generalkommissar für die Armen ernannt hatte, rief er eine Nachrichtenagentur für diese ins Leben, aus der 1631 die regelmäßig erscheinende Zeitung *Gazette de France* wurde. 1635 eröffnete er eine kostenlose medizinische Klinik mit ebenfalls kostenloser Apotheke und 1637 die erste Pfandleihe in Paris. Die Gratisbehandlung für die unteren Bevölkerungsschichten in Paris brachte ihn in Konflikt mit seinen Standesgenossen und den Angehörigen der Medizinischen Fakultät, die einen Konkurrenten auf dem Patientenmarkt fürchteten und ihm auch seinen großen Erfolg in der Poliklinik neideten, in der er fünfzehn Ärzte beschäftigte. Renaudot verfasste mehrere Bücher über die Armenpflege, das berühmteste darunter der *Traité des pauvres*. Im Jahre 1644 brachten ihm seine Feinde eine entscheidende Niederlage bei. Man untersagte ihm die Ausübung seines Berufs und ordnete die Schließung der Klinik an, die den Armen so großartige Dienste geleistet hatte.

Rochow, Friedrich Eberhard von (1734–1805): Deutscher Adeliger und Offizier im Ruhestand der preußischen Armee. Er setzte sich für eine Bildungs- und Armenpflegereform ein, verfasste zahlreiche Bücher zur Bildung und auch eine weniger bekannte Schrift über die Eindämmung des Bettelns und die geschlossene Fürsorge (1786). Auf seinem Gut Reckahn gründete er die ersten deutschen Gewerbeschulen. In der Bildung sah er ein besonders geeignetes Mittel zur Bekämpfung der Armut. Dort sollten die Kinder aus der Unterschicht Lesen, Schreiben und Rechnen lernen und eine religiöse Erziehung erhalten. Gleichzeitig sollten sie sich handwerkliche Fertigkeiten wie z. B. das Weben aneignen.

Soto, Domingo de (1494–1560): Bedeutender Dominikaner und Theologe, Gegner der städtischen Armenpflegereform in Spanien. Seine Schrift *Deliberación en la causa de los pobres* (1545), durch die er die berühmte Kontroverse mit Juan de Medina (siehe dort) auslöste, stellte die Notwendigkeit in Frage, eine so aufwendige Reform wie die neue Armengesetzgebung ins Werk zu setzen, bloß um diejenigen anrüchigen Bettler von den Straßen zu vertreiben, die eine Strafe verdienten. Prinzipiell stimmte er mit Medina darin überein, dass die Almosengabe ein Akt der Barmherzigkeit sei, ließ aber keinen Zweifel daran, dass die Barmherzigkeit nichts mit dem Urteil über die Verdienste der Empfänger zu tun habe. Soto wandte sich auch gegen die neue Gesetzgebung, weil sie Ortsfremde von regelmäßiger Fürsorge ausschloss. Seiner Meinung nach waren die reicheren Provinzen und Städte in

Spanien verpflichtet, den ärmeren zu helfen. Die Armenpflege sollte der Geistlichkeit überlassen bleiben, die Rolle der weltlichen Macht war darauf zu beschränken, dass sie die Landstreicher bestrafte. Der Dominikanermönch hatte Kenntnis von den Reformen in Flandern, Italien und Deutschland, doch lehnte er sie mit dem schlagenden Argument ab, was man in anderen Ländern unternehme, müsse auf Spanien nicht zutreffen.

TAINTENIER, FRANÇOIS-JOSEPH (1729–1776): Wallonischer Ökonom und Verfasser von Schriften zur Armenpflege. Nachdem er einige Zeit als Kavallerieoffizier gedient hatte, tat Taintenier sich als produktiver Autor und Ökonom hervor. Im Jahr 1760 veröffentlichte er seine erste Abhandlung über die Massenarmut, die bald nachgedruckt wurde. Ihr folgte 1775 eine weitere wichtige Schrift zum gleichen Thema unter dem Titel *Supplément au traité sur la mendicité*. Sein Projekt zur Armenpflege wurde später in den belgischen Städten Ath und Tournai in die Praxis umgesetzt. Seine ökonomischen Ideen standen unter dem Einfluss der französischen Physiokraten. Er kannte das System der Armenpflege in Iferten im Schweizer Kanton Waadt und schlug auf Grund seiner Kenntnisse vor, nur Ortsarme zu unterstützen und die Verteilung der Armenhilfe den *bureaux de charité* anzuvertrauen. Außerdem war er der Ansicht, man müsse zur Bekämpfung der Armut Schulen auf dem Land für die Kinder aus armen Familien errichten.

THOMPSON, BENJAMIN (GRAF RUMFORD) (1753–1814): Anglo-amerikanischer Physiker, Verwalter und Reformer der Armenpflege, der nach 1784 in den bayerischen Staatsdienst trat. Er reformierte die Armee, entwässerte Sümpfe, errichtete eine Gießerei und eine Militärakademie, entwarf eine Armengesetzgebung, förderte die Verbreitung des Kartoffelanbaus und hauswirtschaftlicher Methoden. Außerdem legte er den Englischen Garten in München an. Man berief ihn an die Spitze des bayerischen Kriegsministeriums und verlieh ihm in Anerkennung seiner Verdienste 1791 den Grafentitel. Um das Problem der Ernährung der Insassen von Armenhäusern und von Soldaten zu lösen, beschäftigte er sich intensiv mit der Ernährungslehre. Er entwickelte eine Theorie zum Nährwert von Wasser und führte die Suppe als Grundnahrungsmittel ein. Sein Rezept einer nahrhaften Suppe für die Armen (»Rumfordsuppe«) veränderte die Ernährung in Armenhäusern und karitativen Institutionen in vielen Ländern Europas. Rumford experimentierte auch mit verschiedenen billigen Lebensmitteln zur Massenernährung der Armen. Im Zusammenhang mit

Armen-Arbeitshäusern, die man für die Produktion von Militärbekleidung in Bayern einrichtete, studierte er die Wirksamkeit der Beleuchtung und erfand den nach ihm benannten Photometer.

VINZENZ VON PAUL (1581–1660): Französischer Priester und Gründer zweier römisch-katholischer Orden. Er vertrat die Ansicht, dass die arbeitsfähigen Armen nicht nur auf Brot, sondern ebensosehr auf Arbeit angewiesen seien; man solle es vorziehen, unnütze Arbeit für sie zu erfinden, statt sie völlig unbeschäftigt zu lassen. 1625 gründete er die *Congregatio Missionis*, auch Vinzentiner- oder Lazaristenorden genannt, der nicht nur Missionen (z. B. auf Korsika oder Madagaskar) organisierte, sondern außerdem große karitative Aktivitäten für Strafgefangene, Galeerensträflinge, Bettler, Kriegsflüchtlinge usw. entfaltete. Von 1617 an entstanden unter der Leitung des Vinzenz von Paul die karitativen Vereinigungen, in denen sich Frauen eines Pfarrsprengels zur gegenseitigen geistlichen Erbauung und für gute Werke zusammenfanden, vor allem in der Armenpflege. Nach 1625 wurden die Lazaristen aufgefordert, solche karitativen Einrichtungen in allen Dörfern zu schaffen, in denen sie Missionen unterhielten. Von den frühen dreißiger Jahren des Jahrhunderts an arbeitete Vinzenz von Paul mit Louise de Marillac (siehe dort) zusammen, die die weibliche Kongregation der *Filles de la Charité* ins Leben rief.

VIVES, JUAN LUIS (1492–1540): Humanist und Reformer der Armenpflege. Der geborene Spanier verbrachte die letzten Jahre seines Lebens in Brügge. Seine berühmte Schrift über die Armenpflege (*De subventione pauperum*, 1526) war dem Magistrat der Stadt Brügge zugedacht, fand aber bald Gehör in ganz Europa. Vives war ein überzeugter Anhänger einer weltlichen Aufsicht über die gesamte Armenpflege. Sein Reformprojekt beruhte auf zwei Grundsätzen: 1. die Armen, deren Alter und Gesundheitszustand ihnen das Arbeiten erlaubte, sollten auch tatsächlich beschäftigt werden; 2. alle Armen sollten in einer Zählung erfasst werden. Er befürwortete auch eine Spitalreform und machte recht allgemeine Vorschläge, wie die geschlossene und offene Fürsorge finanziert werden könne. Das Geld sollte von Prälaten beigesteuert, in Armenkästen gesammelt, von Erblassern gestiftet oder durch die Arbeit der Armen erwirtschaftet werden. Man kann Vives einen gewissen Einfluss auf die Debatte über die Reform der Armenpflege in den Niederlanden und andernorts zubilligen, selbst wenn die Wirkung seiner Ideen auf neuartige Projekte in einzelnen Städten (Brügge, Ypern) verhältnismäßig begrenzt gewesen sein mag.

VOGHT, CASPAR VON (1752–1839): Hamburger Kaufmann und Mitbegründer der Allgemeinen Armenfürsorge der Hansestadt (1788). Er war ein Pionier der Armenpflegereform im späten 18. Jahrhundert und bewahrte sich bis zu seinem Tod mit sechsundachtzig Jahren ein lebhaftes Interesse an entsprechenden Projekten. Mehr als jeder andere seiner deutschen Zeitgenossen wirkte er an der Armenpflegereform in ganz Europa mit. Im frühen 19. Jahrhundert war er maßgeblich an Reformprojekten des Kaisers in Wien, des preußischen Königs und später Napoleons in Frankreich und Italien beteiligt. Voght sah seine Bürgerpflicht in Werken praktischer Natur und betrachtete alles Wissen, das nicht humanitären Zielen diene, als nutzlos. 1801 wurde er wegen seiner Verdienste für die Reform der Armenfürsorge in Österreich vom Kaiser geadelt.

Zeittafel

Die folgende Zeittafel zur Armenpflegereform im frühneuzeitlichen Europa führt Ereignisse von überregionaler Bedeutung auf. Ländernamen werden wie folgt abgekürzt: England und Schottland (GB), Deutschland (D), Niederlande (NL), Frankreich (F), Italien (I), Spanien (E), Dänemark (DK), Schweden (S), Finnland (SF), Schweiz (CH).

1495	Vagabunden- und Bettlergesetz (GB)
1496	Erlass Karls VII., in dem die franz. Gerichte aufgefordert werden, Landstreicher zum Galeerenstrafdienst zu verurteilen
1497	Der Reichstag verfügt, dass jede Gemeinde Maßnahmen zur Fürsorge für die eigenen Bettler ergreifen müsse (D)
1509	Im *Liber vagatorum* werden die betrügerischen Praktiken arbeitsscheuer Bettler dargestellt (D)
1522	Armenpflegereform in Nürnberg (D)
1523	Luther verfasst die Armenordnung für die sächsische Kleinstadt Leisnig (D)
1525	Armenpflegereform in Ypern (NL)
1526	*De subventione pauperum* von Juan Luis Vives erscheint in Brügge (NL)
1529	Venezianische Armengesetzgebung (I)
1530	Die Reichspolizeiordnung überträgt die Armenfürsorge den Gemeinden (D)
1531	Entscheidung der theologischen Fakultät der Sorbonne zugunsten der Armenpflegereform in Ypern (F)
1531	Armenpflegereform in den Niederlanden, angeregt durch Kaiser Karl V. (NL)
1531	Gründung der *Aumône générale* in Lyon (F)
1531	Landstreicher- und Armenfürsorgegesetz (GB)
1534	Gian Matteo Giberti gründet die »Wohlfahrts-Gesellschaft« in Verona (I)
1535	Ignatius von Loyola, Begründer des Jesuitenordens, leitet die Armenpflegereform in seiner Heimatstadt Azpeitia in die Wege (E)
1536	Gesetz über die Bestrafung arbeitsscheuer Bettler und Landstreicher (GB)
1536	Ein Provinzialkonzil in Köln befürwortet die Reform karitativer Einrichtungen in einem der größten deutschen Erzbistümer (D)
1539	Rom richtet ein Leihhaus für Arme (*monte di pietà*) ein (I)
1540	Proklamation des kastilischen Armengesetzes (E)

1543	Königliche Oberaufsicht über die Fürsorge in Frankreich (F)
1544	Gründung des *Grand bureau des pauvres* in Paris (F)
1545	Öffentliche Kontroverse zwischen den beiden spanischen Theologen Juan de Medina und Domingo de Soto über die Form der Armenpflege (E)
1545	In einer Proklamation des Königs wird der Einsatz arbeitsfähiger Bettler bei öffentlichen Baumaßnahmen gefordert (F)
1546	Verordnung über die Reform der Spitäler (F)
1547	Gesetz über die Bestrafung von Landstreichern und zur Fürsorge für arme und hilfsbedürftige Personen (GB)
1551	Paris führt als erste Stadt in Frankreich die Armenabgabe ein (F)
1551	Die Kantone der Schweiz einigen sich auf die Zuständigkeit der Gemeinden für die Armenhilfe (CH)
1552	Armenpflegegesetz (GB)
1558	Erlass eines königlichen Dekrets, das alle dänischen Gemeinden verpflichtet, einen Gemeinen Kasten (Armenkasse) einzurichten (DK)
1560	Edikt über die Verwaltung der Spitäler und anderer karitativer Einrichtungen (F)
1563	Das Konzil von Trient beschließt eine Reform der karitativen Einrichtungen (I)
1563	Armenpflegegesetz (GB)
1563	Einführung einer obligatorischen Armenabgabe in den Städten Rennes, Nantes und Vitré (F)
1565	Beschluss neuer Armengesetze durch die kastilischen Cortes (E)
1565	Kardinal Borromäus setzt die Reformpläne des Konzils von Trient in Mailand in die Praxis um (I)
1566	Die königlichen Verordnungen von Blois legen die Zuständigkeit des Pfarrsprengels für die Armenpflege fest (F)
1572	Gesetz über die Bestrafung von Landstreichern und zur Fürsorge für die Armen und Hilfsbedürftigen (GB)
1576	Gesetz über die Arbeitsverpflichtung der Armen und die Vermeidung des Müßiggangs (GB)
1579	Schottisches Armengesetz (GB)
1592	Neues schottisches Armengesetz (GB)
1593	Proklamation zur Ernennung von Spitalverwaltern und Leitern anderer karitativer Einrichtungen (F)
1596	Armen- und Bettlerverordnung in Brandenburg-Preußen (D)
1596	Gründung der Amsterdamer Besserungsanstalt (*rasphuis*) (NL)
1597	Gesetz über die Bestrafung von Gaunern, Landstreichern und arbeitsscheuen Bettlern (GB)

1604 Gesetz über die Bestrafung von Gaunern, Landstreichern und arbeitsscheuen Bettlern (GB)
1622 Das *Hôpital Général* in Lyon experimentiert als erste Institution mit der geschlossenen Unterbringung
1625 Gründung der Kongregation der Mission (oder »Lazaristen«, »Vinzentiner«) durch Vinzenz von Paul (F)
1633 Gründung der *Filles de la Charité* (»Barmherzige Schwestern«) durch Louise de Marillac (F)
1649 Schottisches Armenpflegegesetz (GB)
1656 Gründung des *Hôpital Général* in Paris (F)
1662 Wohnsitzgesetz (GB)
1662 Königliche Verordnung, dass in jeder Stadt in Frankreich ein *Hôpital Général* einzurichten sei (F)
1698 Beschluss zur Einführung einer einheitlichen Armenabgabe in Schweden und Finnland (S, SF)
1703 Armengesetzgebung in Brandenburg-Preußen (D)
1708 Dänische Armengesetzgebung (DK)
1723 Das Knatchbull-Gesetz gestattet den Zusammenschluss von Gemeinden und bestätigt den Entzug der Fürsorge für Personen, die sich weigern, in ein Armenhaus mit Arbeitszwang einzutreten (GB)
1724 Beginn der geschlossenen Unterbringung in Frankreich durch ein königliches Dekret (F)
1724 Schlesien ordnet die Ausweisung aller arbeitsfähigen Landstreicher und Bettler an (D)
1736 Armengesetz für das Herzogtum Holstein (D)
1768 Gründung königlicher Armenhäuser mit Arbeitszwang (*dépôts de mendicité*) in Frankreich (F)
1769 Die spanische Krone setzt eine Armenpflegereform in Gang (E)
1782 Gilbert-Gesetz über Armenhäuser mit Arbeitszwang (GB)
1788 Gründung der Allgemeinen Armenhilfe in Hamburg (D)
1789 Benjamin Thompson (Graf Rumford) erfindet die berühmte »Rumfordsuppe«, die den Speiseplan in zahlreichen europäischen Armenhäusern und karitativen Einrichtungen verändert (D)
1795 Einführung des *Speenhamland System* (GB)
1797 F. M. Eden veröffentlicht seine einflussreiche Untersuchung zur Lage der Armen (*State of the Poor*) (GB)
1798 Veröffentlichung des berühmten »Essay on the Principle of Population« von Thomas Malthus, in dem die Ursachen der Armut demographisch erklärt werden (GB)

Anmerkungen

Das Abbild der Armut
1. »Of poore and rytche«, um 1600, British Library, Harleian MS 1713:18, f. 129r.
2. William Harrison, *Description of England in Shakespeare's Youth (1577/87)*, hg. v. F.J. Furnivall, London 1877, S. 213.
3. *The Fraternity of Vagabonds*, nachgedruckt in: Arthur F. Kinney (Hg.), *Rogues, Vagabonds, and Sturdy Beggars: A New Gallery of Tudor and Early Stuart Rogue Literature*, Amherst 1990, S. 91–101.
4. Kinney, *Rogues*, S. 109–153.
5. Harrison, *Description of England*, S. 218.
6. Stuart Woolf, *The Poor in Western Europe in the Eighteenth and Nineteenth Centuries*, London, New York 1986, S. 156.
7. »Caritas est motum animi ad fruendum Deo propter seipsum: & se, atque proximo, propter Deum« zit. in: Pietro Ridolfi, *Dictionarium pauperum*, Konstanz 1600, S. 201.

Die Ursachen der Armut
1. Zit. in: Antonio Ciocco u. Dorothy Perrot, »Statistics on Sickness as Cause of Poverty. An Historical Review of U.S. and English Data«, *Journal of the History of Medicine and Allied Sciences* 12 (1957), S. 57.
2. Zit. in: Linda Martz, *Poverty and Welfare in Habsburg, Spain*, Cambridge 1983, S. 155.
3. Zit. in: Henry Kamen, *The Iron Century: Social Change in Europe 1550–1660*, London 1976, S. 44.
4. Zit. in: Slack, *Poverty*, S. 51.
5. *Der utopische Staat*, übers. u. hg. von Klaus J. Heinisch. Reinbek 1960, S. 24.
6. British Library, Lansdowne MS 55, f. 333r.
7. Zit. in: Otto Winckelmann, *Das Fürsorgewesen der Stadt Straßburg vor und nach der Reformation bis zum Ausgang des sechzehnten Jahrhunderts*, Leipzig 1922, Teil II, S. 147.
8. Zit. in: Wilhelm Abel, *Massenarmut und Hungerkrisen im vorindustriellen Europa: Versuch einer Synopsis*, Hamburg, Berlin 1974, S. 38.
9. Jan van Houtte, zit. in: Catharina Lis u. Hugo Soly, *Poverty and Capitalism in Pre-industrial Europe*, Hassocks, Sussex 1979, S. 69.
10. Zit. in Lis/Soly: *Poverty*, S. 169 f.

11 John Howes, MS (1582), hg. v. W. Lempriere, London 1904, S. 21.
12 Zit. in: Winkelmann, Straßburg, Teil II, S. 157 f.
13 Howes, S. 11.

Das Ausmaß der Armut
1   Vgl. Peter Laslett, *The World We Have Lost – Further Explored*, London 1971, Tabelle 1, S. 32 f.
2   Georg Simmel, *Soziologie: Untersuchungen über die Formen der Vergesellschaftung*, Leipzig 1908, S. 490.
3   Cissie C. Fairchilds, *Poverty and Charity in Aix-en-Provence 1640–1789*, Baltimore 1976, S. 75 ff.
4   Zit. in Peter Jansen, »Poverty in Amsterdam at the Close of the Eighteenth Century«, *Acta Historiae Neerlandicae* 10 (1978), S. 106.
5   Jean-Pierre Gutton, *La Société et les pauvres. L'Exemple de la généralité de Lyon 1534–1789*, Paris 1971, S. 53; Fairchilds, *Aix-en-Provence*, S. 73; Martz, *Spain*, S. 119; Slack, *Poverty*, S. 39.
6   Die verschiedenen Listen, die dieser Ausschuss zusammenstellte, finden sich in Olwen H. Hufton, *The Poor of Eighteenth-Century France, 1750–1789*, Oxford 1974, S. 5 ff.
7   Henry Arthington, *Provision for the Poore, Now in Penurie Out of the Store-House of God's Plentie*, London 1597, sig. C2v.

Materielle Kultur
1   John Stow, *A Survey of London* (1598), London 1956, S. 376.
2   L.-S. Mercier, *Le Tableau de Paris*, Paris 1981, Band I, S. 255 f.
3   G. Bouchard, *Le Village Immobile: Sennely-en-Sologne au XVIIIe siècle*, Paris 1972, S. 94, Anm. 32.
4   Mercier, *Tableau de Paris*, Band X, S. 358.
5   Statutes of the Realm, 16 Charles II c. 3.
6   Zit. in: John Burnett, *A History of the Cost of Living*, Harmondsworth 1969, S. 125.
7   Zit.nach: Robert Jütte, »Die ›Küche der Armen‹ in der Frühen Neuzeit am Beispiel von Armenspeisungen in deutschen und westeuropäischen Städten«. In: *Tel Aviver Jahrbuch für deutsche Geschichte* 16 (1987), S. 24–47, Zitat: S. 43.
8   Zit. in: Catharina Lis, *Social Change and the Labouring Poor, Antwerp 1770–1860*, New Haven/London 1986, S. 92.
9   Zit. in: Burnett, *Cost of Living*, S. 126.
10 Ebd., S. 167.
11 William Harrison, *Description of England in Shakespeare's Youth (1577/87)*, hg. v. F. J. Furnivall, London 1877, S. 133.

12 Nachgedruckt in: *Rogues, Vagabonds and Sturdy Beggars. A New Gallery of Tudor and Early Stuart Rogue Literature*, hg. v. A. F. Kinney, Amherst 1990, S. 99.

Selbsthilfe
1 Martin Dinges, »Self-Help, Assistance, and the Poor in Early Modern France«, Vortrag für den Kongress »International Perspectives on Self-Help, Lancaster, 2.–4. Juli 1991«, S. 3.
2 43 Eliz, Kap. 2, VII. Die Verpflichtung der Eltern, ihren Kindern Unterhalt zu leisten, die ihnen schon durch das Armengesetz von 1597 auferlegt worden war, wurde auf die Großeltern ausgedehnt: siehe W. Newman Brown, »The Receipt of Poor Relief and Family Situation: Aldenham, Hertfordshire 1630–90« in: Richard M. Smith (Hg.), *Land Kinship and Life-Cycle*, Cambridge 1984, S. 406.
3 Richard Gough, *The History of Myddle*, hg. v. David Hey, Harmondsworth 1981, S. 254.
4 Robert Jütte, *Obrigkeitliche Armenfürsorge in deutschen Reichsstädten der Frühen Neuzeit*, Köln u. Wien 1984, S. 333.
5 Zit. in: Thomas Robisheaux, *Rural Society and the Search for Order in Early Modern Germany*, Cambridge 1989, S. 162.
6 Zit. in: Slack, *Poverty*, S. 84.
7 Vgl. Dinges, »Self-Help«, S. 8.
8 L.-S. Mercier, *Le Tableau de Paris*, Neuausgabe, Amsterdam 1782–1788, Band I, S. 171 ff.
9 Zit. In: John Walter, »The Social Economy of Dearth in Early Modern England«, in: John Walter/Roger Schofield (Hg.), F*amine, Disease and the Social Order in Early Modern Society*, Cambridge 1989, S. 101.
10 J.F. Pound (Hg.), *The Norwich Census of the Poor 1570*, Norwich 1971, S. 29.
11 Historisches Archiv der Stadt Köln, Verfassung und Verwaltung G 228, fol. 75r–76v (1592, 7. November).
12 Aus einer Beschwerde anlässlich der Gerichtstage von Hampshire gegen einen Geistlichen, der sein Haus nicht versperrt hatte, als darin die Pest ausgebrochen war, zit. in: Paul Slack, *The Impact of Plague in Tudor and Stuart England*, Oxford 1985, S. 292.

Die Neuorganisation der Armenpflege
1 Robert Hitchcock, *A Pollitique Platt for the Honour of the Prince* ... , London, 1580, S. 20v.
2 Zit. in: Kathryn Norberg, *Rich and Poor in Grenoble, 1600–1814*, Berkeley/Los Angeles/London 1985, S. 160.

3 »Die Wittenberger Beutelordnung«, in: *Zeitschrift des Vereins für Kirchengeschichte der Provinz Sachsen* 12 (1916), S. 7–11.
4 Martin Luther, »Ordenung eynes gemeynen kastens", in: *Martin Luthers Werke. Kritische Gesamtausgabe*, 12. Bd., Weimar 1891, S. 28.
5 Vgl: Aemilius Ludwig Richter (Hg.), *Die evangelischen Kirchenordnungen des sechzehnten Jahrhunderts*. Weimar 1846, Bd. II, S. 315.
6 F.R. Salter, *Some Early Tracts on Poor Relief*, London 1926, S. 40.
7 Der französische Text wird im Anhang zu Carl Steinbicker, *Poor-Relief in the Sixteenth Century*, Washington 1937, S. 246, zitiert.
8 Vives, *De subventione pauperum*, ins Englische übers. von M. Sherwood. New York 1971, S. 34.
9 Villavicentio, *De oeconomia sacra circa pauperum curam*, Antwerpen 1564, S. 168.
10 Unveröffentlichtes Manuskript, British Library, Landsdowne MS 841, fol. 27r–28v.
11 Zitiert in: Steinbicker, *Poor-Relief*, S. 8.
12 Zit. in: Tim Wales, »Poverty, Poor Relief and the Life-Cycle: Some Evidence from Seventeenth-Century Norfolk«, *Land, Kinship and Life-Cycle*, hg. v. Richard M. Smith, Cambridge 1984, S. 359 f.

Die Armen als Außenseiter der Gesellschaft

1 Thomas Starkey, *A Dialogue between Cardinal Pole and Thomas Lupset*, hg. v. J. M. Cowper, London 1878, S. 50.
2 Zit. in: Kathryn Norberg, *Rich and Poor in Grenoble, 1600–1814*, Berkeley 1985, S. 34.
3 John Dod/Robert Cleaver, A *Plaine and Familiar Exposition of the Ten Commaundemants*, London 1603, S. 238.
4 Zit. in: Robert M. Schwartz, *Policing the Poor in Eighteenth-Century France*, Chapel Hill 1988, S. 19.
5 Zit. in: Christopher Hill, *The World Turned Upside Down*, Harmondsworth 1975, S. 39.
6 Zit. in: Hill, ebd., S. 39.
7 Zit. in: Norberg, *Grenoble*, S. 258.
8 Zit. in: Christopher Hill, *Reformation to Industrial Revolution, Pelican Economic History of Britain*, Band II, Harmondsworth 1969, S. 238.
9 Eine ins Englische übersetzte Fassung und der Nachdruck der ursprünglichen Flugschrift liegt vor in: David Kunzle, *The Early Comic Strip*, Berkeley 1973, Abbildungen 9–26, S. 292.

Marginalisierung und gesellschaftliche Randgruppen

1 Zit. in: Brian Tierney, »The Decretist and the Deserving Poor«, in: *Comparative Studies in Society and History* 1 (1958/59), S. 363 f.
2 Zit. in: Lee Palmer Wandel, *Always Among Us: Images of the Poor in Zwingli's Zurich*, Cambridge 1990, S. 151.
3 Zit. in: Lee Palmer Wandel, *Images*, Appendix B, S. 191 f.
4 Zit. in: Diane Owen Hughes, »Distinguishing Signs: Ear-Rings, Jews and Franciscan Rhetoric in the Italian Renaissance«, in: *Past and Present* 112 (1986), S. 53 ff.
5 Zit. in: Otto Winckelmann, *Das Fürsorgewesen der Stadt Straßburg vor und nach der Reformation bis zum Ausgang des sechzehnten Jahrhunderts*, Leipzig 1992, Teil II, S. 271.
6 Zit. in: John Addy, *Sin and Society in the Seventeenth Century*, London/New York 1989, S. 114.
7 Zit. in: Addy, *Sin*, S. 115.
8 ebd.
9 G. O. Paul, »Address to the Justices of Gloucester (1789)«, zit. in: Michael Ignatieff, *A Just Measure of Pain*, Harmondsworth 1989, S. 90.
10 Zit. in: Robert Schwartz, *Policing the Poor in Eighteenth-Century France*, Chapel Hill 1988, S. 29.
11 Zit. in: R. C. Johnson, »The Transportation of Vagrant Children from London to Virginia, 1618–1622«, in: H. S. Reinmuth (Hg.), *Early Stuart Studies*, Minneapolis 1970, S. 143 f.
12 British Library, Add. MSS 12496, fol. 258r.
13 »Orders for the poor« (1571), Nachdruck in: R.H. Tawney/E. E. Power (Hg.), *Tudor Economic Documents*, London 1924, Band II, S. 320.
14 Zit. in: A. L. Beier, *Masterless Men: The Vagrancy Problem in England 1560–1640*, London/New York 1985, S. 166.
15 Zit. in: Linda Martz, *Poverty and Welfare in Habsburg Spain: The Example of Toledo*, Cambridge 1983, S. 72.

Reaktionen auf die Marginalisierung

1 Gilbert Walker, *A Manifest Detection of the Most Vile and Detestable Use of Diceplay*, Nachdruck in: A. F. Kinney (Hg.), *Rogues, Vagabonds, and Sturdy Beggars*, Amherst 1990, S. 72.
2 Thomas Harman, *Caveat for Common Cursitors*, Nachdruck in: A. F. Kinney (Hg.), *Rogues*, S. 111.
3 William Cecil, zit. in: John Walter, »The Social Economy of Dearth in Early Modern England«, John Walter/Roger Schofield

(Hg.), *Famine, Disease and the Social Order in Early Modern Society*, Cambridge 1989, S. 76.
4 Zit. in: Paul Slack, *The Impact of Plague in Tudor and Stuart England*, Oxford 1990, S. 258.
5 *Letters and the Life of Francis Bacon*, hg. v. J. Spedding, London 1861–1874, Band IV, S. 252.
6 Richard Morison, *A Remedy for Sedition*, London 1536, sig. Dii r/v.
7 Zit. in: Friedrich Kluge, *Rotwelsch. Quellen und Wortschatz der Gaunersprache und der verwandten Geheimsprachen*, Straßburg 1901, Band 1, S. 81.
8 R.H. Tawney/Eileen Powers (Hg.), *Tudor Economic Documents*, London 1924, Band II, S. 346.
9 Zit. in: Beier, *Masterless Men*, S. 95.
10 Zit. in: Henry Kamen, *The Iron Century: Social Change in Europe 1550–1660*, London 1976, S. 370.
11 Eric J. Hobsbawm, *Bandits*, Harmondsworth 1972, S. 17.
12 Zit. in: Hobsbawm, a. a. O., S. 98.
13 Fernand Braudel, *Das Mittelmeer und die mediterrane Welt in der Epoche Philipps II.*, übersetzt von Grete Osterwald und Günter Seib, Frankfurt a. M. 1990, Bd. 2, S. 531.

Auswahlbibliographie

Einleitung

Assistance et assistés de 1610 à nos jours. Actes du 97e congrès national des sociétés savantes, Nantes 1972, Bd. I . Paris 1977
FISCHER, WOLFRAM: Armut in der Geschichte: Erscheinungsformen und Lösungsversuche der »Sozialen Frage« in Europa seit dem Mittelalter. Göttingen 1982
GEREMEK, BRONISŁAW: Geschichte der Armut . München/Zürich 1988
GUTTON, JEAN-PIERRE: La Société et les pauvres en Europe (XVIe-XVIIIe siècles). Paris 1971
HIPPEL, WOLFGANG VON: Armut, Unterschichten, Randgruppen in der Frühen Neuzeit. München 1995
HUNECKE, VOLKER: »Überlegungen zur Geschichte der Armut im vorindustriellen Europa«, in: Geschichte und Gesellschaft 9 (1983), S. 480–512
LINDGREN, UTA: »Europas Armut. Probleme, Methoden, Ergebnisse einer Untersuchung«, in: Saeculum 28 (1979), S. 396–418
LIS, CATHARINA/HUGO SOLY: Poverty and Capitalism in Pre-industrial Europe. Hassocks, Sussex 1979
MOLLAT, MICHEL (Hg.): Études sur l'histoire de la pauvreté (Moyen Age-XVI siècle) 2 Bde. Paris 1974
PULLAN, BRIAN: Poverty and Charity. Europe, Italy, Venice 1400–1700. Aldershot 1994
RIIS, THOMAS: Pauvreté et développement urbain en Europe XVe-XVIIe/XIXe siècles: Une bibliographie. Odense 1981
RIIS, THOMAS (Hg.): Aspects of Poverty in Early Modern Europe, 3 Bde. Stuttgart 1981–1990
WOOLF, STUART: The Poor in Western Europe in the Eighteenth and Nineteenth Century London/New York 1986

Armut und Sprache

CHARTIER, ROGER: Figures de la gueuserie. Paris 1982
HIMMELFARB, GERTRUDE: The Idea of Poverty: England in the Early Industrial Age. London 1984, bes. Kap. 13
JÜTTE, ROBERT: Abbild und soziale Wirklichkeit des Bettler- und Gaunertums zu Beginn der Neuzeit: Sozial-, mentalitäts- und sprach-

geschichtliche Studien zum »Liber vagatorum« (1510). Köln/Wien 1988
Roch, Jean-Louis: Les Mots aussi sont de l'histoire: vocabulaire de la pauvreté et marginalisation (1450–1550) Diss. Paris IV 1986
Siewert, Klaus (Hg.): Rotwelsch-Dialekte.Wiesbaden 1996
Stein, André L.: L'Écologie de l'argot ancien. Paris 1974
Woolf, Stuart: The Poor in Western Europe in the Eighteenth and Nineteenth Century. London/New York 1986, bes. Kap. 6

Armut im Bild

Arm in de gouden eeuw: Ausstellungskatalog des Historischen Museums von Amsterdam. Amsterdam 1965.
Barrell, John: The Dark Side of the Landscape: The Rural Poor in English Painting (1730–1840). Cambridge 1980
Deyon, Pierre: »A propos du paupérisme au milieu du XVIIe siècle: peinture et charité chrétienne«, in: Annales ESC 22 (1967), S. 137–153
Feinberg, Anat: »The Representation of the Poor in Elizabethan and Stuart Drama«, in: Literature and History 12 (1986), S. 152–163
Garnier, François: »Figures et comportements du pauvre dans l'iconographie des XIIe et XIIIe siècles«, in: Henri Dubois/Jean-Claude Hocquet/André Vauchez (Hg.), Horizons marins itineraires spirituels (Ve-XVIIIe siècles). Paris 1987, S. 303–318
Mecheleer, Lieve de (Hg.), La pauvreté dans nos régions du moyen âge à nos jours. Dossier accompagnant l'exposition du même nom aux Archives générales du Royaume à Bruxelles. Brüssel 1991
Sachsse, Christoph/Florian Tennstedt (Hg.): Bettler, Gauner und Proleten: Armut und Armenfürsorge in der deutschen Geschichte: Ein Bild-Lesebuch. Reinbek 1983
Stein, Elke: Hungrige speisen. Ulm 1966
Sudeck, Elisabeth: Bettlerdarstellungen am Ende des XV. Jahrhunderts bis zu Rembrandt. Straßburg 1931
Wandel, Lee Palmer: Always Among Us. Images of the Poor in Zwingli's Zurich. Cambridge 1990, bes. Kap. 3

Schicksalsschläge

CORVISIER, ANDRÉ: »Ancien soldats oblats, mortes-payes et mendiants dans la première moitié du XVII siècle«, Actes du 97e congrés national des sociétés savantes, Nantes 1972. Paris 1977, Histoire moderne, Bd. I, S. 7–29

FISHER, F. J.: »Influenza and Inflation in Tudor England«, Economic History Review 2nd series 18 (1965), S. 120–129

FISSELL, MARY E.: Patients, Power, and the Poor in Eighteenth-Century Bristol. Cambridge 1991

JÜTTE, ROBERT: Ärzte, Heiler und Patienten. Medizinischer Alltag in der Frühen Neuzeit. Zürich/München 1991

KAHAN, A.: »Natural Calamities and their Effect upon the Food Supply in Russia«, in: Jahrbücher für Geschichte Osteuropa, neue Folge 16 (1968), S. 353–377

KAMEN, HENRY: »The Economic and Social Consequences of the Thirty Years War«, in: Past and Present 39 (1968), S. 44–61

PATZELT, E.: »Pauvreté et maladies«, in: Povertà e ricchezza nella spiritualità nei secoli XI e XII. Todi 1969, S. 163–187

SCRIBNER, ROBERT W.: »Mobility: Voluntary or Enforced? Vagrants in Württemberg in the sixteenth century« in: Gerhard Jaritz/Albert Müller (Hg.), Migration in der Feudalgesellschaft. Frankfurt a. M./New York 1988, S. 65–88

Zyklische Ursachen

ABEL, WILHELM: Agricultural Fluctuations in Europe: From the thirteenth to the Twentieth Centuries. New York 1980

ABEL, WILHELM: Massenarmut und Hungerkrisen im vorindustriellen Europa: Versuch einer Synopsis. Hamburg/Berlin 1974

APPLEBY, ANDREW: »Grain Prices and Subsistence Crises in England and France 1590–1740«, in: Journal of Economic History 39 (1979), S. 865–887

SCHOFIELD, ROGER/JOHN WALTER (Hg.): Famine, Diseases and the Social Order in Early Modern Society. Cambridge 1989

SNELL, K. D. M.: Annals of the Labouring Poor: Social Change and Agrarian England, 1660–1900. Cambridge 1985

Strukturelle Ursachen

BORSCHEID, PETER: Geschichte des Alterns. 16.–18. Jahrhundert. Münster 1987

HENDERSON, JOHN, WALL, RICHARD (Hg.): Poor Women and Children in the European Past. London 1994

LASLETT, PETER: »Family, Kinship and Collectivity as Systems of Support in Preindustrial Europe: a Consideration of the ›Nuclear-Hardship‹-Hypothesis«, in: Continuity and Change 3 (1988), S. 153–175

LOMBARDI, DANIELA: Povertá maschile, povertà femminile: L' ospedale dei mendicanti nella Firenze dei Medici. Bologna 1988

NEWMANN-BROWN, W.: »The Receipt of Poor Relief and Family Situation«, in: Richard M. Smith (Hg.), Land, Kinship and Life Cycle. Cambridge 1985, S. 405–422

PELLING, MARGARET: »Old People and Poverty in Early Modern Towns«, in: The Society for the Social History of Medicine Bulletin 34 (1984), S. 42–47

PELLING, MARGARET/RICHARD SMITH (Hg.), Life, Death and the Elderly. Historical Perspectives. London/New York 1991

SMITH, RICHARD, »Aging and Well-Being in Early Modern England: Pension Trends and Gender Preferences under the English Poor Law«, in: Paul Johnson, Pat Thane (Hg.), Old Age from Antiquity to Post-Modernity. London/New York 1998, S. 64–95

SOKOLL, THOMAS: »The Pauper Households Small and Simple? The Evidence from Listings of Inhabitants and Pauper Lists of Early Modern England Reassessed«, in: Ethnologia Europaea 17 (1987), S. 25–42

SOKOLL, THOMAS: Household and family among the poor. The case of two Essex communities in the late eighteenth and early nineteenth centuries. Bochum 1993

Die fiskalische Armut

ARKELL, TOM: »The Incidence of Poverty in England in the later Seventeenth Century«, in: Social History 12 (1987), S. 23–47

BLOCKMANS, W. P./W. PREVENIER: »Poverty in Flanders and Brabant from the fourteenth to the Mid-Sixteenth-Century: Sources and Problems«, in: Acta Historiae Neerlandicae 10 (1978), S. 20–57

JÜTTE, ROBERT, Obrigkeitliche Armenfürsorge in deutschen Reichsstädten der frühen Neuzeit. Städtisches Armenwesen in Frankfurt am Main und Köln. Köln/Wien 1984, bes. Kap. 3.1.2

MEYER, JEAN: »Pauvreté et assistance dans les villes bretonnes de l'ancien régime«, Actes du 97e congrès national des sociétés savantes, Nantes 1972 (Paris 1977), Bd. I, S. 445–460

ROECK, BERND: »›Arme‹ in Augsburg zu Beginn des 30-jährigen Krieges«, in: Zeitschrift für bayerische Landesgeschichte 46 (1983), S. 515–558

Fürsorgeempfänger

BOG, INGOMAR: »Über Arme und Armenfürsorge in Oberdeutschland und in der Eidgenossenschaft im 15. und 16. Jahrhundert«, in: Jahrbuch für fränkische Landesforschung 34/35 (1974/75), S. 983–1001

CAVALLO, SANDRA: »Conceptions of Poverty and Poor-Relief in the Second Half of the eighteenth Century«, in: Stuart Woolf (Hg.), Domestic Strategies: Work and Family in France and Italy 1600–1800. Cambridge/Paris 1991, S. 148–200

CLASEN, CLAUS-PETER: »Armenfürsorge in Augsburg vor dem Dreißigjährigen Kriege«, in: Zeitschrift des Historischen Vereins für Schwaben (1984), S. 65–115

PULLAN, BRIAN: »Poveri mendicanti e vagabondi (secoli XIV–XVII)«, in: Storia d'Italia. Annali I. Dal feudalesimo al capitalismo. Turin 1978, S. 988–997

KLÖTZER, RALF: Kleiden, Speisen, Beherbergen. Armenfürsorge und soziale Stiftungen in Münster im 16. Jahrhundert (1535–1588). Münster 1997

KRAUSS, MARTIN: Armenwesen und Gesundheitsfürsorge in Mannheim vor der Industrialisierung 1750–1850/60. Sigmaringen 1993

PRÄGER, FRANK: Das Spital und die Armen. Almosenvergabe in der Stadt Langenzenn im 18. Jahrhundert. Regensburg 1997

Armenzählungen

FISCHER, THOMAS: Städtische Armut und Armenfürsorge im 15. und 16. Jahrhundert: Sozialgeschichtliche Untersuchungen am Beispiel der Städte Basel, Freiburg i .Br. und Straßburg. Göttingen 1979

SLACK, PAUL: Poverty and Policy in Tudor and Stuart England. London/ New York 1986, bes. Kap. 4

Die Topographie der Armut

BOULTON, JEREMY: Neighbourhood and Society: A London Suburb in the Seventeenth Century. Cambridge 1987
DEYON, PIERRE: Amiens, capitale provinciale. Paris 1969, bes. Kap. 25
RAPPAPORT, STEVE: World Within Worlds: Structures of Life in Sixteenth-Century London. Cambridge 1989, bes. Kap. 6
ROECK, BERND: Eine Stadt in Krieg und Frieden: Studien zur Geschichte der Reichsstadt Augsburg zwischen Kalenderstreit und Parität. Göttingen 1989, bes. Kap. 7
ROMON, CHRISTIAN: »Le monde des pauvres à Paris au XVIIIe siècle«, in: Annales ESC (1982), S. 729–763
TRENARD, LOUIS: »Pauvreté, charité, assistance à Lille 1708–1790«, in: Actes du 97e congrès des sociétés savantes, Nantes 1972 (Paris 1977), Bd. I, S. 473–498

Materielle Kultur

BENSCHEIDT, ANJA R.: Kleinbürgerlicher Besitz: Nürtinger Handwerkerinventare von 1660 bis 1840. Münster 1985
DINGES, MARTIN: »Materielle Kultur und Alltag – Die Unterschichten in Bordeaux im 16. und 17. Jahrhundert«, in: Francia 15 (1987), S. 257–279
DIRLMEIER, ULF: Untersuchungen zu Einkommensverhältnissen und Lebenshaltungskosten in oberdeutschen Städten des Spätmittelalters (Mitte 14. bis Anfang 16. Jahrhundert). Heidelberg 1978
KLONDER, ANDRZEJ: »Majatek ruchomy podopiecznych elbaskiego szpitala Sw. ducha w XVII wieku«, in: J. Sztetyollo (Hg.), Nadza i dostatek na ziemiach polskich od sredniowiecza po wiek [Armut und Wohlstand in Polen vom Mittelalter bis zum 20. Jahrhundert]. Warschau 1992, S. 141–50
ROCHE, DANIEL: The People of Paris: An Essay in Popular Culture in the 18th Century. Leamington Spa 1987
SCHEFTEL, MICHAEL: Gänge, Buden und Wohnkeller in Lübeck: Bau- und sozialgeschichtliche Untersuchungen zu den Wohnungen der ärmeren Bürger und Einwohner einer Großstadt des späten Mittelalters und der frühen Neuzeit. Neumünster 1988

Ernährung

APPLEBY, ANDREW B.: »Diet in Sixteenth-Century England: Sources, Problems, Possibilities«, in: Charles Webster (Hg.), Health, Medicine and Mortality in the Sixteenth Century. Cambridge 1979, S. 97–116

CAMPORESI, PIERO: Food and Folklore. Cambridge 1992

JÜTTE, ROBERT: »Diets in Welfare Institutions and in Outdoor Poor Relief in Early Modern Western Europe«, in: Ethnologia Europaea 16 (1988), S. 117–135

KRUG-RICHTER, BARBARA: »Alltag und Fest. Nahrungsgewohnheiten im Magdalenenhospital in Münster 1558–1635«, in: Trude Ehlert (Hg.), Haushalt und Familie in Mittelalter und früher Neuzeit Sigmaringen 1991, S. 71–90

SHAMMAS, CAROLE: »The Eighteenth-Century English Diet and Economic Change«, in: Explorations in Economic History 21 (1984), S. 254–269

TEUTEBERG, HANS J./GÜNTER WIEGELMANN: Der Wandel der Nahrungsgewohnheiten unter dem Einfluß der Industrialisierung. Göttingen 1972

Kleidung

CUNNINGTHON, PHILIS/CATHERINE LUCAS: Charity Costumes. London 1978

JÜTTE, ROBERT: »Windfang und Wetterhahn. Die Kleidung der Bettler und Vaganten im Spiegel der älteren Gaunersprache«, in: Harry Kühnel (Hg.), Terminologie und Typologie mittelalterlicher Sachgüter: Das Beispiel der Kleidung. Wien 1988, S. 177–204

ROCHE, DANIEL: The People of Paris: An Essay in Popular Culture in the 18th Century, Leamington Spa 1987, bes. Kap. 6

SIEVERS, KAI DETLEV: Leben in Armut: Zeugnisse der Armutskultur aus Lübeck und Schleswig-Holstein vom Mittelalter bis ins 20. Jahrhundert. Heide 1991, bes. Kap. 3

SIMON-MUSCHEID, KATHARINA: »Die Kleidung städtischer Unterschichten zwischen Projektionen und Realität im Spätmittelalter und in der frühen Neuzeit«, in: Saeculum 44 (1993), S. 47–64

Die Bedeutung des sozialen Netzes

Bossy, John: »Godparenthood: the Fortunes of a Social Institution in Early Modern Christianity«, in: Kaspar von Greyerz (Hg.), Religion and Society in Early Modern Europe, 1500–1800. London 1984, S. 184–201

Boulton, Jeremy: Neighbourhood and Society: A London Suburb in the Seventeenth Century. Cambridge 1987

Garrioch, David: Neighbourhood and Community in Paris, 1740–1790. Cambridge 1986

Halpern, Robert, Fragile Families, Fragile Solutions. A History of Supportive Services for Families in Poverty. New York 1998

Heal, Felicity: Hospitality in Early Modern England. Oxford 1990

Klapisch-Zuber, Christiane: La Maison et le nom: Stratégies et rituels dans l'Italie de la Renaissance. Paris 1990

Laslett, Peter: »Family, Kinship and the Collectivity as Systems of Support in Preindustrial Europe: A Consideration for the Nuclear Hardship Hypothesis«, in: Continuity and Change 3 (1988), S. 153–175

Medick, Hans/David Warren Sabean (Hg.): Interest and Emotion in Family and Kinship Studies: A Critique of Social History and Anthropology. Cambridge 1984

Sabean, David Warren: Property, Production, and Family in Neckarhausen, 1700–1870. Cambridge 1990

Smith, Richard M. (Hg.): Land, Kindship, and Life-cycle. Cambridge 1984

Woolf, Stuart (Hg.): Domestic Strategies: Work and Family in France and Italy 1600–1800. Cambridge/Paris 1991

Selbsthilfe

D'Cruze, Shani: »The Family and Self-Help through the Evidence of Diaries and Autobiographies«, Vortrag, gehalten auf der Tagung "Selfhelp in an international perspective", Lancaster 2.–4. Juli 1991 (Manuskript)

Dinges, Martin: »Self-Help, and Reciprocity in Parish Assistance: Bordeaux in the Sixteenth and Seventeenth Centuries«, in: Peregrine Horden/Richard Smith (Hg.), The Locus of Care. Families, communities, institutions and the provision of welfare since antiquity. London/New York 1998, 111–125

DINGES, MARTIN: »Aushandeln von Armut in der Frühen Neuzeit: Selbsthilfepotential, Bürgervorstellungen und Verwaltungslogiken«, in: Werkstatt Geschichte 4 (1995), H. 10, S. 7–15

FINZSCH, NORBERT: Obrigkeit und Unterschichten: Zur Geschichte der rheinischen Unterschichten gegen Ende des 18. Jahrhunderts und zu Beginn des 19. Jahrhunderts. Stuttgart 1990

FLYNN, MAUREEN: Sacred Charity: Confraternities and Social Welfare in Spain, 1400–1700. London 1989

FRÖLICH, SIGRID: Die soziale Sicherung bei Zünften und Gesellenverbänden. Berlin 1976

HITCHCOCK, TIM, KING, PETER, SHARPE, PAMELA (Hg.), Chronicling Poverty: The Voices and Strategies of the English Poor, 1640–1840. New York 1997.

HOLDERNESS, B.: »Credit in English Rural Society before the Nineteenth Century, with Special Reference to the Period 1650–1720«, in: Agricultural History Review 24 (1976), S. 97–109

MACFARLANE, ALAN: The Family Life of Ralph Josselin: A Seventeenth-Century Clergyman. Cambridge 1970

NEWMAN-BROWN, W.: »The Receipt of Poor Relief and Family Situation: Aldenham, Hertfordshire 1630–90«, in: Richard M. Smith (Hg.), Land, Kindship and Life-Cycle. Cambridge 1984, S. 405–422

PELLING, MARGARET: »Old Age, Poverty, and Disability in Early Modern Norwich: Work, Remarriage, and Other Expedients«, in: Margaret Pelling/Richard M. Smith (Hg.), Life, Death and the Elderly: Historical Perspectives. London/New York 1991

WALTER, JOHN: »The Social Economy of Dearth in Early Modern England«, in: John Walter/Roger Schofield (Hg.): Famine, Disease and the Social Order in Early Modern Society. Cambridge 1989, S. 75–128

WRIGHTSON, KEITH/DAVID LEVINE: Poverty and Piety in an English Village: Terling 1525–1700. London 1979

Die Neuorganisation der Armenpflege: Ideen und Konzepte

ALVES, A. A.: »The Christian Social Organism and Social Welfare: the Case of Vives, Calvin, and Loyola«, in: Sixteenth Century Journal 20 (1989), S. 3–22

DINGES, MARTIN: »Attitudes à l'égard de la pauvreté aux XVIe et XVII siècles à Bordeaux«, in: Histoire, Economie et Société 10 (1991), S. 360–374

FIDELER, PAUL A: »Christian Humanism and Poor Law in Early Modern England«, in: Societas 4 (1974), S. 269–285
GRELL, OLE PETER/ANDREW CUNNINGHAM (Hg.), Health Care and Poor Relief in Protestant Europe 1500–1700. London/New York 1997
GRELL, OLE PETER/ANDREW CUNNINGHAM/JON ARRIZABALAGA (Hg.), Health Care and Poor Relief in Counter-Reformation Europe. London/New York 1999
HIMMELFARB, GERTRUDE: The Idea of Poverty: England in the Industrial Age. London 1984
JÜTTE, ROBERT: »Poor Relief and Social Discipline in Early Modern Europe«, in: European Studies Review 11 (1981), S. 25–52
PULLAN, BRIAN: »Catholics and the Poor in Early Modern Europe«, in: Transactions of the Royal Historical Society, 5th series, 26 (1976), S. 15–34
SCHERPNER, HANS: Theorie der Fürsorge. Göttingen 1962
STEINBICKER, CARL: Poor-Relief in the Sixteenth Century. Washington 1937

Die Neuorganisation der Armenpflege: Beispiele

Deutschland/Österreich

BRÄUER, HELMUT: »...und hat seithero gebetlet«. Bettler und Bettelwesen in Wien und Niederösterreich zur Zeit Kaiser Leopolds I. Wien/Köln/Weimar 1996
FEHLER, TIMOTHY G.: Poor Relief and Protestantism. The evolution of social welfare in sixteenth-century Emden. London 1999.
FISCHER, THOMAS: Städtische Armut und Armenfürsorge im 15. und 16. Jahrhundert: Sozialgeschichtliche Untersuchungen am Beispiel der Städte Basel, Freiburg i. Br. und Straßburg. Göttingen 1979
JÜTTE, ROBERT: Obrigkeitliche Armenfürsorge in deutschen Reichsstädten der frühen Neuzeit: Obrigkeitliches Armenwesen in Frankfurt am Main und Köln. Köln/Wien 1984
KATZINGER, WILLIBALD: »Zum Problem der Armut in den Städten Österreichs vom Spätmittelalter bis in 18. Jahrhundert«, in Thomas Riis (Hg.), Aspects of Poverty in Early Modern Europe: Les Réactions des pauvres á la pauvreté. Odense 1986, S. 31–47
LINDEMANN, MARY: Patriots and Paupers: Hamburg, 1712–1830. New York/Oxford 1990
NOLTE, RÜDIGER: Pietas und Pauperes. Klösterliche Armen-, Kranken-

und Irrenpflege im 18. und frühen 19. Jahrhundert. Köln/Weimar/ Wien 1996
SIEVERS, KAI DETLEV/HARM-PEER ZIMMERMANN: Das disziplinierte Elend. Zur Geschichte der sozialen Fürsorge in schleswig-holsteinischen Städten 1542–1914. Neumünster 1994

Schweiz

HAUSMANN, KARL EDUARD: Die Armenpflege in der Helvetik. Basel/Stuttgart 1969
HEAD, ANNE-LISE/BRIGITTE SCHNEGG (Hg.): Armut in der Schweiz, 17.–20. Jahrhundert. Zürich 1989
WANDEL, LEE PALMER: Always Among Us: Images of the Poor in Zwingli's Zurich. Cambridge 1990

Niederlande

BONENFANT, PIERRE: »Les origines et le caractère de la réforme de la bienfaisance aux Pays-Bas sous le règne de Charles Quint«, in: Revue Belge de Philologie et d'Histoire 5 (1926), S. 887–904; 6 (1927), S. 207–230
HAESENNE-PEREMANS, N.: Les Pauvres et le pouvoir: assistance et répression au pays de Liège (1685–1830). Kortrijk-Heule 1983
MENTINK, G. J.: »Armenzorg en armoede in de archivalische bronnen in de Noordeligke Nederlanden 1531–1851«, in: Tijdschrift voor Geschiedenis 88 (1975), S. 551–561

Italien

ASSERETO, M.: »Pauperismo e assistenza. Messa a punto di studi recenti«, in: Archivio Storico Italiano 141 (1983), S. 253–271
ROSA, M.: »Chiesa, idee sui poveri e assistenza in Italia dal Cinque- al Settecento«, in: Società e Storia 10 (1980), S. 775–806
PULLAN, BRIAN: »Support and Redeem: Charity and Poor Relief in Italian Cities from the Fourteenth to the Seventeenth Century«, in: Continuity and Change 3 (1988), S. 177–208

Spanien/Portugal

CALLAHAN, WILLIAM J.: »The Poor, the Privileged and the Church in Eighteenth Century Spain«, in: R. E. Morton/J. D. Browning (Hg.), Religion in the 18th Century. New York/London 1979, S. 103–116
FLYNN, MAUREEN: Sacred Charity: Confraternities and social Welfare in Spain, 1400–1700. London 1989

GUIMARÃES SÁ, ISABEL DOS: Quando o rico se faz pobre: Misericórdias, caridade e poder no império português 1500–1800. Lissabon 1997
MARTZ, LINDA: Poverty and Welfare in Habsburg Spain: The Example of Toledo. Cambridge 1983
MANTECÓN MOVELLÁN, TOMÁS ANTONIO: Contrareforma y religiosidad popular en Cantabria. Cantabria 1990
SOUBEYROX, JACQUES: Paupérisme et rapports sociaux à Madrid au XVIIe siècle. Lille/Paris 1978

Frankreich

DAVIS, NATALIE ZEMON: »Poor Relief, Humanism and Heresy: The Case of Lyon«, in: Studies in Medieval and Renaissance History 5 (1968), S. 217–275
DINGES, MARTIN: Stadtarmut in Bordeaux, 1525–1675: Alltag – Politik – Mentalitäten. Bonn 1988
GUTTON, JEAN-PIERRE: La Societé et les pauvres. L'Exemple de la généralité de Lyon 1534–1789. Paris 1971
HICKEY, DANIEL: »Changing Expressions of Charity in Early Modern France: Some Hypotheses for a Rural Model«, in: Renaissance et Réforme 2 (1978), S. 12–22
HUDEMANN-SIMON, Calixte, L'État et les pauvres. L'assistance et la lutte contre la mendicité dans les quatre départements rhénans 1794–1814. Sigmaringen 1997
JONES, COLIN: The Charitable Imperative: Hospitals and Nursing in Ancien Régime and Revolutionary France. London/New York 1989

England und Schottland

DAUNTON, M.J.: Charity, Self Interest and Welfare in the English Past. London 1996
LEES, LYNN: Solidarities of Strangers. The English Poor Laws and the People, 1700–1948. Cambridge 1998.
MCINTOSH, MARJORIE K.: »Local Responses to the Poor in Late Medieval and Tudor England«, in: Continuity and Change 3 (1988), S. 209–245
MITCHISON, ROSALIND: »The Making of the Old Scottish Poor Law«, in: Past and Present 63 (1974), S. 58–93
OXLEY, GEOFFREY W.: Poor Relief in England and Wales 1601–1834. London/Vancouver 1974
SLACK, PAUL: Poverty and Policy in Tudor and Stuart England. London/New York 1988

Skandinavien

BRINKER, ANNE KATHRIN: Armenfürsorge als Sozialpolitik im frühmodernen dänischen Staat. Hamburg 1994

DAHLERUP, TROELS: »Den sociale forsorg og reformationen in Danmark«, in: Historie, Neue Folge 13 (1979/80), S. 194–207

NIELSEN, M.H.: »Fattigvaesenet i Danmark 1536–1708«, in: Aarbog for dansk Kulturhistorie (1897), S. 69–124

RIIS, THOMAS (Hg.):Aspects of Poverty in Early Modern Europe III. La pauvreté dans les pays nordiques 1500–1800. Odense 1990

Armut und Kriminalität

BLASTENBREI, PETER: Kriminalität in Rom 1560–1585. Tübingen 1995

DÜBECK, INGER: »Poor Women's Criminality in 18th-Century Denmark and Norway«, in: Thomas Riis (Hg.), Aspects of Poverty in Early Modern Europe II. Odense 1986, S. 193–206

GEREMEK, BRONISüAW: »Criminalité, vagabondage, paupérisme: la marginalité à l'aube des temps modernes«, in: Revue d'Histoire Moderne et Contemporaine 21 (1974), S. 337–375

GARNOT, BENOÎT (Hg.): Ordre moral et déliquance de l´Antiquité aux XX siècle. Dijon 1994

HUFTON, OLWEN H.: The Poor of Eighteenth-Century France 1750–1789. Oxford 1974, Kap. 8–12

SCHMIDT, CHRISTOPH: Sozialkontrolle in Moskau. Justiz, Kriminalität und Leibeigenschaft 1649–1785. Stuttgart 1996

SPICKER-BECK, MONIKA: Räuber, Mordbrenner, umschweifendes Gesind. Zur Kriminalität im 16. Jahrhundert. Freiburg/Brsg. 1995

ULBRICHT, OTTO (Hg.): Von Huren und Rabenmüttern. Weibliche Kriminalität in der Frühen Neuzeit. Köln/Weimar 1995

Landstreicherei

BEIER. A.L.: Masterless Men: The Vagrancy Problem in England 1560–1640. London/NewYork 1985

BRÄUER, HELMUT: Der Leipziger Rat und die Bettler. Quellen und Analysen zu Bettlern und Bettelwesen in der Messestadt bis ins 18. Jahrhundert. Leipzig 1997

HUFTON, OLWEN H.: »Begging, Vagrancy, Vagabondage and the Law:

An Aspect of Poverty in Eighteenth-Century France«, in: European Studies Review 2 (1972), S. 97–123

KÜTHER, CARSTEN: Menschen auf der Straße: Vagierende Unterschichten in Bayern, Franken und Schwaben in der zweiten Hälfte des 18. Jahrhunderts. Göttingen 1983

MENEGHETTI, CASARIN F.: *I vagabondi, la società e lo stato nella repubblica veneta alla fine del '700*. Rom 1984.

Diebstahl

BEATTIE, J. M.: »The Pattern of Crime in England 1600–1800«, in: Past and Present 64 (1974), S. 47–95

GARNOT, BENOÎT (Hg.): La petite déliquance du Moyen Age á l´epoque contemporaine. Dijon 1998

REINHARDT, STEVEN G.: »The Selective Prosecution of Crime in ancien regime France: Theft in the Sénéchaussée of Sarlat«, in: European History Quarterly 16 (1986), S. 3–24

SCHWERHOFF, GERD: Köln im Kreuzverhör. Kriminalität, Herrschaft und Gesellschaft in einer frühneuzeitlichen Stadt. Bonn 1991, bes. Kap. 8

VANHEMELRYCK, F.: »Pauperisme en misdadigheit in Brabant in de XVI-IIIde eeuw«, in: Tijdschrift voor Geschiedenis 88 (1975), S. 598–612

WETTMANN-JUNGBLUT, PETER: »›Stelen in rechter hungersnodt‹. Diebstahl, Eigentumsschutz und strafrechtliche Kontrolle im vorindustriellen Baden 1600–1850«, in: Richard van Dülmen (Hg.), Verbrechen, Strafen und soziale Kontrolle. Frankfurt a. M. 1990, S. 133–177

WIEBEL, EVA/ANDREAS BLAUERT: »Gauner- und Diebeslisten. Unterschichten- und Randgruppenkriminalität in den Augen des absolutistischen Staates«, in: Mark Häberlein (Hg.), Devianz, Widerstand, Herrschaftspraxis in der Vormoderne. Studien zuKonflikten im südwestdeutschen Raum (15.–18. Jahrhundert). Konstanz 1999, S. 67–96

Warenschmuggel

BOURQUIN, MARIE-HELÈNE/EMMANUEL HEPP: Aspects de la contrebande au XVIIIe siècle. Paris 1969

DUFRAISSE, ROGER: »La Contrebande dans les départements réunis de la rive gauche du Rhin à l'époque napoléonienne«, in: Francia 6 (1978), S. 508–536

GIRTLER, ROLAND: Schmuggler. Von Grenzen und ihren Überwindern. Linz 1992
FINZSCH, NORBERT: Obrigkeit und Unterschichten: Zur Geschichte der rheinischen Unterschichten gegen Ende des 18. und zu Beginn des 19. Jahrhunderts. Stuttgart 1990, bes. Kap. 3

Prostitution

BENABOU, MARIE-ERICA: La prostitution et la police des mœurs au XVIII siècle. Paris 1987
COHN, SAMUEL K. JR.: Women in the Streets. Essays on Sex and Power in Renaissance Italy. Baltimore/London 1996.
GLEIXNER, ULRIKE: »Das Mensch« und »der Kerl« Die Konstruktion von Geschlecht in Unzuchtsverfahren der Frühen Neuzeit (1700–1760). Frankfurt a. M. 1994
OTIS, LEAH LYDIA: Prostitution in Medieval Society: The History of an Urban Institution in Languedoc. Chicago 1985
PERRY, MARY-ELIZABETH: »›Lost Women‹ in Early Modern Seville: The Politics of Prostitution«, in: Feminist Studies 4 (1978), S. 195–214
ROPER, LYNDAL: »Mothers of Debauchery: Procuresses in Reformation Augsburg«,in: German History 6 (1988), S. 1–19
RUBLACK, ULINKA: Magd, Metz' oder Mörderin. Frauen vor frühneuzeitlichen Gerichten. Frankfurt a. M. 1998
KURZEL-RUNTSCHEINER, MONIKA: Töchter der Venus. Die Kurtisanen Roms im 16. Jahrhundert. München 1995
SCHUSTER, PETER: Das Frauenhaus: Städtische Bordelle in Deutschland, 1350 bis 1600. Paderborn 1992
VÁQUEZ GARCIÁ, FRANCISCO/ANDRÉS MORENO MENGIBAR: Poder y prostitución en Sevilla (siglos XIV al XX). Bd. 1. Sevilla 1995.

Marginalisierung und gesellschaftliche Randgruppen

GRAUS, FRANTIŠEK: »Randgruppen der städtischen Gesellschaft im Spätmittelalter«, in: Zeitschrift für historische Forschung 8 (1981), S. 385–437
HARTUNG, WOLFGANG: »Gesellschaftliche Randgruppen im Spätmittelalter. Phänomen und Begriff«, in: Bernhard Kirchgässner/Fritz Reu-

ter (Hg.), Städtische Randgruppen und Minderheiten. Sigmaringen 1986, S. 49–114
HERGEMÖLLER, BERND-ULRICH (Hg.): Randgruppen der spätmittelalterlichen Gesellschaft. Ein Hand- und Studienbuch. 2., neu bearbeitete Aufl. Warendorf 1994
ROECK, BERND: Außenseiter, Randgruppen, Minderheiten. Fremde im Deutschland der frühen Neuzeit. Göttingen 1993
SMITH, A. E.: Colonists in Bondage. Zuerst 1947, neue Aufl. Gloucester/Mass. 1965

Stigmatisierung

BORST, OTTO (Hg.): Minderheiten in der Geschichte Südwestdeutschlands. Stuttgart 1996
GIBBS, JACK P.: »Conceptions of Deviant Behavior: The Old and the New«, in: Mark Kefton u. a. (Hg.), Approaches to Deviance. New York 1968, S. 44–55
HERGEMÖLLER, BERND-ULRICH (Hg.): Randgruppen der spätmittelalterlichen Gesellschaft. Warendorf 1990
JÜTTE, ROBERT: »Stigmasymbole: Kleidung als identitätsstiftendes Merkmal bei spätmittelalterlichen und frühneuzeitlichen Randgruppen (Juden, Dirnen, Aussätzige, Bettler)«, in: Robert Jütte/Neithard Bulst (Hg.), Zwischen Sein und Schein: Kleidung und Identität in der ständischen Gesellschaft. Freiburg i. Br. 1993, S. 65–89
MAUÉ, HERMANN: »Bettlerzeichen und Almosenzeichen im 15. und 16. Jahrhundert«, in: Anzeiger des Germanischen Nationalmuseums 1999, S. 125–140
WAXMANN, CHAIM ISAAC: The Stigma of Poverty: A Critique of Poverty Theories and Policies. New York 1977

»Das große Einsperren«

EISENBACH, ULRICH: Zuchthäuser, Armenanstalten und Waisenhäuser in Nassau. Fürsorgewesen und Arbeitserziehung vom 17. bis zum Beginn des 19. Jahrhunderts. Wiesbaden 1994
FINZSCH, NORBERT/ROBERT JÜTTE (Hg.): Institutions of Confinement: Hospitals, Asylums, and Prisons in Western Europe and North America 1500–1950. New York 1996

FOUCAULT, MICHEL: Überwachen und Strafen. Die Geburt des Gefängnisses. Frankfurt a. M. 1976

FRANK, MICHAEL: »Kriminalität, Strafrechtspflege und sozialer Wandel. Das Zuchthaus Detmold 1750–1801«, in: Westfälische Forschungen 42 (1992), S. 237–308

HARRINGTON, JOEL F.: »Escape from the Confinement: The Genealogy of a German Workhouse«, in: Journal of Modern History 71 (1999), S. 308–345

MAYER, MARCEL: Hilfsbedürftige und Delinquenten. Die Anstaltsinsassen der Stadt St. Gallen 1750–1798. St. Gallen 1987

MEUMANN, MARKUS: Findelkinder, Waisenhäuser, Kindsmord. Unversorgte Kinder in der Frühen Neuzeit. München 1995

SCHWARTZ, ROBERT M.: Policing the Poor in Eighteenth-Century France. Chapel Hill 1988

SELLIN, THORSTEN: Pioneering in Penology: The Amsterdam Houses of Ccorrection in the Sixteenth and Seventeenth Centuries. Philadelphia 1944

SPIERENBURG, PIETER: »Prisoners and Beggars. Quantitative Data on Imprisonments in Holland and Hamburg 1597–1752«, in: Eric Johnson (Hg.), Quantification and Criminal Justice History in International Perspective. Köln 1990, S. 33–56

STEKL, HANNES: »›Labore et fame‹. Sozialdisziplinierung in Zucht- und Arbeitshäusern des 17. und 18. Jahrhunderts«, in: Christoph Sachße/Florian Tennstedt (Hg.), Soziale Sicherheit und soziale Disziplinierung: Beiträge zu einer historischen Theorie der Sozialpolitik. Frankfurt a. M. 1986, S. 119–147

WÜST, WOLFGANG: »Die gezüchtigte Armut. Sozialer Disziplinierungsanspruch in den Arbeits- und Armenanstalten der ›vorderen‹ Reichskreise«, in: Zeitschrift des Historischen Vereins für Schwaben 89 (1996), S. 95–124

Subkultur

CHARTIER, ROGER: »Les Elites et les gueux. Quelques représentations (XVIe-XVIIe siècles)«, in: Revue d'Histoire Moderne et Contemporaine 21 (1974), S. 376–388

EGMONT, FLORIKE: Underworlds. Organized crime in the Netherlands 1650–1800. Cambridge 1993

FORSTER, ROBERT/OREST RANUM (Hg.): Deviants and the Abandonés in French Society. Baltimore 1978

HÄRTER, KARL: »Bettler – Vaganten – Deviante. Ausgewählte Neuerscheinungen zu Armut, Randgruppen und Kriminalität im frühneuzeitlichen Europa«, in: Ius Commune 23 (1996), S. 281–321

JÜTTE, ROBERT: Abbild und Wirklichkeit des Bettler- und Gaunertums zu Beginn der Neuzeit. Sozial-, mentalitäts- und sprachgeschichtliche Studien zum Liber vagatorum (1510). Wien/Köln 1988

MCMULLAN, JOHN L.: »Criminal Organization in Sixteenth and Seventeenth Century London«, in: Social Problems 29 (1981), S. 311–323

MORMANDS, FRANCO: *The Preacher's Demons: Bernardino of Siena and the Social Underworld of Early Renaissance Italy.* Chicago 1999

SEIDENSPINNER, WOLFGANG: Mythos Gegengesellschaft. Erkundungen in der Subkultur der Jauner. Münster 1998

ULBRICHT, OTTO: »Die Welt eines Bettlers um 1775. Johann Friedrich Kästner«, in: Historische Anthropologie 2 (1994), S. 371–398

VINCENT, BERNHARD (Hg.): Les Marginaux et les exclus dans l'histoire. Paris 1979

Rebellion

GRIESSINGER, ANDREAS: Das symbolische Kapital der Ehre. Streikbewegungen und kollektives Bewußtsein deutscher Handwerksgesellen im 18. Jahrhundert. Frankfurt a. M. 1981

HÄBERLEIN, MARK (Hg.): Devianz, Widerstand, Herrschaftspraxis in der Vormoderne. Studien zu Konflikten im südwestdeutschen Raum (15.–18. Jahrhundert). Konstanz 1999.

HOBSBAWM, ERIC J.: Bandits. Harmondsworth 1972

MOUSNIER, ROLAND: Peasant Uprisings in Seventeenth Century France, Russia and China. New York 1971

RUDÉ GEORGE: The Crowd in History: A Study of Popular Disturbances in France and England 1730–1848. New York 1964

SCHULZE, WINFRIED: Bäuerlicher Widerstand und feudale Herrschaft in der frühen Neuzeit. Stuttgart 1980

WALTER, JOHN; »The Geography of Food Riots 1585–1649«, in: A. Charlesworth (Hg.), An Atlas of Rural Protest in Britain 1548–1900. London 1983, S. 72–80

Emigration – Migration

ALTMAN, IDA/JAMES HORN (Hg.): »To Make America«: European Emigration in the Early Modern Period. Berkeley, 1992
BEIER, A. L.: Masterless Men: The Vagrancy Problem in England 1560–1640. Oxford 1985, bes. Kap. 3
BRAUDEL, FERNAND: Das Mittelmeer und die mediterrane Welt in der Epoche Philipps II., übersetzt von Grete Osterwald und Günter Seib. 3 Bde., Frankfurt a. M. 1990
JANITZ, GERHARD/ALBERT MÜLLER (Hg.): Migration in der Feudalgesellschaft. Frankfurt a. M./New York 1988
MANDROU, ROBERT: »Les Français hors de France aux XVIe et XVIIe siècles«, in: Annales ESC 14 (1959), S. 662–667

Schluss

ACHENBAUM, ANDREW W.: »W(h)ither Social Welfare History«, in: Journal of Social History 24 (1990), S. 135–141
LEVINE, DANIEL: Poverty and Society. New Brunswick 1988
PREUSSER, NORBERT: Not macht erfinderisch: Überlebensstrategien der Armenbevölkerung in Deutschland seit 1807. München/Wien 1989
RIMLINGER, GASTON V.: Welfare Policy and Industralisation in Europe, America and Russia. New York 1971
RITTER, GERHARD A.: Social Welfare in Germany and Britain: Origins and Development. Leamington Spa 1986
SACHSSE, CHRISTOPH/FLORIAN TENNSTEDT (Hg.): Soziale Sicherheit und soziale Disziplinierung: Beiträge zu einer historischen Theorie der Sozialpolitik. Frankfurt a. M. 1986
SACHSSE, CHRISTOPH/FLORIAN TENNSTEDT (Hg.): Geschichte der Armenfürsorge in Deutschland. Bd. 1. Vom Spätmittelaler bis zum 1. Weltkrieg. 2., verbesserte und erw. Aufl. Stuttgart 1998
WILLIAM, KAREL: From Pauperism to Poverty. London 1981

Bildnachweis

Alle Bilder stammen aus dem Archiv von Robert Jütte, Institut für Geschichte der Medizin der Robert Bosch Stiftung Stuttgart.

Namenregister

Abel, Wilhelm 38
Abruzzen 247
Ackels, Maria 54
Aix-en-Provence 33, 49 f., 66, 69, 97, 198, 200, 206
Alemann, August Wilhelm 144
Altenhüffen 89
Amerika 36 f., 222, 253, 255, 259
Amiens 30, 69
Amsterdam 67 f., 70, 86 ff., 150, 227 ff., 272
Antwerpen 47, 54 f., 57, 69, 94, 231
Appleby, J. O. 258
Apples (Wallis) 145
Aquila 247
Ardleigh (Essex) 111
Arno (Region) 176
Arthington, Henry 76, 132
Artois 61 f.
Assisi 175
Ath 281
Augsburg 30 f., 38, 46, 54 f., 61, 63, 67 f., 75, 86, 100, 138, 142, 144, 188, 211
Augustinus 27
Australien 224
Auvergne 88, 94
Awdeley, John 17, 102 f., 238, 241

Bacon, Francis 247, 250
Bangladesch 261
Barcelona 30, 230, 273
Basel 99, 101, 220
Baxter, Richard 95
Bayern 196, 198, 281 f.
Bayeux 49
Beauvais 46, 88
Behaim, Barthel 20 f., 194

Beier, A. L. 56, 194, 196, 245, 252
Bender, Elsa 114
Benincasius 133
Berlin 69, 143
Bern 98
Bernardino von Siena 212
Berner, Alexander 213 f.
Berthier de Sauvigny, Louis-Bénigne-François 269
Bilton 118
Bodenstein, Andreas von siehe Karlstadt
Bog, Ingomar 69
Bologna 175
Bordeaux 76, 79, 86, 88, 90, 92, 101, 103, 120, 182, 192, 199, 220
Boreham 118
Boroughside 116 f.
Borromäus, Karl 178, 269, 279
Bosch, Hieronymus 22 f.
Bosch, Martin 115
Brabant 61, 63
Brandenburg 45, 128
Braudel, Fernand 9, 253
Braunschweig 81, 91, 137, 141, 144, 171, 270
Bremen 76, 142, 144, 231
Breslau 144
Bresse 207
Bretagne 63, 78, 94 f.
Bridewell 227
Briggs, Asa 11
Bristol 188, 226
Bruegel d. Ä., Pieter 24, 26, 93, 169
Brügge 46, 142, 147 ff, 151, 231, 282 f.
Brüssel 69

Bucer, Martin 132 f., 270, 275
Bugenhagen, Johannes 141, 270
Bugey 207
Burghley, Lord William Cecil 249
Burgund 94
Burke, Peter 237
Burn, Richard 270

Caen 57
Callot, Jacques 22, 102
Calvin, Johann 146 f., 270 f.
Cambridge 75, 161
Campomanes, Pedro Rodriguez Graf von 271
Canterbury 116
Carranza, Bartolomé de 278
Cellarius 132 f.
Certeau, Michel de 79
Cervantes, Miguel de 253
Chandler, F. W. 17
Chelmsford 198
Chereau, Ollivier 17, 241
Cheshire 198
Chester 161
Chesterfield 249
Clark, Peter 253
Cleaver, Robert 214
Clemens VII., Papst 273
Clermont (Diözese) 173
Colmenares, Diego de 152
Como 45
Coornhert, Dirck Volkertsz 132 f., 227, 229, 271, 272
Cornwall 204
Cotton, Roger 114
Coventry 161
Croix, Alain 16
Cully, Margaret 111
Cully, Timothy 111
Cumberland 204, 270
Cumbrien 64

Dalmatien 251
Dänemark 165 f., 233
Danzig 231
Davis, Natalie Zemon 155
Dekker, Thomas 194
Dettelbach 272
Deutschland 16, 35, 37 f., 46, 55, 64, 86, 139, 154, 173, 183 ff., 187 f., 197 f., 222, 231, 233, 239, 241, 249, 259, 281
Dijon 207
Dinges, Martin 108, 192
Dod, John 214
Dorset 244
Dover 204
Drant 132
Dupâquier, Jacques 42

Earls Colne 124
Echter von Mespelbrunn, Julius 184, 272
Eden, F. M. 164
Eduard VI., König von England 225
Egberts, Sebastian 227, 229
Ehrle, Franz 131
Elisabeth I., Königin von England 222, 243
Elisabeth von Thüringen, Hl. 20, 22, 27
Elsass 207
England 2, 11, 16 f., 28, 34, 36, 43, 45 f., 49, 56, 58, 64, 70, 72, 76, 86, 90, 92, 96, 100, 117, 157 ff., 160, 163 ff., 182, 187 f., 190, 194 ff., 197 ff., 201 ff., 204, 215, 217 f., 220, 223, 226, 239, 247 f., 249 f., 252 ff., 259
Essex 61, 64, 116, 118, 124, 198, 201
Exeter 69, 188, 247

Fairchilds, Cissie C. 3, 66
Ferdinand VI. von Spanien 271
Finnland 233
Finzsch, Norbert 53
Fischer, Thomas 53
Fischer, Wolfgang 1
Flandern 61, 149, 231, 281
Florenz 46, 55, 70, 80 f., 118, 124, 153, 176, 207, 229 f.
Forez 207
Forrest 132 f.
Foucault, Michel 24, 229, 235
Franck, Sebastian 94
Franken 198
Frankfurt a. M. 56, 64, 69, 176, 188, 211, 219, 231, 233
Frankreich 16, 42, 45, 55, 63 f., 66, 71 ff., 78, 96, 102, 117, 122 f., 134, 148, 153 ff., 157 f., 168, 173, 175 f., 179, 181 f., 196, 201 ff., 204 f., 207, 211, 217, 222 ff., 234 f., 241, 254, 283
Franz I., König von Frankreich 154, 157
Franz II., König von Frankreich 154
Franz von Assisi 20
Frauenvorstadt 75
Fulcus 132
Fulda 183

Garve, Christian 144
Geiler von Kaysersberg, Johannes 133, 273
Genf 146 f., 149, 193, 220, 270 f.
Gent 149, 231
Genua 29
Geremek, Bronislaw 1
Gerolshofen 272

Giberti, Gian Matteo 273
Giginta, Miguel de 132 f., 230 f., 273, 275
Gilbert, Thomas 274
Goffman, Erving 209 f.
Göttingen 137
Gouda 271
Gregor XIV., Papst 178
Grenoble 53 f., 61, 75, 81, 136, 198, 200
Gronau 279
Gutton, Jean-Pierre 1

Haarlem 271
Hackfurt, Lucas 39, 50, 104, 274
Haina 279
Hales, Ehepaar 111
Halle 144
Hamburg 137, 141 ff., 144, 231, 270, 283
Hanau 162
Hanaway, Jonas 95
Hannover 144
Harman, Thomas 17, 238, 241, 243, 274
Harrington, Michael 259
Harrison, William 15, 17, 94, 96
Hedio, Caspar 142
Hennegau 61
Herrera, Cristóbal Pérez de 132 f., 213, 274
Hertfordshire 61, 250
Hessen 270, 275
Hext, Edward 249
Hildesheim 220
Hill, Christopher 136, 200
Himmelfarb, Gertrud 11
Hobsbawm, Eric 103, 251
Hofheim 279
Hohenlohe (Fürstentum) 124
Holkham (Norfolk) 187

Holland s. Niederlande
Holland, Robert 89
Holstein 197 f.
Hood, Robin 252
Hout, van 132 f.
Houtte, Jan van 44
Howes, John 49
Huddersfield 71
Hufton, Olwen 117, 205, 207, 238, 246
Hunsrück 251
Hütlin, Mathias 17, 238
Hyperius, Andreas 132, 142, 275, 279

Iferten 281
Ignatius von Loyola 132 f., 275, 279
Ipswich 124, 136, 161, 225
Italien 30, 45, 64, 78, 117, 134, 138, 153, 178, 229 f., 281, 283

Jakob I., König von England 217
Joachim, Hl. 126
Jones, Colin 158, 258
Josselin, Ralph 124, 186
Jütte, Robert 174, 188

Karl I., König von England 163
Karl V., Kaiser 149, 151, 154
Karl XI., König von Frankreich 154
Karlstadt, Andreas (Bodenstein) von 132 f., 140, 276 f.
Kastilien 136, 180
Katalonien 251
Kenilworth 69
Kent 241, 274
King, Gregory 39, 58
Kings Lynn 161

Köln 53, 61 f., 69, 91, 97 f., 125, 127, 172, 174, 177, 183, 188, 198, 202, 204, 216, 220, 233, 250
Kolonien, - amerikanische 222, 224
Kolonien, - französische 223
Kolonien, - spanische 253
Königsberg 231 f.
Königshofen 272
Konstanz 97
Kopenhagen 98, 233
Korsika 282
Kursachsen 64

La Rochelle 223
Lackington, James 96
Laffemas, Barthélmy de 234
Lake District 248
Lamas, Margaret 124
Lancashire 118
Languedoc 78
Laslett, Peter 58, 110, 112
Laval 202
Lavater, Ludwig 39
Lechviertel 75
Leiden 44, 46, 150
Leisewitz, Johann Anton 144
Leisnig 140 f., 277
Lellis, Camillo de 178
Lewis, Oscar 257
Leyden, Lucas van 22
Lille 61, 75 f., 139, 207
Limoges (Diözese) 173
Linck, Wenceslaus 132 f.
Lindau 100, 139
Lindemann, Mary 143
Lis, Catharina 1, 46, 54
London 30, 49 f., 64, 75 f., 98, 116, 127, 136, 161, 188, 198 f., 206, 220, 224 f., 237, 255

Lorenzana, Francisco Antonio de 276
Lothringen 204, 207
Louisiana 222 f.
Lübeck 105, 128, 141, 144, 231, 279
Lucca 175
Ludwig XI., König von Frankreich 154
Ludwig XIV., König v. Frankreich 181
Ludwig XVI., König von Frankreich 202, 234
Lüneburg 128, 144
Lünen 128
Luther, Martin 1, 17, 127, 132, 140 ff., 165 f., 172, 185, 242, 270, 276, 277
Luxemburg 61
Lyon 31, 68, 76, 83, 88, 146, 155 f., 207, 248
Lytham 118

MacStay-Adams, Thomas 235
Madagaskar 282
Madrid 152, 181, 198, 230, 255, 275
Mailand (Bistum) 178
Mailand 45, 153, 269
Mainz 144
Malthus, Thomas Robert 277
Mandrin, Robert 252
Mansion, Marie 200
Mantua 175
Marburg 275
Marillac, Louise de 183, 278, 282
Marne 81
Marseille 104
Marshall, William 158, 278
Martin, Hl. 20, 27
Martz, Linda 33, 53, 174

Marx, Karl 91
Meaux 198
Mechelen 69, 231
Medici, Maria von 278
Medina del Campo 219
Medina, Juan de 2, 132, 151 f., 271, 278, 280
Mellrichstadt 272
Melun 198
Memmingen 63, 214
Mende 173
Mercier, Sébastien 78, 82, 87, 120
Merxhausen 279
Meuvret, Jean 43
Middlesex 225
Mitelli, Giuseppe Maria 51, 208
Mitteleuropa 134
Modena 229
Mons 149
Montpellier 104 f., 206
Morin, Nicolas 155
Morison, Richard 247
Morus, Thomas 35
München 144, 281
Münster 172, 183
Myddle 114

Napoleon Bonaparte 283
Narbonne 182
Neapel 29
Necker, Jacques 202
Neri, Filippo 269, 278
Neufundland 222
Newbury 251
Niederlande 45 f., 147 ff., 150, 154, 173, 179, 202, 222, 229, 231
Niedersachsen 33, 35
Nîmes 139
Norberg, Kathryn 53
Norddeutschland 35

Nordeuropa 134
Nördlingen 60
Norfolk 122, 187, 226
North Walsham 53
Norwegen 166, 233, 277
Norwich 49, 54, 61, 68 f., 71 f., 124, 136, 161, 163, 188, 198, 225
Nürnberg 68 f., 97, 104, 138, 142, 149, 206, 211, 215, 219, 276

Oberschwaben 63
Oberwalden (Kanton) 145
Ogilvie, Sheila 188
Olavide, Don Pablo Antonio José 279
Oppenheim 118 f.
Orvieto 175
Österreich 231, 233, 283
Ostindische Inseln 222
Oxford 76, 161
Oxfordshire 79, 88 f., 92
Oxley, G. W. 164
Paris 34, 75 f., 79, 82 f., 86 ff., 90, 120, 133, 155, 210, 206 f., 215 f., 220, 223 f., 234, 237, 251, 255, 269, 279

Parr, Alice 216
Pavia 175
Perkins, William 190
Petrarca 20
Pfortzen, Lorentzen von 248
Pforzheim 105, 233
Phillipp I., Landgraf von Hessen 279
Phillipp II., König von Spanien 149, 151, 180
Piemont 47, 108
Pini, Teseo 240

Pitt, William 277
Pius II., Papst 175
Platt, Sir Hugh 94
Platter, Thomas 82
Plymouth 121
Polen 37
Portugal 179
Preußen 45, 233
Pullan, Brian 137, 171
Pyrenäen 251

Ravenna 175
Razin, Stenka 252
Reckahn 144
Reims 81
Renaudot, Théophraste 279
Rennes 198
Ridley, Nicolas 225
Riis, Thomas 1
Roberts, Mary 243
Roch, Jean-Louis 12 f.
Roche, Daniel 83, 101
Rochow, Friedrich Eberhard von 137, 144, 280
Rodez 95
Roeck, Bernd 54
Rom 153, 166, 179, 229, 255, 269, 273, 279
Rouen 155
Royart, Jean 148
Rublack, Hans-Christoph 53
Rumford, Graf 144, 281
Russland 40

Sabean, David 115
Sachs, Hans 44
Salamanca 151, 278
Salem 183
Salisbury 30, 49, 69, 71, 188
Salzburg 198, 239
San Gimignano 61

Saragossa 255
Schaben, Godfried 127
Schofield, Roger 42
Schottland 165, 211
Schwaben 198
Schwäbisch-Gmünd 75
Schweiz 46, 145, 154, 213
Sciarra, Marco 252
Scribner, Robert 188
Segovia 71, 219
Sennely (Sologne) 78
Sevilla 152, 253
Sextroh, Heinrich 137
Sforza, Francesco 153
Shaw, Benjamin 115
Sheffield 64
Sidney 256
Siena 30, 121, 153, 171 f.
Simmel, Georg 65
Simonds, John 127
Sixtus V., Papst 229
Skandinavien 165 f., 233
Slack, Paul 30, 68, 161, 188, 260
Smiles, Samuel 106
Smith, Adam 202
Smyth, Francis 48
Sokoll, Thomas 111
Solothurn (Kanton) 145 f.
Solothurn 69
Soly, Hugo 1, 46
Somalia 261
Somerset 249
Soto, Domingo de 132 f., 151 f., 180, 278, 280
Southampton 161
Spalatin, Georg 141
Spanien 45, 117, 128, 134, 138, 148, 152, 166, 173, 179 ff., 219, 222, 230 f., 254, 273, 276, 280 f.
Spiegel, Jan Laurensz 227, 229

Steinbicker, Carl R. 131, 147
Stoit, Jacob 225
Stout, William 115
Stow, John 78
Straßburg 39, 50, 53, 71 f., 98, 100, 104, 138, 142, 146, 149, 207, 213, 270, 273, 274
Süddeutschland 213
Suffolk 99
Surrey 201
Sussex 204

Taintenier, François-Joseph, 281
Tawney, Richard 44
Terling 115 f.
Teunissen, Cornelis Anthoniszon 84 f.
Thompson, Benjamin s. Rumford, Graf
Titz-Matuszak, Ingeborg 33
Toledo 31, 33, 53, 66, 68 f., 71, 75, 100, 174, 180, 198, 219, 230, 276
Toulouse 190
Tournai 281
Tours 186
Townsend, Joseph 166
Trier 38, 54, 69
Trondheim 233, 277
Troyes 104, 207
Turin 70, 153, 179, 229
Türkei 251

Uelzen 29
Ulm 270
Ungarn 251
USA siehe Amerika

Valencia 255
Valladolid 71, 151
Vauzelles, Jean de 132, 155

Venedig 29, 45, 69, 153, 167, 171, 175, 179, 206 f., 229, 251
Verona 61, 68, 175, 273
Vevay 96
Villavicentio, Lorenzo de 132, 149 f.
Vinzenz von Paul 182 f., 278, 282
Virginia 224
Vitré 69
Vivarais 96
Vives, Juan Luis 132 f., 142, 149, 282
Voght, Caspar von 283
Volkach 272
Vowell 133

Waadt (Kanton) 281
Wagemann, Gebr. 137
Wagnitz, Balthasar Heinrich 144
Wales, Tim 53
Walker, Gilbert 243
Walker, Thomas 247
Walter, John 42
Wandel, Lee Palmer 145
Ward, Bernardo 271
Warren, Donald 106
Warwickshire 61
Waxmann, Chaim Isaac 210, 266
Webb, Beatrice 256
Weber, Max 65
Weinsberg, Hermann 115, 124
Wesel 147
Wesley, John 204
Westerwald 251
Westfalen 61, 79
Westindische Inseln 222, 253
Westminster 249
Westmoreland 270
Wien 144, 231, 283
Wijts, Gyl 132 f., 149
Willis, Nicholas 114
Winchester 123
Wittenberg 139 f., 141, 270, 276
Woolf, Stuart 1, 18, 236
Worcester 71 f.
Worcestershire 79, 92
Wrightson, Keith 241
Württemberg 35, 193
Würzburg 53, 184, 272

York 61, 64, 118, 136, 161
Young, Arthur 78
Ypern 139, 147 ff., 151, 158, 231, 278, 283

Zamora 103, 129, 151 f., 168
Zentralmassiv 119
Ziegler, Barbara 114
Zschunke, Peter 119
Zürich 39, 69, 82, 145, 210 f., 213
Zwingli, Ulrich 145

Sachregister

Adel 28, 95, 119, 253, 261
Almosen 18, 22, 25, 27, 131, 159, 167, 177, 184, 186, 262
Alter, hohes 24, 52 f., 65, 70, 73, 80, 108, 111 ff., 115, 166 f., 191, 263
Anstalten, geschlossene *siehe* Einsperren
Arbeitshäuser 24, 27, 98 f., 224 ff.
Arbeitslosigkeit 32, 49 ff., 106, 112, 191, 197, 261
Arbeitsteilung 44, 47
Arbeitszwang 98, 227, 236
Argot *siehe* Gaunersprache
Arme *siehe auch* Landstreicher, Bettler
  Anteil der Geschlechter 35, 53
  arbeitsfähige 6, 9, 17, 71, 74, 154, 157 f.
  arbeitsscheue *siehe* unwürdige
  auf dem Land 63, 78 ff., 93 ff., 260
  Ausbildung 104, 135 f., 183, 219, 257, 263
  ausgeübte Berufe 35, 44, 46 f., 54 ff., 64
  erwerbstätige 63, 65, 83, 90, 99, 116, 122, 129, 204
  heimliche 18, 66, 105, 214
  hilfsbedürftige *siehe* würdige
  in der Stadt 63, 74 ff., 78 ff., 96 ff., 260
  würdige 7 f., 20, 26, 129, 160, 172 ff., 179 f., 209 ff.
  unwürdige 7 f., 14 ff., 20, 26, 158, 193 ff., 209 ff.
  Zahlen 49 ff., 58 ff., 110 f., 155, 161 ff., 171 ff., 247, 260
Armenbretter 148, 172 f.
Armenfürsorge *siehe* Armenpflege
Armenhäuser *siehe auch* Arbeitshäuser 25, 82, 98 f., 114, 171 f., 230
Armenhilfe,
informelle 185 ff.
institutionelle 185 ff.
Armenpflege *siehe auch* Fürsorge
  auf Pfarrebene 150, 153 f., 159 ff., 172 ff.
  Ausgaben 188 f.
  dezentrale 166 ff., 158, 188
  kirchliche 30, 155
  Professionalisierung 134, 159
  Rationalisierung 1, 134 f.
  Reform 7 f., 27, 131 ff., 249
  Säkularisierung 1, 142, 159, 165
  zentralisierte 138 ff., 155, 157, 184, 189
Armenpfleger 73, 104, 140, 145 ff., 160, 163, 166, 186, 251
Armenzählungen *siehe* Arme, Zahlen
Armut
  Ausmaß 6, 58 ff.
  Bedeutung 12 ff., 65
  Definition 58 ff., 65, 71, 191, 259
  fiskalische 59 ff.
  im 20. Jahrhundert 257 ff.
  strukturelle 65, 68
  Ursachen 2, 6, 28 ff., 260 ff.
  zyklische 68, 129
Armutsforschung, historische 1 f., 131, 137 f., 256

Sachregister

Armutsidee 1 f., 8. 14 ff., 193f., 257 ff.
Armutskultur 266
Aufklärung 135 f., 200
Aufstände *siehe auch* Hungerrevolten, Bauernaufstände 9, 246 ff.
Ausbildung 50, 135 ff.
Ausgrenzung 3, 9, 193, 218 ff., 229, 246

Banditen 202, 251 f.
Barmherzigkeit *siehe auch* Mildtätigkeit, Armenpflege 7 f., 19, 22, 25 ff.
Bauern 28, 47, 108, 123f., 141, 176, 247, 260
Bauernaufstände *siehe auch* Aufstände 247
Bedienstete 56 f., 80, 110 f., 120 f., 163, 195, 198, 201
Besserungsanstalten *siehe auch* Arbeitshäuser, Zuchthäuser 27, 98, 105, 160, 196, 224 ff.
Besteuerung 34, 59 ff., 90 f., 260
Bett 80 ff., 176
Bettelgenehmigungen 161, 190
Bettelverbote 133, 149, 152, 154, 159, 185, 221
Betteln 19 f., 25 ff., 49 f., 56, 59, 74, 82, 101 ff., 125, 138, 157 f., 160, 181, 184, 190, 193 f., 200, 222, 237 f., 249
Bettler *siehe auch* Arme
betrügerische 146 f., 192, 218, 239, 244
Stereotypen 191, 215
Strafen für 9, 157, 189, 191 f., 195, 217 f., 224 ff.
Zahl 195 ff.
Bettlerabzeichen 135, 161, 211
Bettlerhaus 227, 229
Bevölkerungswachstum 36, 189
Blinde 2, 33, 72
Brandmarkung 216 f.
Brennholz 31, 40, 87, 91
Bridewell siehe Besserungsanstalten
Brot 31, 93 ff., 186
Brotpreis 164, 260
Brotverteilung 54, 94 ff., 172 ff.
Bruderschaften 103, 128 f., 153, 158, 166 ff., 237 ff., 262
Büttel 241, 254

Calvinismus 146 f.
Cant siehe Gaunersprachen
Caritas siehe auch Barmherzigkeit 22, 27, 185, 258

Darlehen 128 f., 261
Dekretalen 210
Dépôts de mendicité 235
Diebstahl 59, 106, 190, 192, 199 ff., 221, 233, 246, 264
von Lebensmitteln 83, 201 f.
von Kleidung 201

Ehe 42 f., 52, 57, 73, 109, 124, 129, 167
Ehebrecher 221
Ehrverlust 213 ff.
Einsperren 24, 221, 224 ff.
Emigration 9, 253 ff.
Ernährung 24, 30, 32, 42, 93 ff.

Familie 4, 35, 45 ff., 111 ff.
Findlingsheime 166
Freundschaft 106 ff., 124 ff.

Fürsorge *siehe auch* Armenpflege
Fürsorge, offene 99, 132, 134, 150 f., 157f., 160, 166 ff., 170 ff., 266

Gaunerliteratur 9, 17, 237, 244
Gaunersprachen 18, 201, 238 ff.
Gebrechen 2, 24, 32 f.
Gefängnisse *siehe auch* Einsperren 24, 49, 98, 159 f., 167, 182, 203, 225, 227, 233, 235, 244
Gegenkultur *siehe* Subkultur
Gegenreformation 117, 172, 182, 184, 208
Geheimsprachen *siehe* Gaunersprachen
Gemeiner Kasten, Gemeiner Beutel, Gemeines Almosen 100, 138 ff., 172, 185
Geschenke 57, 118, 125
Gesellen 46, 56, 80, 83, 128, 198, 201
Gesundheitsfürsorge 29 f.
Getreide 40, 56, 66, 93 ff., 128
Getreidepreis 37 ff.
Gewerbe 44, 46, 261
Ghetto 219 ff.
Gilde *siehe* Zünfte

Handwerker 28, 44, 46, 56, 63, 119, 198, 254, 261
Häretiker 212
Haushalt 38, 48, 52, 55 f., 61, 63, 71 ff., 86, 88, 90, 109, 110 ff., 168
Häusler 2, 28, 97, 108, 123
Hausrat 87, 89 ff.
Heimarbeit 52
Heimgewerbe 46
Heizung 88, 90 f.

Henker 212
Herbergen 79 ff., 201
Herrenlose 16, 102, 218, 222, 249, 252 f.
Humanismus 194, 227
Hunger 26, 35, 38, 43, 200
Hungerrevolten 250 f.
Hungersnot 34, 39 ff., 230, 250, 261

Industrialisierung 47, 244, 261, 264
Inflation 36 ff., 189

Juden 25, 175, 212 f., 219

Kapitalismus 44 ff.
Kartoffeln 94
Kinder 48 ff., 57, 108, 111 ff., 136, 179, 186, 191, 197, 202 f., 227, 262
Kleidung 24, 50, 89, 92, 99 ff., 211, 245 f.
Kolonien 222 f.
Kostgänger 110 f.
Krankheit *siehe auch* Leprakranke, Seuchen 27 ff., 32 f., 42, 53, 95f., 107, 109, 110 ff., 115 ff., 166, 168 f., 191, 218 f., 249, 261
Kredite *siehe* Darlehen
Kriege 2, 34 f., 40, 63, 196, 249, 260
Kriminalität 4, 143 ff., 264 ff.
Krüppel 19, 33

Lahme *siehe* Gebrechen
Landflucht 44
Landstreicher 3, 8 f., 16 f., 25, 27, 30, 35, 56, 159 f., 184, 189, 190, 237 ff., 245, 249 ff.

Sachregister

Alter 197
berufl. Vergangenheit 56, 198
  bewaffnete 251
  Geschlecht 197 f.
  Mobilität 197
  Strafen 8 f., 191 f. 193 ff., 216 f.
  weibliche 217
  Zahl 195 f.
Lebensmittelvergiftung 42, 95
Lebenszyklus 6, 48 ff., 82, 108, 112, 129
Lehrlinge 44, 56, 110, 120
Leihhäuser 167, 175 f., 262
Leprakranke 24, 212
Löhne 37 f., 53 ff., 62, 164, 204, 260 f.

Messerschleifer 193
Mieten 82 ff., 100, 110, 122 f.
Migration 4, 9, 34, 45, 47, 129, 253 ff.
Mildtätigkeit 26 f., 135, 167, 170, 183, 185, 262
Missernten 39 ff., 93, 97, 123, 189
Modernisierungstheorie 265
Monti di pietà siehe Leihhäuser
Müßiggänger 16, 191, 193, 217, 236, 248, 263
Nachbarschaftshilfe 4, 106 ff., 112 ff.
Netz, soziales 80, 83, 106 ff., 125

Ökonomie des Notbehelfs 117, 238, 246
Ordensgemeinschaften
  Augustiner 170
  Dominikaner 155
  Franziskaner 148, 153, 175, 212

Passierschein 249
Patenschaft 117 ff.
pauvres honteux siehe Arme, heimliche
Pest *siehe auch* Seuchen 29 f., 36 f., 75, 121, 143, 178, 261
Pesthof 143
Pfarrbezirk 103, 141, 144, 147, 159, 163, 167, 173 f.
Philanthropie 171 f., 262
Physiokraten 234
Pilger 80, 167, 170, 263
Proletariat 46, 63
Prostitution 206 ff., 212, 218 f., 233, 244, 252, 264
Proto-Industrialisierung 46, 258, 261

Randgruppen 25, 209 ff., 239 ff., 250, 254
Reformation 1, 6, 19, 131 ff., 139 ff., 170, 177, 210, 258, 263
Rodungen 44
Rotwelsch *siehe* Gaunersprachen
Roundsman-System 164

Schenken 75, 82
Schenkungen *siehe* Stiftungen
Schicksalsschläge 28, 261
Schmuggler 192, 202 ff., 223, 252
  Strafen 203
  Zahl 202
Schrifttum, volkstümliches *siehe auch* Gaunerliteratur 36, 194, 239
Schulden 29, 31, 87, 122 f.
Schuldner 221
Schwangerschaft 207

Schwarzer Tod *siehe* Pest
Selbsthilfe 106, 110 ff., 264
Seuchen *siehe auch* Pest,
  Krankheit 29 ff., 66, 127,
  171, 189
Sozialdisziplinierung 9, 24, 27,
  171, 189, 191, 227, 236
Sozialkapital 123, 108
Sozialkontrolle 25, 224
Speenhamland-System 160,
  164
Spinhuis siehe Besserungsanstalten
Spitäler *siehe auch* Armenhäuser 67, 80, 97 f., 103 ff., 123,
  135, 137, 144, 146, 148, 150,
  152 ff., 166, 168 ff., 178 ff.,
  262
  Architektur 80
  Bettenzahl 80
  Insassen 80 f., 168 ff.
Spitznamen 216
Steuern *siehe* Besteuerung
Stiftungen 172, 181
Stigmatisierung *siehe auch*
  Brandmarkung 9, 193,
  209 ff., 225
Strafen 216 ff.
Straßenräuber *siehe auch*
  Banditen 239, 244
Studenten 56, 195, 242
Subkultur 9, 17, 191, 237 ff.,
  266

Tagelöhner 2, 28, 55, 88 ff.,
  119, 122, 204, 252, 261
Teuerung 94, 122, 250

Tuchthuis siehe auch Besserungsanstalten 169

Unfälle *siehe* Schicksalsschläge
Unterbringung, geschlossene
  siehe Einsperren
Unterwelt 17, 238

Versicherungsvereine auf
  Gegenseitigkeit 127
Versorgung, medizinische 31 f.,
  168 f., 263
Versorgungskrisen 40, 42, 66,
  197, 250, 260
Verwandtschaft 11, 80, 106 ff.,
  110 ff.

Waisen 2, 49 ff., 65, 118, 157,
  178, 263
Waisenhäuser 98, 100, 104 f.,
  143, 145
Weber 31 f., 46 f., 55 f., 89
Witwen 2, 32, 47, 52, 65, 72,
  89, 111 f., 124, 127, 251
Wohlfahrt 22, 28, 166, 266 ff.
Wohlfahrtsstaat 3, 256, 264
Wohnbedingungen 40, 74 ff.,
  78 ff.

Zigeuner 25, 59, 202, 237
Zuchthäuser *siehe auch* Besserungsanstalten 227 ff.
Zünfte 112, 127 f., 240
Zuwanderer 82, 86, 117, 163,
  221
Zwangsarbeit *siehe* Arbeitszwang